नसीमा

नसीमा 'हेल्पर्स ऑफद हैं[illegible] की सह-संस्थापिका हैं। 'हेल्पर्स' महाराष्ट्र की एक जानी-मानी गैर-सरकारी संस्था है, जो विकलांगों और उनके पुनर्वास के लिए योगदान कर रही है। नसीमा इस संस्था की अगुवाई पिछले दो दशकों से कर रही हैं। इस क्रम में उन्होंने अपनी उपलब्धियों के लिए बहुत से पुरस्कार भी प्राप्त किए हैं। नसीमा को केवल लोकाश्रय एवं जन-सहभागिता से करोड़ों रुपयों की संरचना एवं संस्थात्मक तंत्र बुनने का श्रेय जाता है।

कुर्सी पहियोंवाली

नसीमा हुरज़ूक

अनुवाद

डॉ. गिरीश काशिद

डॉ. चंदा गिरीश

राजकमल पेपरबैक्स

पहला पुस्तकालय संस्करण
राजकमल प्रकाशन प्राइवेट लिमिटेड द्वारा
2010 में प्रकाशित

राजकमल पेपरबैक्स में
पहला संस्करण : 2019
दूसरा संस्करण : 2025

राजकमल पेपरबैक्स : उत्कृष्ट साहित्य के जनसुलभ संस्करण

राजकमल प्रकाशन प्रा. लि.
1-बी, नेताजी सुभाष मार्ग, दरियागंज
नई दिल्ली-110 002

शाखाएँ : अशोक राजपथ, साइंस कॉलेज के सामने, पटना-800 006
पहली मंजिल, दरबारी बिल्डिंग, महात्मा गांधी मार्ग,प्रयागराज-211 001
1, अनमोल सोराबजी सन्तुक लेन, धोबी तलाव, मरीन लाइंस, मुम्बई-400 002
वेबसाइट : www.rajkamalprakashan.com
ई-मेल : info@rajkamalprakashan.com

बी.के. ऑफसेट
नवीन शाहदरा, दिल्ली-110 032
द्वारा मुद्रित

मूल्य : ₹299

KURSI PAHIYONWALI
by Nasima Hurzuk
Translated by Dr. Girish Kashid, Dr. Chanda Girish

ISBN : 978-93-88753-94-4

कुर्सी पहियोंवाली

पाँच-छह साल का एक मासूम बच्चा मेरे सामनेवाली बेड पर शान्त लेटा हुआ है। मेरे सामने सोया हुआ अविनाश दहाट अमरावती का रहनेवाला है। यह प्रथम कक्षा में पढ़ रहा है। अपनी बुलंद आवाज में गीत गाता है। इसके दोनों हाथ नहीं हैं। सारी क्रियाएँ वह पैरों की सहायता से ही करता है। उसके चेहरे पर अपने अपाहिज होने का गम या खेद कतई नहीं है। उसे कोई छेड़े तो वह पाँवों को शस्त्र बनाता है या फिर दाँतों से काटता है। मेरी कंघी, पेन जैसी कोई चीज नीचे गिर जाए तो अविनाश तुरन्त पैर से उठाकर मेरे हाथ में दे देता है। मेरे छात्रावास के बाहर जाने पर यह मेरा पीछा नहीं छोड़ता। बार-बार पूछता है, ''दीदी, शाम को आओगी ना?'' आजकल यह अविनाश मेरा गुरु बना हुआ है।

कल रात तो इसने जिद की और मेरे कमरे में अकेला ही बेड पर सोया। इसके दोनों हाथ न होने के बावजूद सभी काम आसानी से करता है। परसों 'विश्व अपंग दिवस' के अवसर पर तो इसने कमाल ही कर दिया। उद्घाटन के अवसर पर इसने अपने पैरों में मोमदीप पकड़कर मेहमानों के साथ दीप-प्रज्वलन किया। तो फिर आज क्यों न मैं अपनी आपबीती समाज के सामने, अपाहिज भाई-बहनों तक पहुँचाने की कोशिश करूँ? शुभचिन्तकों की प्रेरणा एवं आग्रह के चलते मैं यह लिख रही हूँ। इसका उद्देश्य यही है कि इससे अपाहिजों के पुनर्वासन कार्य में कुछ इज़ाफ़ा हो।

ज्योतिष पर मैंने कभी विश्वास नहीं किया। मैं बहुत छोटी थी तब एक ज्योतिषी ने बताया था कि आगे चलकर मैं बहुत बड़ी लेखिका बनूँगी। समझ आने पर मैंने यह सुना तो मुझे हँसी आई। क्योंकि मेरी यह धारणा थी और है कि जो व्यक्ति दैनिक जीवन से दूर, कल्पनालोक में उड़ान भरना पाठकों को सिखाता है, जो भूत और भविष्य के बारे में लिखता है, उसे 'लेखक' कहा जाता है। काल्पनिक बातें लिखना मेरे बस की बात नहीं। मैं केवल सत्य एवं असलियत ही लिख सकती हूँ।

मेरी जब नौकरी लग गई तब एक दिन एक ज्योतिषी दफ़्तर में आया।

और लोगों के आग्रह के कारण मैंने उसे अपनी हथेली दिखाई।

इस पर उसने कहा, ''आपकी शादी नहीं होगी। आपके नसीब में गृहस्थी का सुख नहीं है।''

मैंने कहा, ''अरे, इसके लिए तुम्हारे ज्योतिष की क्या जरूरत है। यह तो मेरी पहियेदार कुर्सी ही बताती है।''

उसने आगे कहा, ''लेकिन आप बहुत बड़ा मकान बनाओगी।'' उसकी इस बात पर मैंने जोर से हँस दिया और कहा, ''शादी नहीं, संतान नहीं, ऊपर से सरकारी नौकरी। फिर बड़ा मकान, मैं क्यों और किसके लिए बना दूँगी? किराया मिल जाए इसलिए?''

वह बेचारा किसी और की हथेली न देख 'थोड़ी देर बाद आता हूँ' कहकर चला गया फिर वापस नहीं आया। उसने मुझसे रुपए तक नहीं लिए।

आज शाम को सूर्यास्त के समय छात्रावास के सामने बैठकर जीवन के अतीत, वर्तमान और भविष्य पर विचार करते समय उस ज्योतिषी की तीव्रता से याद आती है। मेरी आदत के चलते उसका नाम या चेहरा तो याद नहीं आता लेकिन लगता है कि वह एक बार अवश्य आ जाए। मेरा यह 'हाउस ऑफ करेज' वह देखे। मैंने उसके ज्ञान और ज्योतिष का जो मजाक उड़ाया था, उसके लिए मैं उसकी हृदय से माफी माँग सकूँ।

बचपन को याद करते ही प्रथमत: स्मृतिपटल पर मेरा अपना घर उभर आता है। घर में अम्मी, अब्बा, भाई-बहन सब गोरे थे। उस घर में मैं अकेली साँवली थी। मेरा बड़ा भाई ढाई साल का होगा तब पहली अम्मी अल्लाह को प्यारी हुईं। तीन लड़कियाँ और एक लड़के की परवरिश के लिए अब्बा ने दूसरी शादी की। फिर हम तीन बहनें और एक भाई का जन्म हुआ। वैसे नौवीं कक्षा तक मुझे यह पता नहीं था कि मेरे बड़े भाई-बहन सौतेले हैं। इतना प्यार और अपनापन था हमारे परिवार में जो अभी तक बरकरार है। बहुत दिनों बाद जब कोई मेहमान हमारे घर आते तो मेरा साँवला रंग देखकर अम्मी से पूछते, ''हलिंबी! यह लड़की तुम्हारी ही है?'' अम्मी द्वारा 'हाँ' कहने पर वे कह देते, ''यह तो अलग ही दिखाई देती है। इसके अब्बा और तुम तो गोरी हो फिर यह ऐसी क्यों?'' शायद अम्मी की आँखें और मेरा मासूम चेहरा देखकर वे आगे कहते, ''हाँ, चेहरा मात्र तुम्हारे जैसा है।''

मेरी बड़ी बहन रेहाना बिल्कुल अब्बाजान की तरह दिखाई देती। गोरी-चिट्ठी, कदकाठी से मजबूत और बोलचाल में भी साहसी। पढ़ाई में भी वह तेज थी। अपनी कक्षा में अव्वल आया करती थी। शायद इसीलिए धीरे-धीरे वह अब्बाजान की लाडली बन गई। मैं सोचने लगी, ''यह परिवार कितना प्यारा और दयालु है। मेरे अनाथ होने

पर इन लोगों ने मुझे पनाह दी है। मुझे और बच्चों की तरह ही खाना और कपड़े मिलते हैं, कोई भेद नहीं रहता।'' एक बार ऐसा हुआ कि खेलते वक्त रेहाना ने मजाक में कहा था, ''इसे तो भूसी के बदले में खरीद लिया है।'' इससे मेरा पक्का विश्वास हुआ कि मैं वाकई इस परिवार से नहीं हूँ। वरना मेरे रूप और स्वभाव में इतना अन्तर क्यों आता?

मैं मितभाषी और सहनशील थी। मेरी गलती हो या न हो, मैं चुपचाप बड़ों की पिटाई सह लेती। रेहाना मात्र लड़ाकू थी। यहाँ तक कि वह मारनेवाले का हाथ भी पकड़ती। जिससे उसे और मार खानी पड़ती, गालियाँ सुननी पड़तीं। मैं गुस्सा आने पर चावल चुनने बैठती। घर में आनेवाला हर कोई मेरी तरफ उँगली उठाकर पूछता, ''यह आप ही की है?'' बार-बार यह प्रश्न मुझे सुनना पड़ता। इससे बचने के लिए मैं मेहमान के घर में आते ही किसी अँधेरे कमरे में जाकर अकेली बैठने लगी। किसी के बुलाने पर भी बाहर नहीं आती। उनके साथ खाने को भी नहीं बैठती। दाल-चावल बनते ही खाकर सोने का बहाना करती। रेहाना की पहली बेटी का जन्म हुआ तब मैं बड़ी हो चुकी थी। उसकी बेटी मेरी तरह ही काली थी। घर में दुबारा 'यह आपकी ही है?' 'यह कैसे?' जैसे प्रश्नों का सिलसिला जारी हुआ। मैं प्रश्न पूछनेवालों को उसकी शिक्षा के बारे में पूछकर उसे बालमनोविज्ञान के पाठ पढ़ाने लगी। जिस रेहाना ने मुझे 'जैसे को तैसा' बर्ताव का पाठ पढ़ाया उसकी बेटी के सन्दर्भ में मात्र मैं उसकी गुरु बन गई।

मैं जब युवा लड़की थी तब अब्बाजान केन्द्रीय आबकारी विभाग के दफ़्तर में सुपरिंटेंडेंट थे। हमारे साथ रहनेवाले इंस्पेक्टर्स के बच्चों के महँगे कपड़े, पॉकेटमनी तथा उनकी सजधज देखकर मैंने अब्बाजान से पूछा, ''ऐसा क्यों? आप उनसे बड़े साहब होने पर भी आपके पास कम पैसे क्यों?'' इस पर अब्बाजान ने कहा, ''बेटा, हम गरीब हैं। इतना बड़ा परिवार सिर्फ नौकरी के बलबूते पर चलाना पड़ता है। मैं जब ढाई-तीन साल का बच्चा था तभी मेरे अब्बा और अम्मी गुजर गए। हमारी ज़मीन और मकान के साथ ही मेरी परवरिश की जिम्मेदारी मामा को निभानी पड़ी। मुझे पढ़ने में रुचि थी और मामा चाहते थे कि मैं खेती का काम करूँ। इसी के चलते एक दिन पढ़ाई के लिए मैं गाँव से भाग गया। मुम्बई में एक छात्रावास में रहकर मैंने पढ़ाई की। मैट्रिक की परीक्षा में मेरिट लिस्ट में आया। अध्यापकों ने मुझे आगे पढ़ने की सलाह दी, लेकिन पापी पेट का सवाल था। उस समय पुलिस की वर्दी मुझे बहुत भाती थी। नतीजा हाथ में आते ही मैं सीधा पुलिसभर्ती के लिए अर्जी देने गया। वहाँ के अधिकारी ने मेरे अच्छे अंक देखकर आगे पढ़ने की सलाह दी। लेकिन नौकरी के लिए मेरी जिद देखकर मुझे पुलिस की अपेक्षा आबकारी विभाग में जाने को कहा। इस तरह मैं सेंट्रल एक्साइज में आ गया। गाँव में मुझे 'भगोड़ा' उपाधि मिल गई थी। नौकरी मिलते ही मैं गाँव गया। मामा ने तुरन्त मेरी शादी कर दी। जिस घर में मामा रहते थे, जिस खेत पर वे काम करते

थे वह मेरी जायदाद थी, फिर भी उस पर हक जताने की मेरी कभी इच्छा नहीं हुई। मैं सोचता हूँ, मेरी नौकरी के वेतन में मेरा परिवार शान-शौकत से तो नहीं लेकिन दो जून की रोटी खाकर सुखी है। आप अगर अपना गाँव, खेत देखना चाहते हो तो गाँव जा सकते हैं। कई साल हुए मेरा उधर आना-जाना नहीं।''

उसके बाद मेरे दोनों भाई गाँव होकर आए। उनके साथ मामाजी ने अपनी मर्जी से पीतल-ताँबे और काँच के बर्तन तथा आम भेज दिए। बाद में मामाजी का लड़का पढ़ाई के लिए कुछ सालों तक हमारे यहाँ रहा। इस घटना के बाद मुझे लगा, इतने बड़े दिलवाले पिता के 'हम' बच्चे कभी गरीब नहीं हो सकते। मजाक में भी मुझे कोई 'गरीब' कहता तो मुझे गुस्सा आ जाता।

मेरे और रेहाना के झगड़े में पिताजी हमेशा रेहाना का पक्ष लेते तो अम्मी मेरा सहारा बन जातीं। पिताजी अगर अम्मी पर गुस्सा हो जाते तो वह गुस्सा मुझ पर उतारतीं। मेरी और रेहाना की उम्र में सिर्फ डेढ़ साल का अन्तर था। मेरे कपड़े उसे ठीक बैठ जाते। मैं कपड़े धोकर इस्त्री कर रख देती। मैं खेलने स्कूल जल्दी चली जाती तो रेहाना उन कपड़ों को पहनकर स्कूल आया करती। उसे अपने कपड़े पहने देखकर मैं मन-ही-मन आगबबूला हो जाती। सहेलियों के सामने उस पर गुस्सा निकालना मुमकिन नहीं होता और वह शरारत से हँसती थी। मैं और परेशान हो जाती। घर पहुँचते ही मैं उसे मुक्के लगाती और अपनी भड़ास निकाल देती। मेरे अपाहिज होने पर रेहाना पढ़ाई, नौकरी, रसोई सब काम करती। मेरे मना करने के बावजूद मेरे कपड़ों को इस्त्री कर मेरे पास रख दिया करती। इस पर मुझे पछतावा होता कि इसी बहन से मैं अपने कपड़े पहनने पर लड़ पड़ती थी।

एक बार मैंने उससे कहा, ''रिन्ना, (हम घर में उसे प्यार से 'रिन्ना' कहकर बुलाते) देखो तुम कभी-कभार मेरे इस्त्री किए कपड़े पहनती थी ना। देखो भगवान ने तुम्हें कितनी बड़ी सजा दी। रोजाना मेरे कपड़े धोना, इस्त्री करना...'' इस पर वह कहती, ''नच्छू, (मुझे सब 'नच्छू' कहते) अगर तुम्हारी विकलांगता बाँटने की चीज होती तो हम सभी कुछ दिनों के लिए आपस में बारी-बारी बाँट लेते। तब मैं तुम्हारी व्हीलचेअर पर बैठती और तुम मेरे कपड़ों को इस्त्री कर देतीं।''

बचपन से हम भाई-बहनों में काम का बँटवारा होता। घर में झाड़ू लगाना, बिस्तर लगाना, पानी भरना, कपड़े धोना, चाय बनाना, रोटियों के लिए आटा तैयार करना आदि कामों से अम्मी द्वारा मिला अनुशासन मुझे आज छात्रावास के प्रबंध में बहुत काम आता है। हम भाई-बहन अपने कामों की तुलना अम्मी-अब्बा के कामों से करते। छुट्टी के दिन अब्बा सिलाई तथा रसोई में मदद करते। यह बताते हुए मुझे गर्व महसूस होता है कि उस समय हमारे घर कपड़े-बर्तन, झाड़ू लगाने के लिए महरी नहीं थी।

इतवार को छुट्टी होने से सुबह हम भाई-बहन अम्मी और अब्बा के साथ घर के बगीचे में काम करते थे। उस दिन अम्मी को रसोईघर में पाबंदी होती थी। हम सब अब्बा का हाथ बँटाते। इतवार के दिन का खाना बढ़िया मानकर सब चाव से खाते थे। कारण यह होता कि काफी मिर्च-मसाला डालकर वह बनाया जाता था। अम्मी जिसमें चार दिन का खाना बनातीं, वह अब्बा एक दिन में खत्म कर देते। फिर उस दिन रात के खाने में नाश्ते से ही काम चल जाता। दोपहर अम्मी-अब्बा और सभी भाई-बहन मिलकर ताश के खेल का मजा लेते।

मैं जब नांदेड के स्कूल में पढ़ती थी, उस समय की एक घटना मुझे याद है। मैं और रेहाना किले के पासवाली पाठशाला में जाती थीं। रेहाना की एक सहेली भी हमारे साथ होती थी। नया रास्ता या कोई शॉर्टकट ढूँढ़कर जाना उन दोनों का पसंदीदा शौक था।

मुझे सख्त ताकीद की जाती कि 'घर में पता नहीं चलना चाहिए, वरना अकेले जाना पड़ेगा।' तब मैं तीसरी कक्षा में पढ़ती थी। अकेली घर जाना मेरे लिए असंभव था। हर शनिचर को दोपहर स्कूल से लौटते समय नई राह ढूँढ़ने का सिलसिला चलता था। भूखे पेट चलते-चलते मैं थकान महसूस करती।

एक बार इसी तरह गली से गुजरते समय एक युवक ने रास्ता दिखाने का बहाना बनाकर रेहाना की सहेली का हाथ पकड़ लिया। झटका देकर मैंने और रेहाना ने उसका हाथ छुड़ा लिया और भाग खड़ी हुईं। तब से नए रास्ते ढूँढ़ने का खेल बिल्कुल बंद हो गया। आज संस्था के किसी काम में नया रास्ता, शॉर्टकट ढूँढ़ने तथा वक्त आने पर सबक सिखाकर काम निकलवाने की तरकीब मैं अनायास सीख गई हूँ।

जयसिंगपुर में पाँचवीं तथा छठी कक्षा में पढ़ते समय घटी दो घटनाएँ मैं भूल नहीं सकती। वह लड़के-लड़कियों की एकत्रित पाठशाला थी। वह कौन-सी कक्षा थी यह ठीक से याद नहीं लेकिन सर ने लड़कों को सजा दी थी। नतीजा यह हुआ कि कक्षा के टपोरी लड़कों ने सभी लड़के-लड़कियों को कक्षा में न बैठने का आदेश दिया। मुट्ठी-भर लड़कों ने आदेश दिया और बड़ी तादाद में होनेवालों ने यह मान लिया। उन डरपोक लड़के-लड़कियों के प्रति मुझे गुस्सा आया। मैं अपनी जगह पर बैठी रही। मैंने सहेलियों को सुना दिया, "मैं यहीं रहूँगी और क्लास अटेन्ड करूँगी। अगर अम्मी-अब्बा को पता चला कि मैं पढ़ाई के समय कक्षा के बाहर घूमती हूँ तो वे गुस्सा हो जाएँगे। गुंडागर्दी करनेवाले मुट्ठीभर लड़कों के लिए हम अपनी पढ़ाई का नुकसान क्यों करें?" सहेलियों ने समझाया, "देखो, जिद मत करो। वह लड़के बहुत बदमाश हैं।"

इस पर मैंने कहा, "मैं देखना चाहती हूँ कि वे मेरा क्या बिगाड़ लेंगे? मैंने तो किसी का कुछ नहीं बिगाड़ा है।"

मेरी सहेलियाँ मुझे दिल से चाहती थीं। वह भी मेरे साथ बैठ गईं। लेकिन हमारा दुर्भाग्य कि उस कक्षा में सर आए ही नहीं।

काफी देर तक प्रतीक्षा कर हम रेल की पटरी से पुलिया पर आया हुआ बाढ़ का पानी देखने हेतु टहलते हुए निकल पड़ीं। उसी ओर सिलाई की क्लास चलती थी। उसके बाद की कक्षा सिलाई की ही थी।

आज की तरह उस समय कलाई पर घड़ी नहीं थी। बातें करते-करते हम पुलिया पर कब पहुँच गए इसका पता ही नहीं चला। अचानक रेल की आवाज सुनाई दी। पुलिया के दोनों किनारों पर खड़े रहने के लिए बिल्कुल जगह नहीं थी। पुलिया की लम्बाई आगे दूर तक थी। खतरे का अन्दाजा होते ही हम एक-दूसरे की तरफ देख जोर से चिल्लाए, ''भागो, वापस भागो, रेल आ रही है।'' स्कूल की दौड़ प्रतियोगिताएँ कई बार अव्वल नंबरों से जीत ली थीं लेकिन यह समय अलग था। सभी का पुलिया पार करना जरूरी था। हममें से अगर कोई एक पीछे रह जाती तो जिन्दगीभर पछतावा करना पड़ता। अल्लाह की मर्जी से हम तेज गति से भागते हुए पुलिया पार कर पटरी से नीचे उतर आईं। तभी शोर मचाती रेल गुजर गई। सभी के चेहरे पर संकट टल जाने की खुशी थी। दौड़धूप से साँसें फूल रही थीं। तभी रेहाना ने मुझे पकड़ लिया और चिन्ता से पूछा, ''कहीं चोट तो नहीं आई?'' वह काफी घबराई थी। उसे किसी ने आगाह किया था कि तुम्हारी बहन पुलिया की तरफ गई है और रेल आ रही है।

रेहाना से मैंने विनती की कि ''माँ को मत बताना।'' उसने मान लिया क्योंकि मैं कभी उसकी बात नहीं टालती थी। उस दिन से रेहाना केवल मेरी बहन न रहकर एक अच्छी दोस्त बन गई।

दूसरी घटना नृत्य को लेकर थी। नांदेड में इंद्रधनु के सप्तरंगों पर आधारित एक नृत्यगीत में मैं नीला रंग बन गई थी। नीले आसमान का मुझे काफी आकर्षण था। उस नृत्यगीत को पुरस्कार मिला था इसी कारण जयसिंगपुर में गैदरिंग में सम्मिलित होने के लिए पूछने पर मैंने हाथ ऊपर ऊठाया। मेरा चयन भी हुआ। घर आकर मैंने यह खुशखबरी सबको सुनाई। उस समय मैं सातवीं कक्षा में पढ़ रही थी।

अम्मी ने इस बात के लिए साफ इनकार कर दिया। उसने कहा, ''अब तुम छोटी नहीं हो, जो नृत्य में हिस्सा लोगी।'' मैं खूब रोई लेकिन इजाजत नहीं मिली। स्कूल में जाने पर मैंने सर को बताया, ''घरवाले नृत्य में हिस्सा लेने की इजाजत नहीं दे रहे हैं।'' सर ने कहा, ''मैं घर आकर तुम्हारे माता-पिता से इजाजत ले लूँगा।''

वे घर आ गए। उन्होंने अब्बा को कैसे समझाया यह पता नहीं लेकिन अनुमति मिल गई। राधा-कृष्ण के उस नृत्य में मैं राधा बन गई थी। 'मुरली की धुन सुन राधा बोले...' ऐसा ही कोई गीत था वह। धेंत, धेंत तिरकीट धेंत, धितधित कट धा कीट,

तकीत ता न ता तिट कट, गधी गन धा धा..., ऐसे ही कुछ उस ताल के बोल थे। कॉमेंट्री भी थी। अब ठीक से याद नहीं आ रहा है। लेकिन उस ताल पर थिरकते समय बहुत ही मजा आता था। गर्दन के झटके, चेहरे पर आनेवाले भाव और कमर को कमान की तरह लचकाना। नृत्य में मुझे बेहद रुचि थी। मेरे साथ कृष्ण और यशोदा का नृत्य करनेवाली लड़कियाँ सगी बहनें थीं। वे हर दिन अपने गुरु से शास्त्रीय नृत्य के पाठ लेती थीं। उनके साथ रियाज करते समय मुझे बहुत संकोच होता था लेकिन वे दोनों बहुत अच्छी थीं। मुझे सिखाती थीं। मेरे नाराज होने पर मुझे प्रेरणा भी देती थीं। गैदरिंग के बाद नृत्य की क्लास अटेंड करने का आग्रह करतीं। सातवीं कक्षा के बाद मेरी बड़ी बहन की 'सयानी' होने से पढ़ाई बंद कर दी गई थी। मुझे नृत्य सीखने की सलाह देनेवालों को मैं यह बताने का साहस न कर सकी कि हमारी जाति में औरतों का नाचना बुरा समझा जाता है।

आखिर गैदरिंग का दिन आ गया। मैं अपनी क्लोज फ्रेंड रंजना तावदारे को लेकर जल्दी ही स्कूल पहुँच गई। जाते समय रंजना के बड़े भाई ने पूछा, "नृत्य में किसने हिस्सा लिया है? आज आपका नृत्य पूरा नहीं हो पाएगा। मैं अभी स्टेज देखकर आ रहा हूँ। वह बीच में ही टूटने की संभावना है।" मुझे लगा, वह हमेशा की तरह मजाक कर रहा है। मैंने कहा, "लगी शर्त? आज हमारा नाच पूरा होकर रहेगा।"

पर्दा उठाया गया। नृत्य शुरू होने जा रहा था कि नजर दोस्तों के साथ बैठे अब्बा पर पड़ी जो पहली कतार में ही बैठे थे। मुझे नाचना नसीब हुआ इससे अधिक खुशी इस बात की थी कि मेरा नृत्य देखने के लिए अब्बा आए थे। संसार की प्रशंसा की अपेक्षा अपने घरवालों की प्रशंसा अधिक महत्त्वपूर्ण होती है। मैं नाच रही थी...सारे संसार का अस्तित्व भूलकर श्रीकृष्ण में मगन हुई थी...और अचानक कड़ाक् की आवाज हुई। कुछ समझ में आने से पहले ही मैं स्टेज के साथ नीचे गिर गई और कालीन में अटककर झूलने लगी। कुछ दिखाई नहीं दे रहा था। गर्दन ऊपर उठाई तो अब्बा और कुछ लोग हाथ बढ़ाकर मुझे ऊपर उठाने की कोशिश कर रहे थे। ऊपर आई तो देखा, पर्दा गिर गया था। तुरन्त स्टेज ठीक किया गया। वह दुबारा न टूटे इसलिए कुछ लोगों को सजग रहने के लिए कहा गया। मुझसे किसी ने पूछा, "चोट तो नहीं आई नसीम?" मैंने "नहीं" कहा और तभी माईक पर अगले नृत्य की घोषणा हो गई। मुझे रंजना के भाई के शब्द याद आए। मैं गुस्सा हो गई...यह कैसा न्याय? गलती तो स्टेज बनानेवाले की है फिर हमारा नृत्य अधूरा क्यों? यह तो प्रतियोगिता है। मैं सर के पास चली गई और पूछा, "यह क्या सर? हमारा नृत्य तो पूरा होना ही चाहिए।"

उन्होंने आश्चर्य से मेरी तरफ देखा और पूछा, "तुम फिर से नाचना चाहती हो?" मैंने हामी जताई तो पास खड़े कृष्ण ने बड़ी खुशी से मेरा हाथ थाम लिया। हमारा नृत्य

पुनश्च पेश हुआ। तालियों की गूँज सुनते हुए हम सभी स्टेज से नीचे उतरकर प्रेक्षागार में आकर बैठ गईं।

उसके पश्चात् पारितोषिक समारोह हुआ। हमारे नृत्य को प्रथम पुरस्कार मिला। लड़की के गिरने से क्रोधित बने अब्बा को खुश करने के लिए या फिर से उठकर जिद से नृत्य पेश किया इसलिए प्रशंसा करने हेतु हमें प्रथम क्रमांक दिया या वाकई हमारा नाच प्रथम पुरस्कार योग्य था? इस प्रश्न का उत्तर अभी तक मुझे नहीं मिला है। क्योंकि उसके बाद हाईस्कूल और कॉलेज में नृत्य में हिस्सा लेने के लिए मैंने बहुत जिद की, खूब रोई लेकिन घरवालों से बिल्कुल इजाजत नहीं मिली। मैं अपनी नृत्यकला को कभी परख न पाई। आज भी जब मैं थिएटर में अथवा टी.वी. पर नाच देखती हूँ, सुधाचंद्रन का नृत्य देखती हूँ तो लगता है, कुछ देर के लिए ही सही लेकिन मेरे पैरों में संवेदना का एहसास आ जाए। नाचने की क्षमता उनमें आ जाए। ताल पर थिरकने तक की हलचल वह कर सकें। मेरी नृत्यकला का गवाह एक फोटो तक मेरे पास नहीं है, यह बात मुझे हमेशा कचोटती है।

जयसिंगपुर से हम कोल्हापुर आ गए। घर के पास ही लड़कियों का स्कूल था। उसमें मेरा और रेहाना का दाखिला हो गया। गैदरिंग में रेहाना ने नाटक में साड़ी पहनकर हिस्सा लिया। उसकी अनुमति के लिए सर को घर नहीं आना पड़ा था। उसने कानूनी भाषा का आधार लिया। ''नसीम को नृत्य करने के लिए दो बार अनुमति दे दी। फिर यह तो नाटक है, मैं उसमें काम करूँगी ही!''

उसे इजाजत मिलने के बाद अगले साल मैंने भी एक एकांकी बिठाने की योजना बनाई। उसका चयन मैंने ही किया बल्कि नियति को यह सब मंजूर था। 'मुकम् करोति वाचालम्, पंगू लंघयते गिरीम्।' यह उस एकांकी का शीर्षक था। दिग्दर्शक हम ही थे। उस समय श्रीमान जीवन कांबलेजी प्रधानाचार्य थे। हमारे लिए वे स्फूर्ति देवता थे। उन्होंने तुरन्त अनुमति दे दी। स्कूल के एक छोटे से समारोह में वह पेश भी की गई। सर ने काफी प्रशंसा की और गैदरिंग के समय दुबारा पेश करने को कहा। उससे हमें काफी खुशी हुई। थोड़ा-सा रियाज कर हमने वह पेश की। इस समय पद्मा शिरोडकर ने मात्र अक्ल के तारे तोड़ दिए।

दर्शकों के विशुद्ध मनोरंजन हेतु उसमें एक दृश्य और संवाद था। लेकिन पद्मा संवाद बोलना छोड़कर खुद ही हँसने लगी। वह संयम नहीं रख पाई। मैंने और चंदू ने उसे नियंत्रण में लाने का प्रयास किया। जोर से बोल दिया, ''इतना हँसने का क्या कारण है?''

चंदू ने नजदीक जाकर उसे धमकाया, ''अपनी हँसी पर काबू करो, वरना खैर नहीं।'' लेकिन यह सुनकर तो वह जोर से हँसने लगी। मेरे और चंदू के अतिरिक्त संवाद

सुनकर वह जोर से हँसने लगी। बात दर्शकों की समझ में आ गई। एक गम्भीर नाटिका का रूपांतर कॉमेडी में हो रहा था। सारे थिएटर में हँसी के फव्वारे फूटने लगे तो पर्दा गिराने का संकेत दिया। यह एकांकी मात्र अधूरी रह गई। रंगमंच से उतरते ही पद्मा जोर से रोने लगी। "मेरे कारण ही सब बेरंग हो गया" कहकर वह लगातार रोने लगी। उसकी रुलाई रुकने का नाम नहीं ले रही थी। जिससे हमने उसे माफ कर दिया।

मेरे अपाहिज हो जाने पर पहली बार जब पद्मा मुझसे मिली, ऐसे ही रो पड़ी थी। वह मुझसे दो साल छोटी थी लेकिन काफी जिगरी दोस्त थी। पद्मा एक सीधी-सादी और मेधावी लड़की थी। आज भी उसके पिताजी संस्था के कार्य में सहयोग देने की पूरी कोशिश में रहते हैं जिसे देखकर आश्चर्य होता है। उनके जन्मदिन पर उन्होंने सभी रिश्तेदारों एवं मित्र परिवार को यह हिदायत दी कि इस अवसर पर आप मुझे जो भी देना चाहेंगे वह 'हेल्पर्स' को भेज दो। उस समय अनेक डी.डी. और चेक्स हमारे नाम आ गए।

कोल्हापुर के स्कूल में हमने स्कूल की ज़मीन में सब्जी बो दी थी। उसे बेचकर जो रुपए हमने जमा किए थे, वह स्कूल में जमा किए थे। स्कूल में पढ़ाई के वक्त मिले दो अनुभव मुझे अच्छी तरह से याद हैं।

जयसिंगपुर की पाठशाला में मेरा संस्कृत विषय नहीं था। दूसरी बात यह थी कि वहाँ की अपेक्षा यहाँ की सिलाई की शिक्षा में बहुत अन्तर था! कोल्हापुर आने पर प्रथम जाँच इकाई में मुझे संस्कृत विषय में चार-पाँच तथा सिलाई के विषय में नब्बे प्रतिशत अंक मिले। रेहाना को मात्र संस्कृत में नब्बे प्रतिशत और सिलाई में चार-पाँच। संस्कृत के सर ने भरी कक्षा में मेरा मजाक उड़ाया, "अपनी बड़ी बहन से कुछ अक्ल ले लो...। कितनी मेधावी है वह! पूरी कक्षा में अव्वल आई है।" तब से मेरे मन में सर के प्रति गुस्सा था, लेकिन मैंने सचमुच रेहाना से संस्कृत सीख ली और जब पचास-साठ अंक प्राप्त कर लिए तब सर की नजर में मैं भी कक्षा की आज्ञाकारी छात्रा बन गई।

अप्रैल की पहली तारीख थी। संस्कृत के सर पूरे साल में केवल दीपावली में ही सिर पर नई टोपी पहना करते थे। शायद पूरे साल में वह टोपी धोई नहीं जाती इसलिए उस पर मैल जमते रहने से उसका रंग काला पड़ जाता था। बिना टोपी के सर को किसी ने देखा नहीं था। उनके सिर पर सचमुच बाल हैं या वे गंजे हैं इस बात की चर्चा हम लोगों में होती रहती। उस दिन पहली अप्रैल थी। सर कक्षा में पढ़ा रहे थे। उनकी पीठ हमारी तरफ थी। वे फलक पर कुछ लिख रहे थे। पता नहीं मुझे क्या हुआ? मैं जोर से चिल्लाई, "सर, आपकी टोपी पर टिड्डी।" यह सुनते ही सर ने झट से टोपी उतारकर फेंकी। उनके गंजे सिर पर सजी पतली-सी चोटी देखकर हमारे अचरज का ठिकाना नहीं रहा।

मतलब बालों को काटकर वे जान-बूझकर सिर को गंजा करते थे। वे घबराए स्वर में बोले, "कहाँ है टिड्डी?" उनके पूछते ही सारी कक्षा, विशेषकर मैं और मेरी पाँच-छह सहेलियाँ जोर से चिल्लाईं, 'अप्रैल फूल!'

इस पर रेहाना की तरह गोरा चिट्टा लगनेवाला सर का चेहरा गुस्से से तमतमा उठा। उनके छड़ी लेकर नजदीक आने पर हमने चुपचाप हथेलियाँ उनके सामने कीं। इतने पर भी उनका गुस्सा ठंडा नहीं हुआ। उन्होंने कहा, "आपको मेरी कक्षा में बैठने के लिए प्रधानाचार्य से अनुमति लेनी पड़ेगी।"

हम गिड़गिड़ाने लगे, "हमें माफ कर दीजिए। 'अप्रैल फूल' के मजाक को आप गलत न समझें। फिर कभी हम बड़ों के साथ ऐसा मजाक नहीं करेंगे। हमें माफ कीजिए।" मगर इसके बावजूद उन्होंने बिल्कुल नहीं माना। फिर वही उपदेश, "रेहाना की तरह बनो।" साफ नजर आ रहा था कि मेरे इस बर्ताव से उन्हें बुरा लगा था। हम चुपचाप कांबले सर के पास चली गईं। उनसे पूरा किस्सा बयान किया। हमने यह भी कबूल किया कि, "गुरु के साथ 'अप्रैल फूल' जैसा मजाक नहीं किया करते, यह हमें पता नहीं था। किसी ने इस बात को समझाया भी नहीं। हमें माफ कीजिए। इसके बाद हमारी तरफ से ऐसी बेहूदा हरकत कभी नहीं होगी।"

कांबले सर ने हँसकर हमें कक्षा में बैठने की अनुमति दे दी। क्यूँ न देते? आखिर हम उनकी लाडली छात्राएँ जो ठहरीं ! उन्होंने कोई दंड नहीं दिया।

पाठशाला से घर लौटते समय मैंने रेहाना और उसकी सहेलियों को यह घटना बता दी। कांबले सर की 'भलाई' के बारे में भी बता दिया। इस पर उन्होंने भी हँसकर अपनी कक्षा में घटित किस्सा बयान किया। संस्कृत के वही सर उनकी कक्षा में जैसे ही पढ़ाने के लिए आए, रेहाना और उसकी सहेलियाँ बाहर से अन्दर आ गईं। उन्होंने बताया कि कांबले सर ने उन्हें किसी काम की वजह से दफ़्तर में बुलाया है। वे दफ़्तर होकर आ गए। उन्हें किसी ने बुलाया था ही नहीं। सारी कक्षा एक आवाज में चिल्लाई, 'अप्रैल फूल!' लेकिन उन्होंने इस मजाक को हँसकर टाल दिया क्योंकि वह हरकत तो उनकी लाडली छात्राओं ने की थी न!

कोल्हापुर और जयसिंगपुर के स्कूल में पढ़ाई जानेवाली पी.टी. शिक्षा में भी काफी अन्तर था। जयसिंगपुर में कड़े अनुशासन में कभी मार्चिंग सिखाया नहीं गया था। बस, कुछ प्रकार सतही तौर पर सिखाए जाते थे। नतीजा यह हुआ कि कोल्हापुर आते ही कड़े अनुशासन में चलनेवाले 'मार्च पास्ट' के समय मैं 'बाएँ और दाहिने पैर' का आदेश ठीक से पालन न कर सकी और मुझे 'मार्च पास्ट' से बाहर कर दिया। पी.टी. की मैडम बहुत अच्छी थीं। पी. टी. कैसी करनी चाहिए, यह उन्होंने अच्छी तरह से समझा दिया। 'मार्च पास्ट' में अपमानित होने के कारण मैं नाराज हो गई थी। फिर आठ दिन घर और

बाहर केवल 'लेफ्ट और राईट' का सिलसिला चलता रहा। आगे चलकर ग्रुप के सामने मार्चिंग के ऑर्डर्स देने के लिए मुझे चुना गया। बाद में 'उत्तम मार्च पास्ट' के लिए मेरी प्रशंसा भी हुई। लेकिन...जल्द ही पीठ दर्द आरंभ हुआ।

पी. टी., खो-खो, कबड्डी, थ्रो बॉल इन सारे खेलों में शामिल होने से डॉक्टर ने मुझे मना कर दिया। वैसा सर्टिफिकेट भी दे दिया। प्रथम सत्र तथा फाइनल परीक्षा सिर पर आते ही मेरी पीठ में बहुत दर्द होने लगता। तब मैं नौंवी कक्षा में थी। कांबले सर कहते, ''बीमारी को बोल दो, थोड़ा ठहर जाओ। तुम्हारी तरफ देखने के लिए, तुम्हारा ख्याल रखने के लिए मेरे पास अब वक्त नहीं है। परीक्षा खत्म होते ही मैं तुम्हारी खबर लूँगी।'' मैं उसी हालत में दवाइयाँ लेकर, पीठ सेंककर, इंजेक्शन और दर्द को साथ लेकर ही प्रश्नपत्र हल करती। फिर दो मास के लिए बिछौना पकड़ लेती। दर्द असहनीय हो जाता। कांबले सर घर पर आते रहते।

शरीर के किसी हिस्से को स्पर्श करने पर सारा शरीर दर्द से बेहाल हो जाता। पूरी रात मैं सामान्य रूप से सो नहीं पाती। बिछौने पर पीठ टिका नहीं सकती थी। आराम मिले इसलिए कभी आरामकुर्सी पर या फिर पलंग पर तकिया टिकाकर रात भर बैठी रहती। अम्मी या अब्बा दिन-रात मेरे पास बैठे रहते। मेरा दर्द कम हो इसलिए नाना इलाज करते। मेरी बस एक ही इच्छा रहती कि थोड़ी देर के लिए ही सही दर्द से छुटकारा मिले और मैं आराम से सो सकूँ। इस बीमारी में मेरा साँवला रंग पूरी तरह से काला पड़ जाता था। घुँघराले बालों की उलझनें सुलझाते समय होनेवाला दर्द तक असहनीय हो जाता और मुँह से चीत्कार निकलती। मजबूरन मैं कहने लगती, ''बिना बाल ठीक किए ही मुझे अस्पताल ले चलो।'' डॉ. जाधव से आरंभ हुई मेरी जाँच कोल्हापुर के सभी ख्यातलब्ध डॉक्टर्स, फिजिशियन्स से भी पूरी न हो पाई। लगातार इंजेक्शन्स और इलेक्ट्रिक शॉक से दो-एक महीनों में मेरा दर्द कुछ कम तो हो जाता, लेकिन कमर के निचले हिस्से में झुनझुनियाँ आने लगतीं जिससे वहाँ किसी संवेदना का एहसास नहीं होता था। मैं इलाज करनेवाले डॉक्टर्स से कहती, ''नहाते समय ऊपरी शरीर को पानी की गर्मी महसूस होती है लेकिन नीचेवाले हिस्से में पता नहीं चलता कि पानी गरम है या ठंडा।''

मुझे पता नहीं था कि यह मेरे लिए कितना अनिष्टकारी हो सकता था।

मैं देख रही थी कि अब्बा मेरे इलाज के लिए पानी की तरह रुपए बहा रहे थे। किसी दवा का असर नहीं हुआ तो वह बोतल वैसे ही किनारे कर नए डॉक्टर की बताई नई दवा लाई जाती थी। इस तरह पूरी उपयोग में न लाई आधी-अधूरी बोतलों का ढेर लग जाता। इन सभी बातों का नतीजा था कि, कोल्हापुर की छात्राएँ बुद्धिमान होने के कारण दूसरे-तीसरे स्थान पर होनेवाली मैं चौथे-पाँचवें नंबर पर चली गई। केवल एक बार मैं दूसरा क्रमांक हासिल कर पाई। रेहाना ने मात्र अपना अव्वल नंबर बरकरार रखा।

ऐसी हालत में ही मैंने एस.एस.सी. (ग्यारहवीं) की परीक्षा दे दी। प्रथम श्रेणी प्राप्त नहीं कर पाई। बहुत कम अंक से उसने चकमा दिया। मैं बहुत मायूस बनी। लेकिन तसल्ली थी कि कम-से-कम पास तो हो गई। परीक्षा खत्म होते ही मैंने फिर से बिस्तर पकड़ लिया था। इस बार दर्द के साथ-साथ शरीर झटके मार रहा था। यह मानो नए संकट की आहट थी। छुट्टियाँ शुरू होते ही मैं ननिहाल चली गई। पूरी छुट्टियाँ वहीं बिताईं।

मेरे एस.एस.सी. पास होने से एक साल पहले रेहाना एस.एस.सी. उत्तीर्ण हो गई थी। अन्य लोगों का कहना था कि उसे कॉलेज मत भेजो। वह बिगड़ जाएगी। भविष्य में शायद शादी-ब्याह के मामले में कठिनाई आ जाएगी। हम सबकी बड़ी बहन जैबून की शिक्षा भी इसी वजह से सातवीं के बाद रोक दी गई थी। उस समय शादी के लिए आनेवाली दिक्कतों को जानते हुए भी पिताजी ने रेहाना को कॉलेज जाने की इजाजत दे दी। रेहाना डॉक्टर बनना चाहती थी। मेरी भी डॉक्टर बनने की अन्दरूनी इच्छा थी। बीमारी और एस.एस.सी. में मिले कम अंक के कारण मेरे लिए यह लगभग असंभव था। दूसरे, डॉक्टरों ने साइंस संकाय में प्रवेश न लेने की सलाह दी थी। आखिर मजबूरन आर्ट्स के लिए राजाराम कॉलेज में प्रवेश ले लिया।

उन दिनों मेरी सबसे छोटी बहन कौसर पहली कक्षा में पढ़ रही थी। भाई अजीज आठवीं में था। हम सभी भाई-बहन चाहते थे कि कौसर को इंग्लिश स्कूल में दाखिल करवा दिया जाए। लेकिन इंग्लिश मीडियम में होनेवाला खर्चा वहन करना हमारे लिए नामुमकिन था। इसीलिए कौसर को उसी पाठशाला में भेजा गया, जहाँ से मैंने और रेहाना ने शिक्षा ली थी। सभी बच्चों में कौसर छोटी थी। अब्बा की वह लाडली थी। अब्बा कहते थे कि, उससे अगर कोई गलती हो तो कोई उसे डाँटेगा नहीं बल्कि प्यार से समझाएगा। मेरी बीमारी के दिनों में अम्मी और अब्बा मेरे साथ ही सोते। अब्बा अगर मेरे साथ होते तो कौसर अम्मी के पास सो जाती और अगर अम्मी मेरे पास होती तो वह चुपचाप अब्बा के पास चली जाती। छोटी-सी उम्र में इतनी समझ !

बचपन पार कर मैंने जवानी में कदम रखा। सबसे प्यारे दिन, जवानी के दिन ! उन दिनों ऐसा भी लगता था कि बचपन कभी खत्म ही ना हो! कौसर की तरह छोटी रहने पर बड़ों की तरफ से लाड़ और प्यार मिलेगा, बड़ा होने पर मान और सम्मान ! बचपन के दिनों की यादों को मन में सँजोकर मैंने कॉलेज की रंगीन दुनिया में कदम रखा। कॉलेज का पहला दिन...।

रेहाना से सुनी कॉलेज के शरारती लड़कों की हरकतों के कारण मन में डर बैठ गया था। मैं एकदम सहमी मानसिकता से कॉलेज पहुँची। बात यह थी कि इसके पहले चार वर्ष, मैंने लड़कियों की पाठशाला में ही पढ़ाई की थी। अब कॉलेज में लड़कों के साथ एक ही कक्षा में कैसी पढ़ाई होगी, उनके साथ कैसा व्यवहार करना चाहिए ऐसी ढेर सारी

आशंकाएँ मन में थीं। उन दिनों लड़कियों में सलवार-कुर्ते का प्रचलन आम नहीं था। मैं सन् 1966 की बात कर रही हूँ।

सलवार-कुर्ता पहनकर मैंने भवानी मंडप में स्थित राजाराम कॉलेज में प्रवेश किया। प्रवेशद्वार में दोनों तरफ लड़के खड़े थे। उषा, शोभा, अरुणा इन सहेलियों के साथ मैं जा रही थी। एक मजनू ने हाथ में गुलाब का खिला फूल लेकर मजाक भरे शब्दों में स्वागत किया, ''बा आदब, बा मुलाहिजा होशियार ! मलिका पधार रही हैं।''

माँ की सीख याद आ गई, ''कोई कुछ भी करे, ध्यान मत देना। गर्दन नीचे किए अपने रास्ते चले जाना। टपोरी लड़के कुछ दिनों तक सताते हैं। हमारी तरफ से कोई प्रत्युत्तर न मिलने पर अपने आप चुप बैठते हैं। विरोध या प्रत्युत्तर करने से अथवा आँखें दिखाने से वे प्रेरित होते हैं।'' पहले दिन यह अनुभव मिलने पर माँ की आज्ञा का पालन किया। कक्षा में लड़कियाँ ही मौजूद थीं, विभिन्न पाठशालाओं से आई लड़कियाँ परस्पर परिचय कर रही थीं।

पाठशाला में सुंदर हस्ताक्षर के कारण सर्वपरिचित सहेली उषा डफले बोली, ''ये नसीम है न ! बहुत स्कॉलर है!'' पता नहीं क्यों मुझे हाथ से छुटी प्रथम श्रेणी याद आ गई। मैंने पिछली कक्षा में प्राप्त अंक बताकर कहा, ''इस उषा को तो मजाक करने की बुरी आदत है।''

कॉलेज छूटने पर घर लौटते समय उषा के साथ मेरा झगड़ा हुआ। उषा का कहना था कि उसका मजाक करने का कोई इरादा नहीं था। मैं वाकई स्कॉलर हूँ। और मैं कह रही थी कि अगर मैं स्कॉलर होती तो इतने कम अंक कैसे मिलते? इस घटना के बाद एक साल तक हम दोनों में मौन रहा। दोनों के घर पड़ोस में होकर (बीच में केवल रास्ता था) भी यह चुप्पी बनी रही। हम दोनों अलग-अलग रास्ते से चली जातीं। वैसे दोनों के विषय अलग होने से अपवाद से ही भेंट होती थी।

एक महीने के अन्दर ही मेरी बहुत सारे लड़के-लड़कियों के साथ दोस्ती हो गई। उन दिनों कॉलेज में प्रत्येक छात्र को पी.टी. अथवा एन.सी.सी. लेना अनिवार्य था। रेहाना साइंस साईड में होने से मेरी रिपोर्ट घर पहुँचने का कोई सवाल ही नहीं था। एन.सी.सी. में भाग लेने की इच्छा थी लेकिन यूनिफॉर्म के कारण यह असंभव था। घर में पता चल जाता तो गड़बड़ होती। डॉक्टर की सलाह को नजरअन्दाज कर मैंने पी.टी. ज्वॉइन की। खेलने का शौक पूरा करने लगी। सहेलियों के आग्रह के कारण पी.टी. लीडर के चुनाव में भी हिस्सा लिया। अचरज की बात यह कि सबसे ज्यादा वोट मुझे ही मिले। हर साल अलग प्रतिनिधि का चयन होता। साल के अन्त में मुझे 'बेस्ट लीडर' का पुरस्कार मिला। आज भी जब मैं उस प्रमाणपत्र को देखती हूँ तो एक अजीब-सी खुशी महसूस होती है। वाकई लीडरशिप करने से आत्मविश्वास बढ़ता है।

एक दिन पी. टी. करने के बाद रस्सी पर छलाँग लगा रही थी कि अचानक पीठ में दर्द हो गया। आँखों के सामने अँधेरा छा गया। मैं नीचे बैठ गई या गिर गई पता ही नहीं चला। आँखें खोलने पर रोशनी दिखने लगी। मेरे चेहरे पर पानी की छींटें मार दी गई थीं। होंठों से पानी का प्याला किसी ने पकड़ा हुआ था। मैंने सहेलियों से विनती की कि अगर वे मुझे मैदान पर फिर से देखना चाहती हैं तो इस घटना का रेहाना अथवा मेरे घरवालों को पता न चले। सभी ने मेरी विनती मान ली। उनको क्या पता कि नियति मेरे साथ कौन-सा खेल खेलनेवाली थी! इसके बाद मेरे साथ कुछ अजीब-सा घटित होने लगा। चलते वक्त मैं जब कदम जमीन पर रखती तो वह टेढ़ा होने लगा। कुछ सहेलियाँ इस बात पर मजाक करने लगीं, ''शायद, कॉलेज की हवा लगी है, तभी तो स्टाईल में चलने लगी है।'' चलते समय मेरा पैरों पर नियंत्रण नहीं रहा। वैसे ही यूरिन पर भी नियंत्रण नहीं रहा। परीक्षा नजदीक आ रही थी। मैं पशोपेश में थी कि अगर घर में बताया जाए तो घरवाले कॉलेज नहीं भेजेंगे और जैबून की तरह मैं भी अनपढ़ रह जाऊँगी। लेकिन बीमारी का दर्द दिन-ब-दिन बढ़ने लगा, जिसे सहना दूभर हो रहा था। बिछौना पकड़ने से पहले का आठ-दस दिन पूर्व घटित एक प्रसंग अभी भी मुझे याद है...।

एक छोटी-सी बात पर मेरा और रेहाना का झगड़ा हो गया था। अम्मी ने मुझ पर हाथ उठाया और मार पड़ने से पहले ही पीठ में जोर का दर्द होने से मैं झट् से नीचे बैठ गई। अम्मी को गलतफहमी हो गई थी कि पिटाई से बचने के लिए मैं हर समय बहाना ढूँढती हूँ। उसने पीठ पर एक मुक्का लगाया और चली गई। मैंने उठने की व्यर्थ कोशिश की। असहनीय दर्द और गुस्से के अतिरेक से मेरे मुँह से कोई शब्द नहीं निकला। मेरे वेदना से भरे चेहरे को देखकर शायद रेहाना को मेरी स्थिति की गम्भीरता का पता चल गया। उसने मुझे सहारा देकर उठाया और पलंग पर लिटा दिया। बीमारी के चलते उस पलंग से मेरा अटूट रिश्ता बन गया था। मैं होंठों को भींचकर दर्द सहने की कोशिश कर रही थी। आँखों से अनायास आँसू बह रहे थे। रेहाना मुझसे माफी माँग रही थी। कुछ देर बाद अम्मी ने मेरी पूछताछ की। पीठ दर्द के कारण मैं कॉलेज नहीं जाऊँगी, यह सुनते ही उसकी ममता उमड़ आई। मेरे नजदीक आकर उसने मुझे दवा और दूध पिलाया। मैं बिस्तर पर वैसे ही पड़ी रही। सिरहाने अनायास हाथ गया तो कहानियों की किताब हाथ लगी। (शायद रेहाना ने उसे वहाँ छुपाया था) वैसे तो कहानियों की कोई भी किताब हाथ लगती तो पढ़कर पूरी किए बगैर मेरे हाथ से नहीं छूटती। लेकिन उस दिन पढ़ने में मेरा मन नहीं लगा। अम्मी ने मेरे दर्द को स्वाँग समझा, यह बात मुझे बेचैन कर रही थी।

मैं छठी कक्षा में पढ़ रही थी तब भी इसी प्रकार का वाकया घटित हुआ। परीक्षा के दिन होने से मैं पढ़ाई में मगन थी। शाम का समय था। अब्बा एक बड़ी मछली ले आए थे। अम्मी मसाले की तैयारी कर रही थी। बहन मछली तेल में तल रही थी। तभी

स्टोव का केरोसीन खत्म हो गया। अम्मी ने मुझे केरोसीन डालने के लिए बुलाया। पढ़ाई छोड़कर उठना पड़ा इसीलिए मेरे माथे पर शिकन आई थी। परीक्षा के दौरान हमारे घर में खाने के लिए तरह-तरह के व्यंजन बनाए जाते। परीक्षा के तनाव के चलते 'भूख नहीं लगती', 'खाना खाया नहीं जाता' वगैरह की शिकायत न रहे, इसीलिए यह उपाय किया गया था। मैं स्टोव में केरोसीन डाल रही थी तभी बहन ने स्टोव पर रखे फ्राईंग पॅन में मछली छोड़ दी, जिससे उबला हुआ गरम तेल मेरे दाहिने हाथ के पीछे कलाई और उँगलियों पर उड़ गया। मैं अनायास जोर से चिल्लाई। अम्मी की पुनश्च गलतफहमी कि थोड़ा जल जाने पर जानबूझकर मैं चिल्ला रही हूँ। उसने बहन को छोड़कर मुझ पर ही अपना गुस्सा उतार दिया। मैंने मुँह से शब्द न निकालते हुए अपना काम पूरा किया। दर्द और जलन मेरी सहनशक्ति के बाहर हो रही थी। बाथरूम में जाकर मैंने जले हुए हाथ पर ठंडा पानी छोड़ दिया। उस पानी के साथ मेरी आँखों से भी आँसुओं की धाराएँ बहने लगीं। उसके बाद मैं पढ़ाई करने की मानसिकता में नहीं थी। हाथ जलने के कारण कल पेपर लिख पाऊँगी या नहीं, यह चिन्ता अलग से सता रही थी। मैं अँधेरे में जाकर खामोश बैठ गई। खाने के वक्त मुझे बुलावा भेजा गया। मैंने 'भूख नहीं' का बहाना बनाया क्योंकि हाथ से कौर तोड़ना नामुमकिन था। दूसरे, मैं अपना हाथ और मजबूरी किसी के सामने जाहिर नहीं करना चाहती थी।

अम्मी ने दुबारा मुझे बुलाने के लिए रेहाना को भेज दिया। मैंने उसे मजबूरन अपनी जली हुई हथेली दिखाई। मैंने अपना दर्द रेहाना के चेहरे पर महसूस किया। वह लगभग खींचकर ही मुझे रसोईघर में ले गई। अम्मी तथा बाकी सभी लोगों को उसने मेरा हाथ दिखाया। हाथ का जख्म देखकर सबकी भागदौड़ शुरू हो गई। बरनॉल लगाया गया। काफी बड़ा फफोला उभर आया था। उस दिन अम्मी ने मुझे अपने हाथ से खिलाया। जख्म सूखने में काफी दिन लगे। जलने का दाग हाथ पर न बना रहे इसलिए हर रोज अम्मी सूखे नारियल को जलाकर, उसे रगड़कर मेरे हाथ पर लेप लगा देती थी। आज भी सभी अचरज करते हैं कि इतना जलने पर भी उस दिन मैं टस से मस कैसे नहीं हुई? अब तो दर्द और वेदना को चुपचाप सहने की मेरी आदत-सी बन गई है। इस घटना को मैं लगभग भूल गई थी। रेहाना ने ही मुझे इसकी याद दिलाई। नियति भी मेरे साथ अजब खेल खेल रही थी। तकदीर मानो मुझे भविष्य की जिन्दगी की तालीम दे रही थी।

बीमारी कम होने के कुछ आसार नजर नहीं आ रहे थे। एक दिन बिछौने पर ही दोपहर का खाना खाकर आँखें मूँदकर सोने की कोशिश कर रही थी, तभी याद आया कि कुछ बरस पहले कोल्हापुर में बिल्कुल इसी पलंग पर लेटकर किताब पढ़ रही थी। रेहाना आते ही पुस्तक माँगने लगी। मैंने उसे पुस्तक नहीं दी। उसने वह छीनने की कोशिश की। मैं किताब को छोड़ूँ इसलिए वह मुझे गुदगुदी करने लगी। हँसी से

लोट-पोट होकर मैंने गर्दन उठाई। वह तकिए से लुढ़ककर पलंग के किनारे आ गई। मेरा आधा शरीर पलंग पर और गर्दन नीचे झूलने लगी। एक हाथ में कसकर पकड़ी किताब और गुदगुदी के कारण मैं निढाल हो गई। रेहाना ने भाँप लिया कि मुझे तकलीफ हो रही है। उसने झट् से मेरी गर्दन को सहारा देकर मुझे पलंग पर लिटा दिया।

मेरे कुछ स्वग्थ हो जाने पर रेहाना ने पूछा कि, ''कहीं चोट तो नहीं आई?'' मैंने पीठ की ओर संकेत किया। उसने कोई मरहम लगा दिया। हमेशा की तरह इस घटना को मैं किसी को न बताऊँ, इसीलिए गिड़गिड़ाई। मैं जानबूझकर इस बात को भूल गई क्योंकि रेहाना अब केवल मेरी बहन न होकर अच्छी सहेली भी बन गई थी। वैसे भी मुझे चोट पहुँचाने के लिए उसने यह नहीं किया था। उसके बाद मुझे भी दर्द नहीं हुआ था। इसी कारण मैं उस घटना को भूल गई। आज मुझे यह बात याद आ गई। हर बार डॉक्टर मुझसे पूछते, 'क्या कहीं गिर गई थी? पीठ में कहीं चोट आई थी?' तब मुझे यह घटना याद आई थी, लेकिन रेहाना को डाँट पड़ेगी इस डर से मैं चुप रही। यह दर्द शायद नाचते समय गिर जाने के कारण या फिर कबड्डी खेलते समय पीठ पर गिर जाने के कारण होता होगा। ऑपरेशन के बाद पता चला कि 'घर में किसी को नहीं बताना' ऐसा कहनेवाली रेहाना ने ही स्वयं रोते-रोते अब्बा को सारी बात बताई थी।

इसके बाद मैंने हमेशा के लिए बिछौना पकड़ लिया। अम्मी-अब्बा और कांबले सर ने जोर दिया कि इलाज के लिए मैं मिरज के वानलेस अस्पताल में जाऊँ। परीक्षा नजदीक आई थी। मेरी पढ़ाई हो गई थी इसीलिए मैंने 'परीक्षा के बाद देखा जाएगा' ऐसा कहकर टाल दिया। लेकिन इस बार लगातार पीठ का दर्द बढ़ता ही जा रहा था। वह इतना जानलेवा था कि अब टॉयलेट और बाथरूम जाना तक असंभव हो रहा था। बीमारी के कारण त्वचा का रंग कोयले की तरह काला पड़ गया था। देह फूल रही थी। दवा, इंजेक्शन और सेंकना लगातार जारी था। कोई दवा असर नहीं कर रही थी इसीलिए किसी ने मेथी के दाने कूटकर उसका लेप लगाने की सलाह दी। जब लगाया तो उसकी असहनीय तकलीफ के बदले मुझे मृत्यु मुनासिब लगी। सूखे लेप को शरीर से निकालते समय दर्द से मेरे मुँह से निकलनेवाली चीखें आज भी कानों में गूँजती हैं।

नींद की दवा लेने पर मेरी पलकें झपकने लगतीं। मच्छरों से राहत मिले इसलिए मसहरी लगाई जाती। नींद में मुझे लगता कि किसी जबरदस्त शक्ति ने मेरे दोनों पैर मजबूती से जकड़ लिए हैं। कभी लगता कि मेरे पैर पत्थर में तब्दील हो गए हैं। फिर मैं पैरों को उठाकर मसहरी छूने का प्रयास करती रहती। उस समय ऐसा लगता कि उस शक्ति ने मेरे कंधे और सीने को पकड़ रखा है। मैं नींद में जोर से चिल्लाती, ''कौन है? निकाल दो इसे बाहर।'' मुझे लगता कि मैं पूरी तरह से होश में हूँ। मेरी नानी मेरे पास आकर कहती कि 'तुमने नींद में कोई डरावना सपना देखा है।' लेकिन वह सपना नहीं

था। इसे कोई सच मानने के लिए तैयार नहीं होता था। फिर अम्मी और नानी मेरे शरीर पर दुआ पढ़कर फूँक देतीं। मेरे शरीर को ममताभरे हाथों से सहलाती रहतीं। मैं डरी हुई आवाज में कहती, ''आप यहाँ से मत जाओ, वह शक्ति मुझे दबोच लेगी।'' मैं उन्हें अपने पास से जाने न देती।

इम्तिहान शुरू हो गए। मैं रिक्शा से पहले डॉक्टर के पास चली जाती। इंजेक्शन और सेंक लेकर फिर परीक्षा हॉल में चली जाती। दो पर्चे खत्म हो गए। तीसरे पर्चे के लिए बैठी थी तब मेरी बीमारी से अनजान एक सहेली ने पीछे से आकर मेरे कंधे पर हाथ रखा। दर्द के कारण मैं जोर से चिल्लाई। सारे लड़के-लड़कियाँ मेरे पास इकट्ठा हो गए। वह सहेली माफी माँगते-माँगते रोने की स्थिति में आ गई। जैसे-तैसे मैं परीक्षा हॉल में आकर बैठ गई। दर्द बढ़ता जा रहा था। मुझे कुछ सूझ नहीं रहा था। उत्तर याद नहीं आ रहे थे। दूर कहीं गाने की रिकॉर्ड बज रही थी। वही गाने मैंने पर्चे में लिख दिए। घर लौटने पर भाईजान के ''पर्चा कैसा रहा?'' पूछते ही मैं रो पड़ी। रोते हुए मैंने सब बता दिया। इस पर अब्बा बोले, ''बेटी, अगर कुछ याद नहीं आ रहा था तो पर्चा कोरा रख आती। उसमें गाना-वाना नहीं लिखना चाहिए।'' उसके बाद के पर्चे मैंने कैसे हल किए? वह अल्लाह ही जाने। फिर भी उस साल मैं सभी विषयों में दूसरी श्रेणी में पास हो गई; यह एक आश्चर्य ही है!

कॉलेज की सहेलियाँ कोल्ड्रिंक हाउस में जाकर आईस्क्रीम खाने की बहुत जिद करती थी। मुझे पता था कि घर में यह बात रास नहीं आएगी। घरवाले हमें पढ़ा रहे थे, यही क्या हमारे लिए कम था? जब-जब मुझसे पूछा जाता तब-तब मैं 'परीक्षा खत्म हो जाने पर देखा जाएगा' कहकर टाल देती थी। अंतिम पर्चा खत्म होते ही पिक्चर देखने का प्रोग्राम तय हुआ था। इजाजत भी मिल गई थी। लेकिन तब तक मेरी बैठने की क्षमता जवाब दे चुकी थी। सहेलियाँ समझा रही थी, 'कैन्सल कर देंगे, डॉक्टर के पास चले जाएँगे' लेकिन मैंने ही पिक्चर देखने के लिए जाने की जिद पकड़ ली। पिक्चर थी, ''यह जिन्दगी कितनी हसीन है।'' दिलीपकुमार और मीनाकुमारी के अलावा मैं अन्य अभिनेता या अभिनेत्री से अनभिज्ञ थी। उस दिन देखे हुए पिक्चर में कौन नायक-नायिका थी? उसकी कथा क्या थी? कुछ समझ में नहीं आया। जिन्दगी हसीन थी या और कुछ? पीठ में लगातार होनेवाले दर्द के कारण कुछ पता नहीं चला। सहेलियों को दिया वचन पूरा करने के लिए मैं तीन घंटे बेचैन अवस्था में थिएटर में बैठी रही। घर लौटते समय मेरे साथ अरुणा थी। उसका घर आ गया तो वह चली गई। मुझे घर पहुँचने के लिए बस थोड़ा अन्तर पार करना था। अँधेरा धीमी गति से बढ़ रहा था। अरुणा घर छोड़ने के लिए साथ आ रही थी लेकिन मैंने ही मना कर दिया क्योंकि वह खुद बहुत डरपोक थी। वह अपने घर की ओर मुड़ गई तो मैं अकेली चलने लगी।

अरुणा कामत मेरी एक अच्छी सहेली थी। मेधावी और स्वभाव से शान्त। उसके पिताजी एल.आई.सी. में मैनेजर थे। उन्हें ऑफिस की तरफ से ॲम्बेसेडर कार की सुविधा थी। मैं और अरुणा सुबह साथ ही साथ कॉलेज जातीं। उसके पिता हम दोनों को कार से छोड़ देते। अरुणा के न होने पर भी वे मुझे कार से छोड़ने आते जिससे कॉलेज में सभी को यह लगता कि वे ही मेरे पिताजी हैं। अरुणा सेहत ठीक न रहने से बराबर अनुपस्थित रहती जबकि मैं कभी कॉलेज जाना नहीं टालती थी। कॉलेज से लौटते समय मैं उसके साथ बस से स्टेशन तक आती। वहाँ उतरकर पैदल ताराबाई पार्क तक जाती। इससे बस के टिकट के आधे पैसे बच जाते। बस के टिकट और पॉकेटमनी से बचे रुपए इकट्ठा कर मैंने अपनी पसंद का गुलाबी रंग का एक सुंदर सलवार-कुर्ता खरीदा था, जिसे मैंने उस दिन पहना था। मैं आधी ही दूरी पार कर गई थी तभी सामने से भैंसों का झुंड आ गया। दर्द के कारण मैं तेजी से चल नहीं पाती थी। अँधेरा पूरी तरह घिर आया था। मन में विचार आया, अरुणा घर तक छोड़ने आती तो ठीक होता। घर से किसी के लेने के लिए आने का सवाल ही नहीं था। भैंस कहीं मुझे अपने सींग से घायल न कर दे इस डर के मारे बदहवास-सी मैं उठती-बैठती कैसे घर पहुँच गई, मुझे पता नहीं। पहुँचते ही सीढ़ियों पर बैठ गई। कब किसने दरवाजा खोला पता नहीं। होश में आई तो पता चल कि मुझे 'कावला चौराहा' के सामने वानलेस अस्पताल में इलाज के लिए भर्ती किया गया था।

पाँच-छह दिनों में एक्स-रे तथा कई प्रकार की जाँच हुई। एक्स-रे में कोई दोष दिखाई नहीं दे रहा था। डॉ. बिद्री ने जाहिर किया कि यह लड़की लाड़-प्यार से बिगड़ गई है। मेरा खाने का मन नहीं करता इसलिए घर से तरह-तरह के व्यंजन बनाकर लाए जाते। पीड़ा के कारण मेरी खाने की इच्छा न होती। मेरी चीख-चिल्लाहट बाहर रास्ते पर सुनाई देती। एक्स-रे में कोई दोष न मिलने से डॉक्टर ने मुझे जबरन पलंग से उठाया। मैं नखशिख काँपने लगी। जरा-सी हलचल पर भी भयावह पीड़ा होने लगी। लेकिन डॉक्टर ने चलने का आदेश दिया। पैर उठाते ही मैं गिरने को होती। इस पर उन्होंने मेरी बाँहें पकड़कर खींच दिया। मैं जानवर की तरह चीख पड़ी। वार्ड के सभी लोग जमा हुए। 'डॉक्टर है या हैवान' ऐसा कहने लगे। इस पर डॉक्टर ने उल्टे कहा, ''इसे कुछ नहीं हुआ है। कॉलेज में प्यार-व्यार का चक्कर होगा। पता करो। यह बीमारी सायकॉलॉजिकल है।'' वे इस पर रुके नहीं तो उन्होंने उस दिन अब्बा को मुझे सायकिॲट्रिस्ट को दिखाने की सलाह तक दे दी।

दूसरे दिन, समय ठीक से याद नहीं लेकिन वह 24 अप्रैल, 1967 का दिन था। डॉक्टर की जिद के कारण अम्मी और बहन का आधार लेकर मैं चुपचाप वेदना सहती बाथरूम की ओर जा रही थी। बाथरूम के दरवाजे के पास जाते ही मैं पछाड़ खाकर गिर

पड़ी। सभी ने मिलकर उठाया और पलंग पर लिटा दिया। वेदना से राहत मिल गई थी। कब मेरी आँखें बंद हुईं यह भी पता न चला। आँखें खुलने पर देखा कि मैं वार्ड में नहीं स्पेशल कमरे में थी। मेरे केवल हाथ ही हिल रहे थे। सीने के नीचेवाला हिस्सा संवेदनहीन बना था। पलंग से यूरिन बैग लटकाई थी।

कमरतले के हिस्से का सेन्सेशन चला गया लेकिन डॉक्टर डिस्चार्ज देने को तैयार नहीं थे। आखिर अब्बा ने आगबबूला होकर कहा कि इसे कुछ हो जाए तो मैं मुकदमा दायर करूँगा। इस पर हलचल हुई और अस्पताल की ऍम्ब्युलेन्स में डॉक्टर, नर्स आदि के साथ मुझे मिरज के वॉनलेस अस्पताल में लाया गया।

यह सब लिखते समय मन पर असीम तनाव है। 'लोटस' में पीड़ा से छटपटानेवाला अफसाना आँखों के सामने है। कल ही उस पर प्लास्टिक सर्जरी कर दी है। वॉनलेस अस्पताल में जो भयावह यातनाएँ सहनी पड़ीं और उसके बाद तन्दुरुस्त बनने के लिए जो दौड़धूप करनी पड़ी वह कागज पर उतारने के लिए मैं मानसिक तौर पर स्वयं को तैयार करने जा रही हूँ। अतीत के इस प्रसंग को याद कर लिखते समय तक रीढ़ की हड्डी से वेदना के साथ ठंड की लहर हाथों की तरफ सरक रही है। हाथ बर्फ की तरह ठंडे पड़कर उसमें झुनझुनियाँ आ रही हैं। उँगलियाँ जवाब दे रही हैं। पिछले साल जब ऐसी ही पीड़ा हो रही थी तब मैं डॉ. मोहनराव गुणे के पास जाकर खूब रोई थी। कमरतले का हिस्सा संवेदनहीन बनते समय उस हिस्से में ऐसे ही झुनझुनियाँ आती थीं।

मिरज में आते ही मायलोग्राम (मनके में इंजेक्शन देकर एक्स-रे) निकाला गया। उसमें एक मनका दबा हुआ पाया। उसमें वातनाड़ी पर एक गाँठ भी थी। तुरन्त वह गाँठ निकालने का निर्णय लिया गया। डॉ. डोनाल्डसन और डॉ. प्रधान मेरा इलाज कर रहे थे। 20 मई, 1967 को मुझ पर शल्यक्रिया करते समय डॉक्टरों को पूरा विश्वास था कि गाँठ निकलते ही संवेदना का प्रवाह शुरू हो जाएगा। मेरी भी ऐसी ही आशा थी। स्पर्शज्ञान आने पर मैं पैर हिला पाऊँगी, खड़ी होकर चल सकूँगी इस आशा से क्लोरोफॉर्म देते समय मैं खुश थी। अम्मी, अब्बा, मेरे मामा, दादी, बहनें, मौसी आदि के चिन्ताग्रस्त चेहरे देखकर मुझे अचरज हो रहा था। मैंने मन-ही-मन निर्णय लिया कि जब घूमने-फिरने लगूँगी तो अम्मी-अब्बा की अनुमति लेकर इसी अस्पताल में रहकर नर्सिंग का कोर्स पूरा करूँगी। इसके पीछे वहाँ के कई मरीज और संजीवनी से बनी दोस्ती थी।

संजीवनी की शादी हुई और वह गाड़ी से ससुराल जा रही थी कि दुर्घटना हुई। उसका कमरतले का हिस्सा मेरी तरह ही संवेदनहीन हो गया था। वह पैराप्लेजिक बन गई थी। इसी कारण उसका पति या ससुराल का कोई व्यक्ति उसे देखने अस्पताल नहीं आया था। मायके में कोई था नहीं। मामा ने ही उसकी शादी की थी। अस्पताल में भर्ती

हुए उसे ग्यारह मास हो चुके थे। अनाथ तो पहले से ही थी अब दुर्भाग्य से उसके हिस्से में अपाहिजपन आया था। उसे कोई कपड़े तो कोई खाने की चीजें लाकर देता। उसकी यह दशा देखकर मुझे बहुत दुख होता।

शल्यक्रिया के बाद मुझे स्ट्रेचर से लाया जा रहा था तभी होश आ गया। स्ट्रेचर से पलंग पर लिटाते समय खून से लथपथ चादर और करवट बदलते समय रीढ़ की हड्डी में होनेवाली वेदना से मैं हर पल मृत्यु को आमंत्रित कर रही थी। इस यातना से मुक्ति मिले इसलिए मैं देखने आए हर व्यक्ति से जहर माँगती। सात इंच रीढ़ की हड्डी चीर दी गई थी। तेरह धागों से उसे जोड़ा था। पूरा एक मास मैं दिन-रात पीड़ा से छटपटा रही थी। पैरों में स्पर्शज्ञान या संवेदना आना तो दूर लेकिन एक दिन अम्मी ने मेरा बिस्तर सँवारते समय देखा कि कमरतले चींटियों ने वाल्मीक बनाया है। अम्मी की चीख और उसे डर से काँपते देखकर सब दौड़ते हुए आए। मैं तो नीचे कुछ देख नहीं पाती थी। सिस्टर्स और घरवालों को बिछौना बदलने पर बेडशीट पर ढेर सारी चींटियाँ दिखाई दीं। शरीर को चींटियों ने जहाँ-तहाँ नोच दिया था। खून के छोटे-छोटे धब्बे दिखाई दे रहे थे अर्थात् मैंने यह सब औरों के मुँह से सुना। अम्मी की आँखें रो-रोकर सूज गई थीं। उस दिन कमरे के बाहर देर रात वह रोती रही। मेरे कमरे में आने का उसका साहस नहीं हुआ। उसे लगा होगा कि बेटी के नसीब में यह क्या? इसके बाद अम्मी बार-बार मेरा बिस्तर साफ कर देती। वह मेरे पैरों की ओर टकटकी लगा देती। मेरी तरह ही उसे लगता था कि अचानक पैरों में हलचल होगी। एक दिन अम्मी ने पाँव का अँगूठा हिलते हुए देखा तो वह काफी खुश हुई और सभी को बताने लगी। सभी को लगा कि अब मैं खतरे से बाहर हूँ। लेकिन एक दिन डॉक्टर मेरे सामने पहियों की कुर्सी ले आए। दो-चार लोगों ने मुझे उठाकर उस पर बिठा दिया।

महीनों बाद उठकर बैठने से कुर्सी पर बैठते ही मेरी आँखों के सामने अँधेरा छा गया। मेरी गर्दन लुढ़क गई तो मुझे फिर पलंग पर लिटाया। इतनी-सी हलचल से पसीना छूट गया। दूसरे दिन फिर मुझे पहियेदार कुर्सी पर बिठाया गया। बाहर की हवा के झोंके ने मुझे जैसे ही छू लिया, कुछ देर के लिए मैं सारा दर्द भूल गई। पहियेदार कुर्सी को किस तरह चलाना चाहिए इसकी पूरी जानकारी डॉक्टर ने मुझे अच्छी तरह से समझाई। कुर्सी सीधी कैसे चलानी चाहिए, दाईं दिशा में मुड़ने के लिए हाथ को स्थिर रख बड़े पहिये के पास की लोहे की रिंग को बाएँ हाथ से मोड़ देना चाहिए आदि...। खड़ा होना तो कठिन था लेकिन इस तरह बाहर टहल सकती हूँ इससे मुझे खुशी हुई। कुर्सी पर बिठाकर मुझे फिजिओथेरेपी के लिए लेकर जाने लगे। वहाँ के शाम और किशोर बहुत अच्छे आदमी थे। गप्पें लड़ाते-लड़ाते कसरत कब पूरी हो जाती पता ही नहीं चलता। इससे थकान भी नहीं आती थी।

एक बार इसी शाम और किशोर ने अम्मी और अब्बा को सुझाव दिया, "इसे रिहॅबिलिटेशन के लिए ले जाइए।" वहाँ का नाम और पता भी वे देने लगे। अम्मी और अब्बा को लगा कि सभी लोगों के लिए मैं बोझ बन गई हूँ इसीलिए मुझे हमेशा के लिए वहाँ भेज देने की सलाह दी जा रही है। इसी कारण उन्होंने वहाँ का नाम और पता नहीं लिया। 'हम सारी व्यवस्था घर में ही कर देंगे' कहकर इस बात को उन्होंने टाल दिया। मेरी बैठने की जगहवाली त्वचा पर जख्म (बेडसोअर्स) हो गए थे। हर रोज इसे अल्ट्रा-रेज देते समय मुझे स्वयं पर गुस्सा आ रहा था। अपने ही शरीर से नफरत होने लगी थी, लेकिन यह सब जल्दी खत्म हो जाएगा इस उम्मीद से और अम्मी तथा अब्बा को बुरा न लगे इसीलिए मैं हँसकर सबकुछ सह लेती थी।

इसी अवस्था में डॉक्टर ने डिस्चार्ज कर दिया। मुझे वहाँ से सीधा बेलगाम के 'बेलंबर' नामक देहात की 'काल कोठरी' में लाया गया। मिरज से मुझे कोल्हापुर लाने की बजाय सीधा बेलंबर ले जाने के कारण मेरा रोना शुरू हो गया। अस्पताल से निकलते समय मुझे पहियादार कुर्सी भी नहीं दी गई थी।

पूरा एक माह हमने बेलंबर में बिता दिया। वहाँ देशी जड़ी-बूटी और तेल की मालिश मर्दों की तरफ से की जाती और सुबह-शाम पानी से मुझे नहलाया जाता। वह जड़ी-बूटी और तेल को छूना स्त्रियों को मना था। कमरे में सिर्फ एक ही दरवाजा था। बीच में थोड़ी-सी जगह छोड़कर एक दीवार थी। खिड़की नहीं थी। अँधेरे में किया जानेवाला वह इलाज, जिसे सूरज की रोशनी तक वर्जित थी। कमरे में पलंग तक नहीं था। उस छोटे से कमरे में मिट्टी की ज़मीन पर, बारिश के दिनों में मैं, अम्मी-अब्बा, नानी और मामाजी ने एक महीना किस तरह बिताया इसकी कल्पना तक नहीं की जा सकती। इस इलाज को मैंने 'कालकोठड़ी की सजा' नाम दिया था।

इलाज के बाद एक मास में मैंने देखा कि मेरे बेडसोअर्स पूरी तरह सूख गए थे। इलाज के दौरान मुझे लगता था कि शायद मैं भी संजीवनी की तरह हमेशा के लिए अपाहिज बन गई हूँ। अब शरीर की वेदना तो कम हो गई थी लेकिन मानसिक यातनाओं का अन्त नहीं था। मेरी रोज की रुलाई से तंग आकर पहली बार अब्बा मुझ पर अत्यंत क्रोधित हो गए। वे बोलते ही गए, "खुद रोती है, साथ में दूसरों को भी रुलाती है। सारे परिवार को इस बात से कितनी तकलीफ होती है, तेरी अम्मी पर क्या गुजरती है? कभी सोचा है? रोने से अगर इस वेदना का इलाज हो जाता तो हम सभी रो देते। (यह बात और थी कि मेरी दशा देखकर वे लोग मन-ही-मन रोते थे) खुद हँसकर दूसरों को भी खुश रखा करो। इससे मुसीबत का सामना करने का हौसला बढ़ता है। हमें पता है, दर्द को तुम सह नहीं सकती लेकिन उसे कम तो कर सकती हो..." आदि। अब्बा का गुस्सा देखकर मैं तो दंग रह गई। मुझ पर क्या बीत रही है और यह

लोग मुझ पर ही गुस्सा हो रहे हैं ! मुझे बहुत दुख हुआ। मैंने प्रण किया, मेरे रोने से यदि दूसरों को इतना कष्ट पहुँचता है तो आज के बाद किसी के सामने रोऊँगी नहीं और तब से आज तक वह नहीं टूटा है। अपने दर्द और दुख के कारण मैं किसी के सामने नहीं रोती हूँ। उसके लिए सारी रात मेरी होती है। अब्बा और अम्मी की तरफ देखकर मैंने रोना बंद किया। मुझे अपनी गलती का एहसास हो गया। सचमुच तनाव के चलते वे लोग कितने चिंतित रहने लगे थे। उनके चेहरे का नूर ही उतर गया था। अब्बा ने खर्चे का बजट बिगड़ न जाए इसीलिए सिगरेट पीना तक छोड़ दिया था।

एक महीने के बाद हम बेलंबर से अपने ननिहाल कुमठा (कारवार) आ गए। बेलंबर के वैद की सख्त ताकीद थी कि मुझे रोज एकदम गरम पानी से नहलाया जाए। दो लोग मुझे पकड़कर स्टूल पर बिठा देते और मेरा स्नान पूरा होता। एक दिन अम्मी ने नहलाकर मुझे बिछौने पर लिटा दिया। नहलाने के बाद शरीर पर पाउडर लगाने के लिए मुझे पेट के बल लिटाया। तब अम्मी ने देखा कि कमर के नीचे की मेरी त्वचा गरम पानी के कारण जल गई थी। बड़ी-बड़ी फुंसियाँ निकल आई थी। मुझे तो बिल्कुल एहसास ही नहीं हो रहा था। अम्मी ने देखते ही रोना शुरू किया। वह खुद को अपराधी मान रही थी कि उसने अपने हाथों से ही अपनी बच्ची पर सितम ढाए हैं। तुरन्त डॉक्टर को बुलाया गया। उन्होंने फुंसियाँ फोड़कर दवा लगाई, इंजेक्शन लगाया, फिर भी बुखार चढ़ गया।

चींटियों का मेरे शरीर पर घर बनाना, गरम पानी से शरीर का जलना ये दो घटनाएँ ऐसी थीं, जिन्हें मैं आजीवन भुला नहीं पाऊँगी। पहले ही शरीर की ऐसी दुरावस्था और उसमें पिछला हिस्सा जलने की वजह से पेट के बल लेटे रहने से मैं तंग आ गई, लेकिन किससे शिकायत करती? माँ को बुरा न लगे इसीलिए चुप रहकर सहना ही बेहतर था। बुखार के चढ़ते ही उस ग्लानि में सोते रहना मुझे अच्छा लगता था। ऑपरेशन की विशिष्ट तिथि को मुझे बुखार चढ़ जाता था।

अब्बा की ली हुई छुट्टी खत्म हो गई थी। उन्हें नौकरी पर हाजिर रहना जरूरी था। मेरी बीमारी के चलते उन्होंने पाँच महीने की छुट्टी ली थी। इसी दौरान उनका तबादला औरंगाबाद हो गया। मेरा बुखार बढ़ने की वजह से अम्मी और अब्बा कोल्हापुर जा नहीं पा रहे थे। अम्मी मुझे छोड़कर जाना नहीं चाहती थी लेकिन मैंने ही जिद की, ''अब्बा की जाने की तैयारी कर दो। उनके जाने पर फिर आ जाना। यहाँ इतने सारे लोग तो हैं जो उतने ही प्यार से मेरा ख्याल रखते हैं।'' वैसे जब अब्बा का तबादला हो जाता, तब पूरा परिवार उनके साथ चला जाता, लेकिन इस बार मेरी वजह से यह मुमकिन नहीं था।

अन्ततः यह तय हुआ कि मैं और अम्मी कुछ दिनों के लिए कुमठा में संयुक्त परिवार में सबके साथ रहेंगे। यह भी तय हुआ कि बच्चे पढ़ाई के लिए कोल्हापुर में रहेंगे

और बद्रुनिस्सा मौसी उनके साथ रहेगी। अब्बा अकेले ही औरंगाबाद जानेवाले थे। अम्मी कोल्हापुर जाकर अब्बा की जाने की तैयारी करके वापस कुमठा लौटनेवाली थी। तब तक मेरी बहन, मौसी और नानी मेरा ख्याल रखनेवाली थीं।

यह सच बताने के लिए किसी ज्योतिषी की जरूरत नहीं थी कि मैं हमेशा के लिए पैराप्लेजिक की मरीज बन गई थी। इस बात का एहसास होने पर मेरे मन की जो हालत हुई वह मैं बता नहीं सकती। बचपन में कहानियों में सुना था कि एक राजा का शाप के कारण आधा शरीर पत्थर का बना। काफी सालों के बाद उसे उस शाप से मुक्ति मिली और वह पूरी तरह इनसान बन गया, लेकिन मेरा तो कमर के ऊपर का भी कुछ हिस्सा संवेदनहीन बन गया था जो पैरों की उँगलियों तक उसी स्थिति में था। कहानी में बताया गया राजा खड़ा रह सकता था, लेकिन मैं सिर्फ लेट सकती थी। वास्तविकता मेरे सामने यह थी कि मैं कभी जिन्दगी में खड़ी नहीं रह पाऊँगी। शरीर का काफी हिस्सा संवेदनहीन बन गया था। मुझे प्रात:विधि का भी एहसास नहीं होता था। बदबू आने पर मेरे कपड़े और बिस्तर साफ करने के लिए चार-पाँच लोग आ जाते। पाउडर और इत्र से उस बदबू को हटाने की कोशिश की जाती। अगरबत्ती लगाकर रेडियो शुरू किया जाता। कहानी की कोई किताब मेरे सिरहाने रखी जाती। पंखा शुरू किया जाता। इतना सब करने के बावजूद भी अगर मेरी आँखों का पानी थम नहीं पाता तो मुझे नींद की गोली दी जाती। उस समय मेरी उम्र थी सोलह साल ! मैं जिस हाल में दिन काट रही थी उसकी कल्पना तक भयावह थी।

मैं अल्लाह से एक ही प्रार्थना कर रही थी, 'मुझे इस संकट से मुक्त करो। चाहनेवालों को तकलीफ से छुटकारा दे दो। वरना मेरे पैरों में जान डाल दो। कम-से-कम अपने काम तो मैं स्वयं कर सकूँ। अब मैं अम्मी को और तंग नहीं करना चाहती।' कितनी गिड़गिड़ाई मैं अल्लाहमियाँ के सामने ! सुना था कि जिन्दगी में अगर कोई बड़ा अपराध किया तो अल्लाहमियाँ इतनी बड़ी सजा देते हैं। मैंने स्कूल और कॉलेज के जीवन में किसी को ठेस नहीं पहुँचाई थी। बस, अपनी तरफ से यथासंभव सहायता ही की थी। उससे मुझे आनन्द ही मिलता था। किताब से लेकर हर चीज की माँग मैं पूरी करने की कोशिश करती। ननिहाल में नानी और मौसी को बर्तन और कपड़े साफ करने में हाथ बँटाने का काम मैं करती थी। कुएँ से पानी लाना, आँगन में झाड़ू लगाना, फूलों के गजरे बनाना आदि कामों में मैं कभी पीछे नहीं रहती थी। इस वजह से मैं सबकी लाडली भी थी। फिर मुझे किस अपराध की इतनी बड़ी सजा मिली? मैं इसी सोच में डूब जाती।

कोल्हापुर में हम किराए के घर में रहते थे। मकान मालिक को गलतफहमी हो गई कि मेरे अपाहिज होने के कारण अब हम हमेशा के लिए उस घर में रहेंगे। उसी समय

पहली दफा एक-दो महीने का किराया हम दे नहीं पाए थे। मकान मालिक ने घर खाली करने के लिए दबाव डाला। ताराबाई पार्क में हमने दूसरा घर किराए पर ले लिया। उस नए मकान के सामनेवाले और पिछवाड़े दरवाजे को धक्का लगाते ही कुंडी खुल जाती। मैं, अम्मी और अब्बा जब कुमठा में थे, तभी भाइयों ने अब्बा के दोस्त की सहायता से मकान बदल दिया था। मेरी बीमारी के कारण घर के हालात बिगड़ चुके थे। मेरे इलाज के लिए पानी की तरह रुपए बह गए थे। अम्मी के गहने गिरवी रखे जा चुके थे। चोर को चोरी करने के लिए कुछ नहीं बचा था। मकानमालिक श्री प्रभाकर केलवकर जी एक भले इनसान थे। तकरीबन दस-ग्यारह महीनों का किराया हम पर बकाया था। उन्होंने कभी कुछ नहीं कहा। बारह-तेरह बरस हम उस मकान में रहे। अनेक लोगों ने यह सलाह दी कि 'हम उस मकान को न छोड़ें क्योंकि इतने लम्बे अरसे बाद अब कानूनन वह आपका हो जाएगा' लेकिन हमारी नीयत में खोट नहीं थी। दूसरों का हक छीनना हमें मंजूर नहीं था। अम्मी ने साफ इनकार कर दिया।

मौसी और बच्चों को उस नए घर में रखकर एक सितंबर को अब्बा औरंगाबाद चले गए। माँ वापस कुमठा लौट आई। ऐसा पहली बार हुआ था कि अब्बा हम लोगों को छोड़कर अकेले दूर चले गए थे। औरंगाबाद में उन्होंने एक कमरा किराए पर लिया था। उनके साथ एक चपरासी भी रहता था। यह सब अब्बा के खत से पता चला। अब्बा ने मेरे नाम भी एक खत भेजा था। अंग्रेजी में लिखा हुआ वह खत, तिस पर उनके अक्षरों को पढ़ने की आदत न होने से मामाजी ने वह खत पढ़कर मुझे सुनाया। अब्बा ने लिखा था, ''हमेशा हँसते-खेलते रहो। खुश रहो। यह दिन भी चले जाएँगे। अपनी अम्मी का ख्याल रखना।'' अब्बा के ममताभरे उन शब्दों को मैंने बार-बार पढ़ा था। उसका अच्छी तरह से जवाब देना भी मैंने तय किया। तुरन्त पत्र भेज दिया। पिताजी ने अम्मी को लिखे पत्र में बताया था, ''नसीम ने बहुत ही अच्छा खत भेजा है। उसकी शैली सुंदर है। उससे कहना, मैं समय मिलते ही उसके खत का जवाब दे दूँगा।''

मैं अपने खत के जवाब का इंतजार कर रही थी। सुबह के ग्यारह बजे थे। उस दिन तेईस तारीख थी। मुझे नहलाकर अम्मी नीचे चली गई थी। कुछ देर बाद कोई उसे सहारा देकर मेरे कमरे में ले आया। उसका चेहरा पूरी तरह सफेद पड़ गया था। उसके साथ ऊपर आए मामाजी के हाथ में टेलिग्राम था। उसमें लिखा था, ''पिताजी सिरिअस हैं।'' सभी लोगों के चेहरे और उनका बर्ताव मात्र कुछ और ही बता रहा था। तभी फोन पर संदेश आया कि पिताजी को औरंगाबाद से कोल्हापुर लाया जा रहा है और हमें तुरन्त कोल्हापुर पहुँचना है।

दरवाजे पर टैक्सी बुलाई गई। मुझे उठाकर उसमें बिठाया गया। मेरे साथ माँ बैठ गई। सारे माहौल में मायूसी छाई थी। बीच-बीच में अम्मी की सिसकियाँ सुनाई दे रही

थीं। उसकी ठंडी हथेली को मैं धीरे से थपथपाती। रास्ता कट नहीं पा रहा था। रात एक बजे हम ताराबाई पार्क में पहुँच गए। सेंट्रल एक्साईज के दफ़्तर से केलवकर के मकान तक सफेद कपड़े पहने लोगों को रास्ते के दोनों तरफ खड़ा देखकर पिताजी के जिन्दा रहने की आशा भी लुप्त हो गई। मैं रोई नहीं। मानो, शरीर के साथ मन भी पत्थर बन गया था। पिताजी के शब्द जो याद आ रहे थे, ''बेटा, रोने से संकट नहीं टलता।''

मुझे उठाकर उस अजनबी घर में लाया गया। बड़े कमरे के बीच ज़मीन पर सफेद कपड़े में लिपटी पिताजी की लाश। नथुनों में रुई की गुठलियाँ थीं। जिन्दगी में पहली बार लाश देख रही थी, वह भी अपने जन्मदाता की। मैं उसे थकी निगाहों से निहार रही थी। अम्मी के व्याकुल शब्द सुनाई दे रहे थे, ''मुझे अकेली छोड़कर आप चले गए, अब इन पाँच बच्चों को लेकर मैं कहाँ जाऊँ?'' (तीन बहनों की शादी उस समय हो चुकी थी) हमारे पहुँचने पर दस मिनटों में अब्बा की अर्थी उठाई गई। मेरे पास उसे लाया गया। अब्बा के माथे को मैंने धीरे से स्पर्श किया। उसी पल याद आया, मिरज के अस्पताल में जब मैं वेदनाओं से तड़प रही थी, पिताजी को काफी दुख हुआ था कि वे मेरे दर्द को बाँट नहीं सकते हैं, इसीलिए बस मेरे माथे को चूमकर जैसे उन्होंने माफी माँग ली थी। उस ममताभरे स्पर्श के कारण मेरी यातनाएँ कुछ पल के लिए खत्म हो गई थीं।

पिताजी की लाश को लोग अंतिम क्रियाकर्म के लिए ले गए। घर और भी मायूस बन गया। पिताजी की मृत्यु का समाचार और रेहाना को मेडिकल के लिए प्रवेश मिलने की खबर घंटाभर अन्तराल के साथ आई थी। विचित्र इत्तफाक था वह !

दूसरे दिन से कई बातें सुनने को मिलीं जिससे अब्बा की मृत्यु का राज़ खुलने लगा था। अब्बा ने जब औरंगाबाद में सेवा आरंभ की तो दफ्तर में वे काम के वास्ते ज्यादा देर तक रुकते थे। उनके एक मित्र को सेवा से निलंबित कर दिया गया था। मित्र ने पिताजी से विनती की थी कि वे अदालत में उनके पक्ष में गवाही दें। मित्र होने पर भी झूठ बोलकर कर्तव्य से बेईमानी करना अब्बा को कतई मंजूर नहीं था। उन्होंने अदालत में सच बोल दिया और उस मित्र को निलंबित किया गया। उस दिन पिताजी अकेले ही दफ़्तर में देर तक काम कर रहे थे। तभी वे मित्र आ गए। वे जबरन अब्बा को चाय के लिए ले गए। अब्बा दफ़्तर लौटकर काम करने बैठ ही रहे थे कि उन्हें ग्लानि-सी होने लगी। तब तक वह मित्र जा चुका था। अब्बा ने रिक्शा बुलाया और अपने कमरे पर चले गए। चपरासी को नीबू-सरबत बनवाने के लिए कहा। बहुत बेचैनी होने पर उसी को डॉक्टर को बुलाने के लिए भेज दिया। शरबत का एक घूँट लिया और चपरासी के लौटने से पहले ही दम तोड़ दिया। पिताजी के जिस मित्र ने चाय पिलाई थी, उसने अपनी प्रतिष्ठा का गलत इस्तेमाल कर अब्बा के मृत शरीर का पोस्टमार्टम रुकवाया। खास गाड़ी से उनकी लाश को कोल्हापुर ले आए। हमारे दूर के रिश्तेदार और परिचित

उस मित्र के साहस की तारीफ कर रहे थे। मगर मेरा मन चिल्ला रहा था कि एक मामूली डॉक्टर के दिए दिल के दौरे का प्रमाणपत्र सभी ने कैसे मान लिया? अब्बा की लाश का पोस्टमार्टम करने की माँग किसी ने क्यों नहीं की? मेरी कौन सुनेगा? उस समय मैं सिर्फ सोलह साल की थी। मेरा इतना साहस नहीं हुआ कि बड़े लोगों से अपने दिल की बात कह दूँ। मैंने देखा कि अब्बा की उँगली की अँगूठी गायब थी। पूछताछ पर पता चला कि उसी चपरासी ने एक जौहरी के पास उसे बेच दिया। सबकुछ साफ जाहिर था लेकिन अम्मी ने कहा, ''हमारा सोने जैसा इनसान चला गया, अब इस सोने को लेकर क्या करेंगे? उस चपरासी के बाल-बच्चों का भी तो हमें ख्याल रखना चाहिए।'' चपरासी ने माफी माँगी। अम्मी ने उसे माफ कर दिया। मुझे अपनी अम्मी पर गर्व होता है कि, सचमुच हम उनकी संतान हैं !

हम लोग एक के बाद एक आपत्तियों का सिलसिला भुगत रहे थे। वह कब खत्म होनेवाला था यह तो नियति ही जाने। 23 सितंबर, 1967 को अब्बा चल बसे थे। मैं बिस्तर से उठ नहीं सकती थी। उसी साल दिसंबर में प्रथम भूचाल आया। रमजान का महीना चल रहा था। हम लोग सुबह के खाने की तैयारी में जुटे थे। ज़मीन से गड़गड़ाहट सुनाई दी। पूरा मकान थर्राया। बाहर जाने की बजाय सभी लोग मेरे पलंग के पास आ गए। अम्मी ने कहा, ''अल्लाह ने हमारी सुन ली है। उसे याद करो।'' मुझे भी पलभर के लिए लगा, चलो ऐसे जीवन से छुटकारा तो मिलेगा। मैंने भगवान का शुक्रिया अदा किया लेकिन आवाज बंद हो गई। कमरा स्थिर हो गया। एक घंटे बाद ज़मीन में फिर थोड़ी हलचल महसूस हुई।

सुबह चारों ओर एक ही चर्चा हो रही थी, कोयना में हुए भूचाल से कई परिवार बरबाद हो गए। हमारे मामाजी गोवा में थे। वे उसी दिन शाम को हमें मिलने कोल्हापुर आ गए। रात का समाचार उन्हें सुनाया गया। मामाजी ने सभी को धीरज बँधाया। पाटील चाचा भी आ गए। उन्होंने अम्मी को समझाया कि ऐसे समय तुरन्त घर से बाहर आना चाहिए। अन्दर रहने से मौत आएगी इसका क्या भरोसा? अपाहिज भी हो सकते हैं। उसके बाद दुबारा भूचाल हुआ तो सारे लोग मुझे उठाने के लिए मेरे पलंग के पास आ गए। मैं चिल्लाई, ''आप लोग बाहर जाओ। मैं अपाहिज हूँ, जीकर भी क्या करूँगी? इससे तो मरना बेहतर है, आप मेरे लिए अपनी जान खतरे में मत डालो...।'' लेकिन कोई मेरी बात नहीं सुन रहा था। ऐसे समय मुझे बाहर ले जाने में कठिनाई ना हो इसीलिए मेरा पलंग भी बाहर के कमरे में रखा गया। एक बार तो घोषित किया गया था कि रात आठ से ही धक्कों का सिलसिला जारी रहेगा। पहला धक्का लगते ही घरवालों ने मुझे आँगन में बिस्तर डालकर सुला दिया। दिसंबर का महीना था। कड़ा जाड़ा था। कोहरा भी फैला हुआ था। सब ओर गीला। एक छाता खोलकर मेरे सिर पर

रख दिया गया था। सोते वक्त मैंने सोचा, बंजारों का जीवन कैसा होगा? रेहाना ने सभी को काम में जुटाया था। मकान अगर गिर भी जाए तो सामान की चिंता न हो इसीलिए जूते एक टोकरी में भरकर बाहर लाना, कपड़े एक थैली में भरकर बाहर लाना, खाने की जो भी चीजें बची हैं, उन्हें डिब्बों में भरकर बाहर लाना आदि। रुपए अम्मी के कमर के बटुए में रहते थे।

भूचाल के दौरान मेरा और मौसी का सीना जोर-जोर से धड़कने लगता। खाने की इच्छा बिल्कुल नहीं होती थी। मुझे लगता, मेरे कारण ये लोग अपनी जान खतरे में डाल रहे हैं। वे लोग मुझसे प्यार करते और मुझे उन पर गुस्सा आने लगता। अम्मी ने समझाया, ''जो हो रहा है, उसे स्वीकार करो। अपनी जिद से अपने साथ दूसरों को खतरे में मत डालो। अल्लाह का नाम लेकर दिन काटते रहो'' अम्मी की बात सुनकर कुछ स्वस्थ हुई लेकिन नींद तो फिर भी उड़ गई थी। अनजाने पलक झपक गईं। चूहे की हलचल से होनेवाली छोटी-सी आवाज से भी हम चौकन्ने हो जाते और कहते, 'भूचाल आ गया।' एक बार सचमुच बहुत बड़ा धक्का महसूस होने लगा था। सभी लोग मुझे उठाकर बाहर लाए। भाईजान को उठाने लगे तो वह बड़बड़ाए, ''अरे, सो जाओ। चूहे की शरारत है।'' यह सुनकर तनाव में भी सारे लोग खिलखिलाकर हँस पड़े थे। फिर धीरे-धीरे भूचाल का डर कम हुआ।

दूसरी ओर एक अजीब वाकया घटने लगा। मैं नींद में एक अजीब सपना देखती थी। मैं रास्ते के किनारे पहियोंवाली छोटी गाड़ी पर बैठी हूँ। मेरा अपाहिजपन देख, मुझ पर तरस खाकर लोग मुझे भीख दे रहे हैं, मुझ पर दया कर रहे हैं। मैं पसीने से तर हो जाती। धीरे-धीरे यह सपना भी गायब हो गया। दूसरा सपना आने लगा, मैं वास्तव में चल नहीं सकती थी। बचपन का वह सपना मैं फिर से देखने लगी थी। समुंदर के किनारे होनेवाली एक बड़ी हवेली में मैं स्वच्छंदता से घूमने लगती। उस हवेली का दरवाजा, उसकी सीढ़ियाँ, उसके बाहर फैले बड़े-बड़े काले पत्थर, उसे छूती समुंदर की लहरें सबकुछ मुझे बहुत भाता। यह सारी चीजें मेरा मन बहलाती थीं। अभी भी कभी-कभी मुझे वह सपना दिखाई देता है। जब से मुझे यह सपना दिखाई देने लगा था मैं दिवास्वप्नों में खोने लगी थी। ऐसे सपनों में मैं अनजाने ही मगन हो जाती थी। उसमें मैं कॉलेज जाकर गैदरिंग में नृत्य के लिए कोई पुरस्कार जीत लेती। खेल प्रतियोगिताएँ भी जीत लेती। कभी-कभी तो घर में सारे लोगों का खाना बनाकर अम्मी से शाबासी हासिल कर लेती थी। कभी-कभी ऐसी कल्पना भी करती कि, व्हीलचेअर पर बैठकर मैं कॉलेज जा रही हूँ। फिर बीच में ही किसी दफ़्तर में बड़े ओहदे पर नौकरी करने लगती और सारे लोग कौतूहल से मुझे ताकते रहते थे। मैं वेतन मिलते ही घर के लोगों के लिए नए कपड़े और मिठाई खरीद लेती थी...लेकिन मुझे एहसास होता कि क्या ऐसा कभी

हो सकता है? सच्चाई मुझे दुखी कर देती थी। मैं तो खुद घरवालों पर एक बोझ हूँ, ऐसा लगता। लेकिन आज पचास साल की उम्र में इस आत्मविश्वास को महसूस करती हूँ कि प्रबल इच्छाशक्ति और उसकी पूर्ति के लिए आवश्यक प्रयत्न करें तो नामुमकिन भी मुमकिन हो सकता है।

मेरा छोटा भाई अजीज बहुत ही शरारती लड़का था। बड़ा भाई युसूफ बहुत शान्त मिजाज का था। अजीज उम्र में तो मुझसे छोटा था लेकिन झगड़ते समय मेरे और रेहाना के बाल खींचने लगता। उसकी पाठशाला से भी शिकायतें आती रहतीं। अम्मी और अब्बा उसके बारे में हमेशा चिंतित रहते। मेरे अपाहिज हो जाने से और अब्बा की मौत के बाद अजीज में अचानक परिवर्तन आ गया। वह मैं, रेहाना और बड़े भाईजान से भी अधिक प्रगल्भ और जिम्मेदार बन गया। अब्बा की मृत्यु के बाद रेहाना नौकरी करने लगी थी, लेकिन इतने बड़े परिवार का बोझ उठाना उसके लिए कठिन था। अम्मी ने मुर्गियाँ पालकर अंडे बेचने का निर्णय लिया तो अजीज ने उसका हाथ बँटाया। वह मुर्गियों के अंडे, सब्जी वगैरह बेचकर मदद करने लगा। मुझे अच्छी तरह से याद है, तब वह केवल आठवीं कक्षा में पढ़ता था।

मैं बचपन से शारीरिक दृष्टि से अपाहिज बन गई थी। मेरा मन भी कुंठा और तनाव से घिरा रहता था। वास्तव में मेरे शारीरिक कमजोर होने से मानसिक तौर पर अपाहिज होना स्वाभाविक था लेकिन मेरे साथ बिल्कुल विपरीत हो गया। ऐसा मेरे परिवार के लोग, सगे-संबंधियों का व्यवहार और प्रेरणा के कारण हो पाया। अम्मी, भाई-बहन, मौसी, मामाजी, मौसेरी बहनें सभी लोग मेरा बड़ा ख्याल रखते थे। अपनेपन से मेरा हौसला बढ़ाते। बिना नाक-भौं सिकोड़े मेरे सारे काम वे लोग करते थे। हर बात में 'ऐसा करके देखो' कहकर मुझे सुझाव देते थे।

मिरज के अस्पताल में और बेलंबर की कालकोठरी में मेरा इलाज हो रहा था तब मेरे मामाजी हारुन खान साथ थे। उनकी शादी मेरी दो नंबर की बहन आपाजान जमीला के साथ हुई थी। बड़े मामा की शादी बड़ी बहन सुरैय्या के साथ हुई थी। आपाजान अभी भी अम्मी की ममता से मेरी देखभाल करती हैं। राहिला मौसी और मेरी खूब पटती थी। पिताजी की मृत्यु के बाद दुख से उबारने के लिए वह मुझे अपने साथ ननिहाल ले गई थी। वक्त काटने के लिए ताश खेलना, सिनेमा देखना आदि हो जाता था। (सिनेमा देखने के लिए कोल्हापुर से पैसे भेजे जाते) मेरी बीमारी के समय मामाजी का धंधा ठप्प हो गया था। आर्थिक समस्याओं से जूझना पड़ रहा था लेकिन ऐसी हालत में भी मेरी नानी आनेवाले हर व्यक्ति की मेहमाननवाजी प्रसन्नता से करती थी। मेरे खाने-पीने का वह जो ध्यान रखती थी, उसे देखकर मैं दंग रह जाती थी। अल्लाह से मैं प्रार्थना करती कि मेरे ननिहाल के हालात जल्द सुधर जाएँ। मेरी सेहत के लिए

महँगे चावल तथा बाकी लोगों को छोड़कर बस सिर्फ मुझे ही चपाती और दूध की खुराक दी जाती। मुझे संकोच होता था।

छह महीनों तक राहीला मौसी के पास रहकर मैं कपड़ों पर कढ़ाई, बुनाई भी सीख गई थी। मुझे कोल्हापुर की याद सताने लगती, लेकिन मैंने खुद को ही समझाया कि अब्बा के देहांत से और मेरी बीमारी के कारण माँ पहले ही टूट चुकी है। मैं अगर कोल्हापुर में रहूँगी तो मेरी देखभाल करने से उसे और भी तकलीफ होगी। इधर मेरे रहने के कारण कुमठा में भी हालात नाजुक बन गए थे। मैं बहुत बेचैन हो जाती। सीने की धड़कन एकदम बढ़ने लगती। मुझे लगता, मेरा मर जाना ही ऐसे जीवन से बेहतर है। कुछ सूझ नहीं रहा था। जब बहुत ही बेचैन हो गई तो मैंने कोल्हापुर लौटने का फैसला कर लिया।

पिताजी की मृत्यु के बाद उनकी शेष राशि हम तक काफी देर से पहुँची। उन पैसों से ही अम्मी ने मेरे लिए एक पहियेदार कुर्सी खरीदी। वैसे रोटरी और लायंस क्लब ने पहले ही मुझे यह कुर्सी मुफ्त में देने की बात कही थी, लेकिन स्वाभिमान के चलते स्वीकारने से इनकार कर दिया था। कुर्सी का पूरा बिल चुकाने पर भी जब कम्पनी की तरफ से कुर्सी नहीं भेजी गई तो हमने वकील की तरफ से एक नोटिस जारी की थी। उसके तुरन्त बाद कोल्हापुर में पहुँची कुर्सी कुमठा में मेरे पास भेज दी गई थी।

अब पहियेदार कुर्सी के सहारे मैं पूरे कोल्हापुर में कहीं भी जा सकती थी। मेरी तीव्र इच्छा के चलते मुझे कुमठा से कोल्हापुर ले जाने के लिए अम्मी और अजीज आ गए थे। वे दोनों बस से ही कुमठा आ गए थे, और बस से ही कोल्हापुर वापस लौटना था। मेरे लिए टैक्सी किराए पर लेना उस समय हमारे बस की बात नहीं थी। पहियोंवाली कुर्सी पर से उठाकर मुझे बस में बिठाते समय लोगों की आँखें हमें निहारती रहती थीं। कोई हमदर्द बनकर सारा इतिहास पूछ लेता और मेरी बेचारगी पर दुख जताता। कोई कहता, "भरी जवानी में यह क्या दशा हुई है बेचारी की? सारा घर परेशान रहता होगा न, पिछले जन्म के पापों का फल होगा, और क्या?" ये बातें सुनना मेरे लिए असह्य हो जाता।

कुमठा से कोल्हापुर तक दस-बारह घंटों का सफर ऐसी हालत में कैसे पार किया जाए? इस चिन्ता ने मुझे घेर लिया था। गनीमत ये कि मेरे बेडसोअर्स के जख्म ठीक हो चुके थे और हमें आरक्षण भी मिल चुका था। कुमठा से विदा लेते हुए सभी की आँखों में पानी देखकर मेरी भी आँखें नम हो गईं।

अम्मी, अजीज और हारुन मामा ऐसी हालत में मेरे साथ दूसरी बार सफर कर रहे थे। हारुन मामा का दायाँ हाथ बचपन में एक दुर्घटना में जल गया था। कलाई तक उनकी हथेली जल गई थी। हाथ की उँगलियाँ नहीं थीं। लेकिन इससे उन्हें किसी काम

में कोई दिक्कत नहीं आती थी। पूरे क्रियाकलाप सामान्य तरीके से करते थे। मुझे कुर्सी से उठाना, दूसरे स्थान पर बिठाना यह काम आसानी से करते थे। उस दिन बस स्टैंड पर काफी भीड़भाड़ थी। भीड़ से रास्ता निकालते हुए मुझे बस के दरवाजे तक लाया गया। अजीज ने लोगों को हटाया और मामा मुझे अपने हाथों पर उठाकर बस में चढ़ गए। हमने बस में आकर देखा कि हमारी आरक्षित सीट पर पहले से ही कुछ लोगों ने डेरा जमा लिया था। समझाने पर भी वे उठने को तैयार नहीं थे। मामा के हाथ भारी हो गए। उन लोगों को कन्नड़ भाषा में भी समझा चुके लेकिन वे टस से मस नहीं हुए। अजीज मुझे छोटे बच्चे की तरह अपने हाथों पर सँभालते हुए भीड़ को धकेलकर बस में चढ़ने लगा। ऐसा लगा कि उस ठेला–ठेली में मैं छोटे अजीज के हाथों से किसी भी वक्त गिर पड़ूँगी। मामा ने मजबूरन एक आदमी को सीट से खींचकर अजीज को उस जगह पर मुझे बिठाने के लिए कहा। तब पाँच-छह लोगों ने मामा पर हमला बोल दिया। एक साथ चार-पाँच लोग मामा की पिटाई करने लगे। चेहरे पर खून निकल आया। आदमी स्वार्थवश अमानुष जानवर भी बन सकता है यह मैंने अपनी आँखों से देखा। झगड़ा रुकने का नाम नहीं ले रहा था। स्थिति को भाँपकर बस पुलिस स्टेशन ले जाने के लिए कहा। वहाँ हमें हमारा हक यानी हमारी आरक्षित सीट मिल गई, मात्र सफर और लम्बा हो गया। इस घटना ने मुझे काफी झकझोर दिया था। मैं रोई नहीं लेकिन यह फैसला किया कि इसके पश्चात् ऐसी कोई यात्रा नहीं करूँगी जिससे मेरे घरवालों को संकटों से जूझना पड़े। अन्ततः हम कोल्हापुर पहुँचे।

कोल्हापुर में पूरा परिवार अपने-अपने कामों में व्यस्त था। भाई-बहन स्कूल-कॉलेज की शिक्षा में तथा अम्मी घर के कामों में लगी रहती। अकेलापन मुझे काटने लगा। किताबें पढ़-पढ़कर और रेडियो सुन-सुनकर भी जी भर गया। एक दिन मेरी सहेलियाँ उषा डफले और शकू परांजपे मुझसे मिलने आ गईं। बातों में वक्त कैसे गुजरा पता ही नहीं चला। जाते समय उषा ने कहा, "नसीम ! सच कहूँ, तुम जब बीमार थीं तब कई बार तुमसे मिलने की इच्छा से आई और दरवाजे के पास आकर बाहर से ही लौट गई। कॉलेज के दिनों में हुआ हमारा झगड़ा मुझे याद आता। मुझे लगता कि शायद तुम्हें बुरा लगेगा कि जानबूझकर यह मुझे नीचा दिखाने आई है। मगर वापस लौटते ही मैं बहुत बेचैन हो जाती थी। आखिर आज हम दोनों के बीच होनेवाली वह कड़ुआहट की दीवार मिट गई। तुमने हँसकर स्वागत किया और बातें कीं जिससे मैं खुश हो गई हूँ। क्या मैं हर रोज तुमसे मिलने आ सकती हूँ?" और वाकई हर शाम वह मुझसे मिलने आती थी। उसकी शादी होने पर ही यह सिलसिला बंद हो गया। उसके साथ मेरी अन्य सहेलियाँ शकू, अरुणा, हेमा, अलका भी आने लगी थीं। अब मेरी हर शाम बहुत हँसी-खुशी में बीत जाती। धीरे-धीरे रात आठ बजे तक हमारी महफिलें जमी रहने लगीं। वह मुझे पढ़ने

के लिए तरह-तरह की किताबें लाकर देती। कॉलेज के किस्से बयान करती। उन्हें यह ख्याल भी नहीं रहता कि कॉलेज की बातों से मुझ पर क्या गुजरेगी।

कभी-कभी हम गलत धारणा की वजह से बर्ताव भी गलत करने लगते हैं। इससे गलतफहमियाँ होती हैं। अब्बा के गुजर जाने के बाद घर में कोई उनका स्मरण नहीं करता था। अब्बा की पसंद का कोई व्यंजन घर में बनता तो सब चुपचाप खाते थे। अन्दर-ही-अन्दर सभी मायूस बन जाते। एक दिन घर में मैं और अम्मी दोनों ही थीं। मैंने रात को जो सपना देखा था वह अम्मी को बताया। मैंने सपने में अब्बा को जिन्दा देखा था। किसी ने उनका अपहरण किया था और बरसों बाद वे उनके चंगुल से छूटकर घर वापस आए थे। हमारा वह घर जंगल के वीराने में बसा हुआ था। पिताजी के आने से सारा घर खुशियों से झूम उठा था। उनके चले जाने के बाद अम्मी ने रसोईघर में कदम भी नहीं रखा था लेकिन उस सपने में वह बड़े उत्साह से खाना बना रही थी।

मेरा सपना सुनकर अम्मी ने कहा, ''ताज्जुब की बात है कि आप लोगों को अपने अब्बा की याद तक नहीं आती है। गलती से भी उनका जिक्र किसी की जुबान पे नहीं आता।'' मैंने उसकी गलतफहमी दूर की, ''ऐसी बात नहीं है अम्मी। हमारा तो एक पल भी अब्बा को याद किए बिना नहीं गुजरता। तुम्हें कष्ट न पहुँचे इसीलिए हम तुम्हारे सामने उन्हें याद नहीं करते हैं।''

उसी वक्त मैंने अम्मी को अपनी आशंका बता दी थी कि हो न हो अब्बा की मौत मुझे स्वाभाविक नहीं लगती है। इस आशंका का कारण उनकी नौकरी है। अब्बा सेंट्रल एक्साईज और कस्टम के दफ़्तर में अधिकारी के रूप में काम करते थे। जाहिर था कि कोई भी स्मगलिंग या काले बाजार का माल पकड़वाना उनका कर्तव्य था। कोल्हापुर आने पर भी उन्होंने अनेक मोर्चों पर सफलता पाई थी।

दीपावली के दिन थे। पटाखों की आवाज से सारा शहर और माहौल गूँज रहा था। इसलिए उनके बहुत से दुश्मन थे। हम लोग बरामदे में गपशप लड़ा रहे थे। रात का अँधेरा छाने ही लगा था कि अचानक घर की छत पर बड़े-बड़े पत्थर गिरने लगे। दरवाजा खुला था जिसे हमने झट् से बंद कर दिया। अन्दर के कमरे में हम लोग इकट्ठा हो गए। उसकी छत पर भी पत्थरों की मार पड़ने लगी। अब्बा दफ्तर से लौटे नहीं थे। लौटने पर हमने उन्हें पूरी घटना बता दी। हम लोग इस अनपेक्षित वाकये से आतंकित हुए थे। किसी को खाने की इच्छा नहीं थी, लेकिन भोजन तैयार था इसीलिए सभी बैठ गए। फिर से छत पर पत्थरों की बौछार होने लगी। अब्बा थाली छोड़कर बाहर जाने लगे लेकिन हम लोगों ने उन्हें रोक दिया। देर रात में फिर एक बार पत्थर गिर गए। पूरा परिवार भय से अन्दर के कमरे में इकट्ठा हो गया। परीक्षा सिर पर थी और पढ़ाई का तनाव सता रहा था। आधी रात पता नहीं हम लोग कब सो गए।

दूसरे दिन से दफ़्तर के चपरासी छिपकर मकान की निगरानी करने लगे। आठ दिन में कोई घटना नहीं घटी। सुरक्षा में थोड़ी-सी ढील पड़ गई और रात फिर से बड़े-बड़े पत्थरों की मार छत पर होने लगी। दूसरे किसी मकान की छत पर अथवा पेड़ पर चढ़कर वहाँ से कोई गोफण का इस्तेमाल कर पत्थर फेंक रहा था। खिड़की में ग्रील था। बिल्कुल पास आकर कोई पत्थर फेंके तभी अन्दर आ सकता था। सुरक्षा फिर से कड़ी कर दी गई। एक रात अब्बा देर से आकर सो गए थे। भोर के समय मैं अब्बा की खटिया की ओर पीठ कर पढ़ाई कर रही थी। खटिया से सटकर ही खिड़की थी, जिसमें से एक साया मेरे टेबल पर रुक गया। झट् से मैंने मुड़कर देखा तो एक आदमी खिड़की के पास खड़ा था। मैं जोर से किसी को आवाज देना चाह रही थी लेकिन अब्बा की नींद न टूटे यह सोचकर धीरे से कुर्सी से उठने लगी तभी खिड़की से पत्थर अन्दर आ गया। पिताजी की नींद खुल गई और वे उठकर बैठ गए। मैं उस आदमी को पकड़ने के लिए पीछे के दरवाजे से बाहर की ओर दौड़ी, किंतु मेरे वहाँ पहुँचने से पहले ही वह बीच का मैदान और रास्ता पार कर भाग गया। उन दिनों मैं पीठ के इलाज के लिए हर रोज इंजेक्शन लगवाने सिविल अस्पताल जाया करती थी। पिताजी के दफ़्तर का चपरासी मेरे साथ आता था। हमेशा की तरह उस दिन भी मैं जा रही थी कि हमारे स्कूल के कंपाउंड के पास एक आदमी दिखाई दिया, जिसकी शक्ल अब्बा की खिड़की में खड़े आदमी से एकदम मिलती-जुलती थी। उसके हाथ में कुल्हाड़ी थी। मैंने चपरासी को अपना शक बता दिया। कुछ देर बाद हम जब लौट रहे थे तब वह आदमी, उसी जगह पर घूम रहा था। मैंने चपरासी से कहा, "चलो! हम लोग जल्दी से पहुँचकर अब्बा को खबर कर देंगे।" ताज्जुब की बात यह थी कि इस पर उस चपरासी ने बहुत विचित्र-सा बर्ताव किया। उसने सीधे जाकर उस आदमी को मेरा शक बता दिया। उस आदमी ने हँसकर कुछ कहा और मेरे अब्बा तक पहुँचने से पहले ही वह लम्बे डग भरता हुआ निकल गया।

रात को दुबारा खिड़की से पत्थर घर में गिर गए। उस समय दरख्तों की ओट में छिपकर बैठे चपरासी और कुछ लोगों ने उस आदमी को पकड़ने का प्रयास किया लेकिन वह भाग गया। हम बहनें और अम्मी को लगा कि एक तरह से यह ठीक ही हुआ क्योंकि वह हाथ लग जाता तो सभी के हाथों जिन्दा बचने की उम्मीद कम ही थी। आखिर वह भी लाचार होगा जो अपने बाल-बच्चों और पेट की खातिर किसी के कहने पर यह काम करता होगा।

इस प्रकार के संकटों से गुजरकर ही शायद मनुष्य का व्यक्तित्व निखरता है। संकट के दौरान हमें हौसले को और बुलंद रखकर संयम से कोई रास्ता निकाल लेना चाहिए। वह अनुभव और सीख आज मुझे संस्था चलाते समय बहुत काम आती है। बहुत बार किसी गम्भीर समस्या से मेरे अन्य साथी घुटने टेक देते हैं लेकिन मैं इस मानसिकता को

बहुत पीछे छोड़ आई हूँ। बल्कि समस्याएँ मेरे लिए चुनौतियाँ बनती हैं और अनुभव मेरे गुरु बन जाते हैं। एक अटूट आत्मविश्वास और भी रंग लाता है जब इन संकटों से गुजरकर सफलता प्राप्त होती है। ऐसे वक्त ईश्वर पर भी भरोसा करती हूँ। वही तो कर्ता होता है, बिगाड़ता भी है और सँवारने की शक्ति भी देता है। मेरी यह श्रद्धा आज भी कायम है।

अब्बा के गुजर जाने के बाद उनकी सीख हमेशा जेहन में गूँजती है, ''खुदी को कर बुलंद इतना कि खुदा बंदे से पूछे, बोल तेरी रजा क्या है?'' अपने को इतना मजबूत बनाओ, खुदा तुमसे खुद पूछे, बेटे, बताओ तुम्हें क्या चाहिए? मुझे उस बुलंदी को छूने की अत्यधिक इच्छा थी लेकिन राह नहीं मिल रही थी। कुमठा से कोल्हापुर लौटने पर देर रात तक आसमान पर टकटकी लगाए चाँद और सितारों को निहारते समय हमेशा यह प्रश्न मन में आता अब इसके आगे क्या? इस हालात में मेरी सहेली अरुणा के पिताजी जैसे 'मेरे पिताजी' बन गए। वे अरुणा के साथ मुझे भी अपनी गाड़ी से बाहर ले जाते। अलग-अलग व्यंजन खिलाते। बाकी सहेलियाँ, भाई और बहनें भी मेरा ख्याल रखती थीं। कभी सिनेमा तो कभी बगीचे के बहाने वे मुझे बाहर से घूमा-फिराकर लाते। एक साल तक दिन-रात बिछाने पर लेटे रहने पर ही पता चलता है कि कुदरत की खुली हवा और लोगों की भीड़भाड़ में जीने का मजा क्या होता है!

सन् 1970 की बात है। अरुणा के पिताजी ने एक दिन मेरी मुलाकात बाबूकाका दीवानजी से करवा दी। वे मुझे रमाकाकी के घर ले गए जो अंधी थी। लाल रंग की विदेशी गाड़ी से बाबूकाका आए थे। खुद गाड़ी चला रहे थे। गाड़ी रुकते ही एक पहियेदार कुर्सी बाहर निकाली गई। बाबूकाका उस पर बैठकर मेरे पास आ गए। उन्होंने मुझसे क्या बातें की थीं वह ठीक से याद नहीं। याद है उनका हमेशा हँसता और मुस्कुराता चेहरा। पहियेदार कुर्सी पर बैठा एक व्यक्ति इतना जिन्दादिल हो सकता है यह मेरी सोच के बाहर था। उनकी व्यापार-धंधों की बड़ी-बड़ी बातें, हवाई जहाज से सफर की बातें सुनकर मुझे अचरज हुआ। 'खुदी को कर बुलंद इतना' में होनेवाली बुलंद हस्ती से आखिर मेरी मुलाकात हो ही गई। वे मुझे सुझाव और सलाह देते गए कि मुझे अपनी शिक्षा कैसे पूरी करनी चाहिए? खेल प्रतियोगिताओं में किस प्रकार हिस्सा लेना चाहिए? स्वयं आत्मनिर्भर बनकर कोल्हापुर के अन्य अपाहिजों के लिए मुझे किस प्रकार काम करना चाहिए?...आदि-आदि। वह कौन-सा दिन था, यह मुझे याद नहीं है लेकिन उसी दिन से मेरी कमजोरी मेरे बस में आ गई। मेरा अपाहिजपन मेरी शक्ति बन गया। कुछ देर के लिए मैं यह भूल गई कि मैं पहियों की कुर्सी पर बैठी हूँ। अपना आकाश पाने के लिए जैसे सारा बल इकट्ठा कर मैं उड़ान भरने का प्रयास कर रही थी। उसी वर्ष मैंने अधूरी शिक्षा पूरी करने की ठान ली। बाबूकाका के जीवन पर लिखित

'माणूस मोठा जिद्दीचा' ('आदमी बड़ा जिद्दी') यह उपन्यास पढ़ा। माननीय प्रधानमंत्री पंडित जवाहरलाल नेहरू की शुभकामनाएँ और स्वयं उनके साथ बाबूकाका का फोटो देखकर मैं काफी प्रभावित और प्रेरित हो गई थी।

रेहाना ने किसी की एक न सुनी और अपनी पढ़ाई बंद कर दी। उसने शार्ट-हैंड टायपिंग सीख ली और नौकरी के लिए परीक्षा देने लगी। उसे इनकमटैक्स और सेंट्रल एक्साईज के नियुक्तिपत्र एक साथ आ गए। अम्मी कह रही थी कि वह बेटी की कमाई नहीं खाएगी लेकिन हालात का तकाजा और मामाजी तथा पाटील चाचा के समझाने पर उसने रजामंदी दे दी। रेहाना ने नौकरी सँभालकर बी.ए. की पढ़ाई भी पूरी की। उसे अंक भी अच्छे मिले। मैं खामोश थी। रेहाना ने मेरी खामोशी का अर्थ समझ लिया और मेरी तरफ से एक पत्र विश्वविद्यालय के नाम भेज दिया। जवाब में पत्र मिला कि शादीशुदा व्यक्ति, सरकारी कर्मचारी तथा महाराष्ट्र के बाहरी लोगों को ही बाहरी छात्र के रूप में प्रवेश मिल सकता है। मुझे नकार मिला था। कॉलेज में जाकर पढ़ाई करना भी मेरे लिए असंभव था। बहुत दुख हुआ।

बाबूकाका को मैंने अपनी समस्या बता दी। उन्होंने गोखले कॉलेज के प्रधानाचार्य एम. आर. देसाई जी से मिलने की सलाह दी। वैसे देसाई जी की बेटी लीना मेरी स्कूल की सहेली थी। अरुणा ने उसे मेरा पैगाम दे दिया और स्वयं देसाई सर हमारे घर आ गए। उसी दिन उन्होंने अजीज के हाथों मेरे लिए बुक बैंक से सारी किताबें भेज दीं। दीपावली में बाबूकाका से भेंट हुई। पंद्रह-बीस दिनों के पश्चात् देसाई सर भी मिल गए। परीक्षा ढाई महीनों के बाद थी। पढ़ाई में तीन सालों का अन्तराल पड़ गया था। देसाईजी ने बता दिया कि मेरी उपस्थिति जून से लगा दी गई है। बस, जमकर पढ़ाई करना। मुझे भरोसा नहीं था, लेकिन पढ़ाई में जुट गई। किताबें पढ़ना, नोट्स बनवाना शुरू किया। रात के अँधेरे में बैठकर आसमान निहारना बंद हो गया था। अब समय पर नींद भी आने लगी थी।

परीक्षा का दिन आ गया। घबराहट-सी होने लगी थी। रात को सपना आता कि मैं टैक्सी से परीक्षा हॉल पर गई हूँ और कुर्सी घर में भूल गई हूँ। परीक्षा के समय अजीज, बहनें और सहेलियाँ साथ आया करती थीं। उन्हें मैं आशंका से पूछती, "कुर्सी रखी है न?" मेरा परीक्षा का नंबर राजाराम कॉलेज में था। कुछ पर्चों के लिए नंबर ग्राउंड फ्लोर में तो कुछ पर्चों के लिए पहली मंजिल में आ गया था।

मैं पर्चा लिखने बैठती तो मेरी पहियादार कुर्सी देखकर परीक्षक मेरे पास आ जाते और सहानुभूति से पूछते, "यह कब और कैसे हुआ?" उनके प्रश्न से मेरी कोई शिकायत नहीं थी लेकिन बेवक्त प्रश्न पूछने से गुस्सा आ जाता। आखिर तंग आकर मैंने तीसरे पर्चे के समय कहा, "देखिए, पर्चा खत्म होने पर मैं आपको अपनी पूरी कहानी बता दूँगी।"

एक परीक्षक महाशय ने तो मुझे स्टाफ रूम में ही बिठाकर पर्चा लिखवाया। मैं बहुत तनाव महसूस कर रही थी। परीक्षा तो दे दी लेकिन सफलता का भरोसा नहीं था। अल्लाह की कृपा से अंग्रेजी सहित सारे विषयों में मैं पास हो गई। सारे रिश्तेदार, सहेलियाँ और बाबूकाका की बधाई से मेरा उत्साह दुगुना हो गया। दूसरे वर्ष की पढ़ाई मैंने सालभर में आराम से पूरी की। उस वर्ष मेरा नंबर गोखले कॉलेज में ही था। वह कॉलेज मेरे लिए नया था। देसाई सर और अन्य अध्यापकों ने परीक्षा के समय मुझसे बड़ी आत्मीयता के साथ पूछताछ की। बीच की छुट्टी में खान-पान और चाय का भी लुफ्त उठाया। नतीजा निकला और मैं फूली न समाई। बहुत इच्छा हो रही थी कि अन्य भाइयों की तरह मैं भी दीक्षांत समारोह के दिन गाउन पहनकर अपनी फोटो खिंचवाऊँ। अपनी इच्छा व्यक्त करने में संकोच हुआ। किसी कारणवश उस कार्यक्रम में जा भी नहीं पाई।

मुझसे डेढ़ वर्ष बड़ी रेहाना नौकरी के साथ खाना बनाना, मुझे नहलाना आदि काम करती थी। छोटा अजीज बर्तन माँजने में उसकी मदद किया करता। सबसे छोटी बहन कौसर झाड़ू लगाना, बिस्तर डालना वगैरह कामों में हाथ बँटाती थी। मैं अकेली बैठी खुद को अपराधी महसूस करती। मेरे पास काफी खाली समय होता था। मैंने अजीज से कहा, ''मुझे काम करने की इच्छा होती है। खाना बनाने को मन करता है।'' उस दिन अम्मी किसी गाँव गई थी। अजीज मेरी कुर्सी रसोईघर में ले आई। उसने सारी सामग्री मुझे दे दी। रेहाना के ऑफिस से आने से पहले कम ऊँचाई की एक तिपाई पर रखे स्टोव पर मैंने पहली बार पोहे बनाए। सभी ने तारीफ करते हुए खुशी से खा लिए। दूसरे दिन अजीज, रेहाना और कौसर ने मिलकर रसोईघर की पूरी व्यवस्था ही बदल डाली। प्रत्येक डिब्बा, दीवार और अलमारी का सामान ऐसी जगह रख दिया जिसे मैं आसानी से ले सकूँ। चपाती, सब्जी, चावल वगैरह पूरा खाना मैं बनाने लगी। यह सबकुछ मैं बना सकती हूँ, इस बात का और उससे ज्यादा भाई-बहन के कामों का बोझ हल्का करने का आनन्द मुझे बहुत सुकून दे गया। मैं बर्तन भी माँजने लगी।

हाल ही में बी.ए. की परीक्षा दे दी थी। 'स्वराज्य' में लेखन प्रतियोगिता संबंधी विज्ञापन पढ़ा। विषय था, 'छुट्टी का उपक्रम'। मैंने अपना रसोई का वह पहला अनुभव और उससे मिली खुशी पर लेख भिजवा दिया। अचरज की बात यह थी कि, एक दिन रेहाना अखबार में प्रकाशित लेख लेकर लगभग दौड़ती हुई घर आ गई। सारे परिवार ने मीठा व्यंजन बनाकर खुशी बाँट ली।

पिताजी के देहांत के बाद छोटी कौसर लगभग उपेक्षा का शिकार बन गई थी। हर एक अपने ही गम में चूर था। सबके मन की भड़ास उसी पर निकाली जाती। परिणामस्वरूप हमेशा खुशी से थिरकनेवाली कौसर आत्मकेंद्रित और खामोश रहने लगी। एक बार उसके स्कूल के अध्यापक ने घर आकर इसके बारे में बताया तब सबकी

आँखें खुल गईं। कौसर को स्कॉलरशिप मिल गई थी। वह उससे लाल फ्रॉक खरीदना चाहती थी, लेकिन एक दिन अम्मी की अनुपस्थिति में अचानक घर में मेहमान आ गए। किसी के पास पैसे नहीं थे। मजबूरन कौसर की स्कॉलरशिप के पैसे से मेहमाननवाजी की गई। कौसर ने अपने पैसे खुशी-खुशी दे दिए। माँ को एक दिन उसकी बैग में लाल फ्रॉक पर लिखी कविता मिल गई। रेहाना अपना वेतन मिलते ही उसके लिए लाल फ्रॉक ले आई और कौसर को उसकी खुशी वापस लौटा दी।

परिवार के आत्मीय सहयोग के कारण और एक बात हुई। घर में होनेवाली सिलाई मशीन में हाथ से घुमाने का हैंडल बिठाया गया। दिन का अधिक से अधिक समय मैं उस मशीन पर बैठने लगी। जब भाई नौकरी के लिए विदेश गया तब उसी मशीन से इलेक्ट्रिक मोटर जोड़ दी। बीते तीस सालों में सुख-दुख के अनेक प्रसंग जिन्दगी में आए। लेकिन उनसे हौसला बढ़ता ही गया।

बाबूकाका हर दो साल के बाद अपनी जन्मभूमि कोल्हापुर आते थे। पहचान के सारे अपाहिज लोगों को इकट्ठा करते। उन्हें अपाहिजों के पुनरुज्जीवन के लिए प्रेरित करते रहते। उनके साथ उनकी हैंड कंट्रोल गाड़ी में बैठकर और उनका भाषण सुनकर मैं काफी प्रभावित हो जाती। उनका जुनून देखकर मन उल्लासित हो उठता। दिन बहुत हँसी-खुशी में बीत रहे थे। खुद के गम के आगे मुझे अन्य अपाहिजों का ख्याल नहीं था। बाबूकाका का भाषण सुनने पर पता चला कि अपने ही गाँव में, महाराष्ट्र में, भारत में असंख्य अपाहिज मुझसे भी बदतर हालात में जी रहे हैं। मैंने निश्चय किया कि मैं भी बाबूकाका की तरह अपाहिज भाई-बहनों के लिए काम करूँगी।

सन् 1972 में 'अपंग पुनर्वासन संस्था' का गठन कर इस काम का आरंभ हुआ। संस्था का कार्य शुरू करने से पहले बाबूकाका ने अपनी संस्था देखने के लिए मुझे बैंगलूर बुलाया। आने-जाने का खर्चा श्री दत्ता बाल ने उठाया था।

बाबूकाका से मिलने से पहले मैं घर से बाहर निकलते वक्त बैठने के लिए बेडशीट के टुकड़े रख देती। बाद में चौकोनी सिरहाने का अभ्रा सिलवाकर उसमें बेडशीट के टुकड़े और उसके अन्दर प्लास्टिक रखने लगी। एक बाजू गीली होने पर पलटकर दूसरी बाजू उपयोग में लाती थी। ऐसी दशा में कोल्हापुर से बैंगलूर तक का सफर पार करना मुश्किल था। फिर कैथेटर बिठाया गया। वह बीच रास्ते में रेल में ही निकल गया। साथ में राहिला मौसी और अजीज थे। उन्होंने धीरज बँधाया। बैंगलूर पहुँचते ही बाबूकाका जरूर कोई उपाय बता देंगे इस आशा से मैं सब सहती रही। पेट साफ रहने के लिए मुझे दवा लेनी पड़ती। अगर असर न हुआ तो एनिमा लेना पड़ता। एनिमा के इलाज की प्रतिक्रिया से मेरे पूरे शरीर पर बड़ी-बड़ी फुंसियाँ दिखाई देतीं। उसके इलाज के लिए फिर अस्पताल जाना पड़ता।

बैंगलूर में बाबूकाका ने अपनी बेटी की तरह मेरा ख्याल रखा। मुझे तुरन्त अस्पताल ले गए और नया 'फॉलीस कैथेटर' बिठवाया और जैसे जादू हो गया। मेरे कपड़े गीले होना बंद हुआ। मैं खुशी से पागल हुई और वहाँ पर आयोजित अपाहिज खेल प्रतियोगिता में हिस्सा क्या लिया उसकी चैम्पियन ही बन गई। वहाँ की नई अपाहिज सहेलियों को मैंने अपने स्कूली और कॉलेज जीवन के खेल और नृत्यसम्बन्धी किस्से सुनवा दिए। सन् 1967 के बाद पहली बार मैंने यह सब खुलकर किसी से कहा था। वरना कभी कोई गलती से भी मेरे अतीत का कोई ऐसा प्रसंग सुनाता या जिक्र करता तो मेरी आँखें भर आतीं।

सन् 1972-73 में हुई इस खेल प्रतियोगिता में इस बात का पता चला कि मेरी तरह स्पर्श की संवेदना गँवाई हुई पेशाब और शौच की समस्या से त्रस्त कोई प्रतिभागी महिला नहीं थी। सेना के कई जवान मात्र जरूर थे। सन् 1996 में मुम्बई में आयोजित एक कार्यक्रम के आयोजकों ने 'पैराप्लेजिक स्त्री' के जीवन पर आधारित मेरा व्याख्यान रखने के बारे में पूछा तो मैंने तुरन्त स्वीकृति दी। जिन्हें मेरा वक्तव्य सुनाना था वे सभी महिलाएँ पोलियो से ग्रस्त थीं। अपना गाँव और घर छोड़कर इस खेल प्रतियोगिता में शामिल होने आई मेरे जैसी एक भी नहीं थी। इसका कारण यह था कि अधूरी शिक्षा तथा समाज के प्रति संकोच एवं डर। मैं यह स्पष्टीकरण यहाँ इसीलिए दे रही हूँ क्योंकि पैराप्लेजिक की शिकार स्त्री छब्बीस वर्ष पहले भी चारदीवारों के अन्दर दम तोड़ देती थी और आज भी उसकी स्थिति वही है, जिसे बदल देना बहुत जरूरी है।

आज मैं जब यह सब कागज़ पर उतार रही हूँ तब वह अनपढ़, जख्मों से आहत कहीं बिस्तर खराब न हो जाए इस डर से लकड़ी के पलंग पर सोनेवाली, वूलन के रूमाल बुननेवाली वनिता मेरी आँखों के सामने आ जाती है। पढ़ी-लिखी होकर भी देहात में खुली जमीन पर एक बोरे के टुकड़े पर सोनेवाली सुशीला याद आती है। मैंने दोनों को कोल्हापुर लाकर अपनी तरह आत्मनिर्भर बनाने का भरसक प्रयास किया किंतु उनके माता-पिता ने हमारा साथ नहीं दिया।

बैंगलूर में दस-बारह दिन बाबूकाका जी के साथ बिताए। सही मायने में उनका जीवन मैंने नजदीक से देखा और मेरी जिन्दगी में अर्थपूर्ण परिवर्तन आया। बाबूकाका से जितना प्यार, श्रद्धा, अपनापन हुआ, उतना पूरे जीवन में अन्य किसी से नहीं हुआ। आज भी वे मुझे सबसे प्रिय हैं। उन्होंने मुझे क्या नहीं सिखाया? अपने बाएँ हाथ में सर्जिकल हैंडग्लोवज् डालकर स्वयं का पेट कैसे साफ किया जा सकता है, यह इलाज उन्होंने ही सिखाया। शुरू में मुझे जरूर तकलीफ हुई। मैं यह कर नहीं पाऊँगी ऐसा लगता था, लेकिन धीरे-धीरे नकारात्मकता आत्मविश्वास में बदल गई। मैंने सफाई से उसे आत्मसात किया, जिससे मेरी मरणांतक यातनाएँ खत्म हो गईं। रोज सवेरे मेरा पेट

साफ होने लगा। दिनभर कहीं जाने पर कपड़े खराब होने का डर खत्म हो गया। काम में, पढ़ाई में, शारीरिक और मानसिक रूप में मैं एकाग्र होने लगी। बैंगलूर से वापस लौटते समय बाबूकाका ने एक सुंदर साड़ी उपहार के रूप में भेंट दी। वे जब मुझे स्टेशन पर छोड़ने आए थे, तब उनकी आँखें नम हो गई थीं। पलभर के लिए लगा, उनकी बेटी बनकर उनके अकेलेपन में साथ दूँ। उन्हें अच्छे-अच्छे व्यंजन बनाकर खिलाऊँ। उनकी सेवा करूँ। वे खाना बाहर से ही लाकर खाते थे। हम लोगों को अपने पड़ोस में ही कमरा दिया था। सुबह का नाश्ता हमारे कमरे में ही बनता था और सभी साथ में खाते थे। उनका दफ़्तर और वर्कशॉप देखकर सोच रही थी, दिन-रात औरों के लिए मेहनत करनेवाला यह व्यक्ति मुझे कोल्हापुर में ऐसा कार्य करने की जिम्मेदारी सौंप रहा है, लेकिन मैं इसके लायक कहाँ हूँ?

बाबूकाका ने मुझे जिस तरह जीने की राह बताई, सीख दी, मैं चाहती हूँ कि अस्पतालों में डिस्चार्ज देते समय मरीजों को यह पाठ सीखाना चाहिए। वहाँ के डॉक्टर्स और नर्स उन्हें इसके लिए प्रेरित करें। उनसे मैंने विनती भी की कि कम-से-कम उन मरीजों को हमारी संस्था में भेज दें। भगवान की कृपा से आज हमारे पास सारी सुविधाएँ उपलब्ध हैं।

बैंगलूर से कोल्हापुर लौट रही थी तब खेल के मैदान की ढेर सारी बातें याद आ रही थीं। पहियेदार कुर्सी पर बैठकर थाली, गोला और भाला कैसे फेंकना चाहिए? टेबल टेनिस किस तरह खेलना चाहिए? इसका प्रदर्शन एक 'हीरो' ने दिखलाया। मैंने उसे गुरु मानकर उसे धन्यवाद भी दिया। रात बेलगाम तथा बड़ौदा से आए प्रतिभागियों के साथ गपशप में एक अपाहिज 'हीरो' का जिक्र हुआ। पता चला कि वह बेलगाम की एक खूबसूरत लड़की को साथ लेकर घूमने गया है। रात के दस बजने आए फिर भी वह नहीं लौटा था। मैंने बेलगाम के अन्य सदस्यों से पूछा कि आपने उसे अनुमति क्यों दी? जवाब मिला कि वह उस लड़की को अपनी मौसी से मुलाकात करवाने ले गया है। अगर वह पसंद आ गई तो वह बेलगाम जाकर उसका घर देखेगा और उसकी माँ से मिलेगा। उन्होंने यह सोचा कि यदि किसी अपाहिज लड़की का घर बस जाता है तो अच्छा ही है, हम क्यों उसमें टाँग अड़ाएँ ?

दूसरे दिन बाबूकाका को काम से फुरसत मिलते ही मैंने उस 'हीरो' और लड़की की खुशखबरी सुना दी। उन्हें विश्वास नहीं हुआ क्योंकि उस 'हीरो' की असलियत उन्हें पता थी। वे उसकी पत्नी और बच्चों को भी जानते थे। सारे दल वापस जा चुके थे। बाबूकाका के बताने से मैंने उस लड़की पर आनेवाले संकट को टालने के लिए बेलगाम खत लिख दिया। लेकिन पता चला कि इससे दो दिन पहले ही वह 'हीरो' बेलगाम में उस लड़की के घर पर दो दिन की मेहमाननवाजी लेकर जा चुका था। बाद में उससे न

संदेश आया न ही चिट्ठी। इस हादसे से वह सज्जन, सुंदर, अपाहिज लड़की पूरी तरह से बदल गई। कुछ दिनों तक वह घर से बाहर नहीं निकली। आखिर उसने उम्र से बड़े एक बच्चे का बाप होनेवाले अधेड़ आदमी से शादी कर ली। इस तरह एक कली खिलने से पहले ही मुरझा गई।

सन् 1973 में मैं मुम्बई की पैराप्लेजिक संगठन द्वारा आयोजित क्रीड़ा प्रतियोगिता के लिए गई थी। वहाँ वह 'हीरो' भी आया था। रेहाना के पति एतबारखान जी ने उसे स्वीमिंग के बाद पतलून पहनते हुए देखा और मुझसे बोले, ''देखो नसीम, पैराप्लेजिक अपने हाथ से पतलून पहन रहे हैं, लेकिन यह हीरो आम व्यक्ति की तरह पतलून में पाँव डाल रहा है।'' उन्होंने पहचान लिया कि वह पैराप्लेजिक था ही नहीं। अकेले में उससे बेलगाम की लड़की की बात छेड़ दी तो उसने थोड़ा सहमकर सफाई दी, ''मैं तो अपने दोस्त से उसका रिश्ता पक्का कर रहा था, लेकिन दोस्त को वह पसंद नहीं आई।'' मैंने प्रश्न किया, ''तुमने उनसे यह बात क्यों छिपाई कि तुम शादीशुदा हो?'' इस पर वह बेशर्मी से बोला, ''मुझे क्या पता कि वे लोग इस बात को नहीं जानते थे।''

'मुम्बई क्रीड़ा प्रतियोगिता' के लिए बाबूकाका भी आए थे। उन्होंने अनेक लोगों से मेरा परिचय करवाया। बंबइया खिलाड़ी शेकहैंड करने को हाथ बढ़ाते लेकिन मुझे दोनों हाथ जोड़कर नमस्कार करना ही अच्छा लगता। मेरे इस स्वभाव के कारण मजाक से सभी मुझे 'लवंगी मिर्ची' कहते थे। तिस पर मैं 'कोल्हापुरी चप्पल' मशहूर होने की याद दिलाती। अनजाने 'हीरो' पर आया गुस्सा मैं दूसरों पर उतार रही थी। उस खेल प्रतियोगिता में मुझे बहुत सारे पदक मिले। व्हीलचेअर रेस, गोलाफेंक, थालीफेंक और टेबल टेनिस में मैं सर्वप्रथम आई थी। चैम्पियन शील्ड तथा विविध पदकों को सम्मान के साथ तालियों की गूँज में स्वीकारते हुए आकाश को छूने की खुशी हो रही थी। वह पल और आनन्द मैं बयान नहीं कर सकती। मेरी इस खुशी में अजीज, बाबूकाका, रेहाना तथा भाईसाब के शरीक होने से वह दुगुनी बढ़ गई थी।

कोल्हापुर लौटने पर इंग्लैंड में होनेवाले 'स्टॉक मेंडविले गेम्स' के लिए चयन होने का पत्र मिला। एक पल लगा कि मैं सपना ही देख रही हूँ...वरना मेरे भाग्य में यह कहाँ था? बहुत बार सपनों में मैंने देखा था कि हवाईजहाज में पायलट के पास बैठी मैं आकाश का नजारा देख रही हूँ। लेकिन अब हवाईजहाज में मैं केवल एक- दो नहीं पूरे सत्रह घंटों का सफर करनेवाली थी। सपनों के नजारे मैं यथार्थ में देखनेवाली थी। मैंने सबसे पहले यह खबर बाबूकाका को दी। जल्द ही उस संस्था के संचालक का दूसरा खत आया कि वे मेरा इंग्लैंड का खर्च इकट्ठा करने कोल्हापुर आ रहे हैं। वे मुझे साथ लेकर चंदा इकट्ठा करेंगे। मुझे यह बात विचित्र लगी। चयन उनकी ओर से और चंदा मेरे गाँव से। मैंने हाल ही में बी.ए. की उपाधि हासिल की थी। मैं 'अपाहिज पुनर्जीवन

संस्था' स्थापित करना चाहती थी। कुछ और भी योजनाएँ दिमाग में थीं, जिसके लिए पैसा जरूरी था जो मुझे अपने गाँव से ही इकट्ठा करना था। मेरी तो कहीं नौकरी नहीं थी। अगर अभी से व्यक्तिगत खेल प्रतियोगिता हेतु मैं पैसा माँगने लगूँगी तो भविष्य के मेरे सपनों को पूरा करने के लिए कौन मदद का हाथ बढ़ाएगा?...और व्यक्तिगत जरूरत के लिए लोगों के आगे हाथ फैलाना मुझे मंजूर नहीं था। एक नई मुसीबत खड़ी हो गई थी। पहले ही बैंगलूर जाते समय दत्ता बाल जी से आर्थिक मदद ली थी। मैंने दिल की बात बाबूकाका को बताई। उन्होंने सलाह दी, "तुम्हारा कहना बिल्कुल सही है। तुम्हारे खर्चे की जिम्मेदारी उस संस्था को ही उठानी चाहिए। तुम ऐसा करो...'नासीओ' (राष्ट्रीय अपंग विकास संस्था, मुम्बई जिसके तत्कालीन अध्यक्ष विजय मर्चेंट जी थे) की मीटिंग में तुम्हें आमंत्रित किया जाएगा। वह एक क्रीड़ा संस्था है। तुम जरूर आना और मीटिंग में उस पत्र को सदस्यों के सामने रख देना। कोई न कोई हल जरूर निकलेगा।"

मैं उस मीटिंग के लिए रवाना हुई। इस बहाने विजय मर्चेंट जी से मुलाकात हो जाएगी, इससे मैं बहुत खुश थी। सभागार में प्रवेश करते ही बाबूकाका ने मेरा परिचय करवा दिया। विजय मर्चेंट जी टेबल के दूसरे छोर पर थे। वे अपनी कुर्सी से उठकर मेरे पास आए। आत्मीयता से मेरा माथा चूम लिया। मेरे हाथ अपने हाथों में लेकर सहलाए। मुझे तीव्रता से अब्बा की याद आई। विजय मर्चेंट जी इतने स्नेहिल होंगे इसकी मुझे कल्पना नहीं थी।

मीटिंग में मैं अंग्रेजी में बोल न सकी इसीलिए हिंदी में ही अपने विचार व्यक्त किए। सभी सदस्यों ने मिलकर चर्चा की और निर्णय लिया कि जिस संस्था ने जिनका चयन किया उनकी आर्थिक जिम्मेदारी 'नासीओ' उठाएगी। दोनों संस्थाओं के सहयोग से भारतीय टीम इंग्लैंड भेजी जाएगी। यह निर्णय तुरन्त उस संस्था को फोन पर बता दिया, जिस पर उनका जवाब था, "सोचकर बताएँगे।"

मीटिंग से रेहाना के घर लौटने से पहले मैं बाबूकाका के घर गई। उसके बाद 'नासीओ' संस्था की सचिव सुश्री नमा भट के साथ 'फेलोशिप ऑफ दि फिजिकली हैंडिकैप्ड, मुम्बई' की संस्थापिका श्रीमती फातिमा ईस्माईल के घर गई। रास्ते में जो बातें हुईं उससे मेरे इरादे और भी पक्के हो गए।

श्रीमती फातिमा ईस्माईल जी की उषा नाम की अपाहिज बेटी है। बचपन में ही वह पोलियो की शिकार हुई। आजकल वह न्यूयॉर्क में रहती है। उसके बचपन की यादें फातिमा जी हमें बता रही थीं। उन हृदयस्पर्शी बातों को सुनकर शरीर पर रोंगटे खड़े हो रहे थे। फातिमा जी की जिद थी कि, भले ही उसकी बेटी अपाहिज हो, वह पढ़-लिखकर बहुत बड़ी बने। इसी कारणवश वह बेटी पर कभी-कभी गुस्सा होती थी।

एक दिन उषा ने पढ़ाई ढंग से नहीं की इसलिए फातिमा जी काफी क्रोधित हुईं। इस पर उन्हें उषा की आया ने टोका, ''बीबीजी, क्यों आप इस बेचारी के पीछे हाथ धोकर पड़ी रहती हैं? एक तो वह अपाहिज अपने दुर्भाग्य को लेकर जी रही है, उस पर आपका रौब और धाक। पढ़ाई के लिए जबरदस्ती बिठाना।'' वह सच ही तो कह रही थी। उषा को प्यार की जरूरत थी। 'समाज से जैसे वह अलग-थलग पड़ गई थी। उसकी हमउम्र लड़कियाँ हँसती-खेलती रहती हैं और वह चारदीवारी के अन्दर घुटती रहती है। ऐसी हालत में उस पर पढ़ाई के लिए जोर-जबरदस्ती करना कितना उचित है?' सोचते-सोचते फातिमा जी की आँखों में आँसू आ गए। उषा के सामने से उठकर वे दूसरे कमरे में जाने लगीं तभी उषा के शब्द उनके कानों में पड़े। वह आया पर गुस्सा कर रही थी, ''बहुत बुरी हो तुम। समझ नहीं सकती हो। वह मेरी भलाई के लिए तो डाँटती हैं। मैं कोई गैर थोड़े ही हूँ? इसके बाद तुम ऐसा कुछ मत कहना।'' यह सुनकर कौन-सी माँ चुप रहेगी? फातिमा जी पलटकर गति से उषा के पास आईं। उसे ममता से गले लगाया। वह रोने लगी। उनकी आँखें पोंछते हुए उषा ने कहा, ''अम्मा, मुझे माफ कर दो। इसके बाद मैं तुम्हें कष्ट नहीं दूँगी। मैं तुम्हारी हर बात मानूँगी...मैं आज से खूब पढ़ाई करूँगी।'' और उसने किताब खोल ली। शायद अपाहिज बच्चे समय से पहले ही प्रगल्भ हो जाते हैं। उषा के बारे में ऐसी कई बातें फातिमा जी ने मुझे बताईं।

नमाताई ने अपना एक अनुभव सुना दिया। रास्ते पर भीख माँगनेवाली एक सुंदर लड़की को उन्होंने अनाथालय में भर्ती कर दिया। बीच-बीच में वे उसकी पूछताछ करती रहती। वह लड़की होशियार थी लेकिन पढ़ाई की ओर उसका ध्यान कम था। साफ-सफाई के मामले में बहुत आलसी थी। उसे डाँटने पर तो वह सभी को और परेशान करने लगी। उसे जिन्दगी में किसी का प्यार और अपनापन नहीं मिला था, बल्कि उस पर कोई बंधन भी नहीं था। नमाताई ने इस बात पर गौर किया था कि कुछ आवारा लड़के उसे छेड़ते थे। नमाताई ने उसके प्रति सहानुभूति जताई। उन्होंने उस लड़की की सुरक्षा का हर तरह से खयाल रखा। वे हर बार उसे समझाती रहतीं। उनके चले जाने पर कुछ समय तक लड़की ठीक-ठाक रहती थी और बाद में 'जैसे थे' की स्थिति होती, हर किसी को चाहे जैसा प्रत्युत्तर देना वगैरह...। उसकी किसी गलती पर उसे दंडित किया तो वह झल्लाकर बोली, ''मुझे इस आश्रम में नहीं रहना है। इस चारदीवारी में मेरा दम घुट रहा है। बाहर एक-दो गाने गाऊँ तो भी पेट भर सकती हूँ मैं।'' और वह जाने लगी। वहाँ की सुपरिंटेंडेंट ने नमाताई से फोन कर बुलाया। वैसे वे भी उस लड़की से तंग आ चुकी थी। उसकी वजह से आश्रम का अनुशासन बिगड़ रहा था। नमाताई ने लड़की को समझाने का बहुत प्रयास किया। इस पर लड़की ने तेवर दिखाते हुए कहा, ''आप कौन होती हैं मुझे मना करनेवाली? क्यों मेरे पीछे पड़ी हैं?'' नमाताई

आगबबूला हो गई। अब तक वह उस लड़की के प्रति स्नेहिल होने से चुप थी। उन्होंने उसके गाल पर एक तमाचा जड़ दिया और बोली, "निकल जाओ यहाँ से बाहर...तुम क्या समझोगी किसी का प्यार? तुम्हें तो बस उन मवाली लड़कों की हवस भरी नजरें रास आती हैं। चली जाओ मेरे सामने से ! एक भिखारी की लाचार जिन्दगी और यहाँ रहने से आगे मिलनेवाली जिन्दगी में क्या अन्तर होता है यह तुम क्या समझ पाओगी?" नमाताई की बात पूरी होने से पहले ही वह लड़की उनके पैरों पर गिर पड़ी। उसे अपनी गलती का एहसास हुआ। वह रोते हुए गिड़गिड़ाने लगी, "मुझे माफ कर दीजिए। सचमुच मैं आपका प्यार समझ नहीं पाई। आप मुझे मौका दीजिए। मैं आपको अच्छी बनकर दिखा दूँगी।" और उसी दिन से उस लड़की में आश्चर्यजनक परिवर्तन हो गया। वह ढंग से रहने लगी। भरसक पढ़ाई कर उसने अव्वल नंबर प्राप्त किया। आज वह अपने पैरों पर खड़ी है। सम्मान की जिन्दगी जी रही है।

बाबूकाका ने भी अपनी बैंगलूर की संस्था के अनेक अनुभव बता दिए। भीख माँगकर पेट भरनेवाला महम्मद उनके वर्कशॉप में अपना अपाहिजपन भूलकर काम कर रहा था। एक बार काका ने उससे पूछा, "महम्मद भीख माँगकर एक दिन में इससे अधिक पैसे तुम कमा लेते थे। फिर भी तुम्हें यहाँ काम करना क्यों पसंद है?" इस पर महम्मद ने उत्तर दिया, "जी, उन पैसों से मैं पकवान खाया करता था लेकिन जो मजा और शांति पसीने की रोटी में है वह उन पकवानों में नहीं होता था।"

मैं घर लौटी तो अपने आपको बहुत भाग्यवान समझ रही थी। अपाहिज पुनर्वासन के क्षेत्र के तीन बड़े कार्यकर्ताओं का साहचर्य मुझे मिला था। जल्द ही पैराप्लेजिक संगठन के संचालक का फोन आया, "तुम्हारे खर्चे का इंतजाम हो गया है। कल पासपोर्ट के कागजातों पर दस्तखत लेने हम आ रहे हैं।" दूसरे खिलाड़ियों के खर्चे को लेकर पूछताछ की तो उन्होंने बता दिया कि वे लोग गुजरात के हैं। वहाँ की संस्था ने उनकी जिम्मेदारी ले ली है।

पासपोर्ट के लिए आवश्यक कागजातों की पूर्ति कर मैं कोल्हापुर पहुँची। तब तक मेरे इंग्लैंड जाने की खबर काफी लोगों तक पहुँच चुकी थी। मेरी सहेली के भाई के दोस्त शरद सामंत (आज वे हमारी संस्था 'हेल्पर्स' के ऑडिटर हैं।) उन दिनों 'लियो क्लब' के अध्यक्ष थे। वे हमारे घर आए और आस्था से मेरी पूछताछ की कि मैं कौन-कौन-से खेल में हिस्सा ले रही हूँ। प्रैक्टिस के लिए आवश्यक सामग्री के बारे में पूछा। मेरे पास तो कुछ भी नहीं था। उन्होंने तुरन्त मुझे भाला, गोला और थाली लाकर दे दी। मैं सुबह-शाम प्रैक्टिस करने लगी। इसमें मेरी बहनें और सहेलियों का सहयोग मिलता। जाने से पहले 'लायंस क्लब' के अध्यक्ष डॉ. गजानन जाधव जी ने क्लब में आमंत्रित कर मेरा सम्मान किया। पूरी तैयारी के साथ मैं मुम्बई पहुँच गई।

मुम्बई में भाईसाब ने देखा कि मेरे पास जाड़े में पहनने के लिए केवल स्वेटर ही था। उन्होंने बाजार जाकर गरम हाउसकोट पुलओवर और मफलर खरीद लिए। मेरे पास ड्रेस के नाम पर केवल साड़ियाँ ही थीं। इंग्लैंड जाने का दिन आ गया लेकिन मेरे साथ आनेवाली सहयोगी फिजिओथेरेपिस्ट एक बार भी रेहाना या मुझसे मिलने नहीं आई। दूसरे खिलाड़ियों का भी कोई पता नहीं चल पाया। मुझे आवश्यक सहायता तथा कौन से खेल में कौन-सी सामग्री कब उपयोग में लानी है, यह उस फिजिओथेरेपिस्ट को बताना था। उसका फोन नंबर हासिल कर हमने उसे फोन किया, तो उसने कहा, ''ऐसे पैराप्लेजिक को तो मैं रोज देखती हूँ। मुझे सब पता है। हवाई अड्डे पर ही हमारी मुलाकात होगी।''

हवाई अड्डे पर हम पहुँच गए। अन्य कोई खिलाड़ी वहाँ पर मौजूद नहीं था, शायद उनके खर्चे का इंतजाम नहीं हो पाया था। फिजिओथेरेपिस्ट मुझे साड़ी में देखकर बोली, ''यह क्या, हम लोग इंग्लैंड जा रहे हैं। अच्छा-सा ड्रेस क्यों नहीं पहन लिया?'' मैंने कुछ गुस्से में ही कहा, ''मैं कपड़ों की नुमाइश करने इंग्लैंड नहीं जा रही हूँ। वैसे भी मुझे अपनी भारतीय साड़ी बहुत पसंद है।'' रेहाना ने मुझे इशारे से चुप रहने के लिए कहा। मुझे हवाईजहाज में उठाकर बिठाया जानेवाला था, इसलिए भाईसाब ने सारे पैसे मेरी सहायिका को दे दिए। अन्दर जाते वक्त मेरे मन में आशंका थी कि पता नहीं यह फैशनेबल औरत मेरा कितना खयाल रखेगी। भाईसाब, अजीज और रेहाना ने विदाई ली। भाईसाब ने प्यार से मेरा माथा चूम लिया तो फिर एक बार अब्बा की याद ताजा हो गई।

हवाईजहाज में चढ़ते समय मैंने उस औरत से विनती की, ''मुझे खिड़की के पास बिठाने के लिए कह दो।'' इस पर ''बचपना मत करो'' कहकर वह ऐसी झुँझलाई कि मैं चुप हो गई। हवाईजहाज ने उड़ान भर ली। सभी ने कमर के पट्टे बाँध दिए फिर छुड़ा लिए। मैं बाहर का नजारा नहीं देख पा रही थी, इसीलिए मन-ही-मन में उस औरत को कोस रही थी। हवाईसुंदरी से अनुरोध करने का मेरा साहस नहीं हुआ। सहायिका के रूप में आई उस विक्षिप्त औरत को लेकर मैं अन्दर ही अन्दर कुढ़ने लगी। मेरा उत्साह, भूख-प्यास मानो भाग गई। पैरों से लगाई यूरिन बैग भर गई तो मैंने उसे बताया। उसने कहा, ''इंग्लैंड पहुँचने के बाद। मतलब चौदह-पंद्रह घंटों के बाद!''

अब तक मैं समझ चुकी थी कि आगे मेरी क्या दशा होनेवाली है। भूख तो पहले ही मिट गई थी लेकिन अब सरबत, चाय यहाँ तक कि पानी पीना भी बंद कर दिया। उस औरत के साथ मैं वापस हिंदुस्तान लौटूँगी या नहीं इसकी आशंका हो रही थी। आखिर हम इंग्लैंड पहुँच गए। यहाँ हवाईजहाज की सीढ़ियों से मुझे उठाना नहीं पड़ा क्योंकि हवाईजहाज का दरवाजा प्लेटफॉर्म से सटकर था। मुझे पहियों की कुर्सी से बाहर

लाया गया और सरकती सीढ़ियों से टैक्सी तक पहुँचाया गया। प्रतियोगिता के आयोजक मुझे लेने के लिए आ चुके थे। हमें लंदन के नजदीक एल्सबरी नामक गाँव में जाना था। साहस जुटाकर मैंने उनसे टॉयलेट जाने की बात बताई और पाँव में रखी यूरिन बैग खाली कर दी। मैंने कड़े जाड़े में मुँह धोया और पानी पी लिया। फिर टैक्सी में बैठकर अगले सफर की शुरुआत की।

हवाईजहाज से उतरते ही मैं वहाँ की भव्यता, साफ-सुथरेपन को गौर से देखने लगी थी। मन में बार-बार एक ही विचार आ रहा था, ये वही लोग हैं जिन्होंने हमारे देश को डेढ़ सौ सालों तक गुलाम बनाए रखा था। उस रोमांचकारी इतिहास को याद कर उस माहौल में भी एक घुटन-सी होने लगी थी, लेकिन वहाँ का हर व्यक्ति इतनी विनम्रता से पेश आ रहा था कि उनके बर्ताव से तनाव दूर हो गया। तकदीर ने इतना हसीन मौका मुझे दिया था, जिसका पूरा लुफ्त उठाने के लिए मैं बाहर का कुदरती नजारा अपनी आँखों में समेटने लगी। रास्ते पर सिर्फ बड़ी गाड़ियाँ दौड़ रही थीं। दो या तीन पहियोंवाली कोई भी गाड़ी दिखाई नहीं दे रही थी। रास्ते इतने साफ-सुथरे थे कि, इच्छा हो रही थी, टैक्सी से उतरकर अपनी पहियोंवाली कुर्सी से दौड़ा जाए। बीच-बीच में फैली हरियाली मन को लुभा रही थी। रास्ते के किनारे मोटर रोककर कुछ लोग पिकनिक मना रहे थे। वे अगस्त मास के दिन थे। एल्सबरी जब पहुँचे तो अँधेरा हो गया था। मैं टॉयलेट जाना चाहती थी इसीलिए अपनी सहायिका औरत को बुलाया तो उसने कहा, ''मेरे पेशंट्स आत्मनिर्भर होते हैं। तुम भी स्वयं अपना ख्याल रखो।'' मुझे अकेला छोड़ वह घूमने और खाने के लिए निकल गई। जाते-जाते आदेश दिया कि ''तैयार होकर डायनिंग हॉल में आ जाना।''

मैंने अपने आँसुओं को रोक दिया और निश्चय किया कि रोजा रखूँगी। हवाईजहाज में घंटों बैठकर शरीर में दर्द हो रहा था। उसमें भी जाड़े का माहौल। सामान जहाँ पर रखा था उस कमरे में सोने को चली गई। वहाँ देखा कि पलंग ज़मीन से बहुत ऊँचाई पर था। अकेले उस पर चढ़ना बहुत मुश्किल था। कमरे में जापानी तथा अन्य विदेशी लड़कियाँ थीं। उनके साथ उनकी सहायिकाएँ थीं। उनकी सहायता से मैं पलंग पर चढ़ गई। सिर पर चादर ओढ़कर भूखे पेट ही सो गई। इतना थक गई थी कि नींद कब आई इसका पता तक नहीं चला।

सुबह आँख खुली तो देखा, बाहर बर्फ गिर रही थी। मैंने मुँह धो लिया। रोजा करना तो तय किया था लेकिन फिर भी रसोईघर में झाँककर आई। चाय गरम थी लेकिन दूध एकदम ठंडा। मजबूर होकर थोड़ा आइस्क्रीम खा लिया और बाहर निकली।

बाहर आकर मैंने अनेक लोगों से परिचय प्राप्त किया। तकरीबन अड़तालीस देशों से खिलाड़ी आए थे। वे सभी टूटी-फूटी अंग्रेजी में बातें कर रहे थे। मेरा भी अंग्रेजी का

संकोच दूर हुआ। कुछ लड़कियों के साथ इशारों से ही बातें कीं। हर किसी को मेरी साड़ी का आकर्षण था। यहाँ तक कि अनेकों ने मेरे साथ फोटो भी खिंचवाए। मेरे पास कैमरा नहीं था, लेकिन बुरा नहीं लगा। बाहर मैदान पर आ गई। कुर्सी-प्रतियोगिता की तैयारी शुरू थी। मैदान पर अन्य चमकनेवाली, हल्की कुर्सियाँ देखीं। मैं अपनी बोझिल और एक पहिये की टायर बीच-बीच में निकलनेवाली वह कुर्सी पिछले छह बरसों से इस्तेमाल कर रही थी। सोच रही थी कि क्या किया जाए? तभी प्रतियोगिता शुरू हो गई। मेरा दुर्भाग्य कि बीच में ही सामनेवाले छोटे पहिये का टायर निकल गया। अन्य कुर्सियाँ तेज गति से आगे निकल गईं और मुझे बीच में रुकना पड़ा। अन्य देशों के साथ अपनी योग्यता परख न पाई इसका मुझे बहुत बुरा लगा।

मुझे रुका हुआ देखकर उस संस्था की सेक्रेटरी पास आ गई और मेरे गालों को चूम लिया। बूढ़ी, सफेद फ्रॉक पहनी, सफेद बालों की वह मेम मुझे बहुत अच्छी लगी। उन्होंने मेरी कुर्सी के टूटे पहिए को निहारा। मुझसे पूछा, 'कहाँ जाना है?' पिछले दो पहियों पर मेरी कुर्सी को ठेलते हुए उसने मुझे वांछित स्थान पर पहुँचा दिया और वे चली गईं।

जल्द ही मैं सबकुछ भूलकर पहियों की कुर्सी पर बैठकर उन जवानों को देखने लगी जो बिजली की चंचलता से खेल रहे थे। वे दोनों हाथों में बॉल को पकड़कर खेल रहे थे। बॉल को टपकाकर बॉस्केट तक ले जाते। झट से उसमें बॉल फेंकते ही तालियों की आवाज से सारा मैदान गूँज उठता। वे कभी गिर भी जाते तो उनके सहायक उन्हें उठाकर फिर से कुर्सी पर बिठा देते। मैं जिन प्रतियोगिताओं में हिस्सा लेने आई थी वे मैदान पर शुरू थीं और मैं मजबूरन दूर से देख रही थी। उन खिलाड़ियों के चेहरे पर का उत्साह, खुशी और आत्मविश्वास देखकर मैं सोचने लगी, हमारे वतन के अपाहिज भाई-बहनों के चेहरों पर से बेचारगी हटाकर आत्मविश्वास की आभा भर देना बहुत जरूरी है।

मैं खेल देखने में मशगूल थी कि तभी वह मेम (नाम भूल गई हूँ) एक सुंदर पहियेदार कुर्सी ले आई। ''यह हमारी तरफ से तुम्हारे लिए 'गिफ्ट' है,'' कहकर मुझे उस पर बिठा भी दिया। 'दान' या 'मुफ्त की खैरात' की बजाय 'गिफ्ट' जैसे शब्द का उपयोग कर उन्होंने मुझे जीत लिया। ''तुम्हारी पुरानी कुर्सी तुम्हारे कमरे में रख देती हूँ। तुम खुश तो हो ना? हम हर साल ऐसी तीन-चार कुर्सियाँ उपहार के रूप में देते हैं।'' कहकर एक मीठी मुस्कान के साथ मेरे गालों को स्पर्श किया और वे जाने लगीं। मैंने उनके दोनों हाथ अपनी हथेली में लेकर कृतज्ञता के साथ हल्के से दबाए और ''थैंक्यू'' कहा।

बॉस्केटबॉल का खेल खत्म हो चुका था। वह नई कुर्सी वहाँ की मुलायम फर्श पर हवा से बातें कर रही थी। कुर्सी को दौड़ाते हुए मैं बाहर आ गई। उस समय सारी खेल

प्रतियोगिताएँ खत्म हो चुकी थीं और खिलाड़ी खाने के लिए जा रहे थे। उनके आग्रह पर मैं भी उनके साथ चली गई। वहाँ पर उबाले हुए व्यंजन देखकर उबकाई-सी होने लगी। दो-चार चम्मच आइस्क्रीम खाकर मैं बाहर आ गई। ठंडे मौसम में भी आइस्क्रीम खाते हुए मुझे खुद पर हँसी आई। कमरे में जाकर मैंने थोड़ा आराम किया और टेबल टेनिस खेलने चली गई।

मैंने प्रथम राउंड में जीत हासिल की। बहुत खुशी हुई। दूसरे दिन फिर खेलना था। पूरे तीन दिनों की प्रतियोगिता थी। उसके बाद थोड़ा घूम-फिरकर छोटी कौसर के लिए कुछ खरीदने लगी। जब से आई थी सिर्फ नमकीन और मूँगफलियाँ खरीदकर खाई थी। वह भी सहायक के साथ होते हुए। मेरे सारे पैसे उसी के पास थे। आते वक्त भाईसाब ने उसके पास कितने रुपए दिए थे, पता नहीं था।

शाम से ही हॉल पर नाचने-गाने की तैयारी शुरू थी। संगीत के साथ टेबल पर शराब की बोतलें रखी थीं। मैं चुपचाप कमरे में जाकर सो गई। दूसरे दिन मैं टेबल टेनिस हार गई। हारने का गम नहीं था, खेलने का मौका मिला इसकी खुशी थी। अनेक देशों के पुरुष और महिला प्रतिभागियों ने मेरी साड़ी की वजह से मेरे साथ फोटो खिंचवाए थे। यह देखकर मेरी सहायक मुझसे मेरी साड़ी माँगने लगी। मैंने दे दी। जब उसने पहनी तो सचमुच बहुत खूबसूरत लगने लगी।

लंदन की वह आखिरी रात थी। दूसरे दिन शाम सभी खिलाड़ी अपने-अपने देश लौटनेवाले थे। मैंने तय किया कि एक कोने में बैठकर पार्टी का नजारा देख लूँ। सभी लोग शराब पी रहे थे। नाच रहे थे। पहियों की कुर्सी से उठकर बैसाखी के सहारे नाच रहे थे। पार्टी में रंगत आ गई थी। सभी मस्ती में झूम रहे थे। मैं दूर से सब देख रही थी। इंग्लैंड का एक युवक जाम के दो प्याले लेकर मेरे पास आ गया। मैं अकेली क्यों बैठी हूँ? मेरा कोई दोस्त नहीं है क्या? वगैरह पूछने लगा। मुझे ठंड लग रही थी इसीलिए मैं सिर पर पल्लू ओढ़कर बैठी थी। वह मुझे शराब पीने के लिए मनाने लगा। ''मुझे शराब से नफरत है। हम हिंदुस्तानी औरतें उसे छूती तक नहीं।'' मेरे कहने पर वह हँसकर बोला, ''मैं हमेशा मुम्बई आता हूँ। हर बार एक नई लड़की मेरे साथ होती है। वह केवल शराब ही नहीं पीती बाकी मजे भी करती हैं। तुम हिंदुस्तानी औरतें जो बात छिपाकर करती हो वे यहाँ की औरतें खुलेआम करती हैं, इतना ही अन्तर है।'' मुझे बहुत गुस्सा आया लेकिन उसके साथ बहस करने की शक्ति मुझमें नहीं थी। मैंने कडुआहट के साथ उससे विनती की, ''भगवान के लिए मुझे अकेली छोड़ दो। मुझे शराब की गंध से उबकाई आ रही है।'' इस पर वह माफी माँगकर चला गया।

वह गोरा चला गया और काले, घुँघराले बालोंवाला दूसरा युवक मेरे पास आ गया। तुम साड़ी में कितनी खूबसूरत लगती हो, डांस के लिए चलो...वगैरह बेकार

बातें करने लगा। मैंने नम्रता के साथ इनकार कर दिया। मेरे सिर का पल्लू वह अपने हाथ से दूर करने लगा तो मैं आपे से बाहर हो गई। चिल्लाकर बोली, ''आप अगर इसी वक्त यहाँ से नहीं चले गए तो मुझे किसी को बुलाना पडेगा। नाचने के लिए तैयार ढेर सारी लड़कियाँ हैं, उनके पास जाओ ना...।'' मेरे गुस्से को देखकर वह चला गया। मेरी साड़ी पहनकर ठुमकनेवाली सहायिका मेरे पास आ गई। मैंने उससे कहा, ''यह नृत्य खत्म होने के बाद मुझे कमरे तक पहुँचा देना।'' क्यों कि वहाँ से कमरे तक अकेली जाना खतरे से खाली नहीं था। बीच में किसी शराबी से अगर पाला पड़ा तो नाहक परेशानी सहनी पड़ती। मेरी सहायिका इंग्लैंड के फिजिओथेरेपिस्ट को साथ लेकर आई थी। उसने मुझसे कहा, ''सुनो, तुम थोड़ी देर यहीं रुको। मैं इनके साथ फिजिओथेरापी देखकर आती हूँ।'' कहते हुए वह चली भी गई। इतनी देर रात फिजिओथेरापी सेंटर के खुले रहने की कोई गुंजाइश नहीं थी। वह बिना दिक्कत उसके साथ चली गई। मैंने मन-ही-मन कहा, ''यह कोई दूध पीती बच्ची तो नहीं है, जो समझाया जाए। जरूर पछताएगी।''

थोड़ी देर बाद वह हाँफती हुई मेरे पास आई और उस युवक पर इल्जाम लगाने लगी कि उसने जबरदस्ती की। इस पर मैंने कहा, ''अगर इतनी रात गए तुम उसके साथ अपनी मर्जी से जाओगी तो उसे लगा होगा कि, तुम्हें मंजूर है।'' लेकिन उसने उल्टे मुझे ही कहा, ''तुमने मुझे रोका क्यों नहीं?''

दोनों चुपचाप कमरे में आकर सो गईं। एक बात से तसल्ली हुई कि कम-से-कम इस मामले में तो यह हिंदुस्तानी स्त्री की तरह पेश आई।

दूसरे दिन सुबह जल्दी उठकर पैकिंग कर दिया। उसने मुझसे पूछा कि तुम्हें पहियेदार कुर्सी कैसे मिली? उस कुर्सी की अपेक्षा एक अच्छी कुर्सी मेरे सामने लाकर उसने बताया, ''तुम यह कुर्सी अपने साथ ले जाओ। यह मैंने अपने मरीज के लिए खरीदी है। तुम्हारी पुरानी कुर्सी मैं लौटते वक्त ले आऊँगी।'' मुझे उसकी बात का अर्थबोध नहीं हुआ। मैंने पूछा, ''मतलब तुम मेरे साथ नहीं आओगी?'' उसने आश्चर्य से कहा, ''अरे, तुम्हें मुम्बई में बताया नहीं गया कि हम लोग यहाँ आने पर तीन माह का एक कोर्स पूरा करते हैं। मुझे लेने के लिए मेरे रिश्तेदार आए हैं। उनके साथ जाऊँगी और कोर्स पूरा करके ही लौटूँगी। यहाँ के लोग तुम्हें हवाईजहाज में बिठाने का इंतजाम कर देंगे।''

यह जानकर मुझे जोर का झटका लगा। एक पल को वह क्या कह रही है, यह मेरी समझ में नहीं आया। मैं अकेली ही हिंदुस्तान लौटनेवाली थी। पाँच-छह दिनों से न कुछ खाया, न पिया, न नहाया था। बेहाल हुई मैं। मैंने व्याकुलता से कहा, ''मैं यहाँ से अकेली आ रही हूँ इसकी कम-से-कम मेरे भाईसाब को खबर तो कर दो। वे मुझे लेने

हवाईअड्डे पर आ जाएँगे।'' वह गुर्राई, ''फोन के लिए पैसे बहुत लगते हैं।'' मैंने कहा, ''मेरे जो पैसे तुम्हारे पास हैं उसमें से ले लो और बाकी मुझे लौटा दो।'' वह फोन करने जाने लगी तो मैंने भी उसके साथ जाने की जिद की तो वह बोली, ''काफी दूर जाना पड़ता है। मैं अकेली ही जाऊँगी।''

वह अकेली ही जाकर आई और मुझे बताया, ''फोन कर दिया है, वे लोग तुम्हें लेने आएँगे। चिन्ता करने की कोई जरूरत नहीं है,'' लेकिन मुझे उस पर भरोसा नहीं था। मैंने कुछ गुस्सा होकर ही उसे धमकाया, ''अगर मुझे लेने हवाईअड्डे पर कोई नहीं आया तो याद रखो विजय मर्चेंट जी को फोन कर मैं प्रेस कॉन्फ्रेंस बुलाऊँगी और आप लोगों की काली करतूतें बता दूँगी। पैराप्लेजिक लोगों की सेवा के नाम पर मुफ्त में अपना उल्लू सीधा करने का यह अच्छा तरीका है।'' मुझे एल्सबरी से विदा करते वक्त मैंने शर्त रखी थी कि मेरे हवाईजहाज में बैठने तक वह मेरी आँखों के सामने रहेगी। पता नहीं क्यों मगर मुझे एक विचित्र-सा डर सताने लगा था। दुबारा माँगने पर भी उसने मेरे पैसे नहीं लौटाए। उल्टे मुझे एक कुर्सी और एक बैग को उसके भाई तक पहुँचाने का काम सौंप दिया।

मुझे पहियेदार कुर्सी के साथ हवाईजहाज में लाया गया। मुझे उठानेवाले से मैंने अन्दर जाते ही विनती की कि मुझे खिड़की के पास बिठाया जाए। उसने हँसकर सहमति जताई और मुझे खिड़की के पास बिठा दिया। हवाईजहाज ने उड़ान भर ली और मैं निश्चिंत हुई। हवाईसुंदरी जब गरम-गरम खाना, गाजर के हलवे के साथ ले आई तब मजे से मैंने खाया। पाँच-छह दिनों का रोजा उस दिन तोड़ दिया। रात को नीचे के बड़े-बड़े शहरों में चमचमाती रोशनी उसके लुभावने आकार की गवाही दे रही थी। फ्रांस-पैरिस में हवाईजहाज रुक गया। वहाँ उतरते समय जो दृश्य दिखाई दिया वह मानो स्वर्ग जैसा नजारा था। बादलों में से घाटी-पहाड़ों से हवाईजहाज गुजरते समय बहुत मजा आ रहा था। बीच में थोड़ी-सी नींद भी ले ली। उसके बाद चाय और नाश्ता हुआ। जब हवाईजहाज मुम्बई के हवाई अड्डे पर उतर रहा था तब फिर से घबराहट हुई। अगर भाईसाब नहीं आए तो? मेरे पास एक फूटी कौड़ी तक नहीं थी। बूथ से कभी फोन भी नहीं किया था। भगवान का नाम रटने लगी तभी काँच से बाहर भाईसाब हाथ हिलाते दिखाई दिए। मैं खुशी से झूम उठी। कस्टम अधिकारी यात्रियों के सामान की जाँच कर रहे थे। लेकिन मेरा सामान और मुझे बिना जाँचे छोड़ा गया।

घर आते ही मैंने नहा-धोकर घर में बना गरम खाना खाया और आराम से सो गई। नींद से जागी तो अजीज, भाईसाब उस दूसरी बैग के बारे में पूछने लगे। उसे खोलने के बाद जो सामान निकला उसमें विदेशी खिलाड़ियों के कोट, बाथरूम में रखे साबुन, इत्र की बोतलें वगैरह सामान भरा हुआ था। जाहिर था, वह चीजें खरीदी हुई नहीं थीं

क्योंकि, कुछ मात्रा में इस्तेमाल की गई थीं, मतलब वह हाथ की सफाई थी। यह मेरी करतूत होगी ऐसा कोई सोच भी नहीं सकता था, इसीलिए सभी उलझन में पड़ गए। मैंने बात को स्पष्ट किया कि वह बैग मेरे साथ गई सहायिका का है, जिसे उसके भाई के घर पहुँचाना है। साथ में एक नई कुर्सी भी है। इस पर घर के लोग मुझ पर गुस्सा होने लगे, ''अगर इस बैग में चरस, गाँजा आदि भरकर दिया होता तो अभी तुम सलाखों के पीछे होतीं।'' उन लोगों का चिढ़ना जायज था। मुझे पहले ही उसे खोलकर देखना चाहिए था लेकिन आते समय मैं किस मानसिकता में थी यह कोई नहीं जानता था।

सारी हक़ीक़त सुनने पर अजीज ने चिढ़कर कहा, ''यह बैग और कुर्सी किसी जरूरतमंद को दे देंगे।'' मैंने कहा, ''जाने दो, उसका कर्म उसके साथ ! मैंने उसके घर फोन किया है।'' उसका भाई आया और सामान लेकर चला गया।

'फेलोशिप ऑफ दि फिजिकली हैंडिकैप्ड' संस्था की अध्यक्षा श्रीमती फातिमा ईस्माईल ने इंग्लैंड के स्पोर्ट्र्स को लेकर लेख लिखने को कहा। मैंने तुरन्त 'सौभाग्य में दुर्भाग्य' शीर्षक का लेख लिखकर भेज दिया। मैंने कोल्हापुर आकर काम में जुटना तय किया। नई पहियेदार कुर्सी मिलने से उत्साह दुगुना बढ़ गया था।

कोल्हापुर लौटने पर उस सहायिका औरत ने मुझे खत भेजकर तो हद ही कर दी। उसने लिखा था कि मेरी पुरानी कुर्सी भारी होने से वह वहीं रख आई है। ले आने का खर्चा भी बहुत था। मुझे दी गई कुर्सी की कीमत उसने चुका दी है, इसीलिए तुरन्त रुपए भेज दो या कुर्सी लौटा दो। उसने कीमत भी बताई थी। मुझे लगा यह कुछ ज्यादा हो रहा है। मुझे पता चला कि वह संस्था अपाहिजों की कमजोरी का फायदा उठाकर अपना स्वार्थ पूरा करती है। उस बिना पंजीकरणवाली संस्था के ऐसे लफंगे मददगार और फिजिओथेरेपिस्ट हर साल ऐसे कारनामे करते हैं। अपाहिजों को उपहार में मिली कुर्सियाँ बड़े दामों में यहाँ के रईस अपाहिजों को बेच देते हैं और रुपए कमाते हैं। यह सारा काला बाजार मैंने श्री विजय मर्चेंट जी को बता दिया। उस औरत को लिख दिया कि अगर वह रसीद भेज देंगी तो मैं पैसे भेज दूँगी। मुझे पैराप्लेजिक संगठन के निदेशक का खत आया। उन्होंने लिखा था कि ''हम अपनी संस्था को पंजीकृत करने जा रहे हैं। आप इसकी सचिव बन जाएँ।'' मैंने साफ इनकार कर दिया। कुछ समय बाद विजय मर्चेंट जी ने 'ऑल इंडिया पैराप्लेजिक स्पोर्ट्र्स' नाम की संस्था स्थापित की और उसका पंजीकरण किया। उसके व्यवस्थापन में मुझे भी ले लिया। फिर उस संस्था के जरिए टीम्स भेजी जाने लगी।

मुम्बई से कोल्हापुर लौटते समय पूना स्टेशन पर अजीज ने मुझे एक 'अजूबा' दिखाया। बेलगाम में मिला 'हीरो' दोनों पैरों पर सीधे खड़ा था। दिखावे के लिए उसने हाथ में बैसाखी ली थी। वह मजे में घूम रहा था। उसके नजदीक जाकर मैंने पूछा, ''यह

क्या? तुम पैराप्लेजिक थे ना?'' उसने उत्तर दिया, ''इच्छाशक्ति के बल पर मैं चल भी सकता हूँ।'' मैंने उसे कहा, ''इस मामले में अगर मेरे गुरु बन जाओ तो मैं भी अपनी इच्छाशक्ति बढ़ा पाऊँगी।'' वह बोला, ''यह बात सभी के बस में नहीं होती।'' हमेशा लम्बी डींगें हाँकनेवाला 'हीरो' उस दिन तुरन्त भाग गया। उसने विदेश में स्वर्णपदक हासिल किया था, इस बात को याद करके मैं दंग रह गई। गोलमाल कर दुनिया को फँसानेवाले शख्स के आगे हम भी झुक जाते हैं। बड़ा अजीब संसार है।

मैं इंग्लैंड से लौटी तो 'अपाहिज पुनर्वासन संस्था' की कल्पना मुझे बेचैन करने लगी। मैंने अपने मन की कल्पना को यथार्थ जानकारी के आधार पर कथा में ढाल दिया। 'कहो ना आस निरास भई' कथा प्रतियोगिता सम्बन्धी 'स्वराज' में विज्ञापन था। मैंने वह कथा उसके लिए भेज दी। वह छपकर भी आ गई। 'स्वराज' साप्ताहिक से जैसे कोई मेरा अनजाना रिश्ता था। उसमें पढ़ी एक कविता ने मुझे जैसे हाथी का बल प्रदान किया था। संस्था का ट्रेनिंग सेंटर चलाते समय भी प्रार्थना के रूप में हम उसे गाते थे। आज भी 'हेल्पर्स' संस्था में सुबह-शाम वह गाई जाती है। उससे एक अनोखी प्रेरणा मिलती है। वह प्रार्थना इस प्रकार है—

सुख-दुख के कौर दे दो
लेकिन उन्हें पचाने की शक्ति दे दो,
हार की मार झेलते समय
हँसने की युक्ति दे दो।
आँसुओं की बूँद-बूँद से
हम सजाएँगे इंद्रधनु,
सुख-दुख के धागों से
हम बुनेंगे जीवनपट।
ईश्वर हमें दो श्रद्धा की आस
और अटल ध्रुव की प्यास,
सुलगे यदि अग्नि की निराशा
निखरती रही मन में आशा।

इसी समय मैंने हेलन केलर का चरित्र और हेनरी विस्कार्डी की किताब 'गिव अस द टूल्स' पढ़ी। हेलन केलर जैसी अंधी, गूँगी और बहरी उच्चशिक्षित स्त्री द्वारा अपने अपाहिज भाई-बहनों के लिए किया अलौकिक कार्य पढ़कर मैं अत्यधिक प्रभावित हुई।

हेनरी विस्कार्डी ने दोनों पैर न होते हुए अमरीका में अपाहिजों की सहायता से फैक्टरी शुरू की थी। अपाहिज मजदूर ज़मीन पर लेटकर काम करते थे। हर मजदूर की समस्या, उनकी विकलांगता, योग्यता होने पर भी आनेवाली दिक्कतें और उसे पार कर

अपनी मंजिल को पाने की उनकी कोशिश आदि सारी बातों का भावस्पर्शी वर्णन उस किताब में किया था। बाबूकाका के बाद यह दो गुरु मेरे जीवन की प्रेरणा बन गए। आज भी मैं कभी उदास हो जाती हूँ तो दोनों की किताबें दुबारा पढ़ती हूँ। आगे चलकर एक कॉन्फ्रेंस में हेनरी विस्कार्डी जी से मिलने का सौभाग्य प्राप्त हुआ। मैं खुशी से झूम उठी। मैंने जिन्हें किताब से जाना था, प्रत्यक्ष रूप में उनसे साक्षात्कार! हाँ एक-दो बातों से मैं निराश जरूर हुई। मैंने अंग्रेजी भाषा के माध्यम से शिक्षा नहीं ली, यह बात कचोटने लगी। अंग्रेजी पर अधिकार न होने से मैं दिल खोलकर बात नहीं कर पाई थी। दूसरी बात मेरे पास कैमरा नहीं था। उनके साथ मैं कोई फोटो नहीं खींच पाई। उन क्षणों को पुनश्च देखने का मौका खो चुकी थी। घर में संस्कार मिले थे कि अपनी हैसियत के मुताबिक ख्वाहिशें रखनी चाहिए। उन्हें पूरा करने के लिए दूसरों के सामने गिड़गिड़ाना नहीं। इसी कारण ऐसे मौकों पर मुझे 'मेरा फोटो खींचिए' ऐसा कहने की हिम्मत नहीं होती थी। आज भाई अजीज का दिया हुआ कैमरा मेरे पास है, उससे मैं अपने बच्चों के जब चाहे फोटो खींचती हूँ।

एक बार रेहाना डिलेवरी के लिए कोल्हापुर आ गई थी। उसे अस्पताल में भर्ती कर दिया था। उसके साथ रहनेवाली अम्मी को आराम मिले इसीलिए मैंने उसे घर भेज दिया और खुद वहाँ ठहर गई। दूसरे दिन स्पोर्ट्स की मीटिंग के लिए मुझे मुम्बई जाना था। रेहाना का पीने का गरम पानी खत्म हो गया। उसके मना करने पर भी मैं अन्दर के कमरे में चली गई। स्टोव जलाकर उस पर पानी चढ़ाया। तब पता चला कि वह कठड़ा कुछ ऊँचाई पर है। पानी उबलने पर कपड़े से बर्तन नीचे लेते समय पता नहीं कैसे वह बर्तन पकड़ से छूट गया और पूरा पानी मेरे शरीर पर गिर गया। उसी समय बाहर के कमरे में रेहाना को जाँचने डॉक्टर आ गए। उनके जाने तक मैं चुपचाप होंठ भींचकर उसी अवस्था में बैठी रही। उनके जाने के बाद रेहाना के पास चली गई, और कुर्सी पर बैठकर ही कपड़े बदलने लगी। जहाँ मेरी हथेली का स्पर्श हो जाता, वहाँ की खाल उखड़ने लगती। मेरी दशा देखकर रेहाना तो रोने ही लगी। मैंने समझाया, ''गनीमत समझो, मेरे चेहरे को कुछ नहीं हुआ। अल्लाह का शुक्र है।'' पेट पर काफी जलन हो रही थी। निचले शरीर में दर्द का एहसास नहीं था। शायद बेजान शरीर का यह एक फायदा! मैंने टाल्कम पाउडर का डिब्बा सारे शरीर पर उँडेल दिया। लेकिन वहीं पर मैंने बड़ी गलती की। डॉ. गजानन जाधव जी ने मेरी मर्जी के अनुसार मुझे मुम्बई जाने की अनुमति दे दी। इंजेक्शन और ड्रेसिंग का इलाज करवाकर मैं समय पर मुम्बई के लिए निकल पड़ी। सारे लोगों को चिंता में डालकर मैं जा रही थी। उस मीटिंग में ही मेरे सपनों का प्रथम दरवाजा खुलनेवाला था। कोल्हापुर के अपाहिजों को खेल प्रतियोगिता में मौका जो दिलवाना था।

स्टेशन पर मुझे छोड़ने के लिए अजीज आया था। मेरे साथ उसका मुम्बई जानेवाला दोस्त जॉन था। मुम्बई में रेहाना के न होने के कारण मैं अंबरनाथ में मौसी के यहाँ रुकनेवाली थी। चाचाजी मेरे साथ मीटिंग में आनेवाले थे। रेल के छूटते ही टी. सी. अन्दर आया। अजीज बिदा करते समय बता रहा था, ''तबीयत का ख्याल रखना। यथासमय दवा करो, खत लिखो...।'' पलभर के लिए लगा, सारे लोगों को चिन्ता में लटकाकर मुझे इस तरह नहीं जाना चाहिए। पता नहीं, मेरे लौटने तक अम्मी का क्या हाल होगा? लेकिन मंजिल का जुनून जो सवार था !

टी.सी. जॉन को बता रहा था कि यह बोगी अंबरनाथ नहीं जाएगी। मिरज में जाते ही दूसरी बोगी में शिफ्ट होना पड़ेगा। मिरज में गाड़ी आधा घंटा रुकनेवाली थी। मुझे कुर्सी और सामान के साथ दूसरे डिब्बे में बिठाने का काम बेचारा अकेला जॉन कैसे कर पाएगा? मुझे चिन्ता सता रही थी। मिरज में दूसरे डिब्बे में बैठे बगैर (सोए बगैर कहना उचित होगा क्योंकि पूरा सफर मैं सोकर ही करती थी) मुझे चैन नहीं मिलनेवाला था।

मिरज पहुँचते ही जॉन पहले सामान, फिर कुर्सी और अन्त में मुझे उठाकर प्लेटफॉर्म पर ले आया। हम दूसरे डिब्बे में बैठे। वहाँ के टी.सी. ने ''इस डिब्बे में आप लोग नहीं बैठ सकते। पहले डिब्बे से क्यों उतरे?'' कहकर हमें नीचे उतरने के लिए मजबूर कर दिया। जॉन ने मुझे हाथ पर लेकर भागदौड़ करके फिर पहले डिब्बे में बिठाया। तब तक वहाँ का टी.सी. भी जा चुका था। जॉन की हालत देखकर मुझे अपने आप पर बहुत गुस्सा आ रहा था। फिर वहाँ से किसी ने उठाया नहीं । जिस आदमी की वह बर्थ थी वे सज्जन खुद उठकर मेरी बर्थ पर चले गए। टी.सी. ने मेरी कुर्सी का लगेज माँगना शुरू किया। बाबूकाका का दिया हुआ रेलबोर्ड का सर्क्युलर दिखाते ही वह चुप हो गया।

इतनी भागदौड़ के बाद भी आशंका कायम थी कि यह डिब्बा अंबरनाथ जाएगा या नहीं? खाना खाने की इच्छा नहीं थी, लेकिन जॉन के लिए खाना आवश्यक था। अम्मी का साथ दिया हुआ खाना उसे दिया लेकिन वह भी भरपेट नहीं खा पाया। कड़ा जाड़ा था, फिर भी अंबरनाथ स्टेशन आने की खबर मिले इसीलिए मैंने खिड़की खुली रख दी। शरीर पर ऊनी कोट चढ़ाया। अंबरनाथ का स्टेशन नजदीक आने पर जॉन ने सारा सामान दरवाजे के पास रख दिया। लेकिन रेल रुकी नहीं । मैं पूरी तरह निढाल हो गई। रेल की धाड़्-धाड़् की अपेक्षा मेरे हृदय की धाड़्-धाड़् मुझे साफ सुनाई दे रही थी। एक तो हमारा टिकट अंबरनाथ तक ही था और ऊपर से मुम्बई में रेहाना घर में नहीं थी। अब क्या होगा? मुझसे बहुत छोटी मेरी मौसेरी बहन आसिफा हमेशा मुझसे कहती, ''तुम्हें अगर कभी जरूरत हो तो फौरन मुझे बुला लेना।'' याद आया कि वह बॉम्बे सेंट्रल में अपनी बड़ी बहन के घर आई हुई थी। उसे ही बुलाने का निर्णय लिया।

हम लोग दादर स्टेशन पर उतरे। जुर्माना देकर बाहर निकल आए। लोकल बूथ से भाईसाब को फोन लगाया। लेकिन फोन नहीं लग पाया। आखिर भगवान भरोसे टैक्सी पकड़कर 'खार' को हम चल दिए। आश्चर्य की बात यह थी कि हम बिल्कुल रेहाना के घर पहुँच गए। अभी भी कोल्हापुर में रजनी का घर मुझे ढूँढ़ना पड़ता है। टैक्सीवाला ज्यादा किराया माँगने लगा तो मैंने जॉन को ऊपर जाकर भाईसाब को बुलाने के लिए कहा। वे आ गए लेकिन उन्हें विश्वास नहीं हो रहा था कि मैं अंबरनाथ की बजाय खार आ गई हूँ। उनको देखते ही टैक्सीवाला सूत-सा सरल हो गया। भाईसाब ने उसका बिल चुकाया और खुद अपने हाथों पर मुझे उठाकर चार मंजिलें ऊपर चढ़ गए।

मुझे सोफे पर बिठाकर भाईसाब मजाक में बोले, ''क्यों, बहन के न होने से आप यहाँ नहीं आनेवाली थीं न? अब कैसे आ गईं?...'' मुझे कुछ सूझ नहीं रहा था। मैंने कहा, ''जी, वह तो आप जॉन से ही पूछो। पहले मुझे पलंग पर लिटा दो। मैं बहुत थक गई हूँ।'' मेरा सारा शरीर दर्द से टूट रहा था। शायद बुखार भी चढ़ गया था। मेरी हालत ठीक नहीं है, यह जानकर भाईसाब ने मुझे पलंग पर लिटाया और बताया कि मेरे मौसेरे भाई बादशाह भाईजान की पत्नी, भाभी से जो चाहिए बेहिचक कह दो और वे बाहर चले गए। मैंने सिर्फ मुँह धोने के लिए पानी और बेसिन माँग लिया। भाभी को बाहर भेज दिया। मुझे कपड़े बदलना अत्यंत आवश्यक था क्योंकि जले हुए हिस्से से पानी छूट रहा था और कपड़े खाल से चिपकने का अन्देशा था। मैंने सोचा था, गाड़ी में सफर आराम से कट जाएगा। साड़ी की जगह मैंने गाउन पहना। जख्मों की हालत देखते ही मेरी आँखों के सामने अँधेरा छा गया। सिसकी निकल गई। अब तक जो हौसला रखा था, वह टूट गया। नए जख्म बन गए थे। खाल बुरी तरह से उखड़कर गोश्त जैसी दिखाई देने लगी थी। मैंने उँगलियों पर मरहम लेकर थरथराते हाथों से जख्मों पर लगाया और आँसू बहाने लगी। खुदा से शिकायत करने लगी, ''हे अल्लाह, और कितना इम्तहान बाकी है? अब खत्म कर दो सारे झंझट!''

''अन्दर आ सकती हूँ?'' भाभी की आवाज सुनी तो आँखें पोंछ दीं। उनके दिए पानी से हाथ और मुँह धो लिया। नाश्ते का आग्रह होने लगा, इसीलिए दो कौर जैसे-तैसे खा लिए। भाईसाब को आसिफा को बुलाने के लिए कहा, क्योंकि जले हुए जख्मों की तकलीफ बढ़ने लगी थी। खुद का ख्याल रखना अब मेरे बस के बाहर हो गया था। आसिफा मुझसे बहुत छोटी थी लेकिन उससे सेवा लेने के सिवाय और कोई चारा नहीं था।

अंबरनाथ के चाचा मेरे वहाँ न पहुँचने से बहुत बेचैन हो गए थे। कोल्हापुर फोन करने से पहले उन्होंने भाईसाब को यह बताना जरूरी समझा था। मेरे भाईसाब के घर होने की खबर मिलते ही वे स्वस्थ हो गए। दोपहर चार बजे भाईसाब के आसिफा को

ले आने तक मैं बहुत अस्वस्थ थी। भाईसाब ने ऑफिस जाते समय फोन मेरे पास रख दिया और बादशाह भाईजान ने टेप मेरे सिरहाने रख दिया और दोपहर का खाना भाभीजी ने बहुत प्यार के साथ खिलाया। सभी का प्यार इस तरह समय-समय पर मुझे मिलता है जिससे मुझे संकटों का मुकाबला करने की शक्ति मिलती है।

आसिफा को अकेले में मैंने कहा, ''तुम मुझे एक वचन दोगी?'' उसके 'हाँ' कहने पर मैंने दरवाजा बंद कर उसे पास बुलाया और कहा, ''यह देखो, मेरा शरीर गरम पानी से जल गया है लेकिन यह कल मेरे मीटिंग से वापस लौटने तक किसी को पता नहीं चलना चाहिए। वरना जिस काम के लिए इतनी दूर से मैं तकलीफ सहते आई हूँ, वह अधूरा रह जाएगा।'' जख्मों को देखकर आसिफा बड़ी मुश्किल से तैयार हो पाई। उसने स्पंज बाथ देकर जख्मों पर मरहम लगा दिया। नई उगी फुंसियाँ फोड़ने की हिम्मत वह जुटा नहीं पा रही थी। आखिर मैंने ही सुई से उन्हें फोड़ दिया। आसिफा ने पानी पोंछकर मरहम लगा दिया। बाल बनाकर, मुँह धोकर पाउडर लगाने पर मैं तरोताजा महसूस करने लगी। तकिए से पीठ टिकाकर मैं थोड़ी देर शांति से बैठी। शाम को भाईसाब, भाई, आसिफा हम सभी गपशप लड़ा रहे थे। भाईसाब ने फिर मुझे छेड़ा, ''आसिफा के आने के बाद ही मेमसाब थोड़ी खिल गईं वरना हम लोग इसके कौन-से काम आते?'' भाभीजी ने भी प्यार भरी शिकायत से कहा, ''देखिए ना ! सुबह से कितनी बार पूछ चुकी हूँ कि कुछ चाहिए तो बताइए लेकिन आप हैं कि मुँह को जैसे ताला ही लगा दिया था।'' सभी मेरे प्रति स्नेह रखते हैं, यह देखकर आँखें नम हो गईं। भाईसाब ने यह भाँप लिया और बात को बदलते हुए मेरे हाथ में साड़ी सौंपते हुए पूछा, ''पसंद आई? मैं बाप बन गया हूँ, इस खुशी में तुम्हारे लिए यह भेंट।'' साड़ी बहुत बढ़िया थी। फिर रेहाना के लिए लाई साड़ियाँ भी दिखाईं। दूसरे दिन वे रेहाना और बच्चे से मिलने कोल्हापुर जा रहे थे।

दूसरे दिन निर्धारित समय में मीटिंग सम्पन्न हो गई। कोल्हापुर के खिलाड़ियों को अनुमति मिल गई। 'ऑल इंडिया फेडरेशन ऑफ स्पोर्ट्स अंड रिहॅबिलिटेशन फॉर पैराप्लेजिक' कमिटी के एक्जिक्युटिव सदस्य के रूप में मेरा चयन हुआ। श्री विजय मर्चेंट जी अध्यक्ष तो श्री मसालावाला एवं बाबूकाका सचिव के रूप में चुने गए। सभी लोगों से फिर एक बार मुलाकात होने से खुशी हुई। श्री विजय मर्चेंट जी पहले की तरह ही पास आकर प्यार से मिले।

घर वापस आई तो बहुत थकान महसूस हो रही थी। रेडियो शुरू किया तो एक सार्थक गीत के बोल सुनाई दिए, ''गम की अँधेरी रात में दिल को ना बेकरार कर, सुबह जरूर आएगी-सुबह का इंतज़ार कर...'' भाईसाब को फोन करके बताया कि मेरे शरीर का हिस्सा जल जाने से तकलीफ हो रही है। डॉक्टर को दिखाना है। मैंने यह बात अब

तक क्यों छिपाई इसलिए वे गुस्सा हो गए। दफ़्तर से लौटते समय वे डॉक्टर को साथ लेकर ही आ गए।

खेल प्रतियोगिताएँ नजदीक आ गई थीं। डॉक्टर ने सख्त ताकीद दी थी कि ऐसी हालत में यात्रा या भागदौड़ नहीं करनी चाहिए। मैंने खत भेजकर तीनों खिलाड़ियों को बुलाया और मेडल्स लेकर कोल्हापुर लौटी। जख्म सूखकर मेरी स्थिति सामान्य होने में दो मास लगे, लेकिन मैंने मुश्किल से आठ दिन आराम किया। काम करते रहना ही मेरी सारी बीमारियों का सही इलाज हो गया था।

बाबूकाका की प्रेरणा से अनेक अपाहिजों से मेरा परिचय हो गया। नानासाहेब गद्रे, वालावलकर, वसंतराव शिरगावकर, डॉ. गजानन जाधव, बालासाहेब जनवाडकर, मोतीभाई दोशी जैसे मान्यवरों को इकट्ठा कर मैंने 'अपाहिज सहायक संस्था' का गठन किया। संस्था के पहले कोषाध्यक्ष ने बाबूकाका की तरफ से अपनी मेहनत की कमाई से दिया हुआ चंदा बैंक में खाता खोलकर नहीं रखा। उन्होंने रुपए निजी तौर पर खर्च किए और वे परलोक सिधारे।

इसी में सन् 1974 और 1975 गुजर गया। केलवकर जी के बँगले में स्थित हमारे घर में संस्था की घटना बनाई गई। उस बहाने सम्माननीय हस्तियाँ हमारे घर आईं। माँ ने चाय-पान की व्यवस्था की। आखिर में संस्था के सदस्यों का चयन किया गया। उम्र और अनुभव में छोटी होने के कारण मुझे खारिज किया गया। रजनी करकरे, रानडे, पाटणकर, भोंसले ऊपर उल्लेखित मान्यवर और प्रथमत: पधारे श्री गोखले जी को लेकर समिति का गठन हुआ। सचिव होने के नाते संस्था के सारे कागजात श्री गोखले जी को सौंपे गए। संस्था का पंजीकरण होने पर प्रशिक्षण केन्द्र की शुरुआत होनेवाली थी। मैंने स्वयं उसकी जिम्मेदारी ले ली। 'रोटरी' संस्था ने हमें ब्लड बैंक के पास होनेवाला हॉल उपयोग के लिए देने का फैसला किया था। संस्था के अध्यक्ष नानासाहेब गद्रे जी, उपाध्यक्ष बापूसाहेब वालावलकर जी तथा कोषाध्यक्ष श्री वसंतराव शिरगावकर जी ने अपने-अपने पद सँभाले।

मीटिंग सम्पन्न होने पर घर लौटकर मैंने पूरा वृत्तांत बाबूकाका को लिख दिया। प्रशिक्षण केन्द्र का आरंभ जल्दी हो जाए इसीलिए सरकारी लघु उद्योग केन्द्र के दफ़्तर में जाकर महत्त्वपूर्ण जानकारी लेने की मैंने सोच रखी थी। संस्था के व्यक्तिगत खर्चे के लिए आवश्यक पूँजी मैंने ट्यूशन्स, रूमाल बनाने आदि से इकट्ठा करनी शुरू कर दी। नौकरी के लिए भी मैं प्रयास कर रही हूँ—यह सारे प्रयोजन तथा जानकारी पत्र द्वारा मैंने बाबूकाका को लिखी। बाहर जाते समय कैथेटर के कारण एक व्यक्ति को मैं साथ में रखने लगी थी। पुरानी कुर्सी की अपेक्षा नई कुर्सी आकार में छोटी होने के कारण टैक्सी की बजाय रिक्शा में भी रखी जा सकती थी। पाँवों की हलचल बढ़ने के कारण ऐंठन

कम हो गई, लेकिन बीच-बीच में बेडसोअर्स की तकलीफ तंग करती थी। इसी समय बाबूकाका को ब्लडकैन्सर होने की बुरी खबर मिली। मुझ पर जैसे पहाड़ टूट पड़ा।

बाबूकाका ने खत पहुँचते ही तुरन्त लौटती डाक से उत्तर भेज दिया। वरना मेरे दो-चार खतों के बाद उनका खत मिलता, वह भी रात के बारह-दो बजे लिखा हुआ। खत पर लिखा समय देखकर लगता कि उन्हें इस तरह बहुत तंग करना ठीक नहीं। लेकिन मजबूरन लिखना पड़ता। बाबूकाका को लगा कि समिति के पदाधिकारियों की सूची में गलती से मेरा नाम छूट गया है। उनकी सूचना थी कि, मैं तुरन्त उन्हें घर के पास स्थित होटल 'वूडलैंड' से रात आठ बजे फोन पर सम्पर्क करूँ। मैंने यथासमय फोन किया। उनकी आवाज सुनकर मन को शांति मिली। उन्हें विश्वास नहीं हो रहा था कि मैं संस्था की समिति में नहीं हूँ। मैंने उन्हें यह भी बताया कि रजनी ने मेरे नाम की रट लगाई थी। वह स्वयं कोई पद नहीं चाहती थी, लेकिन बाकी लोगों की नजर में मैं अभी नाबालिग थी। वैसे समिति में होने-न-होने से मुझे कोई फर्क पड़नेवाला नहीं था। मैंने उन्हें आश्वस्त किया कि आप अगली बार कोल्हापुर आएँगे तब तक मैंने 'व्यवसाय पुनर्वासन केन्द्र' की स्थापना की होगी। बाबूकाका केमोथेरेपी के इलाज के लिए पूना जा रहे थे। उनकी इच्छा थी कि मैं और रजनी बाल जनवाडकर की गाड़ी से मिरज रेल स्टेशन पर उनसे मिलने आएँ। हम लोग चले गए। उस समय बाबूकाका का हल्के-से बुदबुदाया वाक्य आज भी मुझे याद आता है, ''तुम ब्राह्मण नहीं हो इसीलिए शायद तुम्हारे साथ ऐसा हुआ हो।'' मैंने इनकार कर दिया। अगर ऐसी बात होती तो समिति द्वारा प्रशिक्षण केन्द्र की जिम्मेदारी मेरे ऊपर नहीं सौंपते।

'अगले वर्ष समिति के व्यवस्थापन में नसीमा का नाम होना चाहिए' बाबूकाका ने जनवाडकर काका और रजनी को लगभग आदेश ही दे दिया था। मैंने ठान ली थी कि बाबूकाका के जिन्दा रहते हुए कोल्हापुर में अपाहिजों के लिए प्रशिक्षण केन्द्र और क्रीड़ा प्रतियोगिता का आयोजन करके ही रहूँगी। मैं जी तोड़ मेहनत करने लगी। मैं किसी बात की माँग करती तो वसंत मामा तुरन्त उसकी पूर्ति कर देते। बस यही कारण था कि प्रशिक्षण केन्द्र जल्द ही शुरू हो गया। खड़िया बनाना, कार्ड बोर्ड के बॉक्स बनाना, प्लैस्टर ऑफ पैरिस की मूर्तियाँ बनाना आदि काम मैं लघुउद्योग केन्द्र से खुद सीखकर आई और प्रशिक्षण केन्द्र के अपाहिजों को सिखाने लगी। आरंभ में केवल पाँच अपाहिज प्रशिक्षणार्थी थे। उन लोगों की विकलांगता को मद्देनजर रखकर काम का विभाजन किया और हमारा प्रशिक्षण केन्द्र इस प्रकार गतिशील बन गया।

केन्द्र के कामकाज में एक समस्या खड़ी हुई। मेरे उपस्थित रहने पर वस्तुओं का निर्माण अधिक होता लेकिन मेरे पीछे बीड़ी तथा सिगरेट पीना, तंबाकू खाना वगैरह गलत काम होने लगते। मैं सभी लोगों की मानसिकता में सकारात्मक परिवर्तन चाहती

थी, लेकिन इतनी बड़ी उम्र के लोगों में परिवर्तन लाना मानो लोहे के चने चबाना था। शारीरिक और मानसिक तौर पर इन लोगों को बदल देना बड़ा कठिन होता है। बंडोपंत मोरे और लक्ष्मीबाई जाधव मात्र लगन के साथ काम करते थे। मैंने माँग तो नहीं की लेकिन मानदेय के तौर पर मुझे डेढ़ सौ रुपए मिलने लगे।

सन् 1975 की फरवरी को प्रशिक्षण केन्द्र की शुरुआत हुई थी। मैं डेढ़ सौ रुपयों में से पचास रुपए घर से लानेवाले और वापस पहुँचानेवाले सहायक को दे देती। मेरी इच्छा थी कि यह काम किसी अंधे व्यक्ति को दिया जाए। मैंने एक-दो बार प्रयत्न भी किया था। बिना किसी अड़चन के यह सफल भी हुआ। वह अंधा कुर्सी को ठेलता रहता और मैं उसे रास्ता बताती रहती। मैं रास्ते में आनेवाले गढ़े, पत्थर तथा दिशा के बारे में सूचित करती, लेकिन माँ ने इस बात के लिए मना किया। हमारे घर से 'शाहू ब्लड बैंक' तक ढलान होने से मैं अकेली सही-सलामत पहुँचने लगी। लेकिन आते समय रास्ते में चढ़ाव था इसीलिए एक सहायक औरत रख दी।

एक बार फालिज से पीड़ित जाधवबाई अपने छह साल के राजू को लेकर संस्था में आई और काम माँगने लगी। चालीस साल की जाधवबाई हमारी संस्था की प्रथम स्त्री ट्रेनी थी। बहुत उत्साह से काम करती थी। रात पेड़ के नीचे चूल्हा जलाकर खाना बनाती। सुकुमार नाम की अनाथ और अपाहिज युवती उसका हाथ बँटाती। बारिश के दिनों में उनका खाना बनाना बंद हो गया। मैंने माँ को मनाने की कोशिश की कि उन तीनों को अपने घर में पनाह देंगे। सुकुमार उसे कपड़े और बर्तन धोने में मदद करेगी। राजू तो स्कूल चला जाएगा। जाधव मौसी सेंटर में काम करने के लिए आएगी। सिर्फ रात के सोने का सवाल था। माँ ने मुझे समझाया कि यह मुमकिन नहीं। चाहे तो दो वक्त का खाना उन्हें अपने घर से भेज देंगे। माँ ने एक पुरानी चादर और राजू के लिए कपड़े दे दिए। तकरीबन तीन-चार महीनों तक माँ जाधव मौसी और दो बच्चों का खाना बनाकर देती रहती थी।

उस वर्ष की दीपावली की छुट्टियों में बाबूकाका कोल्हापुर आए। सिर्फ एक ही बार वे प्रशिक्षण केन्द्र में आ पाए। लगातार बीमार थे। उन्हें केन्द्र दिखाते समय मुझे अत्यंत खुशी हो रही थी। हर महीने उन छात्रों को विद्यावेतन के रूप में पसीने की कमाई लेते वक्त जो खुशी होती थी उसे देखकर मुझे काफी संतोष होता था। खड़िया और मूर्ति बनाने से काम नहीं चलनेवाला था। काम को और व्यापक रूप देना था। फाइलें बनवाकर उन्हें दफ्तरों में वितरित करने की कल्पना ने मेरे दिमाग में जोर पकड़ लिया था। बाबूकाका ने भी इसका समर्थन किया। जल्द ही कोल्हापुर में अपाहिज क्रीड़ा प्रतियोगिताओं का आयोजन कर एक स्मारिका निकालेंगे, उसमें विज्ञापन देकर राशि जमा की जाएगी। प्रतियोगिता के बाद जो पूँजी बचेगी उससे फाइल का युनिट शुरू करने

की अपने मन की योजना मैंने बाबूकाका को सुना दी। उनकी आँखों में मेरे लिए प्रशंसा का भाव देखकर मेरा उत्साह दुगुना हो गया।

बाबूकाका एक मास कोल्हापुर में रुके थे। मैं हर रोज अपना दोपहर का खाना लेकर उनके घर जाती थी। उनके साथ खाना खाकर मैं प्रशिक्षण केन्द्र चली जाती। शाम को फिर साढ़े पाँच बजे उनके घर चली जाती। रात सात-आठ बजने पर उनकी माँ या बाबूकाका कहते, ''अब घर जाओ, तुम्हारी माँ राह देखती होगी।'' तब मैं मजबूरन घर लौट आती। लौटते वक्त वे आग्रह कर अपना सहायक मेरे साथ भेज देते। पूना से केमोथेरेपी का इलाज करवाकर आने के बाद उनके शरीर में जलन हो रही थी। कमरे में पंखा तक नहीं था। मुझसे रहा नहीं गया। मैंने टेबलफैन का इंतजाम कर दिया। डॉक्टर ने उन्हें रोज नॉनवेज सूप पीने के लिए कहा। उनके घर में यह मुमकिन नहीं था। माँ को मैंने बताया तो उसने कहा, ''हम दे देंगे। बस उनके सहायक को ठीक समय पर रोज आने के लिए कहो।'' उनका ख्याल रखना बहुत जरूरी हो गया था। मैंने माँ से जिद की, ''माँ, क्या कुछ दिनों के लिए हम बाबूकाका को अपने घर नहीं ला सकते?'' माँ ने मुझे समाज के दस्तूर समझाए। मेरे मन में असंतोष था। जब मैं अपाहिज बनकर दिन-रात बिस्तर पर पड़ी रहती तब इस समाज ने मेरे लिए क्या किया? फिर मेरे लिए नियम और रिवाज बनानेवाला वह कौन होता है? संताप और असहायता की भावना से मैं बेचैन हो गई। लेकिन, कोई चारा नहीं था। 'पता नहीं, बाबूकाका का साथ कितने दिनों का है?' यह सोचकर मैं अधिक-से-अधिक समय उनके साथ रहती। कभी-कभी तो घर पहुँचने के लिए रात के नौ बज जाते फिर भी माँ ने कोई शिकायत नहीं की।

बाबूकाका बैंगलूर वापस लौटे और सारा कोल्हापुर मुझे सूना लगने लगा। प्रशिक्षण केन्द्र शुरू होने के बाद सहेलियों के साथ गपशप लड़ाने में मन नहीं लगता था। 'अपाहिज सहायक संस्था' की समिति के सामने मैंने अपनी योजना प्रस्तुत की। खेल प्रतियोगिता, स्मारिका और फाइल्स बनाने के युनिट आठ फरवरी यानी प्रशिक्षण केन्द्र के जन्मदिन के मौके पर शुरू किया जाए। बैंगलूर के आयोजन को मैंने नजदीक से देखा था इसीलिए इस कार्यक्रम का नियोजन मेरे लिए कठिन नहीं था। ताज्जुब इस बात पर हुआ कि संस्था ने अपना निर्णय सुना दिया, ''अपाहिजों की कैसी क्रीड़ा प्रतियोगिता? कौन आएगा और कौन खेलेगा? यह मुमकिन नहीं है। इतना बड़ा आर्थिक बोझ कौन उठाएगा?'' बैठक में मुझे आमंत्रित किया लेकिन बोलने का मौका नहीं दिया गया। मैं तो मानदेय लेकर संस्था में काम करनेवाली मामूली नौकर जो ठहरी! उस दिन मैं समझी कि मेरा संस्था के पदाधिकारी मंडल में चयन न होने पर बाबूकाका क्यों बेचैन हो गए थे? सिर्फ रजनी मेरा साथ दे रही थी। उसकी और मेरी चर्चा हुई। हम लोगों ने परिचित अपाहिजों को इकट्ठा कर एक बैठक की। अपनी योजना उनके सामने रखी। सभी

लोगों ने इसे स्वीकार किया और काम की शुरुआत भी हो गई। कार्यों का विभाजन हुआ और कागज पर होनेवाला सपना हक़ीक़त में उतरने लगा।

स्मारिका की पूरी जिम्मेदारी रजनी ने सँभाली। पूरी गति से उसने विज्ञापन और लेख इकट्ठा किए। अनेक लोगों ने नाश्ता और खाने की जिम्मेदारी ले ली। अच्छा-खासा चंदा भी मिल गया। 'सर पिराजीराव घाटगे फिजिकल एज्युकेशन चॅरिटेबल ट्रस्ट' के ट्रस्टी जनरल थोरात और विक्रमसिंह घाटगे जी ने केन्द्र में आकर पाँच हजार रुपए का धनादेश दिया। हमारा उत्साह दुगुना हो गया। इतनी बड़ी मदद से आत्मविश्वास बढ़ गया और तुरन्त बैठक करके अन्तरराष्ट्रीय स्तर के अपाहिज खिलाड़ियों को भी आमंत्रित करने का निर्णय लिया गया। प्रायवेट हाईस्कूल में रहने की व्यवस्था की। वहाँ के छात्रों ने स्वयंसेवकों के रूप में उल्लेखनीय कार्य किया। खिलाड़ियों ने उनकी प्रशंसा की। बाबूकाका की भाभी इंदुमती दीवान ने भोजन और खिलाने की जिम्मेदारी अपने 'वनिता महिला मंडल' को सौंप दी। पूना, मुम्बई, गुजरात, कर्नाटक आदि राज्यों तथा शहरों से खिलाड़ियों का आगमन हुआ। सेनादल के जवान भी उसमें सम्मिलित थे। जिलाधिकारी आए। इस प्रतियोगिता के बहाने समाज को पूरे दो सौ खिलाड़ियों के एकत्रित दर्शन हुए। उनकी समस्याएँ तथा नियति के ख़िलाफ़ बुलंद हौसलों को देखकर पूरा कोल्हापुर शहर दंग रह गया था। वे लोग भी समाज का एक हिस्सा हैं, इसका अर्थपूर्ण एहसास लोगों को हुआ।

कोल्हापुर के खासबाग मैदान में 8 एवं 9 फरवरी, 1976 को आयोजित इस प्रतियोगिता का समाचार और छायाचित्र हर समाचार पत्र के प्रथम पन्ने पर छप गए। हर एक की जबान पर यही शब्द थे, "बैंगलूर के बाद इतनी सुव्यवस्थित क्रीड़ा प्रतियोगिता यही है।" बाबूकाका तक सभी खबरें पहुँच रही थीं। उनके होते कोल्हापुर के अपाहिजों को मैं अनोखी दुनिया दिखा पाई इसका मुझे संतोष था। प्रायवेट हाईस्कूल में आखिरी दिन सांस्कृतिक संध्या चल रही थी। पिछली कई रातों से सो न पाने से मैं थक गई थी। थकान असह्य होने पर एक अँधेरे कमरे में ही पलंग पर लेट गई। कल रात की घटना मेरे दिमाग में मूर्त हो गई। लगभग सभी लोग रात का खाना खा चुके थे। खिलाड़ियों को बसस्टैंड और स्टेशन से क्रीड़ा केन्द्र तक लाने के लिए तथा उन्हें कोल्हापुर दर्शन करवाने के लिए तीन गाड़ियों का इंतजाम किया था। एक व्यक्ति पर विशेष रूप से इस व्यवस्था की जिम्मेदारी सौंपी गई थी। पूछताछ पर पता चला कि एक मैटाडोर और उसका ड्राइवर लापता है। 'इनचार्ज' अपने ठिकाने पर नहीं था। इस दौरान साए की तरह मेरे साथ रहनेवाले सुरेंद्र माली को मैंने अपने साथ ले लिया और किराए पर ऑटो लेकर आधी रात तक कोल्हापुर के गली-मुहल्ले छान मारे। स्वयंसेवक साइकिल और स्कूटर लेकर उन्हें ढूँढ़ रहे थे। आखिर एक जगह शराब में धुत् चालक और सुरक्षित खड़ी गाड़ी

पाकर मैंने अल्लाह का शुक्र माना। रात दो बजे नहाने का गरम पानी तथा अन्य कामों की तैयारी करनी थी।...सोचते-सोचते आँख कब लग गई पता नहीं चला।

नींद खुल गई तब पासवाली खिड़की के बाहर खड़े क्रीड़ा समिति के दो पुरुष सदस्यों की धीमी आवाज में शुरू बातचीत सुनाई दी। '...हमने दिन-रात यहाँ मेहनत की और समाचार पत्रों में इन दोनों के ही फोटो और तारीफ...हमारी ओर कौन ध्यान देता है...' वास्तव में अन्य लोगों के आग्रह पर मैंने और रजनी ने प्रतियोगिता में हिस्सा लिया था और हम जीत भी गई थीं। वे दोनों कितना गलत सोचते थे? मैं तो अभिमान के साथ हमेशा कहती रही कि हम सारे अपाहिज भाई-बहनों ने मिलकर यह काम किया है। मैं उन दोनों को अन्दर बुलाकर उनसे बात करना चाह रही थी लेकिन मुझमें उतनी शक्ति कहाँ थी? शरीर बुखार से जल रहा था। कैथेटर के कारण यूरिन इन्फेक्शन हो गया था। मैं बहुत कमजोर पड़ गई थी।

दूसरे दिन सारे खिलाड़ियों को कोल्हापुर दर्शन करवाया। सभी लोग वापस लौटे। गद्दियाँ, कुर्सियाँ, बर्तन, कमोड आदि सामान जमा करने में चार-पाँच दिन बीत गए। मेरी तबीयत देखकर पूना के आर्मी टेक्निकल स्कूल के व्यवस्थापक कर्नल निकल्सन बोले, "मैं तुम्हें विशेष मरीज या सामाजिक कार्यकर्ता के रूप में आर्मी अस्पताल में प्रवेश दिला दूँगा। कैथेटर का नियमित उपयोग ठीक नहीं है। इससे तो आदमी की मौत भी हो सकती है। तुम्हें तो अभी बहुत काम करना है।" मेरा पेशाब लगभग खून की तरह होने लगा था। अच्छे इलाज की सख़्त जरूरत थी। परिवार पर खर्चे का बोझ न पड़े इसीलिए मैंने तुरन्त 'हाँ' कर दी। फरवरी के अन्त में मैं खड़की पहुँची।

अपनी बीमारी के कारण गलतफहमी से ईर्ष्या कर बैठे क्रीड़ा समिति के 'उन' सदस्यों को मैं समझा नहीं सकी। भोजन का ठेका जिसे दिया गया था उसे समिति पूरे पैसे देने के लिए तैयार नहीं थी। उनका कहना था कि ऑर्डर की अपेक्षा बिल अधिक निकला है। अचानक छोटे देहातों से आए खिलाड़ियों को प्रवेश देने के कारण ऐसा हो गया था। बैठक में इस मामले पर जोर का झगड़ा शुरू हो गया था। तेज बुखार के कारण मैं उस बैठक में नहीं जा पाई। दूसरे दिन कोषाध्यक्ष से ऑर्डर के अनुसार धनादेश ले लिया। शेष रुपए माँ और मामाजी से लिए और उस ठेकेदार को दे दिए। वह मेरी ओर से रुपए नहीं ले रहा था। वह कह रहा था, "मैं उन बदमाशों से रुपए वसूल करूँगा।" मैंने उसे समझाया, "भाईसाब, मैं उस क्रीड़ा प्रतियोगिता की अध्यक्षा हूँ। यह अपाहिजों के भविष्य के लिए मेरा परम कर्तव्य है।" रजनी को इस बात का पता चलते ही वह स्वयं आधे रुपए लेकर आई और जिद करके मुझे लेने पर मजबूर किया।

इस प्रतियोगिता में जावली (पन्हाला तहसील) गाँव के भगवान पाटील नामक अपाहिज ने हिस्सा लिया था। उसके दोनों हाथ तथा पैर नहीं थे। वह अनपढ़ था। वह

जैसे मछली की तरह तैर रहा था। उसने दो पहियोंवाली साइकिल भी चलाई। आगे चलकर वह पैराओलंपिक के लिए विदेश भी जाकर हो आया। अपने गाँव में वह शराब बेचता था। मैंने पूछा, ''लोगों के परिवार उजाड़नेवाला यह धंधा क्यों करते हो?'' उसने उत्तर दिया, ''दूसरा कोई धंधा तो गाँव में नहीं चलता। फिर पापी पेट का सवाल है।'' विदेश से लौटने के बाद उसे जिला परिषद में चपरासी की नौकरी मिल गई। तत्पश्चात उसकी शादी हो गई। आज वह सम्मान के साथ जीवन बिता रहा है।

इलाज के लिए मैं और अजीज पूना पहुँच गए। मुझे लेने आए पैराप्लेजिक होम के कुछ खिलाड़ियों को देखकर मुझे बहुत आश्चर्य हुआ। खुशी भी हुई। मुझे अस्पताल में तुरन्त भर्ती किया गया। वहाँ नौकरी करनेवाले कर्मचारी महोदय ने मेरे अभिभावक के रूप में अपना नाम दर्ज दिया। उनके पास मेरे खाने के पैसे देकर अजीज वापस लौट गया। पहली बार घर छोड़कर अकेली बाहर रहने जा रही थी। विदेश से विशेष शिक्षा प्राप्त किए पैराप्लेजिक विशेषज्ञ, कर्नल डॉक्टर चहाल दोपहर राउंड के लिए आ गए। कर्मचारियों की लापरवाही पर वे गुस्सा हो गए। उन्होंने कहा, ''मरीज इतने दूर क्या सिर्फ पलंग पर सोने के लिए आते हैं?...'' उनकी ऊँची आवाज सुनते ही भागदौड़ शुरू हो गई। सभी प्रकार की जाँच तुरन्त पूरी हो गई। पूरे वॉर्ड में राउंड लगाकर सफाई तथा अनुशासन पर गौर कर मरीजों से वे आत्मीयता से पेश आते। कड़े अनुशासनवाले इस डॉक्टर का बर्ताव मुझे बेहद पसंद आया।

कोल्हापुर में सम्पन्न प्रतियोगिता से प्रभावित खिलाड़ी और संचालक मुझसे मिलने आते। गपशप, चाय-पान हो जाती। बुखार कम होते ही मैं कुछ घूमने-फिरने लगी थी। रोजाना भोर के समय पहियेदार कुर्सी चलाने की कसरत, टेबल टेनिस खेलना और लायब्रेरी से किताब लाकर पढ़ने का दैनिक क्रम शुरू हुआ। किसी ने मुझे अपना रेडियो लाकर दिया। वहाँ की पैराप्लेजिक महिलाओं से मैंने सम्पर्क बढ़ाया। एक अलग ही माहौल वहाँ मुझे देखने को मिला।

एक स्त्री का पति स्वयं चोरी-छिपे उससे मिलकर गया और उसके पाँव भारी होने पर सेना के नियमों से होनेवाली सजा से घबराकर झूठ बोलने लगा कि वह बच्चा उसका नहीं है। उस बेचारी को गर्भपात करने के लिए मजबूर किया गया। वह इस सदमे से पागल हो गई। दो सालों में तीन बार उसका गर्भपात करवाया गया। ऊपर से शॉक का इलाज, बहुत बेहाल हो गई थी वह!

दूसरी एक पैराप्लेजिक प्रौढ़ा औरत थी। सभी उसे 'अम्मा' कहते। उसका पति एक कच्ची उम्र की लड़की से शादी कर उसे उसकी सौतन बनानेवाला है, ऐसी ही उसकी धारणा हो गई थी। इससे वह दिमागी संतुलन खो बैठी थी। मैं घूमने-फिरने लगी तो मुझे देखकर वह लड़की 'मैं ही हूँ, जिसने उसके पति को छीन लिया है' ऐसा

मानकर वह मुझे गालियाँ देने लगी। वह मेरे पड़ोसवाले पलंग पर थी। मैं जब तैयार होकर बाहर निकलने लगती तो वह कहती, ''देखो ! कैसे बन-ठन के निकली है, मेरे पति से मिलने !...कभी भला नहीं होगा तेरा। मेरे बच्चे को यह मार डालेगी।...'' मैं उसे समझाती कि मैं कहाँ और किसके साथ जा रही हूँ। उसे भी साथ चलने के लिए कहती, लेकिन वह अपनी जगह से नहीं हिलती। मुझे तकलीफ न हो इसीलिए अस्पताल के कर्मचारियों ने उसे मुझसे दूर एक कोने में रख दिया। मैं मना कर रही थी लेकिन उन्होंने नहीं सुनी। वहाँ से भी वह मेरे नाम से चिल्लाती रहती।

अम्मा के पाँवों में हमेशा दर्द होता इसीलिए आया से वह मालिश करवा लेती। एक बार अस्पताल का सारा स्टाफ बाहर चला गया था। अम्मा पाँव में होनेवाले दर्द के कारण जोर-जोर से चिल्ला रही थी। उसकी हालत मुझसे देखी नहीं गई इसीलिए मैं उसके पास चली गई। मैंने अपनी पसंद का सफेद ड्रेस पहना था। अम्मा ने चश्मा निकालकर रख दिया था। मेरे पास आते ही उसने तेल की शीशी मेरे हाथ में थमा दी। मैं चुपचाप उसके पैरों की मालिश करने लगी। उसकी कराह बंद हो गई। थोड़ी देर बाद शायद उसे आराम मिला। आँखों पर चश्मा पहन करवट बदलकर वह मुझे निहारने लगी। फिर झुककर उसने मेरा हाथ अपने हाथों में ले लिया और बिना कुछ बोले बुक्का फाड़कर रोने लगी। थोड़ी देर बाद बोली, ''मैंने तुम्हें इतनी गालियाँ दीं और तुमने मेरी सेवा की...! मेरा पति बहुत नालायक है। वह मेरे ही रिश्ते की एक लड़की को घर लाया है। मेरा सात साल का एक बेटा भी है। अब वह उसे बहुत सताती होगी।'' उसके आँसू देखकर मेरी आँखों में भी पानी आ गया। मैंने उसे समझाया, ''पैराप्लेजिक होने की वजह से हम बहुत नाराज होते हैं। एकतरफा विचार करने लगते हैं।...आप थोड़ा शान्त हो जाइए। डॉक्टर से कहकर पति और बेटे को बुलाइए। फिर अपने बेटे से ही पूछिए कि घर लाई लड़की उससे कैसा बर्ताव करती है? आपका पति आपसे मिलने आया था लेकिन आपने गालियाँ दीं तो वह निकल गया। उसके साथ आप पहियेदार कुर्सी पर बैठकर घूमने जाया कीजिए। बगीचे में हो आया कीजिए। सिस्टर की अनुमति लेकर हम सभी औरतें चाँदनी रात में बातें करते बैठती हैं। वहाँ आ जाइए। कुछ लड़कियाँ गाती भी हैं। ठीक होने तक हमें यहाँ सभी से मिल-जुलकर, प्यार से रहना चाहिए ताकि जल्द ही हमें यहाँ से छुट्टी मिल जाए।''

इधर मैं स्वयं वहाँ के अकेलेपन से तंग आ चुकी थी। कोल्हापुर जाने की जिद कर रही थी। परीक्षा खत्म होते ही अम्मी के लिए एक क्वार्टर दे दिया। अम्मी वहाँ खाना बनाने लगी और मुझे तथा जिससे अस्पताल का खाना नहीं खाया जाता उन्हें मनपसंद खाना मिलने लगा। आठ-दस दिनों में इस अपनेपन के कारण अम्मा में काफी परिवर्तन आ गया। अपने पति के आने पर वह उसके साथ बहुत अच्छी तरह से पेश आई। मेरा

और अम्मी का परिचय करा दिया। उसके लिए लाए फल हमें दे दिए। बेटे से मिलने की इच्छा प्रकट की। उसका पति उसके परिवर्तन से दंग रह गया। वह बेटे को साथ ले आया। उससे मिलने, बातें करने पर उसकी तबीयत में गति से सुधार आया। यहाँ तक कि वॉकर की सहायता से वह चलने भी लगी। एक दिन वह डिस्चार्ज होकर चली गई। जाते समय रोने लगी और बार-बार मुझसे माफी माँगने लगी।

एक पैराप्लेजिक स्त्री का पति उसका अत्यंत आत्मीयता से ख्याल रखता था। बहुत प्यार करता था उससे। वे पंजाबी थे। अपना प्रशिक्षण खत्म होने पर वे चले गए।

मुझे लगभग साढ़े चार मास उस अस्पताल में रहना पड़ा। तरह-तरह के अनुभव आए। मैं इंग्लैंड में क्रीड़ा प्रतियोगिता की खिलाड़ी रह चुकी हूँ, इस बात का कर्नल सिंह को पता चलने पर उन्होंने मुझे तैरना सिखाने की व्यवस्था की, लेकिन वहाँ पर पुरुषों की संख्या अधिक थी और उनके साथ स्वीमिंग ड्रेस पहनकर तैरना मुझे ठीक नहीं लगा। फिर डॉ. सिंह ने सेना की तरफ से मुझे वार्षिक क्रीड़ा प्रतियोगिता की व्यवस्थापन समिति में ले लिया। मैंने खुशी से यह जिम्मेदारी स्वीकार ली। अपनी काबिलियत भी साबित की। आज मेरे स्वभाव में जो कड़ा अनुशासन है, उसके बीज शायद खड़की के अस्पताल में ही बो दिए गए। सारे काम घड़ी की सुई पर पूरे करना तथा सौ प्रतिशत उसे सफल बनाने की आदत-सी पड़ गई है। वहाँ चंडीगढ़ से एक पैराप्लेजिक मरीज आया था। दर्द से तड़प रहा था। उसे यूरिन इन्फेक्शन हो गया था। इलाज शुरू होने से पहले ही मेरी आँखों के सामने उसने दम तोड़ दिया। उस दिन डॉ. सिंह अपने सहकर्मियों पर क्यों गुस्सा हो गए थे यह मेरी समझ में आ गया। महसूस हुआ कि जीवन कितना नश्वर है। उस रात मैं ठीक से सो नहीं पाई। प्रात:काल अँधेरा छँटने से पहले ही 'चाय पिलाओ' जैसी व्याकुल आवाजें क्वोर्टर प्लेजिक वॉर्ड से सुनाई दे रही थी। उस मरीज के हाथ की संवेदनाएँ नष्ट हो गई थीं। वह हाथ भी नहीं हिला सकता था। डॉक्टर ऐसे जवानों को जिलाने की कोशिश क्यों करते हैं, यह मैं समझ नहीं पा रही थी। आवाजें बढ़ गईं तो मैं अपनी कुर्सी पर बैठकर उनके पास गई। उन्हें चाय पिलाई। उन्हें इस बात का बुरा लग रहा था कि, एक अपाहिज औरत ने उन्हें चाय पिलाई। मैंने उन्हें समझाया कि अगर मैं आपकी जगह होती तो क्या आप मेरी मदद नहीं करते?

एक बार मेस से बिल के लिए मुझसे पूछा गया। मेरे रुपए जमा नहीं किए गए थे। अजीज, मामाजी मिलने आए तब मैंने यह बात उन्हें बताई। उन्होंने दुबारा रुपए जमा किए। निरंतर कैथेटर का प्रयोग करने से मेरा ब्लैडर आकुंचित हो गया था। अनेक प्रकार के इलाज किए लेकिन सफलता नहीं मिली। माँ एक मास मेरे पास रहकर कोल्हापुर लौट गई। उसे पता था कि मैं अस्पताल का खाना नहीं खा पाती हूँ। उस

अस्पताल की एक आया सुशीला बहुत प्यार से मुझे नहलाती। 'मेरी' नामक आया की किसी से पटती नहीं थी लेकिन वह भी मेरे साथ मिल-जुलकर रहती थी। अपने हाथों से बनाया व्यंजन वह मेरे लिए ले आती। मैं जहाँ भी गई, वहाँ ऐसे अनेक स्नेहिल लोग मिलते रहे।

मेरी तरह ही पैराप्लेजिक के शिकार केदार पाटील की मुहब्बत के सामने तो मैं पूरी तरह चकरा गई। मैं उनकी भावनाएँ समझ सकती थी, लेकिन मेरी संस्था, मेरा काम तथा औरों के साथ मेरे बर्ताव को लेकर टीका-टिप्पणी करने लगे तो मैं कठोर बन गई। मेरे कहने पर उन्होंने शराब छोड़ दी थी। बेकार बैठकर मक्खियाँ मारने से बेहतर कोई छोटा-सा धंधा शुरू करना उन्होंने समझा। आगे चलकर उन्होंने एक ट्रक भी खरीदा था। पैसे का उपयोग अपने और दूसरों के हित में करना चाहिए यह बात मात्र उनके दिमाग में कभी नहीं घुस पाई। 'नसीम को पैसे का घमंड है, वह धनवानों के साथ ही दोस्ती बढ़ाती है ...' वगैरह ऊल-जलूल बातें उन्होंने रजनी को सुनाई थीं। मैंने पूरी तरह उनसे सम्बन्ध तोड़ दिए और उन्होंने पुनश्च शराब पीनी शुरू की। परिणाम यह हुआ कि दिल का दौरा पड़ा और बेवक्त दुनिया से चल बसे। जब पता चला तो मैं और रजनी दोनों उनकी अंतिमयात्रा के लिए गए थे। उनकी मृत्यु की जिम्मेदार मैं थी या स्वयं उनकी करतूत यह तो ईश्वर ही जाने !

पूना के वास्तविकता ने मुझे जिन्दगी का पाठ पढ़ाया। मैं वहाँ थी उसी समय बाबूकाका वानवडी में केमोथेरेपी के इलाज के लिए आए थे। मैं इतवार के दिन पास लेकर उनसे मिलने जाती। उनसे मैं दिल और दिमाग की हर एक बात बेहिचक बता देती। इस मामले में उन्होंने स्वयं के कुछ अनुभव बताए और सलाह दी, 'लिंग-जाति-धर्म को न देख शुद्ध और पवित्र दोस्ती करो। उचित लगे तो शादी करने में भी कोई हर्ज नहीं है। लेकिन कोई भी निर्णय केवल भावुक होकर मत लेना।' वैसे भी मेरा शादी का कोई इरादा नहीं था। एक तो खुद का जीवन एक बोझ था, उसे औरों के कंधों पर रखने की इच्छा नहीं थी। पहले तो मुझसे शादी करेंगे लेकिन आगे चलकर मेरी कमजोरी का बहाना बनाकर दूसरी औरतों की तरफ ताकनेवाले इन मर्दों का क्या भरोसा? बाबूकाका की मौत की तरफ बढ़ती दशा देखकर मैं काँप उठती। बाबूकाका मेरी उदासी को पहचान लेते। मजाक में मगर गम्भीर होकर बोलते, "अरे यह 'इंटरनेशनल' मेहमान है। उसे यहाँ से 'गुडबाय' नहीं कर सकते? बल्कि आखिर तक साथ देना होगा।" कभी-कभी कहते, "आरक्षण तो हो चुका है बस उस पर तारीख लिखनी बाकी है।" उन्हें वानवडी से मुम्बई ले गए। उनके इलाज के लिए विदेश से इंजेक्शन लाना जरूरी था। दुबई में स्थित भाईजान को भाईसाब ने खबर दी। उन्होंने तुरन्त हवाईजहाज से इंजेक्शन भेज दिए। रेहाना रोज बाबूकाका के लिए नानावटी

अस्पताल में सूप और खाना लेकर जाती। उस समय मैं पूना में ही थी। डॉ. सिंह मेरा इलाज कर रहे थे।

एक दिन डॉ. सिंह ने कहा, ''नसीमा, मुझे माफ कर दो, तुम्हारे लिए मैं कुछ नहीं कर पाया। कैथेटर के बगैर तुम्हें कोई विकल्प नहीं है। तुम डिस्चार्ज लेकर जा सकती हो। यूरिन कल्चर कर एंटिबायोटिक मात्र नियमित लेती रहना। इलाज के लिए जब भी यहाँ आना चाहोगी, मुझे या निकल्सन को खबर करो। हमें तुम्हारी सेवा करने में खुशी होगी।'' यूरिन समस्या से छुटकारा तो नहीं मिला लेकिन तबीयत मात्र सुधर गई थी।

मैं कोल्हापुर लौट आई। मेरी तबीयत देखकर सब लोग खुश हुए। आते ही क्रीड़ा संस्था के बारे में मिली खबर से झटका लगा। बजट मंजूरी हेतु जब बैठक बुलाई तब भोजन की पार्टी हुई थी। उसमें रजनी नहीं आई थी। खाने के साथ पीना भी हुआ था। समिति ने बचे रुपयों से मेटाडोर खरीदकर ऊटी जाने का सपना सँजोया था। मामाजी को इस बात का पता चला तो उन्होंने मुझे अध्यक्ष के अधिकार का उपयोग करने के लिए कहा। कोषाध्यक्ष और मेरे दस्तखत के बगैर बैंक की राशि निकालना असंभव था। कोषाध्यक्ष के बारे में एक स्त्री ने मेरे पास शिकायत की थी। इसी बात का फायदा उठाकर मैंने उनसे बाद में शेष राशि की बात की। संस्था की स्थापना के समय का प्रस्ताव उन्हें दिखाया और उनका दस्तखत लेकर चेक अपाहिज सहायक संस्था के कोषाध्यक्ष श्री वसंत मामा शिरगावकर जी को सौंपकर राहत की साँस ली।

पूना जाने से पहले संस्था की तरफ से हमने महानगरनिगम से दुकान के लिए जगह पाने के लिए आवेदन दिया। हमारी माँग के अनुसार हमें एक कमरा दे दिया था। मेरे लौटने से पहले ही समिति ने वह कमरा एक अपाहिज को सौंप दिया था। उसका किराया संस्था दे रही थी और लाभ कोई और उठा रहा था। बैंक के कर्ज में भी वैसा ही झमेला था। जरूरतमंद अपाहिजों की अर्जियाँ फाइल में बंद थीं और समिति के अपाहिज सदस्य सुविधा का लाभ उठा रहे थे। कई लोगों ने अपना व्यापार बढ़ाया। सभी चुप्पी लगाए बैठे थे। मैं समझ नहीं पा रही थी कि संस्थ समिति सदस्यों की भलाई के लिए है या अपाहिजों के कल्याण के लिए? संस्था मानो रुपए कमाने का प्रतिष्ठित धंधा बन चुकी थी। मैं बेचैन हो गई। पूना की वास्तविकता में खाली समय में संस्था के जरिए अपाहिज पुनर्वासन की प्रक्रिया शुरू करने पर उसका परिपूर्ण विकास होगा ऐसी मेरी धारणा थी।

शल्यक्रिया, कृत्रिम सामग्री, शिक्षा, क्रीड़ा, व्यावसायिक प्रशिक्षण और अन्त में विवाह ऐसे पुनर्वासन विकास के चरण बनाकर मैंने प्रश्नावली बनाई थी।

शिवमाला, रत्नमाला और कांचनमाला ये मेरी सहेलियाँ थीं, जो सगी बहनें थीं। पाठशाला में हम तीनों एक साथ थीं। उनकी माँ ने क्रीड़ा प्रतियोगिता की सफलता

देखकर शुभकामनाओं के रूप में कुछ रुपए दे दिए थे। प्रश्नावली की सहायता से योजनाओं को मूर्त रूप देना आसान था। महाविद्यालयों में जाकर राष्ट्रीय सेवा योजना के छात्रों को अपाहिजों की गणना का काम समझा दिया। पत्रकार परिषद बुलाई। गणना करने की तारीख भी तय हुई। स्वयंसेवकों ने इस काम के लिए संस्था की तरफ से केवल गाड़ी का किराया माँगा। प्रश्नावली तैयार होने पर मैं उसका अध्ययन करनेवाली थी। बाबूकाका की इच्छा थी कि आगे चलकर उसके आधार पर मैं प्रबंध लिखूँ। मैं तन-मन-धन लगाकर काम कर रही थी। ऐसे में संस्था ने निर्णय सुना दिया, ''प्रश्नावलियाँ पूरी होने पर फलाने व्यक्ति के पास जाएँगी क्योंकि वे उच्चशिक्षित हैं।'' मैंने भी अपना फैसला सुना दिया, ''फिर वे योग्य लोग ही प्रश्नावली बनाए। मेरी और मीना भूमकर की मिलकर बनाई गई प्रश्नावली नहीं मिलेगी।''

बाबूकाका को अंतिम दिनों में उन्हें तकलीफ देने की मेरी बिल्कुल इच्छा नहीं थी। बैंगलूर के वर्कशॉप की यूनियन की हड़ताल के झंझट से वे पहले ही त्रस्त थे। लेकिन मुझे राह दिखानेवाला भी कोई नहीं था। अध्यक्ष महोदय को मैंने सारे हालातों की खबर दी लेकिन उन्होंने नजरअन्दाज किया। एक तरफ सात लोग और दूसरी ओर मैं अकेली थी। रजनी तटस्थ थी लेकिन वह मेरे निर्णय से सहमत थी। अन्तत: मैंने बाबूकाका को वानवडी के कमांड अस्पताल के पते पर विस्तार से खत लिखा। पूना जाने की इच्छा थी लेकिन वह संभव नहीं था। मैं चातक की तरह उनके जवाब की राह देख रही थी। राष्ट्रीय सेवायोजना के छात्रों को उत्तर देना था। आखिर उनका पत्र आ गया। पढ़कर मैं विश्वास नहीं कर पाई। उन्होंने मेरा इस्तीफा लिखकर भेजा था। उस पर सिर्फ मेरे दस्तखत करने बाकी थे। वे उस संस्था को छोड़ने के लिए कह रहे थे जिसमें मैंने अपनी जान डाली थी। मैं पशोपेश में पड़ गई थी कि कुछ गिद्धों के डर से मैं संस्था छोड़ दूँ या उन्हें संस्था से बाहर कर दूँ? बाबूकाका ने तो स्पष्ट लिखा था, ''उन चोरों के साथ रहोगी तो नाहक तुम्हारा नाम बदनाम हो जाएगा। तुम्हें बहुत दुख उठाने पड़ेंगे। उन लोगों को परखने में हमारी ही गलती हो गई है। तुम निराश मत होना अपितु दूसरी संस्था बनाना। एक असफलता की वजह से हिम्मत मत हारना। मकड़ी को जानती हो, वह अपना जाल टूटने पर निरंतर बुनती है।'' मैं समझ नहीं पा रही थी कि जब मैंने प्रशंसा की आस नहीं रखी थी तब मैं बदनामी से क्यों डरूँ?

जिलाधीश जोसेफ साहब ने मुझे अपने दफ़्तर में बुलाकर संस्था को चंदा दिया था। यह आश्वासन भी दिया था कि अगर मैं समिति का प्रस्ताव पेश करूँगी तो वे शेंडा पार्क में संस्था के लिए दो बीघा जमीन दे देंगे। बैठक में शेंडा पार्क की जगह का प्रस्ताव रखा तो सदस्य कहने लगे कि वहाँ कुष्ठरोगी रहते हैं, हमें ऐसी जगह नहीं चाहिए। फैसला बहुमत से लिया गया था। कुष्ठरोग तो उन लोगों की मानसिकता में था। ऐसे हालात

में बाबूकाका ने मुझे इस्तीफा देने को कहा था। मेरा निर्णय वे जनवाडकर काका से फोन पर पूछ चुके थे। जनवाडकर काका तो पहले ही हतप्रभ होकर संस्था छोड़ चुके थे। अन्तत: मजबूर होकर मैंने इस्तीफे पर दस्तखत कर दिए।

इस्तीफा देने के बाद प्रशिक्षण केन्द्र के कार्य क समय होने पर मैं बेचैन हो उठती। उसी समय लिखित परीक्षा के लिए बैंक ऑफ इंडिया का कॉल आ गया। मैं उसकी तैयारी में जुट गई। प्रश्नपत्र अच्छी तरह से हल किए। साक्षात्कार के लिए बुलावा आया तो सभी लोग कहने लगे कि मेरी नौकरी सौ फीसदी पक्की है। मन में आशा लेकर मैं साक्षात्कार के लिए चली गई। साक्षात्कार में सारे व्यक्तिगत प्रश्न ही पूछे गए। अन्त में पूछा, ''लेजर कैसे उठाओगी? ऑफिस कैसे आओगी?'' मैंने उत्तर दिया, ''लेजर चपरासी उठाएगा और सहायक को साथ लेकर दफ़्तर आऊँगी।'' मैं खुश होकर घर पहुँची क्योंकि मेरा सामान्य ज्ञान सामान्य था और उसको लेकर एक भी प्रश्न नहीं पूछा था जिससे फेल होने का प्रश्न ही नहीं था। नैं नियुक्तिपत्र की राह देख रही थी, लेकिन पता चला कि मेरा चयन नहीं हुआ है और रिक्त पद भर चुके हैं। मैंने विजय मर्चेंट जी को विस्तार से खत लिखा। पूछताछ करने पर पता चला कि मैं साक्षात्कार में असफल रह चुकी हूँ। मैं बहुत छटपटाई। विजय मर्चेंट जी ने लिखा था अगर मैं कपड़ों का व्यवसाय करना चाहूँगी तो वे रिटेल दाम पर कपड़े देने की व्यवस्था करेंगे। लेकिन आरंभ में बड़ी मात्रा में माल खरीदना आवश्यक था जिसके लिए मेरे पास पर्याप्त राशि नहीं थी। दूसरे, मैं अकेली कपड़े बेचने में असमर्थ थी इसलिए इनकार कर दिया। बाबूकाका के कहने पर मैं जनरल इंश्यूरेंस कम्पनी की एजेंट बन गई। मैंने उस काम पर ध्यान केंद्रित किया। उस काम के लिए भी काफी घूमना पड़ता था। सहेली शकू रूपे मुझे सहयोग दे रही थी, लेकिन उसकी भी सीमा र्थ।

इसी समय एक दिन जनवाडकर काका के घर फोन पर संदेश मिला कि बाबूकाका की सेहत गम्भीर है। उस समय घर में मैं और कौसर ही थी। मेरी सहेली रजनी करकरे किसी समारोह के लिए बेलगाम गई थी। फोन से उसे संदेश दिया, ''तुरन्त पूना जाकर बाबूकाका से मिलना। मेरी उनसे मिलने की बहुत इच्छा है लेकिन घर पर कोई नहीं है। माँ के गाँव से लौटते ही मैं पूना पहुँचूँगी।'' लेकिन रजनी पूना न जाकर रात के दस बजे मुझे लेने कोल्हापुर पहुँची। मेरी सहेली की दादी को कौसर के पास रखना तय किया। मेरा कैथेटर निकल गया था। बस से पूना जाना कैथेटर के बिना असंभव था। अब इतनी रात कौन डॉक्टर मिलनेवाले थे? आखिर कौसर की मदद लेकर आईने के सामने खुद ही कैथेटर बिठाया और रात बारह बजे हम लोग बसअड्डे पर पहुँचे। लेकिन बस तो भोर होने पर ही मिली। पूना में वानवडी के अस्पताल में पहुँचे तो मुझे मतलियाँ हो रही थीं और बुखार भी चढ़ गया था। बाबूकाका बेहोशी की हालत में मेरी ही चिन्ता करने

लगे। उस दशा में उन्होंने गीत गाने का आग्रह किया। उन दिनों पूना में रहने का कोई ठिकाना नहीं था। होटल में रुकना हमारे बस के बाहर था। मिलने का समय खत्म हुआ तो दिल पर पत्थर रखकर, आँखें पोंछते हुए हम अस्पताल के बाहर आए। आधी रात को हम कोल्हापुर पहुँचे। कोल्हापुर छोड़ने से लौटने तक हमने कुछ नहीं खाया था। कौसर की सहायता से खाना बनवाया और खाना खाकर हम सो गए। थकान और बुखार के चलते कब आँख लगी इसका पता तक नहीं चला। सवेरे आँख खुलते ही खबर मिली, 'बाबूकाका अल्लाह को प्यारे हो गए।'' मैं रोई नहीं। ग्लानि में निढाल होकर मैं बिस्तर पर पड़ी रही।

सारे संकटों का बोझ सहती मैं पुनः काम में जुट गई। अब कैथेटर बिठाने के लिए डॉक्टर के पास जाना मैंने बंद कर दिया। खुद ही वह काम करने लगी।

बाबूकाका की मृत्यु मेरे लिए दूसरी बार पिताजी को खोना था। दो-तीन मास मैं खुद को पूरी तरह सँभल नहीं पाई। ऊपर से अपाहिज सहायक संस्था से रिश्ता छूट गया था। 'संस्था' नाम से घिन आ रही थी। अब आगे इस प्रकार के झमेले में न पड़ने का मैंने निश्चय किया। खेल प्रतियोगिता की स्मारिका के मुखपृष्ठ पर छपे चित्र की कल्पना मेरी ही थी। उस पर एक गरुड़ अपने पंख फैलाकर मंजिल की ओर उड़ान भर रहा था। लेकिन समाज के निर्दयी भेड़ियों ने निजी स्वार्थ के लिए उसके पंखों को काट दिया था। रुपए कमाने के लिए उन्हें अपाहिज सहायक संस्था के अलावा कोई माध्यम क्यों नहीं मिला? खेद इस बात का था कि सारी करतूतें अपाहिजों ने ही अपने भाइयों के ख़िलाफ़ की थीं। समाज के प्रतिष्ठित और बुद्धिजीवी अपने मान-सम्मान के ख्याल से चुप्पी साधे तमाशा देख रहे थे।

ऐसे में एक दिन समाज कल्याण विभाग से पत्र आया। केन्द्रीय आबकारी सीमा शुल्क खाते में लोअर डिविजन क्लर्क की भर्ती होनेवाली थी। लिखित परीक्षा पूना में थी। मेरी सहेली उषा शादी के बाद पूना में ही बस गई थी। उसके घर रहने का इंतजाम हुआ। डिग्री तक शिक्षा पूरी कर अजीज नौकरी हेतु विदेश चला गया था। इसलिए पिताजी के दफ़्तर के दोस्त परब जी मेरे साथ आए। पर्चा अच्छी तरह से हल किया। मैं लिखित परीक्षा में उत्तीर्ण हुई और साक्षात्कार हेतु बुलावा आया। बैंक ऑफ इंडिया के दौरान हुई अपनी उपेक्षा फिर से उभर आई। मेरे साथ साए की तरह रहनेवाली पहियादार कुर्सी इस बार भी मेरी दुश्मन तो नहीं बनेगी? इस डर से उदासी छाई। पाटील चाचा की सलाह ली। पूना के केन्द्रीय आबकारी विभाग के कलक्टर अब्बा के मित्र थे लेकिन बैसाखी लेना मुझे मंजूर नहीं था। मेरे अपाहिजपन को न्याय मिलना जरूरी था। काबिलियत होते हुए केवल चल नहीं पाती इसलिए मुझे नकारना कचोट रहा था। इसी कारण परब जी को साथ लेकर मैं केन्द्रीय आबकारी विभाग के कलक्टर के बँगले पर

गई। उन्हें परिचय के साथ पूरा ब्यौरा दिया। बैंक ऑफ इंडिया के दौरान मिली उपेक्षा बयान कर उनसे विनती की, "मुझे काम करने का एक बार मौका दीजिए। अगर उसमें असफल रही तो मैं अपनी मर्जी से इस्तीफा दूँगी। मुझ पर भरोसा रखिए।" वे गम्भीर होकर बोले, "तुम जैसी साहसी लड़की अगर मेरे डिपार्टमेंट में हो तो मुझे खुशी होगी। मुझसे फोन पर सम्पर्क करती तो भी चल सकता था।" फिर परब जी की ओर रुख करते हुए वे बोले, "इसे इतनी तकलीफ क्यों दी? तुम आकर बता नहीं सकते थे?" दुनिया में अच्छे इनसान भी हैं, इस विश्वास के साथ मैं घर लौटी। कुछ दिनों के बाद ही नौकरी का नियुक्तिपत्र मिल गया। मुझे शारीरिक तन्दुरुस्ती के प्रमाणपत्र के साथ उपस्थित रहने को लिखा था।

दोपहर के समय मुझे एक-डेढ़ घंटे आराम की सख्त जरूरत होती जिससे पैरों की सूजन कम हो जाती। प्रशिक्षण केन्द्र में मैंने पार्टीशन बनवाकर एक पलंग रखवा दिया था जिससे दोपहर के समय मैं आराम कर पाती। अब इस नौकरी में यह नामुमकिन था। लगातार आठ घंटे काम करना आवश्यक था। यूरिन-मोशन की समस्या अलग से थी। मन में डर था कि मेरी ऐसी स्थिति के चलते सिविल सर्जन प्रमाणपत्र देने से इनकार कर देंगे। लेकिन खुशनसीबी से उन्होंने खेल प्रतियोगिता, संस्था एवं मेरे बारे में समाचारपत्रों में पढ़ा था। उन्होंने मुझे नौकरी की बधाई देते हुए बिना जाँच किए मेरे तन्दुरुस्त होने का प्रमाणपत्र दे दिया। उनके प्रति आभार प्रकट कर मैं सीधे दफ़्तर चली गई।

दफ़्तर के दरवाजे में आकर देखा तो पाँच सीढ़ियाँ दिखाई दीं। अब्बा के समय जो चपरासी ड्यूटी पर थे वे तुरन्त आ गए और उन्होंने कुर्सी ऊपर चढ़ाई। शपथ आदि लेकर मैं दोपहर को नौकरी पर हाजिर हो गई। रेहाना इसी ऑफिस में स्टेनो थी। उसकी सहेली शकुंतला खटावकर की सहायक क्लर्क के रूप में पे यूनिट का काम मुझे सौंपा गया। शकुंतला को देखकर मैं निश्चिंत हो गई। अब चिन्ता थी कि मैं कितने घंटे बैठ पाऊँगी। पीठदर्द और सिरदर्द के सताने पर क्या किया जाए। दो-चार मास पीठदर्द और बेडसोअर्स के कारण बहुत तकलीफ हुई। मैं घर पहुँचते ही पलंग पर लेट जाती। खाना तक लेटकर ही खाती थी। धीरे-धीरे शरीर को आदत हो गई। मेरी नियुक्ति के बाद कुछ ही दिनों में मेरी दो सहेलियों को भी नौकरी मिल गई। रेखा फाटक का कूबड़ निकल आया था। निलीमा गुत्तीकर तन्दुरुस्त एवं सुंदर थी। उन्हें मेरे ही दफ़्तर में नौकरी मिल गई। फिर क्या था? हमारा अच्छा ग्रुप बन गया!

खटावकर के साथ काम करते हुए मजा आता था। पहला वेतन मिलने पर लगा कि इतने कम काम का इतना ज्यादा दाम? दफ्तर में मेरा काम जल्दी खत्म होता तो मैं दूसरों के काम में हाथ बँटाती। इससे लाभ यह हुआ कि मुझे अन्य कामों का अनुभव होने लगा। मेरे अपाहिज के सहायक संस्था छोड़ने के बावजूद अनेक अपाहिज मेरे

सहायता के लिए आते थे। माँ मेरे वेतन के रुपए नहीं लेती थी। उसने मेरा वेतन मुझे अपनी मर्जी से खर्च करने की अनुमति दी थी। मैं अपने वेतन के रुपए अपाहिजों की किताबें, ट्रायसिकल, टायर-ट्यूब आदि के लिए खर्च कर देती। दफ़्तर से मैं किसी को लौटाती तो मेरे अन्य सहकर्मी कहते, "इतनी दूर से आए हैं। देखिए ना, उन्हें क्या चाहिए?"

हमारे घर के आँगन में गुलाब, मोगरा और अबोली के फूल हमेशा खिले रहते। अम्मी मेरे बालों में उन्हें सजा देतीं। मैं दफ़्तर की अन्य सहेलियों को भी फूल लाकर देती थी। दफ्तर में एक माली था। वह मेरी कुर्सी सीढ़ियों से चढ़ाने और उतारने में मदद करता था। धीरे-धीरे वह मुझे छोड़ने के लिए मेरे घर तक आने लगा। अम्मी उसे प्यार से जलपान देती। दीपावली में मैंने उसे कुर्ता-पायजामे के लिए कपड़ा खरीदकर दिया। मुझे क्या पता कि वह गलतफहमी में पड़ जाएगा? वह रोजाना मेरी मेज पर गुलाब का फूल रखने लगा। मैं कभी उसे बालों में नहीं सजाती अपितु अन्य सहेलियों को दे देती। उसकी गलतफहमी मुझे समझ में आ गई तब मैंने उसकी मदद लेना ही बंद कर दिया। एक दिन फूल के साथ उसका प्रेमपत्र मिल गया। मेरी समझ में नहीं आ रहा था कि क्या किया जाए। मैं परेशान थी, तभी दूसरी चिट्ठी मिल गई। फिर मुझसे चुप नहीं रहा गया। मेरे मना करने के बावजूद वह कुर्सी धकेलने के बहाने खटमल की तरह पीछे चिपका रहता।

माने भाऊसाहब देह से तगड़े व्यक्ति थे। वे अत्यंत तेज मिजाज के थे। मेरे काम से प्रभावित होने के कारण वे मुझसे बड़ा स्नेहिल व्यवहार करते थे। मैंने उन्हें माली की शरारत और उसकी चिट्ठी के बारे में बता दिया। मैं घर में बता नहीं सकती थी क्योंकि अम्मी नौकरी छोड़ने के लिए ही कह देती। मैं काफी परेशान हो गई थी लेकिन माने जी ने मेरा हौसला बढ़ाया। सीढ़ियों से कुर्सी चढ़ाने-उतारने की जिम्मेदारी उन्होंने दूसरे एक सज्जन कर्मचारी श्री वडार पर सौंप दी। उन्होंने माली को धमकाया कि अगर उसने मुझे सताया या मेरी कुर्सी को हाथ ही लगाया तो बुरी तरह से पिटाई की जाएगी और ऊपर से नौकरी से हाथ धोना पड़ेगा। माने भाऊसाहब और वडार जैसे सज्जनों के कारण ही मैं नौकरी पर टिकी रही।

छुट्टी के दिन केलवकर के बँगले पर कागल की रानी साहिबा श्रीमती विजयादेवी घाटगे (जिन्हें मैं माँसाहब कहकर बुलाती) आ गईं। उन्होंने मेरे काम के बारे में पूछताछ की। मैंने उन्हें संस्था के सम्बन्ध में घटित घटनाओं का ब्यौरा दे दिया। उन्होंने मुझे पुनः काम करने के लिए प्रेरित किया। क्रीड़ा संघ के लिए आर्थिक सहायता करने का भी उन्होंने आश्वासन दिया। मैंने कहा कि अब संस्था के माध्यम से काम करने की मेरी बिल्कुल इच्छा नहीं है। साथ ही मैंने यह शर्त रखी कि अगर वे मुझे निजी तौर पर मदद

करेंगी तो मैं मुम्बई में होनेवाली राष्ट्रीय क्रीड़ा प्रतियोगिता के लिए यहाँ से अपाहिजों की टीम जरूर भेजूँगी। उन्होंने हामी भरी और मैंने पूरी तैयारी के साथ टीम भेज दी।

हमारी टीम ने क्रीड़ा प्रतियोगिता में अनेक पुरस्कार हासिल किए। माँसाहब काफी खुश हुईं। वे बीच-बीच में ऑफिस में फोन करतीं और कहतीं, 'तुम्हारे पास काम करने की योग्यता है, तुम उसे अंजाम दे दो।' बाबूकाका के वसीयतनामे के बारे में पता चला कि उन्होंने दो हजार रुपए व्यक्तिगत तौर पर मेरे नाम रख दिए हैं। उनकी इच्छा थी कि मैं नई संस्था स्थापित कर काम शुरू करूँ। वाणिज्य महाविद्यालय में छात्रवृत्ति हेतु पुँजी रखकर उसके ब्याज से छात्रवृत्ति देना तय किया था। उसके ट्रस्टी बाबूकाका के भाई, मैं और जनवाडकर चाचा थे। मैं बाबूकाका की इच्छा समझ चुकी थी लेकिन फिर से 'आ बैल मुझे मार' को सहना मेरे बस के बाहर की बात थी। मैंने निजी रूप में अपने वेतन के रुपए से अपाहिजों को यथासाध्य मदद करने का निश्चय किया था। बाबूकाका से मिले दो हजार रुपए मैंने अपाहिज पुनर्वासन संस्था के साथ ही बाबूकाका द्वारा स्थापित बेलगाम की संस्था 'इन्स्टिटयूट ऑफ फिजिकली हैंडिकैप्ड' को चंदे के रूप में भेज दिए। मेरी सहेली शान्ता पाठक ने खुशी से वह मदद स्वीकार की। उसने यह भी वादा किया कि भविष्य में जब आपकी संस्था होगी तब वापस लौटा दूँगी। हमेशा मेरे पास होनेवाला, मेरा प्रेरणास्रोत बाबूकाका का एक छायाचित्र शान्ता अपने साथ ले गई। बाबूकाका का कार्य जारी रखनेवाली उनकी वारिस वही तो थी इसीलिए मैंने बुरा नहीं माना। शान्ता भी अपाहिज ही थी। मुझे कुछ समस्या आती या मैं बीमार होती तो वह तुरन्त दौड़ी चली आती। कर्नाटक विद्युत मंडल में नौकरी सँभालते हुए वह अपाहिज प्रशिक्षण केन्द्र चला रही थी।

छुट्टी का दिन होने से मैं घर पर थी। अम्मी मायके में कोई बीमार था इसलिए वह उसे देखने गई थी। मेरे साथ बद्रुनिस्सा मौसी ठहरी हुई थी। उसी दिन कोल्हापुर में मेडिकल जाँच का शिविर था। मैं उसमें एक परिचित के अपाहिज बच्चे को लेकर सुबह ही गई थी। अपने पाँच-छह साल के अपाहिज बच्चे को साथ लेकर हुबली से एक औरत आई थी। वह रिश्तेदार होने के कारण हमारे ही घर पर ठहरी थी। सुबह बाहर निकलते वक्त कौसर का चेहरा देखकर मैंने उससे सेहत के बारे में पूछा तो वह बोली, 'पेट में दर्द हो रहा है।' उसे दवा लेने को कहकर मैं चली गई। मौसी घर में थी, इसलिए कोई चिंता नहीं थी। मैं सुबह सात बजे गई तो शाम सात बजे ही घर लौट पाई। रिक्शा से उतरते ही देखा कि मौसी का चेहरा पीला पड़ गया था। उसने चिंतित स्वर में कहा, ''नसीम, कौसर लगातार उल्टियाँ कर रही है। उसकी हालत खराब है। अबकी उल्टी का रंग तो बिल्कुल हरा था। तुरन्त डॉक्टर को बुलाना होगा।'' वह इतवार का दिन था, इसलिए अस्पताल बंद थे। उल्टे पाँव रिक्शा में बैठकर मैं डॉ. सातवेकर जी के बँगले

पर चली गई। उनसे बात की तो उन्होंने कहा, "मेरे आने से कोई फायदा नहीं होगा, उसे एडमिट करना होगा। शायद अॅपेंडिक्स के लक्षण हैं।" मैं टैक्सी साथ लेकर ही घर लौटी। मौसी और पड़ोसियों की सहायता से कौसर को टैक्सी में बिठाया और कावला चौराहे के पासवाले वॉनलेस अस्पताल में भर्ती कर दिया। मैं वहाँ से रिक्शा लेकर अजीज के मित्र दस्तगीर पठान के घर गई और उसे साथ लेकर अस्पताल पहुँची। मुझे पाँव से बँधी यूरिन की बैग खाली करने तक का होश नहीं रहा। घर कर्नाटक से आई औरत के जिम्मे छोड़ दिया था।

डॉक्टर ने कौसर को ऑपरेशन थिएटर में ले लिया था। मैंने उसे देखा तक नहीं था। ऑपरेशन फॉर्म पर काँपते हाथों से दस्तखत करते समय मैं प्रार्थना कर रही थी, "हे अल्लाह, मेरी उम्र कौसर को दे दो।" नमाज पढ़ने की भी मुझमें शक्ति नहीं थी। मैंने दस्तगीर को रेहाना और भाईसाब को फोन करने के लिए भेज दिया। मैंने अस्पताल में एक कमरा ले लिया और अँधेरे में लेटी रही। पल-पल भारी हो रहा था। ऑपरेशन के बाद कौसर को गहन चिकित्सा कक्ष में लाया गया। होश में आते समय वह बड़बड़ा रही थी, "नसीमआपा, तुम थक गई होगी, आराम करो। मौसी को भी सुबह से बहुत तकलीफ हुई है। मेरी परीक्षा...।" मैंने अल्लाह का लाख-लाख शुक्र माना क्योंकि थोड़ी भी देर हो जाती तो अॅपेंडिक्स फूट सकता था। मैं उसके पास बैठकर अपने आपको कोस रही थी कि सारा दिन दूसरों का ख्याल करती रही और मुझे अपनी बहन की याद तक नहीं आई। एक तो माँ घर पर नहीं है और दूसरे उसकी परीक्षा सिर पर है। मुझसे ऐसा कैसे हो गया? इलाज से चार बच्चे चल सकते थे लेकिन बहन को कुछ हो जाता तो क्या मैं कभी अपने आपको माफ कर पाती? मेरे भरोसे विदेश गए अजीज को मैं क्या जवाब देती? इस समय डॉ. सातवेकर मेरे लिए फरिश्ते से कम नहीं थे। पैसों के बारे में कुछ पूछे बिना उन्होंने ऑपरेशन कर कौसर की जान बचाई थी। सारी दवाइयाँ तक अस्पताल से दे दी थीं।

भोर के समय डॉक्टर राउंड के लिए आए तो कौसर जिद करने लगी, "आज ग्यारह बजे मेरा पर्चा है। मैं परीक्षा में बैठूँगी।" डॉक्टर ने एक पल कुछ सोचा और उसे अनुमति दे दी। मैं स्तंभित हो गई तो डॉक्टर ने समझाया, "मैं प्रमाणपत्र दे देता हूँ। यहाँ अस्पताल में परीक्षक आ सकते हैं। तुम विश्वविद्यालय जाकर उन्हें ले आओ।" मैंने दफ़्तर में छुट्टी की अर्जी देकर रिक्शा मँगवाया। मौसी को कौसर का ख्याल रखने को कहा। रिक्शा ड्राइवर भला इनसान था। मैं अकेली थी। मैंने उसे परिस्थिति की गम्भीरता बता दी। अस्पताल से प्रमाणपत्र मिलने में देर होने लगी तो वह खुद अन्दर गया। क्लर्क से झगड़ा कर वह प्रमाणपत्र लेकर आया। डॉक्टर के बँगले पर जाकर उनसे दस्तखत लिए और हम विश्वविद्यालय पहुँचे। तब तक साढ़े नौ बज चुके थे।

कुलपति कक्ष में बैठक चल रही थी। हमने चपरासी को अपनी समस्या एवं बात की गम्भीरता बता दी तो उसने अन्दर जाने दिया। अर्जी के साथ प्रमाणपत्र जोड़कर कुलपति के हाथों में दे दिया। अर्जी देखकर वह जोर से चिल्लाए, ''अपने आपको क्या समझती हो? यह विश्वविद्यालय है या धर्मशाला? बेवक्त आना और कुछ भी माँगना, हम क्या तुम्हारे नौकर हैं?...'' मैंने धीमी आवाज में कहा, ''सर, माफी चाहती हूँ, लेकिन बहुत हड़बड़ी में शल्यक्रिया करनी पड़ी ...।'' इस पर शिक्षा क्षेत्र के सर्वोच्च पद पर विराजमान उस व्यक्ति ने चिल्लाकर कहा, ''इसके लिए काफी रुपए लगते हैं, हैं तुम्हारे पास?''

कल की रात से मैं काफी तनाव महसूस कर रही थी। बचपन से ही स्वाभिमान के साथ जीना सीखा था। उन महाशय के द्वारा किया गया अपमान मैं सह नहीं पाई। उस बड़े सभागार में अजनबियों के बीच हथेलियों में चेहरा छिपाकर मैं फफक पड़ी। 'मैंने कौन-सी गलती की थी? ऐसे असभ्य व्यक्ति को इस कुर्सी पर किसने बिठाया? यह ज्ञानमंदिर क्या सिर्फ धनवानों की बपौती है? आज मेरे पास रुपए न होते तो क्या मेरी मेधावी बहन परीक्षा दे पाती? कौन-सी कमी थी उसमें?' आदि विचार मन में आए। गुस्सा और असंतोष से दिमाग चकरा रहा था। मेरी बहन कौसर गृहस्थी के काम, ड्राइंग, सिलाई-बुनाई, रसोई बनाना, अभ्यास आदि में हम सभी भाई-बहनों से एक कदम आगे थी। उसने कभी अव्वल नंबर नहीं छोड़ा था। मेरी दशा देखकर रिक्शा ड्राइवर गुस्सा होकर आगे बढ़ने लगा तो मैंने उसे रोक दिया क्योंकि वह वक्त झगड़ा करने का नहीं था। वहाँ बैठे एक प्राध्यापक ने कुलपति को बताया कि विश्वविद्यालय के आरक्षित परीक्षक को अस्पताल भेजा जा सकता है। उनसे अनुमति मिली तो मैंने उन्हें धन्यवाद दिया। अर्जी लेकर रुपयों की रसीद काटी और परीक्षक को साथ लेकर वहाँ से निकल पड़ी।

विश्वविद्यालय में कठिन परिस्थिति में परीक्षा देनेवाली मेरी बहन जैसे छात्र हैं, इसका कुलपति को गर्व होना चाहिए था अन्यथा पढ़ाई न होने का बहाना बनाकर परीक्षा में अनुपस्थित रहनेवाले छात्रों की संख्या क्या कम होती है? परीक्षक को साथ लेकर हम अस्पताल पहुँचे तब पौने ग्यारह बज चुके थे। कौसर का सलाइन जारी था। वह लगभग नींद में ही थी। उसे ठंडे पानी से मुँह धोने को कहा। उसकी पीठ के पीछे तकिया दिया तो उसने पर्चा लिखना शुरू किया। मैं परीक्षक की अनुमति लेकर पासवाले पलंग पर लेट गई तो मानो घोड़े बेचकर सो गई। नींद खुलने पर देखा कि पर्चा लिखते-लिखते सो गई कौसर को मौसी जगा रही थी। सिस्टर से पूछकर परीक्षक ने उसे जगाने की अनुमति ली थी। सिस्टर इंजेक्शन देकर चली गई और कौसर पुन: पर्चा हल करने लगी। परीक्षक भला इनसान था। ऑपरेशन के बारह घंटे बीतने से पहले पर्चा

लिखनेवाली कौसर से वह प्रभावित था। उसने बाहर खड़े दस्तगीर के पास जाकर कुछ कहा। दस्तगीर ने कोने में रखी किताब उठाई और कौसर को थमाते हुए कहा, "परीक्षक की इजाजत है। तुम देखकर लिख सकती हो।" इस पर कौसर ने गुस्से से उसकी तरफ ऐसे देखा कि उसने चुपचाप किताब वापस रख दी। कौसर के स्वाभिमानी स्वभाव से सभी परिचित थे। मुझे आज भी वह कौसर याद आती है जो स्कूल की छुट्टियों में सहेलियों को घर ले आती और घी-शक्कर खिलाती। मेरा बोझ उठाते और लोगों को देखकर खुद भी उसमें शामिल होनेवाली मेरी कौसर ! हम सभी को उस पर नाज था। मैंने विश्वविद्यालय की घटना के बारे में उसे कुछ नहीं बताया वरना मेरी आपा का मेरे कारण हुए अपमान से वह परेशान हो जाती। शायद वह परीक्षा तक के लिए नहीं बैठती।

शाम पाँच बजे तक भाईसाब और रेहाना आ गए। दूसरे दिन अम्मी भी आ गई। मैं बेफिक्र होकर दफ़्तर जाने लगी। वह रिक्शावाला कौसर को शुभकामनाएँ देकर चला गया। उसने किराए के रुपए तक नहीं लिए। उसने कौसर को अपनी बहन ही मान लिया। कुछ एहसान सहेजकर रखने में एक अनूठा समाधान होता है। मुझे उसके एहसानों का मूल्य रुपयों में चुकाना नागवार लगा। अपनी आदत के चलते मैं उसका नाम एवं चेहरा भूल गई लेकिन घटना अविस्मरणीय है। 'हेल्पर्स' के शुरू होने पर वह अनेक जरूरतमंदों को मेरे पास लेकर आया। उसने कुछ अपाहिजों को कृत्रिम साधन देने को कहा तो मैंने उसके एहसान चुकाने का वह मौका मान लिया। शेंडा पार्क के कुष्ठपीड़ितों को कृत्रिम साधन मिलने हेतु उसने जो प्रयास किए उससे मैं स्वयं प्रभावित हुई थी।

कौसर ने परीक्षा में अच्छे अंक प्राप्त किए। उसके बाद भी कौसर की जिन्दगी में अनेक तूफान आए जिनका उसने हर बार डटकर मुकाबला किया। मैं ही एक थी कि तुरन्त धीरज खो बैठती। ऊपर से किसी को इसका एहसास तक नहीं होने देती। कौसर ने अपनी जिन्दगी में अनेक चुनौतियों का मुकाबला किया। कौसर का अयाज से 'झट मँगनी पट ब्याह' हुआ था। शादी के कुछ दिन बाद उसका फोन आया कि स्टूल पर चढ़कर सीलिंग फैन साफ करते समय पैर फिसलने से वह गिर पड़ी है। उसकी कमर के नीचेवाले हिस्से में मेरी तरह ही वेदना होने लगी थी। अम्मी और रेहाना हमारे ननिहाल कोंकण गई थीं। मैंने तुरन्त उन्हें टेलिग्राम किया। पूरा दिन मैं दफ़्तर में काम नहीं कर पाई अपितु रोती रही। मैं जिस अभिशाप को लेकर जी रही हूँ, कहीं कौसर के नसीब में तो वह नहीं? अनजाने डर से मैं परेशान हो गई थी। उस रात मैंने एक साथ चार नींद की गोलियाँ खाईं। भयावह विचारों ने मुझे घेर लिया। अगर मेरी कौसर को कुछ हो जाए तो अयाज और उसके घरवाले कहीं उसे तलाक तो नहीं देंगे? अतीत की घटनाएँ और

तूफान जेहन में गूँजने लगे। बाबूकाका...मेरी संस्था...केदार...माली की कटु स्मृतियाँ...घरवालों की गलतफहमियाँ...। मेरा सिर चकराने लगा। जिन्दगी निरर्थक लगने लगी। मेरी सहनशक्ति जवाब देने लगी और दफ़्तर में चली 'टिकट्वेन्टी' की चर्चा याद आई। घर में जितनी भी बोतलों पर 'जहर' लिखा था उनमें भरी गोलियाँ और दवाइयाँ हलक के नीचे उतार दीं। अब तक मिले प्रमाणप्त्र, सम्मानपत्रों को फाड़कर टुकड़े कर दिए। मेरी बदनसीबी देखिए कि वह सारा जहर मैं हजम कर गई। दो दिन आँख नहीं खुली। मैंने खुदखुशी करने की कोशिश की थी इसका किसी को पता तक नहीं चला। घर के सदस्य एवं करीबी सहेलियों तक को मेरी यह असफल करतूत यह किताब पढ़ने पर ही पता चलेगी।

मेरी तरह ही कौसर की पीठ पर शल्यक्रिया हुई। अम्मी, रेहाना, अयाज, भाईसाब, कौसर के ससुरालवाले और डॉक्टर के प्रयास से कौसर ठीक हो गई। वह उठने-बैठने और घूमने लगी। बाद में उसने एक लड़के को जन्म दिया। सौदी जाने पर उसने एक प्यारी गुड़िया को जन्म दिया। सबकुछ ठीक चल रहा था। भारत आने से पहले वह शुक्रिया अदा करने सपरिवार मक्का-मदीना जानेवाली थी। पति अयाज गाड़ी चला रहे थे। दुर्भाग्य से उनकी गाड़ी से एक ट्राली टकराई। कौसर गोद की बच्ची के साथ बाहर गिर गई। अयाज और बेटा बेल्ट बँधी होने से गाड़ी में ही रहे। अल्लाह की कृपा से पीछे से आनेवाली गाड़ी के लोगों ने उन्हें अस्पताल में भर्ती कर दिया। अयाज को गहन चिकित्सा कक्ष में रखा गया था। नादीर घबराया हुआ था ताकि छोटी बच्ची का कहीं पता नहीं था। वह कली खिलने से पहले ही मुरझा गई थी। अयाज के दोस्तों ने ही उसका दफन किया। कौसर को बताया गया कि उसे गहन चिकित्सा कक्ष में रखा गया है। अयाज के शरीर में कई जगह चोट आई थी। हमें तीन दिन बाद खबर मिली। अयाज कुर्सी, वॉकर और बैसाखी लेकर दो बरसों में अपने पाँव पर खड़े हो गए। कौसर के पास अम्मी को रखा। वह जैसे पत्थर बन गई थी। उसने माँ के पास तक अपना गम प्रकट नहीं किया। भारत आने पर उसके दुख ने एक अलग मोड़ लिया। अयाज सारे दुख-दर्द झेलकर, समस्याओं को मात कर आज हेल्पर्स की मदद करते हैं। दुर्घटना से पहले भी वे सौदी से चंदा इकट्ठा कर भेज देते थे। कौसर ने भी धीरे-धीरे सारी बातों को भूलकर नई जिन्दगी की शुरुआत की है। कोल्हापुर आने पर वह हेल्पर्स के चिकित्सकीय शिविर के काम में खुशी से हिस्सा लेती है।

माँसाहब की नई हवेली का काम शुरू था इसलिए वह होटल वुडलैंड में रहती थी। कभी-कभार वे मुझे होटल में बुलाती। मैं पहली दफा बाबूकाका के साथ उनकी हवेली पर गई थी। वह बड़ी हवेली बाद में उन्होंने जिला परिषद को सौंप दी थी। उनके साथ जलपान लेते समय मैं उन्हें समाजसेवा के दौरान हुए अनुभव सुनाया करती। अब तक

मेरे दोनों भाई विदेश में नौकरी करने लगे थे। दोनों ने मिलकर एक बँगला खरीदने लायक पर्याप्त राशि जमा कर ली थी। रजनी से पता चला कि उसके मामाजी धोपेश्वरकर जिस बँगले में किराए पर रहते हैं उसके मालिक अपना बँगला बेचना चाहते हैं। रजनी के साथ एक बार मैं उस घर में गई थी। उस बँगले का नाम 'आशीर्वाद' था। लगभग जबरदस्ती से ही हम बहनें अम्मी को लेकर वहाँ गईं। अम्मी की उपस्थिति इतनी परिणामकारक होगी यह हमने सोचा तक नहीं था। अम्मी की सफेद साड़ी तथा सिर पर ओढ़े हुए पल्लूवाले व्यक्तित्व को देखते ही बँगले की मालकिन श्रीमती कात्रे ने हमें सम्मान के साथ अन्दर बुलाया। उन्होंने पूरा बँगला दिखाया। रेहाना ने बताया कि हमारे दोनों भाई विदेश में रहते हैं इसलिए व्यवहार विधिवत होगा। उन्हें भी इसी प्रकार का व्यवहार अपेक्षित था। बँगले की तामीर 1,000 स्क्वेअर फुट थी। कुल जगह 11,000 स्क्वेअर फुट थी। रेहाना ने कहा कि इसके लिए हम तीन-साढ़े तीन लाख रुपए दे सकते हैं। उन्होंने तुरन्त अपनी स्वीकृति दे दी। साथ में यह भी तय हुआ कि सेल डीड और बाकी व्यवहार उनके मुम्बई में स्थित बेटे के साथ होंगे। हम भी यही चाहते थे क्योंकि भाई यहाँ मौजूद नहीं थे और भाईसाब ही सारा कारोबार देखते थे।

अजीज को विदेश भेजते समय काफी माथापच्ची हो गई थी। सभी का मानना था कि, 'नसीम तो अपाहिज है, घर में किसी पुरुष का होना जरूरी है।' इस पर मैंने भी जिद की, 'मेरे कारण उसके भविष्य पर कोई आँच नहीं आनी चाहिए।' अब्बा की असमय मृत्यु के कारण वह केवल डिग्री तक शिक्षा ले पाया था। यहाँ रहकर उसे अच्छी नौकरी तो दूर की बात बल्कि नौकरी ही मिलना मुश्किल था। किसी के पैरों की बेड़ी बनना मुझे पसंद नहीं था। संस्था का कार्य करते समय आए अनुभव से यह भी विश्वास हो गया था कि अजीज एक होनहार लड़का था। उससे उम्मीद की जा सकती थी। उसे मैंने समझाया कि उसके परदेश जाने से हमारा घर सुधर जाएगा। अजीज ने मेरी बात मानी और वह मस्कत चला गया। आज दोनों भाई मिलकर यह बँगला खरीदनेवाले थे।

श्रीमती कात्रे ने कहा था, ''मेरे पति ने अवकाशग्रहण करने के उपरांत बड़े उत्साह से यह बँगला बनवाया था लेकिन जल्द ही वे चल बसे। आपकी माँ को देखकर मुझे यह विश्वास हो गया कि वे इस घर की अच्छी तरह से देखभाल कर पाएँगी।'' सभी अचरज में पड़ गए थे कि क्योंकि उन्होंने हमें जिस दाम में पूरी जगह बेचनी चाही थी वह कीमत औरों को केवल बँगले की ही बताई थी। उन्होंने वह बँगला हमें सस्ते दाम में बेचा था। सारा व्यवहार मुम्बई में खुशी से पूरा हुआ। अब बँगले के अन्दरूनी हिस्से में कुछ परिवर्तन करना जरूरी था। सारे दरवाजों से मेरी कुर्सी का सहजता से आना-जाना जरूरी था। बाथरूम और टॉयलेट भी मेरी सुविधा के अनुसार बनवाने थे।

चार दरवाजों की चौड़ाई बढ़ानी थी, सीढ़ियों पर स्लोप और रेलिंग करना था। बँगले का काम पूरा होने में एक साल चला गया। सन् 1980 में सभी की शुभकामनाओं से हमने 'नशेमन' में गृहप्रवेश किया। अब्बा की बहुत याद आई क्योंकि 'एक बँगला बने न्यारा' यह गीत उन्हें बहुत पसंद था जो आज वास्तव में बन गया था। काश ! यह देखने वे आज हमारे साथ होते!

कुछ दिनों बाद श्रीमती कात्रे जी हमसे मिलने आईं। बगीचे में खिले गुलाब, मोगरा, चमेली, पपीता, चीकू, आम, अमरूद देखकर वे बहुत खुश हुईं। जाते समय कहने लगीं, ''यह पवित्र वस्तु आपके हाथ ही पवित्र रहनेवाली थी इसका मुझे विश्वास था। अपने निर्णय से मैं आज बहुत खुश हूँ।''

'नशेमन' में हम रहने को आए तो डाकिये सहित सभी को लगा कि बँगले को मेरा ही नाम दिया गया है। लोग अनायास कह देते, ''भाई हो तो ऐसे। कितना प्यार है अपनी बहन से।'' वैसे 'नसीम' याने 'भोर की हवा' और 'नशेमन' माने 'घरौंदा-घरकुल'। बहन के प्रति होनेवाला प्यार सभी ने पहचान लिया था। सभी कहते, 'खुशनसीब हो।' दो सितंबर मेरा जन्मदिन। वेतन का दूसरा दिन। अब्बा के होते हुए हमारे घर में जन्मदिन मनाने का रिवाज नहीं था। हाँ, उस दिन घर में कुछ-न-कुछ मीठा मात्र बनाया जाता।

एक दिन माँसाहब अपनी बहू सुहासिनीदेवी विक्रमसिंह घाटगे को लेकर 'नशेमन' में आई और मेरा उनसे परिचय करवाया। उन्होंने कहा, ''इन्हें भी समाजसेवा में रुचि है, मुझे भी है। क्यों न हम तीनों और रजनी मिलकर एक संस्था का गठन करें?'' मेरे पास आनेवाले अपाहिजों की संख्या काफी थी। मैं जब अपाहिज पुनर्वासन संस्था में काम करती थी तब नासीओ की तरफ से तीन पहियोंवाली साइकिल मिली थी जो किसी जरूरतमंद को न देकर समिति में होनेवाले अपाहिज ही उसका मुफ्त में इस्तेमाल कर रहे थे। जरूरतमंदों को उस संस्था से मदद नहीं मिलती थी। निजी वेतन से अपाहिजों की जरूरतें पूरी करना मुश्किल हो जाता। बाबूकाका की अंतिम इच्छा भी अक्सर याद आती थी।

एक दिन हम चारों इकट्ठा हुईं और चर्चा की। हमने छोटे बच्चों से कार्य की शुरुआत करना तय किया। प्रथमत: पाठशाला में जानेवाले अपाहिज बच्चों की जानकारी लेने के लिए कोल्हापुर की सभी पाठशालाओं में पत्र भेज दिए। सारे बच्चों को उनके माँ-बाप के साथ इकट्ठा बुलाया। उनकी सारी जरूरतों की एक सूची बनाई। मैंने आरंभ में ही एक शर्त रखी थी कि पहले दो साल हम संस्था स्थापित न कर केवल काम करते रहेंगे। हम अपनी मर्जी के अनुसार काम कर सकते हैं ऐसा विश्वास होने पर ही संस्था की स्थापना करेंगे। मैं नहीं चाहती थी कि खानापूर्ति के तौर पर संस्था स्थापित कर अपाहिजों को निराश किया जाए।

जो बच्चे चल नहीं सकते थे उन्हें उनकी माँ गोद लेकर पाठशाला पहुँचाती थी। बच्चों का पाठशाला में जाना सुविधाजनक होने के लिए उन्हें पहियेदार कुर्सी, तीन पहियोंवाली साइकिल देना आवश्यक था। इसके लिए रुपयों की जरूरत थी। हमने पूँजी जुटाकर मुम्बई से कुछ पहियेदार कुर्सियाँ खरीद लीं। एक बच्चे के घर कुर्सी देने पहुँची तो पता चला कि आठ दिन पहले ही वह भगवान को प्यारा हो गया है। उसकी माँ की हालत देखकर हृदय पर बोझ लेकर वापस लौटी। तब से निश्चय किया कि आवश्यक सामग्री एवं पूँजी का बंदोबस्त होने के पश्चात् ही शिविर लिया जाएगा।

अगले वर्ष पाठशाला की सामग्री, फीस और कृत्रिम सामग्री की सहायता की। इसी दौरान संयोग से पुलिस निरीक्षक श्री कदम जी से पहचान हो गई। उन्होंने आर्थिक संकट से बचने का रास्ता बताया। शहर के चौराहों पर गाड़ियों को रोककर उनके हेडलाइट के आधे हिस्से को काला रंग देने की योजना बताई। इसके बदले में मदद के रूप में रुपए जमा करने को कहा। इस काम में उनके पुलिस कर्मचारियों ने अच्छा सहयोग दिया। दफ़्तर से छुट्टी निकालकर मई की छुट्टियों में बच्चों को साथ लेकर दोपहर की कड़ी धूप में हमने यह काम किया। स्वयं अपाहिज होनेवाले छोटे बच्चे अन्य अपाहिज भाइयों की मदद करने को पूरे उत्साह से जुटे थे। इस काम से हमें जो पैसे मिले उससे हमने तीन पहियोंवाली साइकिलें खरीदीं और माँसाहब के हाथों अपाहिजों को भेंट दीं। सभी ने कदम साहब का शुक्रिया अदा किया।

बीच-बीच में मेरी तबीयत शिकायत करती थी। कभी अचानक ठंड लगती तो कभी बुखार चढ़ता। एक बार हाईबीपी का इलाज करना था। अजीज छुट्टी पर आया था। वह अस्पताल में डॉ. सुशील जी के पास मेरे साथ पहुँचा। डॉक्टर ने पेट साफ होने की दवा दे दी। अजीज ने उन्हें समझाने की कोशिश की, ''मेरी बहन का केस कुछ अलग है।'' डॉक्टरसाहब ने उसकी बात न सुनकर उसे ही उल्टा सुनाया। इस पर अजीज आपे से बाहर हो गया और तड़पकर बोला, ''मेरी बहन पैराप्लेजिक है। पेट साफ नहीं हुआ तो एक्स-रे के लिए तो आपके पास ही आना होगा या इसके लिए मुझे उसे खड़की के लस्करी अस्पताल में ले जाना पड़ेगा?'' यह सुनकर डॉक्टरसाहब पटरी पर आ गए। उन्होंने कहा, ''माफ कीजिए। उसे ले आओ...मैं देख लूँगा।'' दूसरे दिन जब मैं अस्पताल गई तो उन्होंने बहुत अच्छी तरह से इलाज किया। इतना ही नहीं, अजीज़ द्वारा चुकाया पूरा बिल एक लिफ़ाफ़े में बंद कर मेरे हाथ में सौंपते हुए बोले, ''मैं तुम्हें और तुम्हारे समाजकार्य को जानता हूँ। मैंने रुपए इसलिए लिए कि भाई को बहन के प्रति अपने दायित्व का एहसास हो। यह रुपए तुम समाजसेवा हेतु उपयोग में लाना।'' मैंने उन्हें समझाने की कोशिश की, ''मेरे भाई हमेशा मेरे प्रति अपना दायित्व निभाते हैं। दूसरे, मैंने अपाहिज सहायता संस्था छोड़ दी है इसलिए यह रुपए मेरे किस

काम के?'' मैंने उन्हें रुपए वापिस लेने की काफी विनती की तो वे हँसकर बोले, ''इस पर तुम्हारा अधिकार है। तुम इसका चाहे जो करो। बस भाई को वापस मत करो।'' मैंने मजबूरन वह लिफ़ाफ़ा रख लिया।

आगे चलकर मुम्बई में होनेवाली क्रीड़ा प्रतियोगिता के लिए जब छात्रों की टीम भेजी तब उन्हीं रुपयों से यूनिफॉर्म खरीद लिए। मुझे दफ्तर से छुट्टी नहीं मिली इसलिए उम्र में बड़े अपाहिज लड़के को प्रतिनिधि के रूप में भेज दिया। टीम को विदा करते समय मैंने डॉक्टर सुशील और उनकी पत्नी को आमंत्रित किया तो वे खुशी से आ गए। छात्रों को आने-जाने और अन्य खर्च हेतु पूरे रुपए दिए थे, फिर भी ट्रेन छूटने के समय प्रतिनिधि लड़के ने और रुपए माँगे। जिन छात्रों के पास रुपए नहीं थे उनके खर्चे के लिए मैंने अपने पास जमा रुपए बाँट दिए थे। ऐन मौके पर पर्स खाली थी। घर जाने के लिए रिक्शावाले को देने के लिए पैसे तक मैं साथ आई रेखा से लेनेवाली थी। उसके पास भी ज्यादा रुपए नहीं थे। मैं भारी उलझन में पड़ गई। डॉक्टर ने हमारी बात सुन ली। उन्होंने झट् से अपना पर्स निकाला और गिने बगैर सारे रुपए मुझे दे दिए। मैं इनकार नहीं कर पाई। केवल इतना ही कहा, 'वेतन मिलते ही लौटा दूँगी।' उनकी पत्नी को क्या लगा होगा इस बात से मुझे संकोच हुआ। डॉक्टरसाहब का बड़प्पन देखकर मैं स्तब्ध रह गई थी। घर आते ही सारे पैसों का हिसाब डायरी में लिख लिया।

उन दिनों मैं आमदनी से अधिक खर्चा करती थी। जरूरत पड़ने पर अम्मी से भी रुपए उधार लेती। मैं बेबसी में फँसे लोगों को निराश नहीं कर पाती थी। रजनी शिकायत करती, ''नौकरी के पैसे तो घर में नहीं देती। ऊपर से माँ से ही माँग लेती हो। यह ठीक नहीं है, नसीम !'' डॉक्टरसाहब के रुपए लौटाने में मुझे काफी समय लगा। मैं खुद उनके पैसे लौटाने गई थी। उन्होंने रुपए तो लिए लेकिन कोई विशेष बातचीत नहीं की। हमेशा की तरह दिल खोलकर हँसे नहीं। मुझे लगा शायद स्टेशन पर रुपए माँगने से और इतनी देर से वापस करने के कारण वे नाराज हुए हैं। तत्पश्चात मेरा उनसे मिलने का साहस नहीं हुआ। मैं संस्था के हर कार्यक्रम की पत्रिका उन्हें भेज देती लेकिन वे एक बार भी नहीं आए। मुझे इस बात का बहुत दुख होता कि मैंने उनका विश्वास खो दिया। एक बार एक अपाहिज को लेकर मैं उनके पास गई थी। मन में एक कसक थी। आखिर हिम्मत करके मैंने उन्हें पूछा, ''आपके रुपए जल्दी लौट नहीं पाई इससे आपको कोई गलतफहमी तो नहीं हुई है ना? अगर ऐसा हो तो कृपा कर मुझे बता दें।'' इस पर उन्होंने कहा, ''मैंने वह रुपए लौटाने को नहीं दिए थे। मैंने उस दिन घर आने पर अपनी पत्नी से कहा था कि बहुत स्वाभिमानी स्त्री है वह। किसी की मदद लेना नहीं चाहती।'' मेरी गलतफहमी दूर हो गई। तत्पश्चात वे हमारी संस्था के हर कार्यक्रम में तहेदिल से शामिल होते हैं और संस्था के लिए चंदा भी देते हैं।

नौकरी के दिन अच्छी तरह से गुजर रहे थे। दफ़्तर में अपना काम खत्म होने पर मैं औरों का काम किया करती। इससे हर विभाग का काम मेरी तरफ आने लगा। इससे मेरे ज्ञान में वृद्धि होने लगी। उन दिनों कोई छुट्टी पर होता तो उसके टेबल की जिम्मेदारी मुझ पर होती। आगे चलकर दफ़्तर के बहुमुखी ज्ञान की संस्था चलाते समय मुझे काफी लाभ हुआ। उस नौकरी में मैं मानो दो कर्मचारियों का काम अकेली किया करती थी। अधीक्षक खानोलकर जी और गावकर जी मेरे काम की तारीफ करते थे। आगे चलकर नए प्रशासनिक अधिकारी आ गए। वे अन्य कर्मचारियों का काम मुझे बताते और उन कर्मचारियों को बाहरी काम बताने लगे। एक बार बीमार होने से मैं अस्पताल में भर्ती हुई थी। मैं वापिस काम पर हाजिर हुई तो औरों के महीने के बाकी काम के बारे में उनसे कुछ कहे बिना मुझसे पूछताछ की गई। मैं यह अन्याय सह नहीं पाई। मैंने वह पत्र सहायक असिस्टेंट कलक्टर को पेश किया। साहब ने उन्हें बुलाकर फटकारा। साहब दफ़्तर के ऊपरी मंजिल पर ही रहते थे। मैं इतवार के दिन अपना शेष काम पूरा करने दफ़्तर जाती थी। उस समय वे कहते, ''तुम अकेली ही छुट्टी के दिन आती हो। तुम्हारे प्रशासनिक अधिकारियों को भी आना चाहिए।''

गावकर जी प्रशासनिक अधिकारी थे, उस समय मेरी नौकरी का तीसरा साल चल रहा था। दफ्तर का लेखापाल विभाग हमेशा वार्षिक बजट का बतंगड़ बनाता। 'यह आपके बस की बात नहीं है, आप समझ नहीं पाएँगी' कहकर मुझे उस काम से दूर रखा जाता था। एक दिन गावकर साहब ने बजट की फाइल मुझे सौंपकर कहा, ''इसे गौर से पढ़ो। कुछ दिक्कत आ जाए तो मुझसे चर्चा करना। इस साल का बजट तुम करोगी।'' मुझे बहुत खुशी हुई। मैं निष्ठा से काम में जुट गई। मुझे कोई दिक्कत नहीं आई। एक-दो बातों को लेकर आशंका थी जो उनसे पूछकर हल की। हर साल की तुलना में वार्षिक बजट बहुत जल्दी तैयार हो गया। उसके बाद कई सालों तक बजट का काम मैं किया करती। गावकर साहब ने प्रशस्तिपत्र मुझे दे दिया। तत्पश्चात जितेंद्र नामक एक युवा असिस्टेंट कलक्टर आ गए। उन्होंने मेरी स्टॉक टेकिंग की रिपोर्ट पढ़कर फाइल पर 'वेरी गुड कीप इट अप' अभिप्राय लिखा। मुझे बहुत खुशी हुई वरना आजकल अच्छाइयों की प्रशंसा कौन करता है?

मर्दों के अजीब व्यवहार से मुझे काफी परेशानी सहनी पड़ी। मेरे दोनों भाई विदेश में अच्छी नौकरी पर थे। वे मेरे लिए कीमती साड़ियाँ और बढ़िया इत्र ले आते। मैंने महसूस किया कि कीमती साड़ियाँ और इत्र की गंध से पुरुष कुछ ज्यादा ही नजदीकी बढ़ा रहे हैं। मैंने तुरन्त सभी विदेशी साड़ियाँ सहेलियों को दे दीं। इत्र का इस्तेमाल बंद किया। सफेद साड़ी पहननी शुरू की। मेरी कुछ सहेलियों ने माँ से शिकायत की, ''इसने साध्वी की तरह क्यों दशा बनायी है?'' मैंने कहा कि मैंने केवल कॉटन पहनना

शुरू किया है। इस पर सहेलियाँ और रिश्तेदार मुझे कॉटन की ऊँची साड़ियाँ उपहार के रूप में देने लगे। मैं उनकी भावनाओं का अपमान नहीं कर पाई। मर्दों ने उनकी तारीफ तक करनी शुरू कर दी। एक शादीशुदा 'हीरो' ने तो पत्र द्वारा दूसरी शादी करने की इच्छा जाहिर की। एक बंगाली अपाहिज युवक ने मात्र शालीनता से अपनी भावना व्यक्त की। मेरे हँसकर इनकार कर देने पर उसने कहा, 'लेकिन दोस्ती तो रहेगी न?' और उसने खतों के जरिये पत्रमैत्री जारी रखी। गुजरात के एक मुसलमान अपाहिज जवान ने विवाह का प्रस्ताव रखा। मैंने सभ्य भाषा में नकार दिया और उसके लिए दूसरी लड़की का नाम सुझाया। डॉक्टर से सलाह लेकर स्वयं के रुपए खर्च कर मैंने उस लड़की को गुजरात भेज दिया। एक-दूसरे को अनुरूप पाकर उन दोनों ने शादी कर ली। मेरे कारण वे दोनों एक हो गए इसलिए उन्होंने अपनी बेटी का नाम मेरे नाम से मिलता-जुलता रखकर मेरा शुक्रिया अदा किया।

एक मराठा युवक को नकार देने मात्र पर मैं खूब रोई थी। मन में इच्छा थी लेकिन किसी की जिन्दगी में बोझ बनना अनुचित लगा। लेकिन अपने निर्णय का मुझे कभी पछतावा नहीं हुआ। सहेलियों के अनुभव तो यही बताते थे कि पुरुष संकुचित और शक्की मिजाज के होते हैं। दूसरे, बाबूकाका का मुझ पर सौंपा दायित्व मैं किसी भी वजह से अधूरा नहीं रखना चाहती थी।

मैं तथा मेरी सहेलियाँ रेखा और नीलिमा ने वरिष्ठ क्लर्क के पद की परीक्षा दे दी। तीनों ने उसमें सफलता हासिल की। वे दोनों पदोन्नति मिलने पर अन्यत्र जाने को तैयार थीं लेकिन मैंने मात्र इनकार कर दिया। हम तीनों को बढ़ती मिलनेवाली है यह खबर दफ़्तर में मिली तो यूनियन की बैठक बुलाई गई। "एक रास्ते से ये एल.एस.डी. की हैसियत से आई है और दूसरे रास्ते प्रशासनिक अधिकारी के रूप में जा रही है" ऐसे ताने भी कसे गए। आगे क्या हुआ इसका पता नहीं चला लेकिन हम तीनों को नियुक्तिपत्र नहीं मिले।

इस बैठक के आठ-दस दिन बाद घटित घटना को मात्र मैं आजीवन भुला नहीं पाऊँगी। इन्फेक्शन के चलते मुझे असह्य सिरदर्द हो रहा था। दवा कुछ काम नहीं कर रही थी। मैंने आँखें मूँदकर टेबल पर सिर रख दिया था। उसी समय मुझे बढ़ती मिलने पर दफ्तर के जिस सहकर्मी का तबादला होनेवाला था, वे पास आ गए और उन्होंने पूछा, "क्या हुआ है?" मैंने सीधा उत्तर दिया, "सिर में दर्द हो रहा है।" इस पर उन्होंने सलाह दी, "टिकट्वेन्टी लीजिए, सारे दुखों से छुटकारा मिलेगा।" मैं हैरान रह गई। यह कैसा मजाक? क्या इन लोगों के लिए मैं वाकई सनस्या बन गई हूँ? मैंने शान्त स्वर में सुनाया, "मुझे तो माँगने पर कोई देगा नहीं। अगर आप मेरा यह काम करेंगे तो मैं बहुत आभारी रहूँगी। बल्कि आप जो इनाम माँगेंगे वह दे दूँगी।" इसी आदमी ने

एक बार छुट्टी मंजूर करने के लिए मुझे कागज पर 'वजन' रखने को कहा था। मैंने कुछ समझ न पाने से चपरासी को कहकर कागज पर पेपरवेट रखने को कहा था। मेरी नासमझी पर सभी कर्मचारी हँसे थे। फिर उन्होंने मुझे 'वजन' रखने का अर्थ बता दिया था। मैं सोचती कि हर एक को अपने काम का वेतन मिलता है फिर किसी से कुछ देने का या लेने का सवाल ही नहीं। मेरा प्रतिप्रश्न सुनकर वे वहाँ से गुम हो गए और मैं फूट-फूटकर रोने लगी। खटावकर ने आकर रोने का कारण पूछा तो मैंने उसे पूरी घटना बता दी। उसने मुझे समझाया और साहब की अनुमति लेकर घर छोड़ दिया।

बुखार चढ़ने से मुझे अस्पताल में भर्ती करना पड़ा। वैसे हर साल मुझे दो-तीन बार अस्पताल रखना पड़ता था। लगातार दवाइयों और इंजेक्शन से मैं तंग आ चुकी थी। पेट में दर्द होता और खाना नहीं खाया जाता। इलाज के लिए नाक से पेट में नली डाली जाती। इससे गले में जख्म हो जाते। एक बार दर्द असह्य होने पर मैंने नली निकालकर फेंक दी और चिढ़कर बोली, ''इस तकलीफ से तो मरना बेहतर होगा। इसके बाद मैं ऐसा इलाज बिल्कुल करना नहीं चाहती।'' डॉ. सातवेकर जी मेरी हालत भलीभाँति जानते थे। मेरी प्रतिक्रिया से भी वे मुझ पर कभी गुस्सा नहीं हुए। चद्दर गीली होने पर नर्स गुस्से से चिल्लाती। इससे माँ घर से चद्दर मँगवाने लगी। एक बार मुझसे रहा नहीं गया और मैंने अस्पताल के कर्मचारियों से कहा, ''पेशेंट की सेवा करना अगर इतना बुरा लगता है तो कोई दूसरी नौकरी क्यों नहीं करते? काम करने की जबरदस्ती नहीं लेकिन कम-से-कम मरीज के साथ अच्छा बर्ताव तो करना चाहिए।'' इसके बाद मेरे लिए उनके व्यवहार में सुधार हो गया। उसी अस्पताल की मालेकर नामक सिस्टर मात्र अत्यंत आत्मीयता से पेश आती थी।

मैं अस्पताल में रहती तो लेटकर ऊनी रूमाल बुना करती। ऐसे रूमाल मैंने सभी सिस्टर्स को उपहार के रूप में भेंट दिए। मैंने सोचा यदि ऐसे रूमाल बड़ी तादाद में बना दूँ तो उनसे मिले रुपए अपाहिजों की मदद के लिए काम आ सकते हैं। फिर क्या था, मैं रात की नींद ही भूल गई। चौबीस घंटे रूमाल की फैक्टरी शुरू हो गई। माँ 'सो जाओ' कहकर डाँटती लेकिन मुझ पर कोई असर नहीं होता। मैं रूमाल बनाकर बेचने लगी।

भाई अजीज की शादी हुई और उन्नीस-बीस बरस की सलोनी ईर्शाद घर आई। उसके अम्मी-अब्बा ने मेरे सामने ही उसे बताया, ''इस ननद की सेवा करोगी तो सारे घरवालों का दिल जीत लोगी। वास्तव में मैं हमेशा अम्मी से कहा करती कि अजीज की शादी के बाद उसे अलग रहने दो। पराए घर की लड़की से मैं अपनी सेवा नहीं करवाना चाहती।'' इस पर अजीज का जवाब होता, ''फिर मैं शादी ही नहीं करूँगा।''

मैं घरवालों को तकलीफ न हो इसलिए दिल से अलग रहना चाहती थी। नौकरी लगने से पहले मैंने एक बार बाबा आमटे जी के आनन्दवन में जाने की इच्छा व्यक्त की

तो माँ ने नाराज होकर कहा, "कम-से-कम मेरे जिन्दा होते हुए घर छोड़ने की भाषा मत करना..." ईर्शाद की शादी के बाद उसके पहले जन्मदिन के अवसर पर मैं मेरी वानलेस अस्पताल में भर्ती थी। उसका जन्मदिन अस्पताल के कमरे में ही मनाया गया। उस अस्पताल का एक भी कमरा ऐसा नहीं रहा होगा जहाँ मैं नहीं रही। उस अस्पताल के डॉक्टर, सिस्टर तथा ब्रदर मुझे बहुत प्यार करते थे।

मैं जब अस्पताल में भर्ती हो जाती हूँ तब मुझे मालप सिस्टर की याद आती है। वह सी.पी.आर. अस्पताल में नौकरी करती थी। उनका एक छोटा बच्चा था। नौकरी से रात घर आने पर वह रसोई बनाती और मुझे इंजेक्शन देने केलवकर जी के घर आती। वह बहुत ही सज्जन औरत थी। उसने कभी मुझसे रुपए तक नहीं लिए। मेरी नौकरी लगने तक डॉ. सातवेकर भी मेरे इलाज के रुपए नहीं लेते थे। बाद में मेरी जिद की खातिर लेने लगे।

दफ़्तर में काम के दौरान मुझे बहुत अच्छे अनुभव हो रहे थे। अब्बा के चपरासी से लेकर अधीक्षक तक से मेरे बहुत अच्छे सम्बन्ध थे। उनके बड़प्पन के कई किस्से सुनने को मिलते। एक कर्मचारी की तो अब्बा ने खुद के जी.पी. फंड से कर्जा निकालकर मदद की थी। वहाँ का हर व्यक्ति मेरी सेवा करता था। खाने का डिब्बा धोना, पानी, चाय आदि छोटे-बड़े काम खुशी से करते थे। हम दस-बारह लोग दोपहर का खाना साथ-साथ खाते थे। हमारा घर पास ही होने के कारण गरम चावल, भजिया की कढ़ी आदि व्यंजन सभी के लिए आ जाते। कुछ लोगों के लिए बिर्याणी, गोश्त तथा मछली का भी इंतजाम हो जाता था।

वेतन के दिन कई लोगों के चेहरे पर खुशी की बजाय उदासी छा जाती थी। मैं और मेरी सहेलियों को वेतन मिलते ही गावकर साहब कहते, "जाओ, फिल्म देखो, शॉपिंग करो...आज मजा करो, काम कल करना।" ऐसे साहब हर दफ़्तर में होने चाहिए। काम खत्म करने पर कुछ भी करने की अनुमति देनेवाले। मैंने उदासी की पूछताछ की तो पता चला कि, अचानक सी आई बीमारी या शादी के कारण ब्याज लेकर कर्जा निकाला जाता है। सौ रुपए का दस रुपए सूद ही कटता है। मूल ऋण की रकम वैसे ही बाकी रहती है। फिर दूसरा कर्जा, जिससे यह लोग हमेशा आर्थिक समस्या के बोझ तले दबे रहते। हमने ऑफिस में एक योजना शुरू की। हर महीने रुपए इकट्ठा करते और दीपावली में पूरे पैसे और उसका सूद वापस मिलता। जिसे जरूरत होती, सौ रुपयों पर दो रुपए का सूद लेकर कर्जा दिया जाता। आनेवाले सूद के रुपए सभी में बाँट दिए जाते। इन ऋणग्रस्त कर्मचारियों को कर्जे की समस्या से बाहर निकालने के लिए मैंने एक और योजना सभी के सामने रख दी। दीपावली फंड के अलावा 'स्टाफ वेलफेअर फंड' के नाम से फंड शुरू किया। उसमें सभी की हैसियत के अनुसार राशि जमा की जाती।

इकट्ठा किए गए पैसों से सौ रुपयों के लिए एक रुपया ब्याज पर कर्जा दिया जाता। इकट्ठा हुए सूद के रुपए साल के अन्त में बाँट दिए जाते। किसी का तबादला हो जाता या फिर कोई अवकाश ग्रहण कर लेता तो उसकी जमा राशि दे देते। अब जिन पर ज्यादा सूद का कर्जा था वे कम सूद के कर्जे से चुका सकते थे। इस प्रकार वे अपने ही पैसों को उपयोग में ला सकते थे। सभी लोगों ने बहुत खुशी से इस बात को स्वीकृति दी। तकरीबन बारह-चौदह साल मैंने 'स्टाफ वेलफेअर फंड' को सुचारु ढंग से चलाया जिससे अनेक लोगों की आर्थिक समस्याएँ हल हो गईं। घर में आवश्यक कीमती चीजों की जरूरतें सस्ते दामों में पूरी होने लगीं। बीमार होने पर मैंने संस्था के काम में इन सहकर्मियों का उनकी इच्छानुसार सहयोग भी ले लिया। मैंने जब स्वेच्छा सेवामुक्ति लेने का फैसला किया तब सभी के खाते बंद कर उनके पैसे लौटा दिए। मेरी इच्छा थी कि मेरे बाद दूसरा कोई इसे सँभाले लेकिन कोई भी यह जिम्मेदारी लेने को राजी नहीं हुआ। यह 'स्टाफ वेलफेअर फंड' बंद होने का मुझे बहुत दुख हुआ। वैसे मेरे संचालन में रहने पर भी कुछ कर्मचारियों ने मुझे फँसाकर फंड से कर्जा लिया और दुगुने ब्याज में वह पैसे दे दिए। मैंने तत्काल उनका खाता बंद किया। ऐसे गुनाहों के लिए माफ करना मेरे बस की बात नहीं। मैं 'स्टाफ वेलफेअर फंड' चलाती थी इसीलिए 'सेंट्रल एक्साइज रिक्रिएशन क्लब' का ट्रेजर पद कई साल मुझे सँभालना पड़ा। जब संस्था के काम का बोझ बढ़ने लगा तब मैंने धीरे-धीरे ऑफिस के अन्य कामों से अलग रहना पसंद किया। सभी के साथ सेंड ऑफ पार्टीज्, मेनू से लेकर बैठक तक की व्यवस्था करने में मजा आता।

दफ़्तर के सभी सहकर्मियों से मैं घुलमिल गई थी। लेकिन अपनी बढ़ती के समय टिक्ट्वेन्टी के प्रसंग को मैं भूल नहीं सकती थी। खातांतर्गत पदोन्नति की परीक्षा के लिए मैं जानबूझकर कभी नहीं गई। मैंने एल.डी.सी. के रूप में ही रहने का निर्णय लिया था। वक्त पड़ने पर मैं हर किस्म के काम करती थी। यथाप्रसंग दस्तखत छोड़कर मैं प्रशासनिक अधिकारी का काम तक किया करती थी।

मेरे साथ काम करनेवाले सभी लोगों की पदोन्नति हुई और मैं एल.डी.सी. के पद पर ही कायम थी, यह बात श्री गावकर साहब के ध्यान में आ गई। उन्होंने मुझे बुलाकर कारण पूछा। मैंने सही कारण बता दिया। उन्होंने मुझे समझाकर परीक्षा देने हेतु जबरदस्ती पूना भेज दिया। निर्देशन भी किया। मैंने जमकर पढ़ाई की थी। सारे विषयों में मैं अव्वल आई थी। परीक्षा का नतीजा गावकर साहब को दिखाते समय मुझे बहुत खुशी हुई। यह उन्हीं का योगदान था। इसी परीक्षा के चलते आगे चलकर मुझे पदोन्नतियाँ मिलती रहीं। पदोन्नति की खुशी में सभी को दफ़्तर के क्लब में ही पार्टी दे दी। खाना तैयार करने से लेकर परोसने तक सारे कामों में दफ़्तर के सहकर्मियों के साथ

संस्था के कार्यकर्ताओं ने हाथ बँटाया। मजे की बात यह थी कि जब-जब मेरी पदोन्नति हुई तब-तब मैं अस्पताल में थी। सहकर्मी अविलम्ब मेरा वेतन तक अस्पताल में पहुँचा देते। अनेक सहकर्मी मेरी पसंद का खाना लेकर आते थे। एक बार तो दफ़्तर की गाड़ी से ही मुझे अस्पताल पहुँचाया गया और बाद में अम्मी को लाया गया।

उन दिनों मैं नियमित रूप से रक्तदान किया करती थी। कभी रक्त लेनेवाले लोग ऑफिस आकर खून लेते तो कभी सहकर्मियों के साथ मैं वहाँ जाती और रक्तदान करती थी। उन दिनों रक्तदान करनेवालों की कमी थी। एक बार रक्तदान लेनेवाले दफ़्तर से फोन आया तो मैं रक्तदान करने पहुँची। वहाँ जाने पर पता चला कि हमारे पै साहब की माँ को ही खून चाहिए था। मुझे वहाँ देखकर पै साहब अचरज में पड़ गए। रक्तपेढ़ी के डॉ. सुलगाँवकर और डॉ. दिवेकर ने उन्हें क्या बताया पता नहीं लेकिन वे कौतूहल से मुझे देखने लगे। आज सेवामुक्त हुए कई साल हो गए लेकिन वे अपने जन्मदिन पर तथा अन्य मौकों पर भी संस्था को नियमित चंदा देते हैं। एक बार समाचारपत्र में पढ़ा कि सी.पी.आर. में किसी व्यक्ति को तुरन्त खून की आवश्यकता है। मैं अविलम्ब वहाँ गई तो देखा कि मैं ही सबसे पहले रक्तदान करने पहुँची थी। 'एक अजनबी को मैं जीवन देने लायक हूँ' इसका काफी संतोष हुआ। एक बार तो मेरे सामने यक्षप्रश्न खड़ा हो गया था। किसी को बता भी नहीं सकती थी, हिम्मत जुटाकर पै साहब की सलाह ली। एक जवान लड़की थी, उसे पिता का आश्रय नहीं था और माँ बीमार थी। वह अनपढ़ थी। सब्जी बेचकर पेट पालना उसके लिए मुश्किल था। किसी के बहकाने पर वह पैसों के लिए शरीर बेचने लगी। लेकिन यह सब चोरी-छिपे चल रहा था। इस धंधे में वह मर्दों से धोखा भी खा जाती। उसे मेरे और संस्था के बारे में जानकारी मिली तो वह मेरे पास आई और उसने अपनी व्यथा सुनाई। मैंने उसे काम करने के बारे में पूछा तो वह बहुत खुश हुई। मैंने उसकी अतीत की जिन्दगी के बारे में किसी को कुछ न बताकर उसे अपनी सहायक के रूप में काम दे दिया। उसे मेरे साथ देखकर स्वयं को प्रतिष्ठित माननेवाले लोगों पर दबाव आ गया। मेरे पास वह स्वयं को सुरक्षित महसूस करने लगी। आगे चलकर मुझसे सलाह लेकर उसने एक विधुर से शादी कर ली। आज वह कहाँ है, कैसी है यह तो मैं नहीं जानती लेकिन अल्लाह से दुआ माँगती हूँ कि वह जहाँ भी हो, खुश हो।

रेखा फाटक नामक मेरी सहेली ने नौकरी के आरंभ के चार-पाँच सालों में असीम प्यार किया। अपनी यादें पीछे छोड़ वह अचानक चली गई। वह अक्सर कहा करती, ''नसीम, मैं कुछ दिनों की मेहमान हूँ। मरने से पहले मैं ताजमहल देखना चाहती हूँ। मुझे अकेले तो कोई नहीं भेजेगा। तुम साहसी हो। तुम साथ चलोगी तो शायद ताजमहल देखना नसीब होगा।'' इस पर मैं मजाक में उसे कहती, ''तुम अकेली मुझे

छोड़ थोड़े ही जाओगी। हम दोनों साथ-साथ चल देंगे।'' इतवार के दिन वह मेरे घर आती। फिर हम दोनों बाजार में चीजें खरीदने तथा घूमने-फिरने साथ जाया करतीं। मेरी अधिकांश खरीदी उसी के साथ होती। मुझे लगता कि वह मृत्यु की बातें मजाक में ही करती है क्योंकि वह अक्सर हँसकर बोलती। वह अपनी अल्पवयस से परिचित थी इसी कारण उसने अपने बचपन के दोस्त से प्रेमसम्बन्ध तोड़ दिए थे। उसकी शादी हो जाने पर वह पूरी तरह टूट गई। एक बार बोलते-बोलते उसकी आँखें भर आईं। उस दिन उसने कहा, ''तुम्हें मजाक लगता है न? देख लेना, मेरे जाने के बाद जब तुम आगरा जाओगी तब मेरी याद तुझे तड़पाएगी।'' मैंने जब उसकी करुण व्यथा सुनी तब तुरन्त उसे आगरा ले जाने का निर्णय लिया। घर में बता दिया कि रेखा और मैं दिल्ली की ट्रिप को जानेवाली हैं। रजनी, शान्ता और डेविड (बेलगाम संस्था के अध्यक्ष) को भी बता दिया। सभी अपाहिज होने के बावजूद तुरन्त ट्रिप के लिए तैयार हो गए। पूना के पैराप्लेजिक होम से केदार भी साथ आनेवाले थे।

दिल्ली में हमारी किसी से पहचान नहीं थी। इन्स्टिट्यूट फॉर वेलफेअर ऑफ दि हैंडिकैप्ड संस्था के बारे में थोड़ी-सी जानकारी थी। उन्हें पत्र लिखकर तीन पहियोंवाली कुर्सियाँ और पाँच अपाहिजों के आवास की व्यवस्था करने की विनती की। उनकी ओर से स्वीकृति मिलने पर पश्चिम एक्सप्रेस का आरक्षण कर दिया। वापसी की यात्रा में बड़ौदा की सहेली के घर रुकना तय हुआ। सन् 1980 के मार्च मास में हमारी यात्रा का पूरा प्लान तैयार हुआ और सभी जोर-शोर से तैयारी में जुट गए। आगरा के साथ दिल्ली, चंडीगढ़, जयपुर, मथुरा, भाखड़ानांगल, बड़ौदा आदि स्थान देखने का प्लैन बन गया।

दिल्ली जाने पर बाबूकाका की तरह प्रधानमंत्री श्री मोरारजी देसाई जी से मिलना भी हमने तय किया। डेविड को संस्था को जगह मिलने हेतु किए पत्राचार की फाइल साथ लेने को कहा। अपंग पुनर्वासन संस्था से अब कोई रिश्ता नहीं रहा था। फिर भी उस संस्था के अध्यक्ष को बताया, यदि संस्था को जगह चाहते हैं तो फाइल भेज दीजिए, मैं दिल्ली में प्रधानमंत्री से मिलनेवाली हूँ। लेकिन निकलने के समय तक उनसे फाइल नहीं मिली। भाईसाब और अजीज ने दवाइयाँ तथा आवश्यक चीजें साथ दीं। सभी की शुभकामनाएँ लेकर हम रेल से रवाना हुए।

खाने की अनेक चीजें साथ ली थीं। गाड़ी कल्याण में आ गई और दुर्भाग्य से यांत्रिक समस्या के चलते घोषित किया गया कि, 'यह रेल आगे नहीं जा पाएगी।' हमारे सामने प्रश्नचिह्न था, अब क्या करें? दादर में हमें लेने रिश्तेदार आनेवाले थे। मगर यहाँ उतरकर दूसरी रेल में चढ़ना आसान काम नहीं था। लेकिन तुरन्त खास हमारे लिए घोषणा हुई, कि हम सिंहगढ़ एक्सप्रेस में चढ़ जाएँ और दादर से मुम्बई सेंट्रल जाकर

दिल्ली जानेवाली पश्चिम एक्सप्रेस पकड़ लें। समय बहुत कम था। टी. सी. और सुरक्षा कर्मचारी भले इनसान थे। हमारे रेल में चढ़ने तक उन्होंने गाड़ी रुकवाई। दादर में हम बिजली की गति से कैसे उतर गए, टैक्सी पकड़कर बांबे सेंट्रल कैसे पहुँचे इसका पता नहीं चला। पश्चिम एक्सप्रेस छूटने के लिए दस-पंद्रह मिनट बाकी थे। हमने देखा हमारी आरक्षित बर्थ पर कई और ही लोग बैठे थे। उन्होंने अपना टिकट भी दिखाया। तभी जानकारी मिली कि, अन्त में एक डिब्बा जोड़ दिया गया है, उसमें बैठना होगा। मामाजी मना कर रहे थे लेकिन एक बार उठाया कदम पीछे लेना मेरी फितरत में कहाँ था? सहायकों की सहायता से हम सभी डिब्बे में चढ़ गए, तभी रेल की सीटी बज गई। मामा चिल्लाने लगे, ''तुम्हारी अम्मी और बहन को क्या बताऊँ?'' हम सभी के टिकट उनके पास थे। मैंने कहा, ''पहले हम सभी के टिकट दीजिए वरना गड़बड़ होगी।'' चलती रेल की खिड़की से उन्होंने मेरे हाथ में टिकट दिए। रेल ने पूरी गति पकड़ ली और शोर सुनाई दिया, ''यह तो महिलाओं का डिब्बा है। इसमें पुरुष कैसे?'' टी.सी. हमें ही डाँटने लगा। उसने 'मुकदमा दर्ज करूँगा' की रट लगाई। इस पर गुस्सा होकर हमने उसे सुनाया, ''मुकदमा तो हम तुम पर दर्ज करेंगे। डेढ़ महीना पहले आरक्षण करवाकर भी हमें जो तकलीफ सहनी पड़ रही है, उसका क्या?'' इस पर वह चुप हो गया। औरतों ने हमारे सहायकों को सीट से उठा दिया। रजनी के सिर पर होनेवाली सीट पर भारी बैग रखी थी, वह ठीक उसकी नाक पर गिर गई और उसकी नाक से खून बहने लगा। सुबह से नाश्ता तक नहीं किया था। पेट में चूहे दौड़ रहे थे। भीड़ के कारण रेहाना-मामाजी का दिया टिफिन खोलना तक मुश्किल था। हम मुम्बई में कूलर और वॉटर बैग में पानी भी नहीं भर पाए। आखिर दिल्ली तक पानी खरीदकर ही पीना पड़ा। दिल्ली नजदीक आने लगी और ठंड बढ़ने लगी। डिब्बे में भीड़ की वजह से बैग खोलकर शॉल, ब्लैंकेट निकालना असंभव था। बेचारे सहायक खड़े-खड़े परेशान हो गए थे। हम लोगों ने थोड़ा आगे-पीछे बैठकर उनके लिए पीछे जगह कर दी और उन्हें सुलाया। उन्होंने मुँह पर चद्दर ओढ़ ली थी इसीलिए रेल पुलिस के पूछने पर रजनी झूठ ही बोली, ''औरत सोई है।'' मगर उनके मर्दाना पैर पुलिस की नजरों से छिप नहीं पाए और उन्होंने नीचे उतरने के लिए कहा। बाकी औरतों ने भी उनका समर्थन किया। इतनी देर मैं चुप थी। मैंने शांति से पुलिस से कहा, ''भाईजान, उन्हें शौक से उतार दो, मगर हमें जब ब्राथरूम जाना होगा तो आप और आपकी यह बहनें हमारी मदद करेंगी ना?'' इस पर सभी की बोलती बंद हो गई। धीरे-धीरे डिब्बे की भीड़ कम हो गई। अपनी तीन कुर्सियाँ हमने बंद करके रखी थीं। बाकी औरतें उन्हें खोलकर एक पर दो-दो बैठ गईं। इतने कठिन हालात में, शरीर को छोटा कर बैठे हम लोगों को यह अक्ल पहले क्यों नहीं सूझी? यह सोचकर हम अपने आपको कोस रहे थे।

दिल्ली तक हम जिन्दा पहुँच पाएँगे या नहीं इस बात की मुझे आशंका थी। शरीर की नस-नस में दर्द हो रहा था।

स्टेशन पर हमें लेने रेखा की एक सहेली आ गई थी। हमें जहाँ ठहरना था, वहाँ गए और उस संस्था का दफ़्तर देखकर हमारे होश ही उड़ गए। वहाँ सिर्फ कपड़ों के पट्टियों की एक छोटी-सी खटिया थी। बाकी कुर्सी-मेज, कंबल बड़ी तादाद में थे। गद्दियाँ लाकर रखी थीं। गनीमत से सिर पर छत तो मिल गई, इस बात से तसल्ली कर ली। नहा-धोकर, खा-पीकर थोड़ा आराम किया। संस्था के अध्यक्ष गौतम कौर और सचिव संदीप सूर का बर्ताव बहुत स्नेहिल था। दोनों भी अपाहिज थे। खोसला पहियेदार कुर्सी से तो मलिक बैसाखी के सहारे चलते थे। दोनों के घर खाने का मजा लिया। प्रधानमंत्री से मुलाकात की इच्छा प्रकट करने पर उन्होंने भेंट का प्रबंध किया।

रात को काफी देर बैठकर मैंने और डेविड ने बेलगाम की संस्था के लिए जगह सम्बन्धी लिखित अर्जी तैयार की। शान्ता भी साथ थी। सुबह प्रधानमंत्री से मिलना था इसीलिए उसके बाद ही हमने घूमने का कार्यक्रम बनाया। प्रधानमंत्री ने बड़ी आत्मीयता से हमारी समस्याएँ सुनीं और कार्यसम्बन्धी जानकारी ली। अर्जी अपने सचिव के पास देते हुए आदेश दिया और कहा, ''यह काम जल्द हो जाना चाहिए।'' अचरज की बात यह कि हमारे कोल्हापुर पहुँचने से पहले ही जगह की मंजूरी का पत्र बेलगाम पहुँच चुका था।

सफर में नगद रुपयों की रिस्क से बचने के लिए जनवाडकर जी ने ट्रैवलर्स चेक बनवाकर दिए थे। प्रत्येक चेक पर दस्तखत करने का काम मैंने रजनी को दिया था मगर उसने कहा, ''मेरा दस्तखत बदलता रहता है, नसीम तुम ही यह काम करो।'' फिर भी मैंने कहा, ''मुझे अन्य काम हैं, यह तुम्हें ही करना होगा।'' और उससे काम करवा लिया।

दिल्ली में घूमने से पहले चेक कैश करवाने गए तो काफी समय बेकार गया। सर्दी से बचने के लिए कॉफी ली जो काफी महँगी थी। ''जीवन में कभी ट्रैवलर्स चेक भूलकर भी मत लेना।'' ऐसी सलाह मैं हम जैसे ट्रैवलर्स को मुफ्त में देती रहती हूँ। मेरी दूसरी सलाह यह भी होती है कि कोल्हापुर-मिरज-दिल्ली, पूना-दिल्ली अथवा मुम्बई-दिल्ली का आरक्षण कभी मत कराना। चाहे तो किसी को भेजकर जहाँ से गाड़ी छूटेगी वही से आरक्षण करवा लो।

दिल्ली घूमने के लिए दो टैक्सियाँ किराए पर ले लीं। उन्हें समझाकर दोनों एक साथ निकले। मगर टैक्सी ड्राइवर इतने महान थे कि हमारी दोनों गाड़ियों की भेंट शाम संस्था में ही हो पाई। इंडिया गेट, कुतुबमीनार, लाल किला आदि हर स्थान पर पूछताछ करने पर उत्तर मिलता, आप जैसी पहियेदार कुर्सी पर होनेवाले आधा घंटा पहले यहाँ से गए। एकसाथ मिलकर खाने-पीने, घूमने, मजा लेने के जो सपने देखे थे, वे हवा हो गए।

चाँदनी रात में संस्था के कई सदस्य इकट्ठा हो गए थे। 'विश्व अपाहिज दिवस' के मौके पर रखी प्रतियोगिता में प्रतिभागी बनने का सुझाव रखा था तो हम खुशी से पागल हो गए। हमने हिस्सा लेकर कई पुरस्कार जीते। रजनी की मीठी आवाज और सुरीले गीतों ने सभी के मन जीत लिए। एक हाथ के न होते हुए भी परदेसी साहब की बनाई पेंटिंग देखने को मिली। प्रमिला जैसी प्यारी सहेली मिली।

दूसरे दिन हम आगरा चले गए। उस समय दोनों टैक्सियाँ साथ-साथ थीं। चाँदनी रात में ताजमहल देखने का सपना पूरा होने जा रहा था। हमारे सहायक लोग थक गए थे। टैक्सी ड्राइवर ने खुशी से सहयोग दिया। रेखा के साथ हम लोगों की भी इच्छा पूरी हो गई। उसके बाद 'हेल्पर्स' के बच्चों के साथ मैंने तीन-चार बार ताजमहल को देखा। उस शीतल चाँदनी रात में ताजमहल का सौंदर्य देखकर हम स्तब्ध रह गए। वह मजा ही कुछ और था। उसे शब्दों में समेटना असंभव है। रेखा खुश हो गई थी। वापसी के समय मथुरा में भगवान श्रीकृष्ण का मंदिर देखा। वहाँ के पुजारी ने सभी के गले में पुष्पमालाएँ डाल दीं।

चंडीगढ़-भाखड़ानांगल के लिए भोर से ही निकल पड़े। चंडीगढ़ के पैराप्लेजिक होम में रहने के लिए पत्र दिया था। अचानक रेखा को बुखार चढ़ गया। टैक्सियाँ दरवाजे पर खड़ी थीं। उस सफर में पहली बार मुझे पता चला कि रेखा का अपाहिजपन हम सभी की अपेक्षा अधिक भयावह है। पीठ के कूबड़ के कारण वह बिस्तर पर सो भी नहीं सकती थी। उसका हृदय दाहिनी बाजू में था और उसका आकार भी स्वाभाविक नहीं था। सीधा लेटने पर साँस ही नहीं ले पाती थी। रेखा की जिम्मेदारी मुझ पर थी। बाकी लोगों से उसका यात्रा में ही परिचय हुआ था। मैंने सभी से कह दिया, "भाखड़ानांगल होकर आओ तब तक मैं रेखा के साथ दिल्ली में ठहरूँगी।" चूँकि वापसी का आरक्षण हो चुका था। लेकिन मुझे छोड़कर कोई जाने के लिए तैयार नहीं था। आखिर में रेखा के अच्छे दोस्त बने केदार ने उसके साथ रुकने पर सहमति जताई और हम लोग चले गए।

गुलाब के फूलों का मन को लुभानेवाला बगीचा, चंडीगढ़ का विशाल पैराप्लेजिक होम और संसार का दूसरे क्रमांक का भव्य भाखड़ानांगल बाँध देखकर आँखें तृप्त हो गईं। रेखा और केदार की कमी महसूस हो रही थी। भाखड़ानांगल में हमसे पहले केवल बाबूकाका की पहियादार कुर्सी पहुँची थी, जिनकी याद सभी के मन में ताजा हो गई। वहाँ का स्टाफ आज भी उन्हें याद कर रहा था। सभी स्थानों पर हमें मानवीयता के दर्शन हो रहे थे। मेरी सहायिका के रूप में अपाहिज सहायक संस्था की अनाथ स्त्री सुकुमार थी। कड़ा जाड़ा था। सुकुमार चाय-कॉफी नहीं लेती थी। उसे गरम दूध लेने के लिए मैं मजबूर कर देती। वह मेरे काम तो समय पर करती ही थी लेकिन बाकी लोगों के

कपड़े धोने का काम भी उसे ही दिया गया था। सुकुमार मतिमंद थी। वह धीमी गति से काम करती थी। मैं उसकी कुछ ज्यादा ही चिन्ता करती हूँ ऐसा इल्जाम मुझ पर लगाया गया। यात्रा के व्यवस्थापन का जिम्मा मुझ पर था। सभी को जल्दी उठाना और समय पर तैयार करना मेरा काम था लेकिन मुझे लगा कि यह औरों को पसंद नहीं आ रहा था। मेरी कोशिश यह रहती थी कि सभी प्रोग्राम नियोजनबद्ध हो।

भाखड़ानांगल से लौटते हुए देर न हो इसलिए बिना कहीं टैक्सी रोके हमने सफर जारी रखा। रात बारह बजे एक पंजाबी ढाबे पर खाने के लिए रुक गए। मकई की रोटी, दालफ्राय, नान, दही और चावल का खाना हम पसंद करते थे। समय बचाने के लिए मैंने और डेविड साहब ने टैक्सी में ही खाना मँगवाया। बाकी लोगों ने बाहर खुले आकाश के नीचे खटिया पर बैठकर खाना पसंद किया। वहाँ बैठे अन्य लोगों ने हमारी पूछताछ की और साहस की प्रशंसा की। 'आज आप हमारे मेहमान हैं' कहकर उन्होंने खाने के पैसे भी नहीं लिए। हमसे मिलने टैक्सी के पास आए और नोटों का बंडल थमाते हुए कहने लगे, 'हम भगवान रजनीश के भक्त हैं, हमारी तरफ से यह उपहार रख लें।' हमने उनके प्रति आभार प्रकट करते वह रुपए लौटा दिए और निकल पड़े। मैं उन भक्तों की दाढ़ी-मूँछ से थोड़ा घबराई थी। उन लोगों का दिया हुआ पान सभी को खाने से मना कर मैंने फेंक देने के लिए कहा। पता नहीं कैसे लेकिन सभी ने मेरी बात मानी।

दिल्ली पहुँचकर देखा कि रेखा स्वस्थ हो गई थी। केदार, कौर साहब और संदीप सूर जी ने उसका बहुत अच्छा खयाल रखा था। वापसी की यात्रा में हम बड़ौदा रुक गए। बड़ौदा में मेरी सहेली हीरा पटेल ने हमारी व्यवस्था अपाहिजों के लिए बने एक नए छात्रावास में की थी। वहाँ पहुँचने पर इन्फेक्शन से मुझे भी बुखार चढ़ गया। मैंने कहा, ''सभी लोग बड़ौदा घूमकर आओ। मैं और सुकुमार यहीं ठहरकर आराम करेंगे।'' लेकिन सभी ने इतनी जिद की कि, मजबूर होकर मैंने डॉक्टर से दवाइयाँ ले लीं और उसी अवस्था में गाड़ी में बैठी। मेरी तकलीफ का एहसास शायद किसी को नहीं था इसीलिए सभी ने समझदारी से काम लेना जैसे छोड़ ही दिया था वरना हम दिल्ली में रेखा को छोड़कर हम गए ही थे। मैं आँखें मूँदकर बैठ गई। अहमदाबाद में रजनी अपने किसी रिश्तेदार से मिलने जाना चाहती थी, लेकिन पूरे ग्रुप ने यह पहले से ही कबूल किया था कि, ग्रुप छोड़कर अकेला कोई नहीं जाएगा इसीलिए मैंने अनुमति नहीं दी, इससे रजनी मुझ पर नाराज थी। मेरे कड़े अनुशासन के कारण सभी लोगों के मन में मेरे प्रति नाराजगी बढ़ रही थी। केदार ने मुझे 'सौदामिनी' की उपाधि दे दी थी और रजनी ने उसका अर्थ भी बता दिया था कि ''तुम बिजली की तरह चपल और कड़कती हो ना इसीलिए तुम्हें यह उपाधि।'' 'यह बिजली अगर रोशनी दे सकती है तो जलाकर खाक भी कर सकती है' अपने मन का यह विचार उन्हें बताना मुझे जरूरी नहीं लगा।

बड़ौदा से मुम्बई जाने के लिए हम रेल में बैठ गए और सारे लोगों ने मुझ पर एकसाथ धावा बोल दिया। केवल रेखा ही चुप थी। उसने मेरे बारे में कोई शिकायत नहीं की। एक तो बुखार से शरीर कमजोर हुआ और इनके ताने-टोकने से मन भी कमजोर हो गया। थोड़ा-सा विरोध किया लेकिन फिर चुप रहना ही मैंने मुनासिब समझा। मन में निर्णय लिया कि, प्रामाणिकता से किए गए प्रयासों का और मेहनत का यही फल मिलना है तो इसके बाद ऐसे मामलों से दूर रहना ही अच्छा। यात्रा के दौरान मैंने अनुशासन और नियम में सख्ती बरतकर अपना कर्तव्य पूरा किया था। हालाँकि इससे मुझे ही शारीरिक और मानसिक नुकसान अधिक उठाना पड़ा था। आज तक मैं समझ नहीं पाई हूँ कि उस यात्रा का सभी ने दिल खोलकर मजा लिया था, फिर आते समय उन्होंने मुझसे झगड़ा क्यों किया? इस घटना से एक और बात समझ में आ गई कि बेलगाम की संस्था को अपनी मानकर मैं जो अधिक रुचि ले रही हूँ, वह गलत है। उस पर इतना मर-मिटना ठीक नहीं है। मेरे त्याग और मेहनत को देखकर डेविड कभी-कभी कहते, ''इस शान्ता को भी अपनी तरह साहस सिखा दो।''

दिल्ली से लौटने पर एक बात की बहुत खुशी हो रही थी कि रेखा को ताजमहल देखना नसीब हुआ। वह बार-बार कह रही थी, ''नसीम, अगर तुम ना मिली होती तो जिन्दगी में ताजमहल नहीं देख पाती।'' हम मार्च में सैर से लौट आए और नवंबर में वह अल्लाह को प्यारी हो गई। अंतिम तीन-चार महीनों में हम दोनों अस्वस्थ थीं। उसको दफ़्तर में बैठना मुश्किल हो गया था फिर भी वह मुझसे मिलने आया करती। जब उसका दफ़्तर आना पूरी तरह बंद हुआ तो मैं दफ़्तर से छूटते ही घर जाया करती। मैं कभी थकान की वजह से किसी दिन उससे मिलने नहीं जाती तो दूसरे दिन शिकायत करते-करते वह रो पड़ती थी। एक दिन दफ़्तर में काम का बोझ होने से मैं उससे मिलने नहीं जा पाई। दूसरे दिन उसने दफ्तर में फोन किया। मैंने पूछा, ''तुझमें जगह से हिलने की शक्ति नहीं और तू फोन करने कैसे आ गई?'' इस पर वह रोते हुए बोली, ''मन बहुत घबरा रहा था। तुम्हारी आवाज सुनकर अच्छा लगेगा इसलिए सीढ़ियों से घसीटती बूथ तक आ गई।'' 'मैं तुरन्त आ रही हूँ' कहकर मैंने फोन रख दिया। मैंने गावकर साहब से कहकर काम अधूरा छोड़कर उससे मिलने की अनुमति ली। गावकर साहब से कहा कि रेखा के ठीक होने तक मैं छुट्टी निकालना चाहती हूँ। इस पर उन्होंने कहा, ''तुम जब चाहे उससे मिलने जाओ। मैं भी आऊँगा।''

आगे चलकर रेखा ठीक होने की बजाय दो-चार दिनों में ही चल बसी। वह पूनम की रात थी। दोपहर से उसका हाथ अपने हाथ में लेकर मैं बैठी थी। उसे घुटन होने लगी थी इसलिए बाहर खुली हवा में उसे लिटा दिया। उसके बचपन के दोस्तों को बुलाने के बारे में उसे बार-बार पूछने पर 'ना' कहती रही। रात दस बजे उसे घर में लाया गया।

देर रात मैं घर लौटी। डॉक्टर ने बताया था कि शायद यह रात रेखा की जिन्दगी की आखिरी रात होगी। मेरे निरंतर वहाँ होने के बावजूद सभी ने यह मुझसे छिपा रखा था। उस रात मेरे पलंग से जमीन पर गिर गई थी। अजीज ने उठाकर फिर लिटा दिया था। सुबह होने से पहले दरवाजे की घंटी बजी और खबर मिली, 'रेखा चली गई।' मैंने माने भाऊ साहब के घर जाकर दफ़्तर में सभी लोगों को खबर देने को कहा और रेखा के घर पहुँच गई। रेखा की अर्थी की सारी तैयारी हो गई थी। मैंने उसका माथा और गालों को छूकर देखा तो वह अब्बा की तरह ठंडा नहीं लगा। मैं बाहर से ही घर लौटी। रेखा को भूलना जैसे खुद को भूलना था। "नसीम! अपाहिजों के लिए काम की शुरुआत करो! मैं तुम्हारे साथ काम करना चाहती हूँ।" कहनेवाली रेखा आज मुझे अकेली छोड़कर बाबूकाका से मिलने चली गई।

'हेल्पर्स ऑफ दि हैंडिकैप्ड, कोल्हापुर' इस संस्था को स्थापित करने से पूर्व मैंने स्वयं को अजमाने के लिए, अपनी सामर्थ्य को पहचानने हेतु बिल्कुल छोटी उम्रवाले राजीव वणकुद्रे (उम्र सोलह साल), अभिजीत गारे (उम्र बारह साल) और अशोक शेलार (उम्र बारह साल) इन पोलियोपीड़ित बच्चों को साथ ले लिया था। अपाहिजों की वेदना से वे समरस हो सकते थे। सामान्य व्यक्ति की असामान्य शक्ति को अगर ढंग से उपयोग में लाया जाए तो काम में जरूर सफलता मिलती है, यह अनुभव इस दरमियान मुझे मिला। यह तीनों मेरी सेवा और अन्य काम खुशी से करते थे। किसी लाभार्थी के घर जाना हो, किसी दफ़्तर में जाना हो, अथवा खेल प्रतियोगिता हो, ये बच्चे मेरी इच्छानुसार काम करते थे। धीरे-धीरे यह बालसेना बढ़ने लगी। रमेश रांजणे, रमेश माने, प्रवीण सावंत आदि भी इसमें शामिल हो गए। नागपुर से कोल्हापुर के दफ़्तर में मनोहर देशभ्रतार का तबादला हुआ। वे अपनी मर्जी से संस्था के पत्र लिखकर देने लगे। उनका हस्ताक्षर और चित्रकला बहुत ही सुंदर थी। उनकी वाणी में मिठास थी। सभी से मिल-जुलकर रहना उनका स्वभाव था। कमरा किराए पर लेकर वे रहते थे। अपने सारे काम खुद ही करते थे।

केदार एक अच्छे खिलाड़ी थे। मेरी तरह पैराप्लेजिक होने पर भी हर साल खेल प्रतियोगिता में विदेश जाते और पदक जीतकर लाते थे। दिल्ली की क्रीड़ा प्रतियोगिता का आमंत्रण आया था और वे जानेवाले थे। मैंने देशभ्रतार से कहा, "अगर आप साथ चलेंगे तो छोटे बच्चों को भी इस प्रतियोगिता के लिए ले जाएँगे।" उन्हें लगा मैं मजाक ही कर रही हूँ।

देशभ्रतार पर दूसरी कोई जिम्मेदारी नहीं थी और वे संस्था के काम के लिए व्यक्तिगत छुट्टी ले सकते थे, इस बात से मैं वाकिफ थी। वे राजी हो गए और हम लोगों ने उनसे बहुत कुछ सीख लिया। सुव्यवस्थित नियोजन, बजट और सामान की

पैकिंग भी। प्रतियोगिता में अभिजीत गारे और अशोक शेलार ने कई पदक हासिल किए। पिराजीराव घाटगे ट्रस्ट ने आने-जाने का खर्चा उठाया। पूरी यात्रा में मैं देशभ्रतार में रेखा को देख रही थी।

एक बार दफ़्तर में मॉन्टेरियो, इंस्पेक्टर और अन्य सहकर्मियों के सामने मैं देशभ्रतार की प्रशंसा कर रही थी। उनका मेहनती स्वभाव, विनम्रता, निर्व्यसन, आत्मनिर्भरता, सबसे अच्छी दोस्ती आदि। मॉन्टेरियो ने देशभ्रतार के सारे गुणों को कबूल किया सिवाय निर्व्यसनी के। उसने कहा, ''मैडम, माना कि आपके सामने वह सिगरेट नहीं फूँकता, लेकिन पक्का चेनस्मोकर है वह।'' देशभ्रतार सामने ही बैठे थे। मैंने तुरन्त पूछा, ''दिल्ली सैर के आठ-दस दिनों के दरमियान एक बार तो मुझे पता चलना चाहिए था। क्यों देशभ्रतार जी? क्या यह सच है?'' उन्होंने कोई उत्तर नहीं दिया। उन्होंने केवल हँस दिया और बहाना बनाकर बाहर चले गए। एक शाम संस्था का काम करते समय मैंने फिर इस बात का जिक्र देशभ्रतार जी से किया तो उन्होंने कबूल किया। मैंने समझाने की भरसक कोशिश की कि, सिगरेट से कोई फायदा नहीं लेकिन तबीयत और पैसा दोनों का नुकसान होता है। अब्बा ने सिगरेट पीना छोड़ दिया था। मामा सिगरेट पीते हैं और खाँसते रहते हैं। लेकिन उन्होंने अनसुनी कर दी। मैंने एक दिन उपहार में मिला विदेशी लाइटर (किसी ने अगरबत्ती सुलगाने हेतु दिया था) उन्हें दे दिया और कहा कि, 'मेरे सामने सिगरेट पिया करो, मेरे पीछे नहीं।' उन्होंने उस लाइटर से अंतिम सिगरेट सुलगाई और पॉकेट फेंक दिया। मुझे पता चला कि वे कभी-कभार शराब भी पीते हैं। एक बार मैंने संस्था के एक आवश्यक काम हेतु अपनी सहेली खाडिलकर को उनके रूम की ओर भेजा था। उसने देखा कि अन्दर शराबियों की महफिल चल रही थी। देशभ्रतार बाहर आए ही नहीं। बाद में दो-तीन दिन मुँह छिपाते रहे। वैसे उनके व्यक्तिगत जीवन में दखल देने का मुझे कोई अधिकार नहीं था लेकिन उनके आने से मैं संस्था को पंजीकृत कराने के बारे में जरूर सोच रही थी।

अपाहिज क्रीड़ा प्रतियोगिता की 'झेप' नामक स्मारिका में मैंने अपने मनोगत व्यक्त किए थे, ''मुझे अपनी मंजिल तक पहुँचने के लिए मेरे पैर बनकर मेरा साथ देनेवाले निर्व्यसनी, निःस्वार्थी सहकर्मियों की जरूरत है। ऐसे साए की तरह साथ देनेवाले सहयोगी मिलेंगे तो मेरे कार्य को गति मिलेगी। मैं अपनी मंजिल तक पहुँच सकूँगी।'' देशभ्रतार के आने से मुझे लग रहा था कि समाजसेवा की पूर्ति इस इनसान के द्वारा हो जाएगी। लेकिन यह मेरी गलतफहमी थी। हर सोमवार को देशभ्रतार बीमार व्यक्ति की तरह क्यों दिखाई देते हैं, इसका उत्तर मॉन्टेरियो से मिला था। और मैं पागल की तरह उन्हें डॉक्टर को दिखाने का, दवा लेने का आग्रह किया करती। संस्था के किसी कार्यक्रम के बाद देर रात लड़कियों को उनके घर पहुँचाने के लिए मैंने अपने साथ

देशभ्रतार को आने के बारे में पूछा तो उन्होंने स्वीकृति दी थी। लेकिन शराबी और नशीले मिजाज के व्यक्ति के साथ जाना मुझे पसंद नहीं था। घर में माँ को भी यह रास नहीं आता। दुख इस बात का हो रहा था कि, मेरे विश्वास को उन्होंने तोड़ दिया था। अपाहिज बच्चों के भविष्य बनाने का मेरा सपना देशभ्रतार ने चूर-चूर कर दिया था।

एक दिन मॉन्टेरियो साहब ने मुझे अच्छी खबर दी, "मैडम, आपने देशभ्रतार को डाँटा है क्या? आजकल वे पार्टी में नहीं आते और आने पर भी शराब को छूते तक नहीं। इतना बुलंद इरादा? भई, कमाल हो गया यह तो !" उस दिन मुझे बहुत खुशी हुई। यह इस बात की एक मिसाल थी कि अच्छा कार्य बच्चों को ही नहीं जवानों को भी दिशा दे सकता है। मैंने देशभ्रतार को बधाई दी। उन्होंने खुले मन से स्वयं को होनेवाली शारीरिक पीड़ा के बारे में बता दिया। डॉ. सातवेकर और डॉ. भागवत जी से उनका इलाज करवाया। उनकी तबीयत सुधर गई और हमारे काम ने भी तेज गति पकड़ ली।

पहली संस्था में आए अनुभवों को ध्यान में रखकर नई घटना में कुछ परिवर्तन किए। चुनाव द्वारा चार सदस्य स्थायी तथा पाँच सदस्यों की नियुक्ति करना मैंने तय किया। मैंने देशभ्रतार को समिति में लेने का प्रस्ताव रखा। 'बाकी सब नारियाँ हैं। अकेला पुरुष उसमें ना हो।' इसलिए केवल नारियों की ही समिति गठित की गई। श्री प्रेमानंद मालेकर जी ने अपनी पहचान से संस्था पंजीकृत करवाई। कुमारी रजनी करकरे, श्रीमती विजयादेवी घाटगे, सुहासिनी देवी, विक्रमसिंह घाटगे और मैं स्थायी सदस्य थे। श्रीमती रमाबाई शिरगावकर (जिन्होंने मेरा परिचय बाबूकाका से करवा दिया था), स्मिता प्रफुल्ल शिरगावकर (उगार) और सुमित्रा एकनाथ मजुमदार (कागल) को लेकर संस्था का पंजीकरण हुआ। श्री देशभ्रतार के समिति में न होने की बात खटक रही थी। गनीमत थी कि सिर्फ नाम के लिए काम करनेवालों में से वे नहीं थे, इसलिए कोई दिक्कत नहीं हुई।

इसी समय मैं जिस फॉलिस कैथेटर का इस्तेमाल करती थी उसमें से तीस सी.सी. का बल्ब बाहर आने लगा। कोल्हापुर के यूरॉलॉजिस्ट डॉ. प्रकाश गुणे जी को दिखाया तो उन्होंने कृत्रिम ब्लैडर बिठाने की सलाह दी। मतलब पेट में सुराग बनाकर उसमें नली लगाकर यूरिन बैग को जोड़ देना। अम्मी ने मिरज और खड़की के अस्पताल में ऐसे मरीजों को देखा था। ऐसे में सफाई न रहने का धोखा था। डॉक्टर ने विश्वास दिलाया; काफी समझाया लेकिन अम्मी ने इस ऑपरेशन के लिए अनुमति नहीं दी।

कोई रास्ता शायद निकल आए इस आशा मात्र से मैं अपने शरीर पर यह प्रयोग करवाने को तैयार थी। दो आँखों के स्थान पर एक आँख होने पर भी हम जी सकते हैं? किसी अंधे व्यक्ति के जीवन में हमारी एक आँख से प्रकाश आ सकता है वह आनन्द हमें लेना चाहिए इसलिए मैंने मुम्बई की नेत्रदानी संस्था को खत लिखा था। उस समय

कोल्हापुर में नेत्रदानी संस्था नहीं थी। उन्होंने लिखा कि जिन्दा होते हुए नेत्रदान नहीं कर सकते और साथ में मृत्युपरांत किए जानेवाले नेत्रदानी का आवेदनपत्र भेजा। किसी अंधे व्यक्ति को किसी ने नेत्रदान किया और उसके जीवन में प्रकाश आया ऐसा एक भी उदाहरण मेरे देखने में नहीं। मेरी कैथेटर की समस्या हल नहीं हुई थी। मैं 'ऑल इंडिया इन्स्टिट्यूट फॉर मेडिसीन एंड रिहॅबिलिटेशन सेंटर फॉर हैंडिकैप्ड' (हाजीअली) में इलाज हेतु गई। वहाँ मेरी जाँच हुई और उन्होंने यूरॉलॉजिस्ट डॉ. कुलाबावाला को दिखाने को कहा। उन्होंने 'जसलोक' अस्पताल में भर्ती होने की सलाह दी जहाँ पर मेरी पूरी जाँच होनेवाली थी। मैं जसलोक में पाँच दिन तक रही, जहाँ पर बहुत विचित्र अनुभव मिले। वहाँ की सिस्टर्स और प्रशिक्षण लेनेवाले डॉक्टर्स काफी प्रयास के बावजूद मेरा कैथेटर नहीं बिठा सके। तब मैंने विनती की, "मैं बिठा दूँगी।" इस पर उन्होंने बहुत शोर मचाया। कहने लगे, "डॉक्टर हम हैं कि आप?" कैथेटर खून से लथपथ होने के बाद उन्होंने मुझे मौका दिया। हैंडग्लोव्ज दिए और मैंने दो-तीन मिनट में ही कैथेटर बिठा लिया। सारे लोग स्तंभित हो गए। सभी का मेरे साथ बर्ताव ही बदल गया। मीठे बोल और आदर की भाषा सुनाई पड़ने लगी। अन्त में डॉ. कुलाबावाला ने कहा, "कृत्रिम ब्लैडर के सिवा कोई विकल्प नहीं।" मुझे स्पष्टत: बड़ी साफ निराशा हुई। मेरी अनुपस्थिति में संस्था का काम श्री देशभ्रतार और श्री मालेकर सँभाल रहे थे। मैंने तहेदिल से उन्हें धन्यवाद दिया। मैंने अपने आपको संस्था के काम में झोंक देना उचित समझा। जितनी जिन्दगी है उतनी जी लेने का फैसला किया और कोल्हापुर लौट आई।

आपाजान और मामाजी की सबसे छोटी गुड़िया शाहिन थी जिसने कौसर की शादी के बाद उसकी जगह ली थी। वह अम्मी को छोड़कर बिल्कुल नहीं रहती थी। शादी होने तक वह केवल छुट्टियों में ही अपने घर जाती थी। वह जैसे हमारी सबसे छोटी बहन बन गई थी। उसकी पूरी शिक्षा हमारे घर पर हो गई। बड़ी बहन का बड़ा लड़का अल्ताफ, अजीज के विदेश जाने से पहले ही शिक्षा के लिए आया था। इसीलिए बड़ा-सा परिवार बन गया था। अजीज के लड़के और शाहिन-अल्ताफ देशभ्रतार को देशअंकल जी कहकर पुकारते थे।

छुट्टी के दिन कभी-कभी मैं और देशभ्रतार अपाहिज बच्चों के साथ शाहिन, अल्ताफ को लेकर कभी सिनेमा दिखाते तो कभी रंकाला घूमने ले जाते। शाहिन और अल्ताफ देशभ्रतार के साथ बच्चों को उठाने-बिठाने का काम करते। देशभ्रतार जी अपने हाथों से खाना बनाते हैं, इस बात का पता चलने पर अम्मी छुट्टी के दिन उन्हें आग्रह से खाने के लिए रोक लेती। वे कभी-कभी अपनी बहन विश्रांति का जिक्र करते थे। शादी के बाद दो-चार महीनों बाद ही वह हमेशा के लिए मायके आई थी। वह बहुत

सीधी-सादी और मतिमंद थी। वह भाइयों के पास रहती थी लेकिन भाभी और बच्चों के साथ उसकी नहीं बनती थी। देशभ्रतार जी को मैंने कहा, ''आप बहन को कोल्हापुर ले आओ, आपका घर सँभालेगी। यहाँ अच्छी तरह से रहेगी।'' उन्हें मेरी राय पसंद आई।

इस वर्ष हम देहात के बच्चों को लेकर खेल प्रतियोगिता के लिए दिल्ली गए। कागल के मजुमदार सर भी आए थे। लौटते समय मैं, देशभ्रतार जी और मेरी सहायिका नागपुर चले गए। उनके घरवालों से मिले। रात गपशप के दौरान उनकी भतीजी पुष्पा ने देशभ्रतार जी की शादी की बात छेड़ी जिसके लिए वे तैयार नहीं थे। देशभ्रतार संस्था का कार्य करते हैं और उन्होंने व्यसन छोड़ दिया है, इससे उनकी भाभी एवं घरवाले खुश हुए। घरवालों ने उनके लिए एक लड़की पसंद की थी। उन्होंने जिद की कि उन सभी के साथ में मैं भी लड़की देखने चलूँ। काफी मनाने पर देशभ्रतार जी तैयार हुए। वास्तव में मुझे ऐसे कार्यक्रम रास नहीं आते। अजीज और भाईजान के समय तक मैंने इसे टाल दिया था। कौसर की शादी के समय मात्र सभी की जोर-जबरदस्ती से मुझे जाना पड़ा था। वह लड़की किसी को भी पसंद नहीं आई। उनकी बहन विश्रांति को लेकर हम कोल्हापुर लौट आए।

संस्था का पंजीकरण हो गया। शल्यक्रिया के जरिए जिन बालकों का अपाहिजपन कम हो सकता है, तथा इसके लिए जिन अभिभावकों की आर्थिक हैसियत नहीं है उन्हें मदद करने का पहला प्रस्ताव मैंने बैठक में रखा। उस समय मैं दफ़्तर से थककर आ जाती। 'नशेमन' में ही बैठक हो जाती थी। बाकी सब कुर्सियों पर बैठ जाते और मैं पलंग पर लेट जाती। माँसाहेब, वहिनीसाहेब या अन्य किसी ने कभी कोई आपत्ति नहीं उठाई। ऐसी बैठक शायद हमारी ही संस्था में होती होगी। मैं व्यवस्थापक तथा खजानीस का कार्य करती थी। क्योंकि, पैसों की उपलब्धता के अनुसार ही योजना बनाकर उन्हें पूरा करना सुविधाजनक था। कोई कार्य अधूरा न रहे इसका मैं खयाल रखती थी। इससे जरूरत से अधिक पैसे संस्था के पास पड़े रहने की गुंजाइश नहीं रहती और मैं यही चाहती थी।

अपाहिजों के शारीरिक पुनर्वासन के साथ मानसिक पुनर्वासन आवश्यक लगता था। उनकी नकारात्मक सोच को नष्ट कर उन्हें आत्मनिर्भर बनाना जरूरी था। जीवन का मजा लेकर जीने का हक उन्हें भी था। गर्मियों की छुट्टियों में पन्हाला बालग्राम के संचालक बाबासाहेब जाधव जी ने हॉलिडे कैंप का आयोजन किया था। वहाँ बच्चों के रहने और खाने का इंतजाम वे ही करनेवाले थे। मैंने सोचा, बच्चों के लिए यह एक अच्छा मौका है। बारह वर्ष से कम उम्रवाले पच्चीस बच्चों का एक गुट और बारह वर्ष से अधिक उम्रवाले बच्चों का दूसरा गुट बनाया। प्रत्येक गुट चार दिन रहनेवाला था।

बच्चे अपने माता-पिता को छोड़कर आनेवाले थे। उन्हें आत्मनिर्भरता का पाठ पढ़ाने का यह एक अच्छा मौका था। सारे लड़के-लड़कियों के घर खत भेज दिए। लौटती डाक से सभी ने खुशी से आने की रजामंदी दे दी।

कैंप शुरू होने में एक ही दिन बाकी था और श्री जाधव जी का संदेशा आया कि पन्हाला में पानी की समस्या है इसलिए यह कैंप दीपावली की छुट्टियों में लिया जाएगा। दूर से आए उत्साही बच्चों को नाराज कर उन्हें वापस लौटाना मुझे मंजूर नहीं था इसीलिए बेलगाम की अपाहिज पुनर्वासिन संस्था की सचिव शान्ता पाठक और अध्यक्ष डेविड को फोन किया। उन्हें सबकुछ बताकर पूछा, ''क्या हम बच्चों के साथ वहाँ आ सकते हैं? हम राशन साथ लाएँगे तथा खाना खुद ही बनाएँगे। हमें सिर्फ आठ दिन रहने की व्यवस्था मुफ्त चाहिए।'' उन्होंने खुशी से स्वीकृति दी और पन्हाला जाने को तैयार हुई गाड़ी बेलगाम की ओर रवाना हो गई। अनाज और सब आवश्यक सामग्री बाबासाहब ने अविलम्ब उपलब्ध कराई।

रसोई बनाने और मेरी मदद करने को संस्था की एक महिला मैंने साथ ले ली थी। बच्चे वहीं पर खुले माहौल में खेल-कूद करते और बार-बार रसोईघर में चक्कर लगाते। उस औरत को यह बात अखरने लगी। वह बच्चों को फटकारने लगी। मैंने उसे बच्चों के साथ प्यार से पेश आने की सलाह दी तो वह गुस्सा हो गई। उसने तबीयत का बहाना बनाकर बिस्तर पकड़ लिया। यहाँ तक कि उसने मेरी मदद करना भी छोड़ दिया। मेरी सेवा के लिए किसी को मनाना असंभव था। शान्ता और छाया ने मेरी मदद की। मैं बचपन से ही रसोई बनाना जानती थी लेकिन पैंतीस लोगों का खाना बनाना मेरे लिए मुश्किल था। अल्लाह का नाम लेकर मैंने रसोई में प्रवेश किया और देखते-देखते छोटे-बड़े मेरी मदद करने आ गए और भोजन तैयार हो गया। पुलाव, भजियाँ, श्रीखंड आदि स्वादिष्ट व्यंजनों का सभी ने आनन्द लिया। पहले दिन का खाना शान्ता और डेविड को इतना पसंद आया कि दूसरे दिन उन्होंने संस्था के सदस्यों को खाने पर बुलाया। संस्था के लोगों को भी यह खाना, विशेषकर पुलाव बहुत ही पसंद आया। प्रथम गुट के साथ उस महिला को कोल्हापुर वापस भेजने का निर्णय लिया और उसे कहा, ''कोल्हापुर जाकर दवा लो और आराम करो।'' इस पर वह रोने लगी, ''मुझसे गलती हो गई। मुझे वापस मत भेजो। मैं सारा काम करूँगी।'' मजबूरन उसे रखना पड़ा लेकिन हम शिविरार्थियों ने रसोईघर का जिम्मा अपनी तरफ ही रखा।

एक दिन रात का खाना जल्द ही तैयार कर हम मिलिटरी महादेव के बगीचे में चले गए। छोटे बच्चों को वहाँ के वन्य पशुओं को देखने की इच्छा थी। प्राणी संग्रहालय की ओर जाने का रास्ता मंदिर के सामने से था। मैंने बच्चों को घुमाने की और प्राणी दिखाने की विनती की। मुझसे मिलने आए लोगों से बातें करते हुए मैं पेड़ के नीचे बैठ गई।

थोड़ी ही देर में सभी बच्चे शिकायत करते हुए वापस आए और कहने लगे, ''वहाँ का वॉचमैन हमें मंदिर के सामने से जाने नहीं दे रहा है। दूसरी तरफ से जाने को कह रहा है।'' जो बच्चे चल नहीं सकते थे ऐसे बच्चों को दक्षिण परिक्रमा की सलाह देनेवाले उस वॉचमैन को समझाने गई तो वह उल्टा मुझ पर ही बरसने लगा, ''आपके पैरों में जूते हैं और कोई भी सवारी (हमारी पहियेदार कुर्सियाँ) अन्दर ले जाना मना है। आपको यह फलक दिखाई नहीं देता? मेरी नौकरी का सवाल है।'' उसकी बदतमीजी मैं सह न पाई। उससे भी ऊँचे स्वर में मैंने कहा, ''तुम्हें नौकरी की फिक्र तब होगी जब तुम्हारे अधिकारियों को यह पता चलेगा कि तुमने इन अपाहिज बच्चों को अन्दर जाने से मना किया है। यह कुर्सियाँ नहीं हमारे पैर हैं, जिसके बिना हम अन्दर नहीं जा सकते।'' इस पर उसका उत्तर था, ''हाँ, दूर से ही भगवान के दर्शन कर लो।'' मैंने उसे सुनाया, ''हमें भगवान का दर्शन करने के लिए अन्दर जाने की जरूरत नहीं है। इन छोटे बच्चों में ही मैं ईश्वर के दर्शन करती हूँ। प्रयत्न करोगे तो तुम भी देख पाओगे। हम यहाँ बच्चों को हिरन, मोर, खरगोश आदि प्राणियों को दिखाने आए हैं। अपने साहब को बुलाओ। मैं उनसे बात करूँगी।'' लेकिन वह कुछ सुनने को तैयार ही नहीं था। फिर मैंने स्वयंसेवकों से कहकर अपनी कुर्सी आगे लेने के लिए कहा और बाकी लोगों को अपने पीछे आने का इशारा किया। उसने कुर्सी के हैंडस्टेट पर हाथ रखकर आगे जाने से रोका तो मैंने धमकाया, ''चुपचाप मेरी कुर्सी पर से हाथ निकालो वरना नतीजा अच्छा नहीं होगा।'' बच्चे घबरा गए थे। शान्ता और डेविड के चेहरे भी मुझे ही पीछे हटने को कह रहे थे, लेकिन अपाहिजों के साथ किए जानेवाले ऐसे अपमानजनक व्यवहार से मैं चिढ़ गई थी। वे भी तो समाज का एक हिस्सा हैं, उन्हें भी औरों की तरह जीने का हक है फिर ऐसा क्यों? ऐसी घटिया प्रवृत्ति से मुझे नफरत हो गई थी। वहाँ खड़े-खड़े तमाशा देखनेवालों को संबोधित कर मैं कह उठी, ''आप लोग चुपचाप देख रहे हो। क्या आपका इन मासूमों के प्रति कोई कर्तव्य नहीं बनता?'' सुनकर कुछ लोग आगे आए और उस वॉचमैन को वहाँ से समझा-बुझाकर हटा दिया। बच्चों की इच्छा पूरी तो हुई लेकिन सबके चेहरे पर उत्साह की जगह उदासी छा गई थी। खामोशी से सारा बगीचा देख लिया। उस समय हमने देखा कि एक आदमी साइकिल पर सवार होकर अन्दर से गुजर रहा था।

दरअसल यह शिविर उन अभागे बच्चों को उनका समाज में मौजूद स्थान दिलवाने हेतु आयोजित किया था , जिससे उनमें सकारात्मक दृष्टिकोण तथा निर्भयता से हक के लिए लड़ने के संस्कार विकसित करना अपेक्षित था। दूसरे दिन कोल्हापुर लौटते समय मैंने उन्हें पूछा, ''कल की घटना को लेकर आपको क्या लगता है?'' जवाब में उनसे सुने शब्द मेरे लिए अनपेक्षित थे।

"दीदी ! हमें यह सीख मिली कि यदि ईमानदारी से हमें हमारा हक नहीं मिलता तो उसे परिस्थिति के अनुसार छीनकर लेना चाहिए। आपके जैसा साहस फिलहाल हमारे पास नहीं है लेकिन भविष्य में वह प्राप्त करने के लिए हम प्रयास करेंगे।" यह लब्ज सुनकर मेरा सीना गर्व से फूल गया। इससे मुझे जो सुकून मिला उसे शब्दों में सँजोना केवल असंभव है। मैंने एक नई आशा की किरण देखी और बड़े उत्साह से हम दूसरे दल के कार्यक्रम की तैयारी में जुट गए।

बच्चों के लिए निकाली यात्राओं में चिपलून-गुहागर की सैर यादगार बनी। हम सब सागरतट पर स्थित चिपलून पहुँचे तब धुआँधार बरसात हो रही थी। वहाँ से हम वालावलकर विश्वस्त संस्था ने साकार की शिवसृष्टि देखने डेरवन पहुँचे। फिर एन्रॉन प्रकल्प देखा। समुंदर में सीमाशुल्क की तरफ से नौकाविहार का लुफ्त उठाया। गुहागर के किनारे पर पहुँचने के बाद सभी लोगों ने अपनी कुर्सियाँ एवं बैसाखियाँ छोड़कर पानी में उतरना पसंद किया। सभी ने डेढ़-दो घंटे लहरों के साथ खेलने का आनन्द लिया। उस समय बिना पैरवाले एक बालक ने अपनी खुशी व्यक्त करते हुए कहा, "दीदी ! पानी में खेलते हुए बड़ा मजा आ रहा है। माँ तो कभी हल्की बारिश में या कीचड़-पानी तक में खेलने नहीं देती।" ऐसा कहकर वह बालू का घर बनाने में मशगूल हो गया।

'बेलगाम हॉलिडे कैंप' से हम खाना बनाने में आत्मनिर्भर हो गए। संस्था के दफ़्तर (मेरा किराए पर लिया घर) में हम नाश्ते से लेकर भोजन तक के ऑर्डर्स लेने लगे। ताजा, गरम और स्वादिष्ट व्यंजनों से दफ़्तर के समारोह यादगार बनने लगे। अपाहिज पुनर्वासन कार्य हेतु मिले इस कारगर उपाय से संस्था के पदाधिकारी तथा स्वयंसेवकों का भी इस काम में सहयोग मिलने लगा। कोल्हापुर में सम्पन्न साहित्य सम्मेलन में हमने पाँच दिन स्टॉल लगाया था। संस्था को चंदे के रूप में मिला सेकंडहैंड फ्रीज उस समय हमारे बहुत काम आया था। प्याज की भजियाँ, भेल आदि व्यंजनों से हमारी दुकान महक रही थी। पूरी रात दुकान खुली रहती। भेल खाने के लिए रात बारह-एक बजे तक लोगों का ताँता लगा रहता। कोल्हापुर के ख्यातलब्ध भेल-विक्रेता राजाभाऊ हमारे भेल की ख्याति सुनकर स्वयं हमसे मिलने आए थे। उन पाँच दिनों में 11,000/- रु. की बिक्री हो गई थी। सभी ने उस समय काफी मेहनत की थी।

रुपए जमा करने के लिए हम अलग-अलग रास्ते अपनाते थे क्योंकि संस्था की ओर आनेवाले लाभार्थियों की संख्या दिन-ब-दिन बढ़ रही थी। प्रतीक्षासूची लगातार बढ़ती जा रही थी। गणेशोत्सव में हम हर गणेश मंडल को नारियल अर्पित कर चंदा इकट्ठा करते। ऐसे कार्यों में बच्चों के साथ मैं स्वयं शामिल होती थी। इस पर संस्था

के सचिव तथा अध्यक्ष ने आपत्ति उठाई। हमारे घर हुई एक बैठक में मुझे खरी-खोटी भी सुनाई गई। यहाँ तक कहा कि, 'बच्चे नाचते हैं और आप उसमें शामिल होती हैं जो ठीक नहीं।' शायद यह संवाद अन्दर के कमरे में मेरी अम्मी ने भी सुना था। मैंने उन बच्चों की जिम्मेदारी ली थी इसलिए कोई नाजायज रास्ता न अपनाकर, भूख-प्यास भूलकर उन अपाहिजों के पुनर्वासन के लिए, उनके जीवन को अर्थ देने के लिए मैं प्रतिबद्ध थी। घरवालों से अनुमति लेकर मैं बच्चों के साथ शामिल हुई थी। इस पर यह लोग क्यों आपत्ति उठा रहे थे यह मैं समझ न पाई।

मेरे कार्य की दिशा और दशा संस्था में आनेवाले अपाहिजों की जरूरतों पर निर्भर थी। इस दौरान जो कटु अनुभव मिलते वे निरंतर हमें विकास की ओर अग्रसर करते। 'विश्व अपंग दिवस' के उपलक्ष्य में संस्था ने जाँच-पड़ताल के बाद शल्यक्रिया, कृत्रिम सामग्री बाँटना और खेल प्रतियोगिता के साथ सांस्कृतिक उपक्रमों का भी आयोजन किया। इस कार्य में कोल्हापुर के सम्मानित शल्यचिकित्सक डॉ. पी.जी. कुलकर्णी, डॉ. आर.बी. सातवेकर, डॉ. सुरेश देशपांडे, डॉ. गजानन जाधव, डॉ. नल्लूलवार, डॉ. एन.डी. भोंसले, डॉ. एस.एन. राणे, डॉ. एस.डी. खोत, डॉ. एच.एल. वाघाडिया (पटेल), सहायक डॉ. दीपक तांबट, डॉ. प्रमोद पोतनीस, पी.एन. इंगोले, सुश्री होतकर आदि ने बहुमूल्य योगदान दिया था। शिविर खत्म होने के बाद देर से आए अपाहिजों तक को हमने डॉक्टर को विनती कर उनके घर भेजा। उन्होंने शिकायत की बजाय खुशी से सहयोग दिया। हमने शिविर का सौ प्रतिशत काम पूरा हुए बगैर दूसरा काम हाथ में न लेना तय किया था। पहले हम कृत्रिम सामग्री के लिए अपाहिजों को मुम्बई भेजते थे। इस बार कृत्रिम सामग्री के लिए तीस-चालीस लोगों को सहायकों के साथ मुम्बई भेजने की अपेक्षा विशेषज्ञों को कोल्हापुर आमंत्रित कर उनका पूरा खर्च वहन करने का निर्णय लिया। इसके अनुसार 'नासीओ' की नमा भट को पत्र लिखकर उनसे स्वीकृति ली। हमने शल्यचिकित्सकों के लिए गरम पानी, पलंग, चाय-नाश्ता, खाना आदि का शाही इंतजाम किया था। वे शल्यचिकित्सक हमारे लिए मेहमान से कम नहीं थे। पूरी मेहमाननवाज़ी के बाद शल्यचिकित्सक खाना खाने को तैयार नहीं थे। उन्होंने कहा, ''दीदी, आप हमारी चिन्ता न करें। आप घर जाइए। हम खा लेंगे।'' मैंने सोचा कि मेरे सामने हिचकिचाते होंगे, इसलिए देशभ्रतार जी पर जिम्मेदारी सौंपकर मैं घर चली गई।

दूसरे दिन देशभ्रतार जी से खबर मिली कि मेरे जाने के बाद मेहमानों ने शराब की बोतलें खोल दीं। 'संस्था के दफ़्तर में शराब पीना मना है वरना दीदी को बता दूँगा' कहकर देशभ्रतार ने उन्हें टोका। खेल प्रतियोगिता के लिए संघ लेकर जब मैं मुम्बई गई तब नासीओ की नमा भट ने कहा, ''हेल्पर्स ने शल्यचिकित्सकों की व्यवस्था अच्छी

तरह नहीं की। अगली बार अगर ऐसा होगा तो वे लोग नहीं आएँगे।'' उनकी इस आपत्ति से मैं अचरज में पड़ गई। वास्तव में उनके स्टाफ के बर्ताव को लेकर शिकायत तो मुझे करनी चाहिए थी लेकिन यह तो...! फिर भी मैं 'इन मुम्बईवालों को कौन समझाए' ऐसा सोचकर चुप थी। अन्ततः मैंने नमाताई को सच्चाई बताकर कहा, ''अगर उन्हें शराब पीनी है तो उनकी व्यवस्था किसी होटल में की जाएगी। मानदेय के रूप में तय राशि का चेक हम नासीओ के नाम भेज देंगे।'' नमाताई स्वभाव से बहुत अच्छी थी। उन्होंने मुझसे कहा, ''तुम चिन्ता मत करो। मैं उन्हें समझा दूँगी। वे क्वार्टर पर ही रहेंगे।'' अगले शिविर में उन विशेषज्ञों ने केवल अच्छा बर्ताव ही नहीं किया बल्कि काफी सहयोग दिया। उस वर्ष 'नासीओ' ने संस्था को डेढ़ लाख रूपए की सामग्री दे दी। हमारे कार्य का विस्तार हो रहा था। हाथ में रुपए होने से इस बार हमने शल्यचिकित्सकों की व्यवस्था होटल में की थी।

बाबूकाका के कारण रजनी करकरे और शकुंतला परांजपे से परिचय हो गया था। तहसील में रहनेवाली नीना से भी पहचान हो गई थी। संस्था और अपाहिजों के बारे में मेरे और नीना के सपने मिलते-जुलते थे। केलवकर के घर में वह अक्सर मेरे पास रहती थी। काफी विचार-विमर्श के बाद हम एक ही निष्कर्ष पर पहुँचते, 'अपाहिज पुनर्वासन कार्य शुरू करने से पहले हमारे लिए आर्थिक दृष्टि से आत्मनिर्भर बनना जरूरी है।' नीना पोलियो से पीड़ित थी। वह ढंग से खड़ी तक नहीं रह पाती। उसे रेंगते हुए ही चलना पड़ता था। उसने डिग्री तक शिक्षा हासिल की थी। गाँव में वह तीन पहियोंवाली साइकिल का उपयोग करती थी।

मैं सेंट्रल एक्साइज में नौकरी कर रही थी, लेकिन वह अभी तक बेकार थी। वह बैंक ऑफ महाराष्ट्र की लिखित परीक्षा उत्तीर्ण हो गई थी। साक्षात्कार भी हो चुका था, लेकिन उसे नियुक्तिपत्र नहीं मिला था। उसने खत लिखकर मुझे यह बात बता दी। ठीक उसी समय मुझे उगार के शिरगावकर परिवार से संदेश आया था, 'विजय मर्चेंट जी आ रहे हैं। कुछ काम हो तो आ जाना।' मैंने तुरन्त नीना को कोल्हापुर बुलाया। दफ़्तर से छुट्टी ली और हम उगार पहुँचे। हमेशा की तरह प्रसन्न मुद्रा में विजय मर्चेंट जी मिले। उन्होंने नीना के कागजात देखने पर अपने सचिव से कहा, 'मुम्बई जाते ही यह काम करना है।' खान-पान के बाद गपशप के दौरान उन्होंने मेरे कार्यों की काफी तारीफ की। मैं बस के सफर से बहुत थक गई थी। सिरदर्द सता रहा था और मतली भी आ रही थी। बुखार के लक्षण दिख रहे थे। वापस बस से कोल्हापुर जाना मेरे लिए नामुमकिन था। विजय जी ने शायद यह भाँप लिया और कोल्हापुर वापसी के बारे में पूछताछ की। इस पर मैंने कहा, ''यहाँ मेरे चाचा-मामा के रहते मैं क्यों चिन्ता करूँ?'' इस पर विजय जी ने प्रशंसा भरे स्वर में कहा, ''यह लड़की बड़ी चतुर है।'' शिरगावकर जी ने तुरन्त

अपनी ऑम्बेसेडर गाड़ी से मुझे कोल्हापुर पहुँचाने का प्रबंध किया। वाकई बड़ा दिलवाला है यह शिरगावकर परिवार !

रात कोल्हापुर पहुँचते ही उल्टियाँ शुरू हो गईं। बड़े कमरे में अम्मी का और मेरा पलंग आमने-सामने था। हम दोनों के बीच नीना सोयी थी। अम्मी ने उसे कहा, ''अगर तुम्हें नसीम की उल्टियों से परेशानी हो तो तुम मेरी पलंग पर सो जाना, मैं नीचे सोऊँगी।'' नीना तुरन्त उठकर पलंग पर चली गई। माँ को आर्थरायटिस की तकलीफ थी। मुझे बहुत दुख हुआ। मुझे यह उम्मीद थी कि नीना अम्मी से कहेगी, ''माई, नसीम ने मेरे लिए इतनी दौड़धूप की है। क्या मैं उसके लिए इतनी तकलीफ सह नहीं सकती? आप चिन्ता मत कीजिए। मैं नसीम का खयाल रखूँगी।''

दूसरे दिन सुबह नीना चली गई और मैं चार-पाँच दिन बुखार से बिस्तर पर पड़ी रही। आठ दिनों के बाद ही नीना को नियुक्तिपत्र मिल गया। उसने खत में यहाँ तक लिखा, ''हमने बेकार ही विजय मर्चेंट जी को तकलीफ दी। मेरा नियुक्तिपत्र तो उससे पहले ही निकल गया था।'' मुझे नीना को यह वास्तविकता बताने की इच्छा नहीं हुई कि विजय जी के दखल देने से ही उसका नियुक्तिपत्र निकला था। खैर! मैंने विजय जी को खत लिखकर शुक्रिया अदा किया।

'हेल्पर्स' ने अपने कार्य की शुरुआत छोटे अपाहिज बच्चों से ही शुरू की थी। डॉक्टर ने सभी बच्चों की जाँच-पड़ताल की। डॉ. सातवेकर जी मुफ्त में शल्यक्रिया करनेवाले थे। दवाइयाँ और खून के लिए रुपयों की जरूरत थी। मैं मुम्बई के 'जसलोक' में जाकर निराशा के साथ लौटी थी। रात की नींद गायब हो चुकी थी। जिन्दगी निरर्थक लग रही थी। कभी-कभी रातभर रोने से आँखें लाल होतीं और चेहरे पर सूजन आती। किसी को शक न हो, इसलिए मैं उस दिन अच्छी साड़ी पहनती। हमेशा जेवर से परहेज करनेवाली मैं उस दिन अम्मी से माँगकर जेवर पहन लेती। मेरा प्रयोजन सफल हो जाता। मेरी आँखें और चेहरे की तरफ किसी का ध्यान ही नहीं जाता। सभी साड़ी और जेवर की प्रशंसा में उलझते। अपनी एक सहेली को भी मैंने निराशा छिपाने का यह नुस्खा बता दिया था। उसने भी प्रयोग के बाद इसे मान लिया था।

दफ़्तर के काम में व्यस्त रहने से मैं अपनी शारीरिक पीड़ा भूल जाती। लेकिन घर आने के बाद बिस्तर पकड़ती तो दिमाग में कई विचार चकराने लगते। पेट और सिर का दर्द परेशान करता। रात को नींद आए इसलिए मैं गोलियों की मात्रा बढ़ा देती जिसका परिणाम दूसरे दिन भुगतना पड़ता। हाथ काँपने लगते, गला सूख जाता और थकान महसूस होती। एक दिन दफ़्तर से घर पहुँची। संस्था का एक जरूरी काम पूरा करना था लेकिन गोलियों के असर से बैठना मुश्किल हो गया था। इससे तंग आकर मैंने गोलियाँ

खिड़की से बाहर फेंक दीं। सोचा, यह भी तो एक लत ही है ! यह तो समस्या का हल नहीं अपितु बढ़नेवाली गम्भीर समस्या है। उस दिन से रात में नींद न आने पर मैं संस्था के नाम आए खतों के जवाब बिस्तर पर पेट के बल लेटकर लिखने लगी जिससे दो लाभ हुए। एक तो गोलियों के कारण आनेवाली शिथिलता से छुटकारा मिला और दूसरे खत के जवाब समय पर जाने से लाभार्थी, शुभचिन्तक तथा मित्रपरिवार को खुशी हुई। अनेक अपाहिजों की पीड़ा से मैं वाकिफ होने लगी। पत्राचार बढ़ गया। इससे एक नई समस्या भी खड़ी हुई। शायद नींद के अभाव से मुझे पीलिया हो गया और अस्पताल में भर्ती होना पड़ा। उस समय मुझे केवल उबाली हुई सब्जियाँ खाने की नौबत आ गई जिसमें न मिर्च होती न ही तेल। जिनसे मैं नफरत करती थी। गन्ने का रस पीती तथा मीठे व्यंजन मुझे जबरन खाने पड़ते।

कुल चौबीस दिन और चौबीस रातें! अस्पताल में पाँच मिनट तक के लिए मेरी पलक झपक नहीं पाई। बिना नींद के भी आदमी जी सकता है यह नया अनुभव मुझे मिला। लगातार उल्टियाँ होतीं और सिरदर्द बढ़ने लगता। रजनी, देशभ्रतार, दफ़्तर के सहकर्मी तथा सहेलियों का मिलने के लिए ताँता लगता। मैं उनसे हँसकर बातें करती, लेकिन उनके जाते ही मेरा कराहना शुरू हो जाता। अम्मी मुझ पर गुस्सा होती, ''यदि इतनी पीड़ा होती है तो हँसकर क्यों गपशप लड़ाती हो? कोई तुम्हारी बीमारी पर विश्वास भी नहीं करेगा।'' मैं आदत से मजबूर थी। मेरी बीमारी के चलते मुझ पर तरस खाकर कोई मुझे 'बेचारी' कहे यह मैं सह नहीं पाती। लगातार सलाइन की वजह से मेरे दोनों हाथों का रंग काला-नीला पड़ गया था। मेरी विनती पर डॉक्टर ने पैरों में सलाइन लगाना शुरू किया। इससे मेरे दोनों हाथ काम करने को आजाद हुए। खत लिखना, बुनाई-कढ़ाई फिर से शुरू हो गई। नजर कमजोर होने से मैं पढ़ नहीं पा रही थी।

अस्पताल में मैं डॉक्टर से रोज नींद की दवा माँगती थी। कौमा में जाने का खतरा होने के कारण डॉक्टर मेरी विनती टाल रहे थे। एक दिन मुझे अत्यधिक गर्मी महसूस होने लगी। प्यास लगने लगी। फ्रीज में रखे पुडिंग, फ्रुट्सॅलेड, खीर आदि खाने पर भी गला सूखता जा रहा था। इस पर कोई एक किलो अंगूर ले आया और मैंने अकेले उसे खत्म कर दिया। मुझे ताज्जुब हुआ। काफी दिनों से रूठी निंदिया रानी मेरी आँखों में उतर आई। तभी खून की रिपोर्ट आई। 'शुगर बढ़ गई है । इसे सोने मत देना। बातें करो, रेडियो लगा दो, पत्ते खेलो...' डॉक्टर ने आदेश दिया। अजीज के दोस्त चुटकुले सुनाकर मुझे जगाने की कोशिश करने लगे। मैं रात में सो न जाऊँ इसलिए सभी जाग रहे थे। नींद असह्य हो गई तो मैंने पत्ते एक ओर सरका दिए। रेडियो बज रहा था। उस शोरगुल में ही मैं सो गई। मैं कितने समय तक सोयी इसका पता न

चला। नींद में मैंने देखा कि सफेद वस्त्र पहने सुंदर परियाँ मेरे पलंग को घेरकर खड़ी थीं और हँस-हँसकर मुझसे बातें कर रही थीं। कोई बोल रही थी, ''यह चौबीस दिनों से सो नहीं पाई है, कुछ देर के लिए तो सोने दो।'' दूसरी कोई कह रही थी, ''नहीं...नहीं...डॉक्टर ने मना किया है।'' किसी ने हिलाकर मुझे जगा दिया। मैंने आँखें खोलीं तो सामने कुछ चेहरे बिल्कुल धुँधले दिखाई दे रहे थे। पल भर के लिए लगा कि मैं अंधी हो गई हूँ। 'मैं कहाँ हूँ? किसके पास हूँ?' मैं कुछ समझ नहीं पा रही थी। मैं बेचैन होकर फूट-फूटकर रोने लगी। बाद में मुझे बताया गया कि उस समय मेरी आँखें और चेहरे के भाव बदल गए थे। उस रात अम्मी ने आपाजान से कहलवाकर मुझे कॉफी–बिस्किट खिला दिए। इससे मैं कुछ स्वस्थ हो गई लेकिन थोड़ी देर बाद फिर रोने लगी। भूख का सीधा एहसास नहीं हो रहा था। किसी ने कुछ खिलाया तो खाने लगी। मुझे लग रहा था कि मेरा दिमाग काम नहीं कर रहा है। मेरी हालत देखकर अम्मी रोने लगी। मेरी चिन्ता ने उसे खोखला बना दिया था। आपाजान ने मुझे समझाने की कोशिश की। तत्पश्चात कुछ दिन मुझे इन्शुलिन की खुराक दी जाने लगी। पता चला कि मुझे डायबिटिज हो गया था। मेरी बीमारी का पता चलते ही अजीज मुम्बई से छुट्टी लेकर दुबारा आया था। इसी समय मैं सोचने लगी, 'मैं कुछ दिनों की मेहमान हूँ।' मैंने घर से सारी कीमती साड़ियाँ मँगवाकर सहेलियों को बाँट दीं। उनके मना करने पर मैंने कहा, 'मेरा दिल मत तोड़ो।'

मुझे दो-ढाई मास अस्पताल में ही रहना पड़ा। धीरे-धीरे तबीयत में सुधार हुआ। अस्पताल में रजनी, उसके भाई के दोस्त पी.डी. देशपांडे जी को साथ ले आती। हम संस्था के कामकाज को लेकर चर्चा करते। मैं बोलते हुए हाँफने लगती। उनके जाने के बाद अम्मी उन पर गुस्सा होती कि, 'वे नाहक बीमारी में बोलने को बाध्य करते हैं।' उनके सामने मात्र वह चुप रहती।

उन दिनों एक आदमी अपनी मतिमंद बेटी को लेकर रोजाना रात खाने के समय मुझसे मिलने आता। वह लड़की बहुत भयावह दिखाई देती। बड़ा-सा सिर, मुँह से टपकनेवाली लार...। उसका नाम गंगा शेंडे था। उस बेचारी नन्ही जान के साथ वह आदमी मेरे कमरे में एक-डेढ़ घंटा बैठा रहता। नासीओ की तरफ से मैंने उसे पहियादार कुर्सी दिलवाई थी। उसे देखकर मैं अधिक ही बेचैन हो जाती क्योंकि मैं स्वयं 'मर्सी किलिंग' मतलब 'इच्छित मृत्यु' की कामना कर रही थी। विजय मर्चेंट जी को खत लिखकर मैंने अपनी इच्छा तक जाहिर की थी। उन्होंने भेंट के दौरान मेरा समर्थन करते हुए कहा था, 'कानून की नजर में यह गुनाह है। डॉक्टर की राय से ही कुछ किया जा सकता है।' ऐसे में उस लड़की की दशा मुझे और अस्वस्थ बना देती। अम्मी ने उसके आने पर मना करना चाहा तो मैंने उसे रोक दिया। लड़की के आने की वजह से मुझे

खाने में देर हो जाती और मुझसे खाना नहीं खाया जाता। डॉक्टर ने चार दिन मुझसे मिलनेवालों पर पाबंदी लगा दी। कुछ महीनों बाद पता चला कि उस आदमी ने उस लड़की और उसकी माँ को छोड़कर दूसरी शादी कर ली है। पता नहीं अपनी संतान के प्रति उमड़नेवाली उसकी ममता कहाँ चली गई?

एक हफ्ते बाद जब रजनी और पी.डी. मुझसे मिलने आए तो उन्होंने मेरे सामने एक प्रस्ताव रखा, ''सुरेश भट जी की गज़लों की महफिल का आयोजन कर हम उससे रुपए जमा कर सकते हैं।'' मैंने तुरन्त हामी भर दी। संस्था की तरफ से होनेवाली शल्यक्रिया के इलाज हेतु रुपयों की जरूरत थी। सुरेश भट जी स्वयं अपाहिज थे। मैं पलंग पर बैकरेस्ट लगाकर बैठने लगी और हम लोग कार्यक्रम के नियोजन में जुट गए। अम्मी गुस्सा हो रही थी लेकिन मैं जानती थी कि मेरी बीमारी का यही सही इलाज है। एक दिन डॉ. सातवेकर जी की अनुमति लेकर मैं सुरेश भट जी से मिलने गई। कार्यक्रम सम्बन्धी कुछ जरूरी बातों की उनसे चर्चा करनी थी। उनसे मिलकर अस्पताल वापस लौटी तो माँ बरस पड़ी, ''यहाँ अस्पताल में तुमसे मिलने लोग आते हैं, मैं उन्हें क्या जवाब दूँ?'' माँ की शिकायत वाजिब थी। मैंने सुरेश भट जी से हुई भेंट का पूरा ब्यौरा माँ को सुनाया। उसे बताया कि वे भी अपाहिज हैं। फिर उसे समझाया, ''आज मैं बहुत शांति से सो पाऊँगी। पिछले दो महीनों से बिस्तर पर लेटकर मैं उकता गई हूँ।'' धीरे-धीरे अम्मी का गुस्सा शान्त हुआ। पीलिया के कारण मुझे तीन-चार मास पथ्य का सेवन करना आवश्यक था। अस्पताल से डिस्चार्ज होते ही मैंने चेंज के लिए रेहाना के पास जाने का फैसला किया। वापस लौटकर केशवराव भोंसले नाट्यगृह में सुरेश भट जी की महफिल का आयोजन करना था।

शुगर अब सामान्य हो गई थी लेकिन कैथेटर का बल्ब पाँच सी. सी. से चौंतीस सी. सी. तक पहुँच गया था जो उसकी अंतिम सीमा थी। डॉ. सातवेकर जी ने बताया, ''युरेथ्राप्लास्टी का इलाज करके देखेंगे लेकिन उसने लाभ होगा ही ऐसा नहीं कहा जा सकता।'' मैंने डॉक्टर और घरवालों से यही इलाज करवाने की जिद की, क्योंकि कुछ दिन बाद फिर अस्पताल में भर्ती होना मुझे मंजूर नहीं था। सभी ने मजबूरन मेरी बात मान ली। दूसरा कोई चारा भी तो नहीं था। ऐसी हालत में मेरा संस्था या दफ़्तर में काम करना भी मुश्किल था। बेडसोअर्स की समस्या फिर तकलीफ दे रही थी।

तीसरी बार मुझे शल्यक्रिया के लिए ऑपरेशन थिएटर में लेकर जा रहे थे। पहली शल्यक्रिया रीढ़ की हड्डी की और दूसरी ॲपेंडिक्स की हो गई थी। शल्यक्रिया हो जाने पर मुझे बाहर लाया गया। पहला दिन ठीक से गुजर गया, दूसरे दिन अचानक शुगर बढ़ गई और खून बहने लगा। बिस्तर पर बिछाई चद्दर ही खून से लथपथ हो गई। मैं बेहोशी में जा रही थी लेकिन वह सहसा टल गया। खून बहना बंद हो गया। शल्यक्रिया

मात्र असफल रही। परिणामस्वरूप चौथी बार ऑपरेशन थिएटर में जाना पड़ा। मैं अब अल्लाह से दरख्वास्त करती हूँ कि अब इस जिन्दगी में पाँचवीं बार ऑपरेशन थिएटर में जाने की नौबत न आए।

फिर बीते दिन की आहट आ रही थी। संस्था और दफ़्तर के काम छोड़ने के आसार नजर आ रहे थे। उसी दौरान दफ्तर की तरफ से फ्लैट किराए पर दिए जा रहे थे। देशभ्रतार जी ने अपने फ्लैट का एक कमरा संस्था के दफ़्तर के लिए दे दिया था। दफ्तर के अधीक्षक जे. जी. पाटील तथा पाटील चाचा को संस्था के कार्य में रुचि थी। वे चंदा इकट्ठा करने में सहयोग देते थे। मैंने उन्हें देशभ्रतार के फ्लैट में संस्था का दफ़्तर शुरू करने के बारे में पूछा तो उन्होंने मुझे सलाह दी, 'देशभ्रतार की शादी के बाद कोई समस्या पैदा न हो इसलिए अपने नाम से स्वतंत्र फ्लैट किराए पर ले लो ताकि एक कमरा खुद के लिए रख पाओगी और शेष हिस्से में 'हेल्पर्स' के दफ्तर का इंतजाम होगा।' उनकी सलाह मुझे रास आई। वैसे घर में अम्मी, भाई, बहन, भाभी, ईर्शाद आदि 'उफ्' तक नहीं करते थे लेकिन संस्था के कारण घर में किसी की निजी जिन्दगी नहीं बची थी। स्वयं गावकर साहब ने मेरा फ्लैट का आवेदनपत्र लिखा और मुझे रसोईघर के साथ तीन कमरों का बड़ा फ्लैट मिल गया। मेरे ऊपर की मंजिल पर का फ्लैट देशभ्रतार जी को मिला। मैंने अपने फ्लैट में संस्था का दफ़्तर सजा दिया। घर से एक मेज, दो कुर्सियाँ और पलंग मँगवा लिया। राजीव वणकुद्रे नामक कॉलेज के छात्र को पार्टटाइम काम के लिए नियुक्त किया। अपाहिजों का पंजीकरण, शल्यक्रिया, कृत्रिम सामग्री की प्राप्ति एवं उनके आबंटन का कार्य ढंग से शुरू हो गया। इधर मात्र मेरा शरीर साथ नहीं दे रहा था।

5 मार्च, 1985 को आयोजित सुरेश भट के 'एल्गार' कार्यक्रम की स्मारिकाओं की अच्छी बिक्री हो गई थी। मुझे 4 मार्च को पता चला कि सुरेश भट स्वयं अपनी सारी गज़लें गानेवाले हैं! रजनी अपनी सुरीली आवाज में केवल एक गज़ल गानेवाली थी। सच तो यह था कि लोग रजनी को सुनना चाहते थे। मैंने स्वयं सुरेश भट जी को आधी गज़लें रजनी को गाने देने की विनती की लेकिन उन्होंने साफ इनकार किया। टिकट बिक चुके थे। महफिल शुरू हो गई। सुरेश जी की गज़लों के भाव हृदय को छू रहे थे लेकिन लोग गज़लों को रजनी की आवाज में सुनना चाहते थे। उनकी निराशा होने से एक-एक श्रोता सभागार से जाने लगे। रजनी की गज़ल सुनने के बाद जो कुछ रसिक बचे थे वे भी चल दिए। बस चंद लोग हमारे कारण बैठे रहे। उनकी ओर मुखातिब होकर सुरेश जी ने कहा, "सच्चा रसिक ही अन्त तक साथ देता है, आओ आगे आकर बैठो।" कुछ देर बाद तो उनकी गज़लें सुनने को केवल संस्था के कार्यकर्ता ही बच गए। काश! सुरेश जी मेरी विनती मानते तो वह महफिल करवीरवासियों

के लिए यादगार बन जाती। उसके बाद मैंने कोई भी कार्यक्रम बिना देखे आयोजित न करने का निर्णय ले लिया।

इस कार्यक्रम से एक फायदा हुआ कि सुशील नाशिककर के रूप में एक सच्चा कार्यकर्ता संस्था को मिल गया। पी.डी. का यह दोस्त आज भी संस्था के कार्य में बढ़-चढ़कर हिस्सा लेता है। इस कार्यक्रम से दस हजार का चंदा इकट्ठा हुआ जो अपाहिजों के पुनर्वासन हेतु उपयोग में लाया गया। कार्यक्रम के दौरान पी.डी. देशपांडे जैसी सेवाभावी और जिद्दी हस्ती से मैं बहुत प्रभावित हुई जिसकी संस्था के लिए अत्यंत आवश्यकता थी। उनके साथ दफ़्तर में भोजन के समय चर्चा में हिस्सा लेनेवाले श्रीकांत केकड़े संस्था के कार्य में कब शामिल हुए इसका पता ही नहीं चला। ये दोनों इतवार के दिन अंग्रेजी पत्राचार एवं विविध योजनाओं का प्रारूप बनाने का कार्य निष्ठा से करते। मैं केवल सलाह देती। देशभ्रतार पत्र, प्रस्ताव आदि सुचारु ढंग से टंकित करते। मैं केवल दस्तखत करती। व्यवस्थापक होने के नाते मैं पूरा पत्राचार देखती थी। वे काम में मशगूल रहते और मैं अपनी संन्यासी की रसोई में उनके लिए गरम पकौड़े, शिरा, पोहा, नारियल की मिठाई, गाजर का हलवा, चाय आदि बनाती। कभी-कभार कैरम या शतरंज का खेल रंग लाता।

इतवार के दिन सभी कार्यकर्ताओं के साथ अपाहिजों की जरूरतों पर हम चर्चा करते। न्यूनतम राशि में अधिकतम सुविधा कैसे मुहैया की जा सकती है इसका नियोजन होता। कोल्हापुर या कहीं आसपास अपाहिजों के लिए शिविर होता तो हम लाभार्थियों को लेकर वहाँ पहुँच जाते। पोस्टकार्ड द्वारा सभी को इत्तला देकर इकट्ठा करते और साथ में टिफिन लेकर संस्था के खर्च से हम शिविर में शामिल होते। मेरे साथ देशभ्रतार तथा छोटे स्वयंसेवक अभिजीत, राजीव और रमेश भी आ जाते। कहीं-कहीं तो अपाहिज हमें ही संयोजक समझकर आवेदनपत्र आदि का काम हमसे करवा लेते।

मई, 1985 को बेलगाम में अपाहिज युवा प्रशिक्षण का आयोजन किया गया था, जिसके लिए संस्था के खर्चे से पाँच छात्रों को भेजा। वे उस शिविर से बहुत कुछ सीखकर आए। इचलकरंजी में मूक बधिर शिविर का आयोजन था जहाँ श्रवणयंत्रों का मुफ्त वितरण करनेवाले थे। डॉ. दिलीप देशमुख और श्री सुधाकर चांदेकर का ध्यान हमारे ग्रुप ने आकर्षित किया। सुचारु ढंग से किया जानेवाला काम, गपशप, मनोरंजन आदि से वे प्रभावित हुए। उन्होंने हमारी प्रशंसा करते हुए नवंबर, 1986 में वहीं पर होनेवाले अपाहिज युवा प्रशिक्षण शिविर में सम्मिलित होने का न्योता दिया। हमें और क्या चाहिए था? उनकी व्यवस्था और नियोजन में अनुशासन था। उन्होंने हमारे ग्रुप से सहयोग के साथ मार्गदर्शन भी ले लिया। संस्था के छात्रों ने उसमें जमकर हिस्सा लिया। वे काफी खुश नजर आ रहे थे।

शिविर के अंतिम दिन सारे अपाहिज बच्चों ने क्रिकेट खेलने की जिद पकड़ी। हमारे बच्चे भी बहुत दिनों से चाह रहे थे कि मुम्बई में नासीओ की तरफ से क्रिकेट प्रतियोगिता का आयोजन हो। लेकिन विशेषज्ञ डॉक्टरों की सलाह के बिना ऐसा साहस मुझे मंजूर नहीं था। केवल डॉ. दिलीप देशमुख और चांदेकर साहब ने उनकी इच्छा पूरी की। वह मैच देखते समय मैं अपने आपको भूल चुकी थी। एक हाथ के बगैर गेंदबाजी, फलंदाजी तथा गेंद को पकड़नेवाला मारूती, बैसाखी की सहायता से फलंदाजी...। कौन जीता कौन हारा इसकी अपेक्षा खेल महत्त्वपूर्ण था। खेलनेवाले और देखनेवालों को कड़ी धूप का एहसास तक नहीं हुआ। एक अनोखा खुशी का माहौल बन गया था।

इस मैच के बाद मैंने देशभ्रतार तथा संस्था में पधारे नए सदस्य आनन्द पटेल (जिनके एक पैर की जन्म से ही लम्बाई कम थी) ने श्री विजय मर्चेंट जी से मिलकर उन्हें नासीओ की तरफ से क्रिकेट मैच आयोजित करने की विनती की। नासीओ ने अपनी असमर्थता व्यक्त की लेकिन मर्चेंट जी ने निजी तौर पर इस आयोजन की जिम्मेदारी ले ली। तारीख तय हो गई और जल्द ही अपाहिज क्रिकेट खेल का विशेष नियमों के साथ आलेख तैयार किया गया। मैच बेब्रॉर्न स्टेडियम में रखा गया था। इसकी पूरी जिम्मेदारी अरुंधती घोष नामक महिला क्रिकेटियर पर सौंपी गई।

निश्चित समय पर मैच सम्पन्न हो गया। उस मैच के लिए पाकिस्तान के ख्यातनाम खिलाड़ी इमरान खान उपस्थित रहे। बहुत डरते-सकुचाते उनसे अनुमति लेकर हमने अपनी टीम का उनके साथ फोटो खिंचवाया। मगर दुर्भाग्य से खुशी के मारे हमारा फोटोग्राफर इतना उतावला हो गया कि उसने कैमरे की कैप निकाले बिना ही फोटो खींचा। सभी बहुत नाराज हो गए। उसके बाद हेल्पर्स के बच्चों को सुनील गावस्कर जी, अजित वाडेकर जी आदि के साथ फोटो निकालने का मौका मिला।

शाम को मैच का पुरस्कार वितरण समारोह विजय मर्चेंट जी की प्रमुख उपस्थिति में होनेवाला था। लेकिन अचानक दोपहर को उन्हें दिल का दौरा पड़ा। उन्हें अस्पताल में भर्ती किया और गम्भीर माहौल में वह समारोह सम्पन्न हुआ। विजय जी के न होने से समारोह में मायूसी छायी रही। विजय जी जल्द ही पूरी तरह से स्वस्थ हो गए यही हमारे लिए खुशी की बात थी।

तत्पश्चात् जिला स्तर, राज्य स्तर तथा राष्ट्रीय स्तर पर अपाहिज क्रिकेट प्रतियोगिताएँ आयोजित की गईं। अपाहिजों के क्रिकेट को अन्तरराष्ट्रीय स्तर पर ले जाने का हम पर जुनून सवार था। लेकिन धीरे-धीरे इस उपक्रम ने विचित्र मोड़ ले लिया। हर साल हेल्पर्स के चार-पाँच खिलाड़ियों का महाराष्ट्र संघ में चयन होता था। कर्णधार भी 'हेल्पर्स' का ही होता था। धीरे-धीरे क्रिकेट अपाहिजों के लिए न रहा और वह जीत का लक्ष्य बनने लगा। मैदान में खेलनेवाले अपाहिज खिलाड़ियों में अपाहिज होने के लक्षण ढूँढ़ने तक

की नौबत आ गई। चयनित खिलाड़ी हेल्पर्स से खर्चा लेकर दस-बारह दिन कसरत करना ही अपना दायित्व मानने लगे। संदीप अंकले को छोड़कर सभी ने संस्था की बजाय क्रिकेट को ही महत्त्व दे दिया। मुझे संस्था और दफ़्तर के कामों से फुरसत नहीं मिलती थी। परिणामस्वरूप इच्छा होने के बावजूद मैं क्रीड़ा कारनामों की तरफ ध्यान नहीं दे पाती।

आज मैंने सरकारी नौकरी से अवकाश ग्रहण किया है। मैं सही रूप में अपाहिज लड़कों का एक क्रिकेट संघ बनाकर उन्हें प्रतियोगिता में शामिल कर क्रिकेट संचालकों में जागृति लाने के लिए प्रयास कर रही हूँ।

कुछ वर्ष पहले महाराष्ट्र क्रिकेट असोसिएशन की तरफ से कोल्हापुर में 'हेल्पर्स' ने राज्यस्तरीय क्रिकेट प्रतियोगिता का आयोजन किया था। चंदवानी सभागार में आवास और भोजन की व्यवस्था की थी। खासबाग मैदान में सम्पन्न इस प्रतियोगिता ने खूब लोकप्रियता हासिल की। करवीरवासियों ने सहयोग में कोई कसर नहीं रखा। भोजन, पुरस्कार, राशि, मैदान का प्रबंध, यातायात, कॉमेन्ट्री आदि का सुचारु ढंग से नियोजन किया था। क्रीड़ा प्रतियोगिता का उद्‌घाटन कोल्हापुर जिला क्रिकेट असोसिएशन के अध्यक्ष बालासाहब पाटणकर के करकमलों से हुआ। सचिव मोहन भुईंबर भी उपस्थित थे।

इससे पहले कोल्हापुर के शाहुपुरी जिमखाना मैदान में सम्पन्न जिलास्तरीय क्रिकेट प्रतियोगिता में जब कोल्हापुर का संघ जीत गया तब अबीर-गुलाल और ढोल के साथ जुलूस निकाला गया था। वह जुलूस हमारे घर तक आ गया था। वह मैच देखने के लिए भारी भीड़ जमा हुई। आज भी दोनों हाथ न होते हुए बगल में बैट पकड़कर चौका लगानेवाले हमारे महम्मद को देखकर सभी दाँतों तले उँगलियाँ दबाते हैं। इसका अनुभव वाकई अजीब था। महम्मद को मैं 'हमारा महम्मद' इसलिए कहती हूँ क्योंकि बचपन में सरकारी बालगृह ने इसके दोनों हाथ न होने से इसे भर्ती करने से इनकार किया था। आज भी कुछ मासूमों की ऐसी हालत देखकर मन बहुत व्यथित होता है।

हेल्पर्स ने चिकित्सकीय इलाज पर अधिक बल दिया था। अपाहिजों पर शल्यक्रिया कर, उन्हें कृत्रिम सामग्री देकर उनके अपाहिजपन को सुकर बनाना तथा उनकी शिक्षा के लिए प्रयत्न करना हमारा मूल उद्‌देश्य था। इस अवसर पर हम यह शर्त रखते कि शल्यक्रिया के बाद खेल प्रतियोगिता अथवा सैर के लिए आना होगा और वह भी माता-पिता के बिना ताकि वे आत्मनिर्भर बन जाएँ।

1986 में मई की छुट्टियों का मौसम चल रहा था। कावला नाका के पासवाले मेरी वॉनलेस अस्पताल में डॉ. सातवेकर जी से बच्चों की जाँच करवाई। अनेक बच्चों पर शल्यक्रिया करवाने की आवश्यकता थी। डॉ. सातवेकर जी शल्यक्रिया मुफ्त में

करते थे लेकिन अस्पताल में आवास का खर्चा, नर्सिंग, दवाइयाँ, खून आदि के लिए रुपए लगते थे। कुछ बच्चों के माँ-बाप शल्यक्रिया के बाद दूध तक देने में असमर्थ होते। उनकी पूरी देखभाल हमें ही करनी पड़ती। कई बार हमारे घर से दूध और अंडे भेजे जाते। बाहर से आए लाभार्थियों को दो वक्त का खाना भी देना पड़ता। इस बार भी जरूरतमंद और अग्रक्रम से बच्चों की शल्यक्रिया का निर्णय लेकर उनके माता-पिता को खबर कर दी और हम रुपयों के इंतजाम में जुट गए।

उन बच्चों में उज्ज्वला नामक एक बहुत खूबसूरत और प्यारी लड़की थी। वह पोलियो से पीड़ित थी। शल्यक्रिया के बाद वह चलनेवाली थी। उसका नंबर दूसरे-तीसरे ग्रुप में था। उसके माता-पिता ने विनती की कि उनके घर में कुछ अड़चनें हैं, इसलिए बच्ची की शल्यक्रिया जल्द हो। हमने उनकी विनती मानकर उसकी शल्यक्रिया पहले ग्रुप में करने का निर्णय लिया। शल्यक्रिया के समय मैं और देशभ्रतार ऑपरेशन थिएटर के बाहर रुके रहते। हम मरीज को होश आने पर ही घर लौटते। उज्ज्वला की शल्यक्रिया सफल हो गई। होश आने पर वह वेदना से तड़पने लगी। हमने उसका मन बहलाने के लिए पूछा, ''तुम्हें खेलना पसंद है ना? मेरे साथ खेल प्रतियोगिता के लिए मुम्बई चलोगी?'' उस पीड़ा में भी उसने 'हाँ' कहा। पीड़ा से कराहती उस नन्ही जान को देखकर हमें बहुत दुख हुआ।

दूसरे दिन दफ़्तर से छुट्टी होते ही हम अस्पताल पहुँचे। जिन बच्चों पर शल्यक्रिया हुई थी उनसे मिले। उन्हें अस्पताल से छुट्टी मिलने पर बगीचे में सामूहिक भोजन और गीतगायन की योजना बनाई। देशभ्रतार मुझे घर छोड़कर अपने क्वार्टर पर चले गए। मैं खाना खाकर सो गई। भोर के समय फोन की घंटी बजने लगी। फोन उज्ज्वला के पिता का था। उन्होंने बताया, ''उज्ज्वला मूर्छित हो गई है, वह बहुत तड़प रही है।'' मैंने तुरन्त दफ़्तर में रात्रि पाली पर होनेवाले चपरासी को फोन कर देशभ्रतार को संदेश भेजा, ''तुरन्त हमारे घर आ जाना, मुझे अस्पताल जाना है।'' आधे घंटे में हम लोग अस्पताल पहुँचे। हमारे सामने ही उज्ज्वला ने दो हिचकियाँ दीं और उसकी गर्दन लुढ़क गई। डॉक्टर आए और उन्होंने कहा, ''सॉरी, उज्ज्वला इस दुनिया में नहीं रही।''

कल शाम तक मुसकाती हुई मुम्बई जाने के सपने देखनेवाली, अपने पैरों पर खड़ा रहने की आशा से वेदना सहनेवाली उज्ज्वला मेरे सामने निश्चल पड़ी थी। मैं उसे छूने का साहस नहीं जुटा पाई। संस्था के अध्यक्ष और सचिव के शब्द मेरे कानों में गूँज रहे थे, ''नसीमा, हम सब कुछ कर सकते हैं लेकिन शल्यक्रिया कराने में खतरा है। दुर्भाग्य से किसी की जान चली गई तो हमें लेने के देने पड़ जाएँगे।'' मेरा मानना था कि यदि दुर्भाग्य से एकाध बच्चा दुर्घटना का शिकार हो सकता है लेकिन इस डर से सैकड़ों बच्चों को जमीन पर घसीटने की सजा क्यों दी जाए? मेरी जिद के चलते समिति ने

शल्यक्रियाएँ करने के लिए स्वीकृति दी थी। अब समिति इस पर आपत्ति उठाएगी...फिर मेरे जैसी अभिशप्त जिन्दगी हजारों को भुगतनी पड़ेगी। कई विचारों से मेरा दिमाग चकराने लगा। मैं अपना संतुलन खो बैठी और अस्पताल में सबके सामने फूट-फूटकर रोने लगी। तभी कंधों पर किसी का सांत्वना भरा स्पर्श महसूस हुआ। उज्ज्वला के पिता कह रहे थे, ''दीदी ! मेरी एक उज्ज्वला के जाने से आप दुखी मत होना। अब के बाद हेल्पर्स के सारे बच्चे मेरे होंगे। संस्था से मेरा रिश्ता बना रहेगा। इसके बाद भी मैं ऐसे शिविरों में आया करूँगा।'' उज्ज्वला की माँ चुपचाप आँसू बहा रही थी। मैंने स्वयं को सँभाला और ऍम्ब्युलेंस मँगवाई। मैं और देशभ्रतार उज्ज्वला की लाश को उसके गाँव पहुँचाने गए।

लौटते समय फिर वही डर सता रहा था कि अब समिति क्या निर्णय लेगी? मैंने मन-ही-मन तय किया कि इसके बाद बच्चों के माता-पिता की सहमति और देशभ्रतार का सहयोग मिलेगा तो समिति के निर्णय के ख़िलाफ़ जाकर भी शल्यक्रिया की जाएगी। इस निर्णय से मैं कुछ मात्रा में स्वस्थ हो गई।

आँखों के आँसू सूखे नहीं थे कि दिल्ली के हैंडिकैप्ड वेलफेयर फेडरेशन के पदाधिकारी श्री परदेशी सपरिवार कोल्हापुर पधारे। एक हाथ न होते हुए भी वे गजब की पेंटिंग करते थे। वैसे मैं चित्रकला से अनभिज्ञ हूँ लेकिन उनके चित्रों का सौंदर्य और जिंदादिली मन को मोह लेती थी। उनका व्यक्तित्व भी उनकी कला के समान जिन्दादिल था। मैंने उन्हें घर पर खाने के लिए आमंत्रित किया। उन्होंने बड़ी आत्मीयता से मेरी उदासी का कारण पूछा। इस पर मैं उन्हें साथ लेकर मेरी वॉनलेस अस्पताल चली गई। उन्हें शल्यक्रिया किए बच्चों से मिलवाया और उज्ज्वला की घटना बता दी। अपने निर्णय से भी उन्हें अवगत किया। एक संस्था स्वयं के खर्चे से जिम्मेदारी लेकर ऐसी शल्यक्रियाएँ करती हैं यह जानकर वे काफी प्रभावित हुए। हमारे काम को शुभकामनाएँ देकर वे दिल्ली चले गए।

मई, 1986 में परदेशी कोल्हापुर आकर गए और जुलाई, 1986 में मुझे 'डिवोटेड सोशल वर्कर' पुरस्कार घोषित किया गया। पुरस्कार 15 अगस्त, 1986 को दिल्ली के नायब राज्यपाल एच.एल. कपूर के हाथों प्रदान किया जानेवाला था। पुरस्कार में यात्राव्यय, मानपत्र तथा एक हजार रुपए मुझे मिले थे।

उज्ज्वला की मौत के पंद्रह दिन बाद उसके पिता का फोन आया। वे कह रहे थे कि डॉक्टर की गैरजिम्मेदारी के कारण ही उज्ज्वला की मौत हो गई इसलिए मैं मुकदमा दायर करूँगा। वे किसी राजकीय दल के दफ़्तर से बोल रहे थे। मैं विश्वास नहीं कर पाई कि यह उज्ज्वला के पिता बोल रहे हैं। मैंने उन्हें मिलने के लिए आने को कहा। डॉ. सातवेकर जी जैसे फरिश्ते को जब मैंने यह बताया तो उन्होंने मुझे ही धीरज दिया,

"आप चिन्ता मत कीजिए। अगर उज्ज्वला के पिता आ जाएँ तो उन्हें मेरे पास ले आना। मैं पूरा रिकॉर्ड दिखा दूँगा। वैसे वे मेरा कुछ नहीं बिगाड़ सकते। हम अपना मिशन जारी रखेंगे।" मैंने तुरन्त उज्ज्वला के पिता को खत लिखा लेकिन न उसका उत्तर आया न उन्होंने मुकदमा दायर किया।

सन् 1998 में उज्ज्वला के गाँव में मुझे भाषण देने हेतु आमंत्रित किया था। वहाँ का सहकारी बैंक ने संस्था के लिए चंदा भी दे दिया था। अपने भाषण में मैंने उज्ज्वला को याद किया। समारोह खत्म होने के बाद मुझे उज्ज्वला के पिता मिले और कहने लगे, "दीदी ! केवल आपकी वजह से मैं चुप रहा वरना उस डॉक्टर को मैं सबक सिखा देता।" मैंने बात को बढ़ाना अनुचित समझा।

इस घटना के बाद हेल्पर्स की समिति ने निर्णय लिया कि अब शल्यक्रिया से पहले बच्चों के माता-पिता की लिखित अनुमति ले लेंगे। भगवान की कृपा से उज्ज्वला के बाद कोई दुर्घटना नहीं हुई। आज तक संस्था 12 लाख 66 हजार रुपए खर्च कर 274 बच्चों पर शल्यक्रियाएँ करके उनके जीवन में बहार ले आई है।

उज्ज्वला की मौत तथा मन को घायल करनेवाले कई हादसों से मैं परेशान थी। संस्था के काम की वजह से मुझे घर पहुँचने में देर होती जिससे घरवाले नाराज रहते। घर पहुँचने पर 'थकी हो, चाय या शरबत लो' इसकी अपेक्षा 'अब तक कहाँ थी?', 'इतनी देर क्यों लगाई?' जैसे टेढ़े सवाल पूछे जाते। मैं 'संस्था का काम था' कहकर मुँह पर ताला लगा देती। वैसे तो मुझे बाहर की बातें विस्तार से घर में बयान करने की आदत थी लेकिन ऐसे सवालों से मैं कपड़े बदलकर पानी पीती और चद्दर ओढ़कर चुपचाप लेट जाती। रात का खाना तक बिस्तर पर ही खाती। भाई अजीज कभी-कभी खाने के लिए सारे सदस्यों को मेरे कमरे में लाता। उन दिनों मुझे कभी-कभी पूरी रात नींद नहीं आती थी। मैं पूरी रात लिखने-पढ़ने अथवा बुनाई-कढ़ाई में गुजारती।

एक बार भाईसाहब और रेहाना कोल्हापुर आए थे। उन्होंने संस्था के कामकाज के की बारे में बड़ी आत्मीयता से पूछताछ की। मैंने उन्हें अम्मी की नाराजगी के बारे में बताया। पता नहीं उन्होंने अम्मी को कैसे समझाया लेकिन अम्मी ने मुझ पर लगाए सभी बंधन शिथिल कर दिए। उसके कारण मुझे जो तकलीफ सहनी पड़ी उसका उसने कई बार जिक्र किया। तब से अम्मी मेरे काम में पूरा सहयोग देने लगी। मेरी निजी जरूरतों का वह पहले से खयाल रखती है। उसकी अनुपस्थिति में भाभी ईर्शाद भी बड़ी आत्मीयता से मेरा खयाल रखती है। अफसोस है कि उसके बीमार होने पर मैं उसकी कोई सेवा नहीं कर पाती हूँ। ऐसे समय अपाहिज होने का तीव्र अहसास होता है। कभी-कभी तो घर में मेरी जरूरत होने पर भी मुझे संस्था के काम के लिए बाहर जाना पड़ता है। ऐसे समय शरीर काम में और मन घर में उलझा रहता है।

दिल्ली जाकर पुरस्कार स्वीकारने की तिथि नजदीक आ गई। हमेशा की तरह मैं बीमार थी। देशभ्रतार जी की प्रेरणा से विश्रांति को साथ लेकर हम तीनों दिल्ली गए। दिल्ली पहुँचने तक मेरे पेट में पानी तक हजम नहीं हो रहा था। उल्टियाँ और बुखार का जोर कायम था। बार-बार कैथेटर निकल रहा था।

दिल्ली में हम प्रमिला कपूर जी के घर पर ठहरे। प्रमिला के दोनों पैर पोलियो की चपेट से नाकाम हुए थे। वह बाहर कैलिपर लगाकर मोटराइज्ड ट्रायसिकल और घर में पहियोंवाली कुर्सी का उपयोग करती थी। वह रेल बोर्ड में नौकरी करती थी। वह स्वभाव से बहुत ही स्पष्ट थी। महिंदर कपूर नामक लड़का शादी के लिए उसके पीछे पड़ा था। वह आशंकित थी इसलिए उसने मुझसे सलाह माँगी। मैंने कहा, ''मुम्बई की खेल प्रतियोगिता के लिए उसे साथ ले आओ। यात्रा तथा साथ रहने से उसके स्वभाव का पता चलेगा। उसकी खूबियाँ-कमियाँ देखकर निर्णय लो।'' उसे मेरी सलाह पसंद आई।

महिंदर से मेरा पहले ही परिचय था। लेकिन परिचय और पहचान में बहुत अन्तर होता है। एक बार महिंदर के आग्रह पर चाँदनी रात में हम दिल्ली घूमने गए थे। उसके दोस्त भी साथ थे। महिंदर ने बताया कि एक पंचतारा होटल से दिल्ली बहुत ही सुंदर दिखाई देती है। हम उस होटल में गए। महिंदर को मेरी कीमती साड़ियाँ देखकर मेरे रईस होने की गलतफहमी हो गई थी। उसने कॉफी पीने की इच्छा प्रकट की तो मैंने 'हाँ' कर दी। कॉफी का बिल देखकर मैं हैरान हो गई। पाँच सौ रुपयों का बिल अदा कर मैंने निश्चय किया कि जिन्दगी में फिर कभी ऐसे होटल में नहीं जाएँगे। पुरस्कार के दौरान उसी महिंदर के घर मेहमान बनना पड़ा।

समारोह के दिन मैं अत्यंत अस्वस्थ हो गई। पुरस्कार लेने तक की शक्ति मुझमें नहीं बची थी। प्रमिला और ये दो सहेलियाँ तहेदिल से मेरी सेवा कर रही थीं। सिर तथा हाथों को सहलाती थी। डॉक्टर लगातार इंजेक्शन दे रहे थे। जैसे-तैसे मैंने पुरस्कार स्वीकार किया। लोगों में चर्चा हो रही थी कि इस साल का पुरस्कार अपाहिजों के लिए काम करनेवाली एक अपाहिज महिला को ही मिला है। परदेशी, गौतम कौर, संदीप सूर मेरी काफी प्रशंसा कर रहे थे। मुझमें अपना मनोगत व्यक्त करने तक की शक्ति नहीं थी। रेहाना और भाईसाब से फोन पर सम्पर्क किया तो उन्होंने तुरन्त मुझे हवाईजहाज से मुम्बई भेजने को कहा। लेकिन देशभ्रतार को मुझे उस अवस्था में रेल से जाने में कोई आपत्ति नहीं थी, इसलिए हम रेल से ही चल पड़े। हमारा वातानुकूलित श्रेणी का आरक्षण था। मैंने प्रमिला से कहकर डॉक्टर से दवा ली और मुम्बई तक की यात्रा नींद में ही हो गई। रेहाना मुम्बई में रुकने की जिद कर रही थी लेकिन मुझे मुम्बई की अपेक्षा मेरी वॉनलेस अस्पताल में भर्ती होना था। उसी अवस्था में कोल्हापुर पहुँची और अस्पताल में भर्ती हो गई।

पुरस्कार मिलने से खुशी की अपेक्षा जिम्मेदारी बढ़ने का ही एहसास होने लगा। अभी तो मैंने कार्य शुरू किया था। विशेष योग्यता न होते हुए भी मुझे पुरस्कार मिला था। इस पुरस्कार के काबिल होने का मैंने निश्चय किया, कम-से-कम कोल्हापुर जिले में मौजूद एक भी अपाहिज कृत्रिम सामग्री से वंचित न रह पाए। अपाहिजों को कृत्रिम सामग्री न मिलना कितना भयावह होता है, इसका मैंने स्वयं अनुभव किया था।

पुरस्कार का चेक भुगतान होने पर मैंने अम्मी के लिए कान की बालियाँ खरीद लीं जिसने मुझे और सारे परिवार को मेरे अपाहिजपन को स्वीकारने की शक्ति प्रदान की थी। उसे नौकरी के नौ वर्षों में मैंने कुछ भी नहीं दिया था। इस पुरस्कार की सही हकदार वही थी। और समय कुछ न लेनेवाली अम्मी ने मेरी वह भेंट स्वीकार कर ली।

दिल्ली से वापस आने पर देशभ्रतार जी से खबर मिली कि उन्होंने नागपुर की नीता नामक एक लड़की पसंद की है। नीता के बारे में मैं बहुत उत्सुक थी कि कैसी होगी वह? मेरे साथ उसका व्यवहार कैसा होगा? क्या उसे पति के संस्था के लिए काम करना अच्छा लगेगा? मेरा नागपुर जाना मुश्किल था इसीलिए शुभकामनाएँ भेज दीं। देशभ्रतार जी ने बताया कि नीता ने सोशल वर्क का कोर्स किया है। मैं बहुत बेसब्री से उसकी राह देख रही थी। संस्था के लिए एक कार्यकर्त्री जो मिलनेवाली थी। शादी के बहाने मैंने पारिवारिक भोज का आयोजन कर रखा था। मेरा मानना था कि, इस बहाने नीता का सभी से परिचय हो जाएगा। देशभ्रतार जी ने कहा था कि नीता मुझसे छोटी है इसीलिए मैं उसे नीता भाभी कहने के बजाय सिर्फ 'नीता' कहकर बुलाऊँ। कार्यक्रम की रात खाने के बाद सभी अपने-अपने घर गए। दूसरे दिन सुनने को मिला कि नीता कह रही थी, "मैंने बड़ी-बड़ी संस्थाएँ देखी हैं। 'हेल्पर्स' बहुत छोटी संस्था है।" उसका कहना सही था लेकिन नई दुल्हन के मुँह से ऐसे शब्द किसी को अच्छे नहीं लगे। पहले दिन दफ़्तर से आने पर देशभ्रतार जी ने मेरे खाने के बारे में पूछा तक नहीं। मुझे बहुत दुख हुआ।

एक दिन मेरे हाथ से कागज और पेन जमीन पर गिर गया। आदत के मुताबिक मैंने देशभ्रतार जी से उठाने की विनती की। इस पर नीता ने चिढ़कर कहा, "दीदी, आप मेरे पति को ऐसे काम मत बताना। मैं हूँ ना!" देशभ्रतार जी चुप थे। बहुत प्रयास से मैं अपने आँसुओं को रोक पाई। उस दिन जल्द ही घर लौटी।

ऑफिस छूटने के बाद मैं संस्था का काम करने ठहरती तो देशभ्रतार जी मेरी मदद करने आ जाते। उन्हें घर जाने को कहने पर भी वे काम करने बैठते। मजबूर होकर मैंने संस्था का काम घर पर लाना शुरू किया। उनकी हाल ही में शादी हुई थी। नीता की इच्छा-आकांक्षाओं को मैं समझती थी। दोनों पति-पत्नी में मेरे या संस्था के काम के कारण कोई तूफान खड़ा हो यह मैं नहीं चाहती थी। धीरे-धीरे स्थिति बदल गई। देशभ्रतार जी दोपहर को खाने के लिए साथ आने लगे। मैंने नीता से भी साथ खाने का

अनुरोध किया। खाना खाने पर छोटा-मोटा काम मैं उसे सौंपने लगी। नीता मेरा हाथ बँटाने लगी। वह स्वादिष्ट खाना बनाती थी। वह कभी मुझे रात को खाने के लिए रोकती। वह उत्तम सिलाई करती थी तथा अच्छी तरह से टंकण भी करती थी। मुझे लगा कि देशभ्रतार जी को एक अच्छा जीवनसाथी मिला था। मेरे साथ प्यार से पेश आनेवाली नीता पति के सामने मात्र मुझसे जबान लड़ाती थी। यह देशभ्रतार जी को अच्छा नहीं लगता था। धीरे-धीरे यह भी कम हुआ। हमारा ग्रुप एकता से छोटे-मोटे काम करने में जुट गया।

संस्था में सैर का कार्यक्रम हो या प्रतियोगिता का आयोजन हो, नीता मेरा दाहिना हाथ बन गई। दिल्ली से अगर रात-बेरात लौटते तो वह बाहर खाना खाने से मना करती और सबके लिए गरम-गरम खाना बना देती। संस्था के काम के लिए मैं उसे अपने साथ बाहर ले जाने लगी। आयकर भवन, धर्मान्यास आयुक्त, उद्योग भवन, जिलाधीश कार्यालय में संस्था के काम हेतु वह मेरे साथ आने–जाने लगी। वह घर की जिम्मेदारी सँभालकर बाहर के सारे काम सफलता से करती थी जिसकी मैं कायल थी। मैंने संस्था की ओर से उसे पारिश्रमिक देना शुरू किया। दफ़्तर के काम से मैं कहीं नहीं जा पाई तो नीता अकेली जाकर कभी मीठी बातों से, कभी झगड़ा मोल लेकर तो कभी रोकर भी काम पूरा करके लौटती। लोग हमेशा उसकी तारीफ में मुझे कहते, ''अजी, काम समय पर नहीं हो पाएगा यह जानकर भाभी रोने लगी और हमें और काम छोड़कर आपका काम करना पड़ा...'' इस प्रकार नीता हमारे सुख-दुख की साथिन बन गई थी।

एक दिन दफ्तर से आकर संस्था का काम निपटाकर मैं क्वार्टर को ताला लगाकर निकल रही थी कि बाहर गाँव से एक अपाहिज पंजीकरण, सहायता हेतु आ गया। मैं थक गई थी। मैं उससे पुन: आने की विनती कर रही थी तो नीता ने कहा, ''दीदी, आपको 'वो' छोड़ आएँगे। यह इतने दूर से आए हैं, इन्हें वापस लौटाना ठीक नहीं लगता।'' नीता ने मेरे मन को भाँप लेना सीख लिया था। देशभ्रतार जी और नीता कई बार स्वयं आधे पेट रहकर आनेवाले लाभार्थियों को खाना खिलाते। कुछ दिनों के बाद काम की सुविधा के लिए उन्होंने मेरे पड़ोस की ही क्वार्टर ले ली। उसके दरवाजे आमने-सामने थे। धीरे-धीरे मेरा रसोईघर रेकॉर्डरूम बन गया और उनका रसोईघर सभी का रसोईघर बन गया। नीता अम्मी और बहन की तरह मेरी हर सेवा करने लगी। मैंने पीठ थपथपाकर उसे शाबाशी दी और उसके प्रति आभार जताए। यदि उस अपाहिज का उस दिन पंजीकरण न होता तो मैं रात को सो नहीं पाती।

इधर पी.डी. देशपांडे और रजनी ने भी शादी कर ली और दोनों नांदेड चले गए। प्रमुख कार्यक्रम में दोनों का आना-जाना जारी था। संस्था का कामकाज गति से शुरू हो चुका था। एक बार जरूरतमंद अपाहिजों को कैलिपर्स और ट्रायसिकल्स दिलवाने के

लिए एक शिविर में ले गए थे। हमेशा की तरह मेरे साथ देशभ्रतार, अभिजीत गारे, विजयकुमार नलावडे, राजीव वणकुद्रे और रमेश रांजणे थे। वहाँ के संचालक से अच्छा परिचय हो गया था। एक दिन वे मेरे दफ़्तर आए। उनके यहाँ एक पुरस्कार वितरण कार्यक्रम के लिए मेहमान के रूप में वे हमारे सहायक जिलाधीश साहब को आमंत्रित करना चाहते थे। उन्होंने साहब को आमंत्रित करने हेतु मेरा सहयोग चाहा। हमारे बच्चों को सामग्री देने के कारण मैं उनके प्रति एहसानमंद थी। मैं उन्हें साथ लेकर साहब से मिली। साहब ने तुरन्त निमंत्रण स्वीकार कर लिया। अब तक साहब संस्था और दफ़्तर के काम से बेहद खुश थे। मेरी हर तरह की मदद करते थे। लेकिन उस घटना के बाद क्या हुआ पता नहीं? वे मुझसे रूखा-सा व्यवहार करने लगे। मुझ पर यह इल्जाम लगाया गया कि मैं अपाहिजों के कमर्शियल कामों के लिए क्वार्टर का इस्तेमाल करती हूँ। यहाँ तक कि मुझे मेमो दिया गया। मैंने जब क्वार्टर लेते समय दिया गया आवेदनपत्र दिखाया तब मामला ठंडा हो गया। कुछ दिनों बाद मुझे जिलाधीश साहब की बेरुखी का जो कारण पता चला वह भयानक था। पुरस्कार वितरण के लिए साहब को जो संचालक ले गए थे उस पर विभाग का कानूनी केस चल रहा था। पहचान का फायदा उठाकर वे उसी रात साहब के घर जाकर उनसे मिले। साहब को गलतफहमी हो गई थी कि यह सब मेरी इच्छा से बल्कि मुझे चंदा देकर हो रहा है। वास्तव में वे मुझे बुलाकर सच्चाई का पता लगा सकते थे। मैं सिर्फ अपना काम सँभालती थी। ऐसे झंझट से बचने के लिए मैंने विशेष तथा अधिक वेतन के पद को टालकर अकाउंट विभाग में ही रहना पसंद किया था।

इसी संचालक महाशय ने एक बार मुझसे बहस भी की थी। उनका कहना था कि, दोनों पाँवों में कैलिपर्स होनेवाले छात्र को ट्रायसिकल देने की जरूरत नहीं है। मेरा मानना था कि, कैलिपर्स के कारण बच्चा जो अन्तर आधे घंटे में पार करता है, ट्रायसिकल से वह पाँच मिनिटों में पहुँचेगा। मैंने गुस्से में उनसे कहा भी था, "अगर आपके दोनों पैर सही-सलामत हैं तो आप स्कूटर का क्यों इस्तेमाल करते हैं?...वाकई पुनर्वासन करना है तो वह परिपूर्ण होना चाहिए। सौ की अपेक्षा बीस ही लोगों का ढंग से पुनर्वासन कीजिए।" उस व्यक्ति की असलियत का पता चलने पर मैंने उनसे मिलना तक टाल दिया। कई बार उन्होंने साझी योजना क्रियान्वित करने का प्रस्ताव रखा लेकिन मैंने साफ इनकार किया। उनके द्वारा आयोजित शिविर में लाभार्थियों को ले जाने का काम मैंने अभिजीत, विजयकुमार, राजीव, रांजणे आदि लड़कों पर सौंप दिया।

एक बार 'नासीओ' कैंप में संस्था के लाभार्थियों को देने हेतु तीन पहियोंवाली कुर्सियाँ मिली थीं। सभी लाभार्थी पढ़नेवाले छात्र थे। ये कुर्सियाँ हमारे केन्द्रीय सीमा

शुल्क के मैदान में स्थित शेड में रखी गई थीं। उन्हें ज्यादा दिन तक उस स्थिति में रखना उचित नहीं था। उनको जल्दी से जल्दी बाँटने की मेरी इच्छा थी। मैंने इस संदर्भ में बैठक में प्रस्ताव भी रखा था, लेकिन संस्था के कुछ सदस्यों को मेहमान का इंतजार था। लाभार्थियों को सामग्री तुरन्त मिले यह मेरी और कुछ सदस्यों की इच्छा थी। संयोग से सेंट्रल एक्साइज के कमिश्नर कोल्हापुर आ रहे थे इसीलिए मैंने उनके नाम की सिफारिश की। इस पर एक सदस्या ने भरी सभा में मुझ पर इल्जाम लगाया, ''अपनी नौकरी तथा कैरिअर को ध्यान में रखते हुए आप सिफारिश कर रही हैं।'' यह सुनकर मैं दंग रह गई। मोटा वेतन और ऊँची पदोन्नति को नकारकर मैं संस्था के प्रति समर्पित थी और मुझ पर ही इल्जाम...? बाकी सदस्यों की प्रतिक्रियाएँ महत्त्वपूर्ण थीं। देशभ्रतार जी की भौंहें तन गईं। वे बोले, ''आप किसे यह कह रही हैं? जिसने अपना सबकुछ इस संस्था पर न्यौछावर कर दिया है, उन्हें? अपाहिजों के हित का यह कार्य निरंतर चलता रहे, भविष्य में कोई भी समस्या इस संस्था के सामने न हो इसीलिए दीदी ऐसा सोच रही हैं।'' अध्यक्ष ने उस सदस्या को मुझसे माफी माँगने की सूचना दी और जब उन्होंने माफी माँगी तब माहौल ठंडा हो गया।

एक कार्यक्रम में छोटे अपाहिज बच्चों के हाथ से मेहमानों को फूल देकर स्वागत करने का प्रस्ताव मैंने प्रस्तुत किया। उसके पीछे उद्देश्य यह था कि शल्यक्रिया के बाद बच्चे कृत्रिम सामग्री के द्वारा किस प्रकार चल सकते हैं, यह उपस्थित मान्यवरों को दिखाया जाए। इस बात पर एक सदस्य ने आपत्ति उठाई, ''आनेवाले बड़े मेहमानों को इस तरह का स्वागत अच्छा नहीं लगेगा और बच्चों के चलने में समय भी बीत जाएगा।'' हमने कहा, ''जिन मेहमानों को अच्छा नहीं लगेगा उन्हें कार्यक्रम के लिए बुलाने का सवाल ही नहीं उठता। जिन बच्चों के लिए हमारी संस्था काम करती है, उन बच्चों के लिए मेहमानों को थोड़ा समय देने में क्या हर्ज है? बच्चों का चल पाना ही संस्था का मूल उद्देश्य है।'' कभी-कभी मंच पर बैठने की व्यवस्था में जाति-धर्म की बात को लेकर अतिथि के पास बैठने को लेकर बखेड़ा खड़ा होता था। खुशकिस्मती से संस्था के सदस्यों में ऐसी बातों को न माननेवालों की संख्या अधिक थी, इसीलिए प्रत्येक उपक्रम हमारी इच्छा के अनुसार होता था।

बड़े कार्यक्रमों का आयोजन कर कृत्रिम सामग्री बाँटने की बात मुझे पसंद नहीं थी। मदद लेनेवालों की शारीरिक और आर्थिक मजबूरी होती है। वह लेने के सिवा उसके सामने कोई विकल्प ही नहीं होता है। पैसों का उपयोग कहाँ और कैसे होता है? इसका चंदा देनेवालों को पता होना भी आवश्यक था। इसका एहसास होने पर ऐसे कार्यक्रमों का आयोजन होने लगा। अन्यथा ऐसे समारोह इतवार के दिन हमारे दैनिक कार्यक्रम का एक औपचारिक कार्य होता था।

कार्यक्रमों के दौरान भाषण करना मेरे लिए एक बड़ी समस्या होती थी। मैं हजार काम बिना दिक्कत कर सकती थी लेकिन बोलने के लिए माइक सामने आते ही शरीर काँपने लगता। हाथ थरथराने लगते। आग्रह रहता कि मुझे बोलना चाहिए। मुझे लगता था कि सौ कामों की शक्ति एक भाषण में खर्च होती है। बाबूकाका थे तब आकाशवाणी पर बोलने का मौका मिला था, मगर मैंने टाल दिया। धीरे-धीरे यह कला भी मैंने आत्मसात की। दिल्ली से पुरस्कार लेकर आई तब सांगली आकाशवाणी की श्रीमती मेश्राम ने संस्था में आकर मेरा साक्षात्कार लिया। वह रेडियो पर सुनने के बाद यह आत्मविश्वास लगा कि मैं इतना तो बुरा नहीं बोलती। धीरे-धीरे दस सालों में भाषण का डर और हाथों की कँपकँपी गुम हो गई, लेकिन आज भी बोलने की अपेक्षा काम करते रहना ही मुझे अधिक खुशी देता है।

कार्यक्रम के संदर्भ में और एक बात याद आती है। कार्यक्रम के समय स्टेज पर बाबूकाका का छायाचित्र कुर्सी पर रख उसे पुष्पहार डालकर उनके प्रति कृतज्ञ होने की मेरी और रजनी की इच्छा होती थी। लेकिन संस्था के कुछ सदस्यों का इससे विरोध होता। उनका मानना था कि बाबूकाका थोड़े ही 'हेल्पर्स' के संस्थापक हैं? फिर उनके छायाचित्र की क्या जरूरत? संस्था के पहले समारोह में हमने बाबूकाका का छायाचित्र रखा लेकिन ऐन मौके पर किसी ने उसे वहाँ से हटा दिया। समारोह के अवसर पर झंझट टालने हेतु मैं चुप रही। बाद में उन्हें समझाया कि बाबूकाका का व्यक्तित्व और कृतित्व हमारा तथा हेल्पर्स का धरोहर है। यदि वे न होते तो यह संस्था भी नहीं होती। तत्पश्चात् संस्था के हर समारोह में बाबूकाका के छायाचित्र को आगे रखा जाने लगा।

संस्था का कार्य दिन-ब-दिन व्यापक होने लगा था। दूसरी ओर सदस्यों में मतभेद भी बढ़ने लगे। एक बार एक चिकित्सकीय शिविर में होमियोपैथी मेडिकल महाविद्यालय की छात्रा छाया देसाई की माँ इसलिए आई ताकि उसे कैलिपर मिले। छाया देसाई मुफ्त में कैलिपर लेने के लिए तैयार नहीं थी। लेकिन उसकी माँ की इच्छा थी कि पूना-मुम्बई के दो-तीन बार चक्कर लगाने की अपेक्षा यहाँ से ले लेने में ही क्या हर्ज है? धीरे-धीरे छाया देसाई हमारी संस्था के कार्य में स्वेच्छा से शामिल होने लगी। इसी समय रमाकाकी शिरगावकर और सौ. स्मिता शिरगावकर जी ने काम करने में असमर्थ होने के कारण इस्तीफा दे दिया था। उनके स्थान पर पी.डी. देशपांडे और श्रीकांत केकड़े को समिति में शामिल किया गया। देशभ्रतार जी को उसके पहले ही लिया गया था। बढ़ते कामकाज को देखकर सात सदस्यों की समिति नौ सदस्यों को लेकर चलने लगी जिसमें मेरी भाभी ईर्शाद भी थी जो मेरे साथ संस्था के काम में महत्त्वपूर्ण योगदान देती थी, इसीलिए उसे भी समिति में लिया गया था।

आमदनी के लिए संस्था ने सिलाईकाम के साथ लिक्विड साबुन तैयार कर उसे बेचना शुरू किया। यह काम आसान था, इसलिए यह अपाहिजों पर सौंपने का मैंने प्रस्ताव रखा। लेकिन कुछ लोगों की राय थी कि आगे चलकर ये अपाहिज संस्था छोड़कर स्वतंत्र रूप से काम करेंगे। संस्था छोड़ देंगे। अत: उन्हें कमीशन देकर उनसे केवल बिक्री कराना ठीक रहेगा। जो राशि बचेगी उससे संस्था के नाम फ्लैट खरीदा जाए। मैं इन स्वार्थी विचारों से सहमत नहीं थी क्योंकि इन बच्चों को आत्मनिर्भर बनाना ही तो संस्था का अंतिम उद्देश्य था। इन लोगों ने साबुन बेचते समय अपाहिजों को सूचित किया, 'यह हमने बनाया है' ऐसा कहना। मात्र मैंने उस वक्त बच्चों को समझाया कि 'झूठ बोलकर लोगों को ठगना अच्छा नहीं।' साल के अन्त में इस वोकेशनल प्रॉडक्ट के रुपए संस्था में जमा नहीं हुए। तब मैं उपाध्यक्षा के पद पर नियुक्त थी। मैंने ट्रेजरर से चर्चा की। उन्हें बताया कि अगर मार्च के अन्त तक रुपए जमा नहीं किए तो जनरल बॉडी में इस विषय पर चर्चा होगी। फिर ट्रेजरर ने उस जिम्मेदार व्यक्ति की तरफ से सारा हिसाब मँगवा लिया और पैसे संस्था के खाते में जमा कर दिए।

इसी समय मुझे कोई पुरस्कार मिला था और उस उपलक्ष्य में मेरा पूना में सत्कार किया गया था। पूना आकाशवाणी ने मेरा साक्षात्कार लिया। अनुताई भागवत तथा सुजलाताई नित्सुरे इन दो सामाजिक कार्यकर्त्री महिलाओं ने इस साक्षात्कार की जिद की थी। अनुताई अपने पिता शिवाजीराव पटवर्धन जी की स्मृति में 'स्नेहप्रकाश' नाम से अपाहिजों की समस्याओं पर हर साल एक पुस्तक लिखती थी। सुजलाताई नित्सुरे भी वहीं पर सामाजिक कार्यकर्त्री थी। मेरा साक्षात्कार उषाताई पागे जी ने लिया था। संगमनेर के रामदास सोनवणे नामक पैराप्लेजिक युवक ने यह साक्षात्कार सुना।

रामदास ने डिग्री तक की शिक्षा ली थी। उसके पिता चल बसे थे। माँ ने उसे बड़े कष्ट सहकर पढ़ाया-लिखाया था। अच्छी नौकरी न मिलने पर रामदास रास्ते बनानेवाले मजदूरों के साथ मेहनत का काम करने लगा। एक दिन वह स्लॅब के मिक्सर के नीचे काम कर रहा था कि अचानक मिक्सर की टंकी टूट गई। इससे उसकी रीढ़ की हड्डी टूट गई और वह पैराप्लेजिक बन गया। नौकरी मिलने पर माँ को सुख देने का उसका सपना टूट गया। एक साल उसे अस्पताल में रहना पड़ा। वह पुन: बालक बन गया और माँ उसकी सेवा करने लगी। वह माँ को तकलीफ नहीं देना चाहता था। आत्महत्या की इच्छा तक उसके मन में आने लगी। ठीक इसी समय उसने रेडियो पर मेरा साक्षात्कार सुना और उसे जीने की राह मिली। उसने मुझे खत लिखकर संस्था में इलाज के लिए आने के बारे में पूछा। मैं इसी डर से साक्षात्कार के लिए तैयार नहीं थी, क्योंकि अभी संस्था आर्थिक दृष्टि से दुर्बल थी। मदद चाहनेवाले बढ़ गए थे। उसकी तुलना में सहयोग करनेवाले कम थे। लोकप्रियता और प्रसिद्धि के कारण मुझे काफी हानि सहनी

पड़ी है। इसी कारण मैं प्रसिद्धि से दूर भागती थी। लेकिन बाकी लोगों का मानना था कि यदि लोगों को संस्था के कार्य का पता चल जाएगा तो सहयोग करनेवाले लोग भी मिलेंगे। रामदास का खत मिलने पर मैं बहुत दुखी हुई। उसकी मदद करने की तीव्र इच्छा थी लेकिन पर्याप्त जगह और रुपयों की कमी थी। मैंने अनुताई को रामदास के खत की प्रति तथा साथ में अपने पत्र द्वारा यह भी सूचित किया कि ''उसे सहयोग कर पाने में संस्था असमर्थ है। उसके पुनर्वासन में काफी रुपए लग सकते हैं। उसे आशा दिलाकर निराश करना भी ठीक नहीं।'' इस पर उनका उत्तर आया, ''मैं दो हजार तुरन्त भेज रही हूँ। रामदास के इलाज के लिए और भी पैसे मिलेंगे। तुम चिन्ता मत करो।'' मैं पत्र पढ़कर बहुत खुश हुई।

रामदास की तरह मैं प्रकाश जोशी का भी इलाज करवाना चाहती थी। वह यतीम था। मैंने रामदास के खत का जवाब दिया, ''तुम्हारे साथ प्रकाश का भी इलाज होगा लेकिन वह यतीम है। मैं व्यक्तिगत रूप से तुम और तुम्हारी माँ के खर्चे की जिम्मेदारी ले रही हूँ। बस मुझे प्रकाश के लिए माँ चाहिए। तुम्हारी माँ अगर उसकी यह जरूरत पूरी करेगी तो तुम दोनों यहाँ आ जाओ। इलाज और पुनर्वासन की व्यवस्था हो जाएगी।''

रामदास गाड़ी में लेटकर ही कोल्हापुर आ गया। कोल्हापुर के अनाथाश्रम से इनकार मिलने के बाद प्रकाश को मिरज के डॉ. पाठक जी के अनाथाश्रम में भेजा गया। दूसरे दिन रामदास आ गया। प्रकाश की माँ से मुलाकात नहीं हो पाई। रामदास बेडसोअर्स से परेशान था। मामा को खत लिखा और उसके लिए मुम्बई से वॉटरबेड मँगवाया गया। डेढ़-दो साल रामदास अस्पताल में ही था। उसकी पीठ में बिठाया गया रॉड निकाला गया। उसे पहियों की कुर्सी दी गई। अब वह घूमने-फिरने लगा। उसके चेहरे पर मुस्कान छा गई। अस्पताल में संस्था के अन्य मरीजों का हिसाब रखने का काम उस पर सौंपा गया। उसके लिए घर से खाना भेजा जाता। मैं ऊपर से कुछ रुपए भी देती। माँ-बेटे के लिए जब मैं कपड़े लेकर गई तो उनकी आँखों में आँसू आ गए। उनका कोई रिश्तेदार भी नहीं था। कोई मिलने नहीं आता था। पुनर्वासन के कारण रामदास का मानो पुनर्जन्म हो गया। पैरों में यूरिन बैग बाँधकर पेंट-शर्ट पहनकर वह घूमने लगा। वह जब आया था तब केवल हड्डियों का ढाँचा था। उसे कार्यक्षम देखकर मुझे काफी खुशी हुई। डॉक्टर को सफलता मिली थी।

जीवन में हमेशा खुशी और गम का सिलसिला चलता ही रहता है। एक दिन मेरे सिर में दर्द हो रहा था। दवा लेकर सोने की कोशिश कर रही थी। दफ़्तर से आधे दिन की छुट्टी ली थी। तभी मिरज से फोन आया कि प्रकाश ने तीन दिनों से कुछ खाया-पिया नहीं है। वह लगातार 'दीदी-दीदी' की रट लगा रहा है। तुरन्त आ जाओ।

नौकरी तथा संस्था के काम के चलते मैं चाहकर भी प्रकाश से मिलने नहीं जा पाई थी। सांगली में रेकॉर्डिंग के लिए जाने पर रजनी उससे मिल आती। वहाँ का स्टाफ रजनी को ही दीदी समझ रहा था। प्रकाश जब कोल्हापुर में था तब उसने कभी अपने घर को याद नहीं किया था। तकरीबन एक साल मेरे न मिलने के कारण वह दुखी हुआ होगा। उसे रामदास की माँ से ममता मिल जाएगी ऐसा सोचकर मन-ही-मन उसे कोल्हापुर लाने का निर्णय लिया। मैं, नीता और अभिजीत टैक्सी लेकर मिरज चले गए। प्रकाश को देखकर मुझे धक्का ही लगा। बिल्कुल हड्डियों का कंकाल बन गया था। उसकी बीमारी बढ़ गई थी। वह हाथ तक नहीं हिला पा रहा था। मुझे देखते ही उसने एक ही रट लगाई, 'दीदी, घर चलो।' मैंने वहाँ के पदाधिकारियों की अनुमति ली। डॉक्टर ने अपना अभिप्राय दिया था कि, 'उसका आखिरी वक्त नजदीक आ गया है।' डॉ. सातवेकर के रूप में हमारे लिए भगवान ही इनसान का रूप लेकर आया था। मैंने कोल्हापुर के मेरी वॉनलेस अस्पताल में फोन कर रामदास के पास कॉट तैयार रखने को कहा। डॉ. सातवेकर ने कभी किसी बात के लिए टोका नहीं। मैं जितनी रकम देती, खुशी से लेते थे। कभी कोई शिकायत नहीं करते।

वह दिन था, 30 दिसंबर 1992। मिरज से कोल्हापुर के सफर में मैं प्रकाश को गोद में लेकर बैठी थी। सफर बहुत लम्बा लग रहा था। थोड़े से धक्के से भी प्रकाश कराहने लगता। उसकी गर्दन फिसल रही थी। नीता और अभिजीत उसे सहला रहे थे। रात बारह बजे हम कोल्हापुर पहुँचे। मैं बीमारी एवं सिरदर्द भूल गई थी। सिस्टर ने प्रकाश को इमर्जेन्सी वॉर्ड में रामदास के पड़ोसवाले पलंग पर रखा। इसमें रामदास की माँ दोनों का खयाल रख सकती थी। सिस्टर, रामदास और उसकी माँ को सूचना देकर हम एक बजे घर जाने लगे। प्रकाश रुकने को कह रहा था। घर आने की जिद कर रहा था। उसे इंजेक्शन, दवाइयाँ दिलवाईं। वह वेदनाओं से तड़प रहा था। मुझे दूसरे दिन समय पर दफ़्तर पहुँचना अत्यावश्यक था। इसीलिए रात एक बजे मैं घर आई। दो कौर चबाए और निढ़ाल होकर सो गई।

सुबह दफ़्तर गई। जाते ही काम में जुट गई। ग्यारह-बारह बजे नीता का संदेश आया, 'रामदास की माँ आई है। प्रकाश की शिकायत कर रही है। तुम्हें बुला रही है।' मैंने काम खत्म कर चार बजे आने का वादा किया। दोपहर खाने के डिब्बे के साथ फिर वही संदेश आया। दोपहर तीन बजे रामदास की माँ स्वयं दफ़्तर में आ गई। अम्मा और नीता ने उसे रोकना चाहा था लेकिन वह नहीं मानी। वह माथे पर शिकन लेकर तमतमाने लगी, ''वह प्रकाश बहुत सता रहा है, बहुत जिद्दी है। रातभर उसने हमें सोने नहीं दिया...'' मैं उसे ताकती ही रह गई। इनसानियत जताने से मिले साक्षात्कार की एक मिसाल मेरे सामने थी। उसके बेटे को जिस शर्त पर यहाँ लाकर नई जिन्दगी दी, उस शर्त

को वह भूल गई थी। वह मुझे 'माँ' के नाम पर कलंक लगी। 'आप चलिए मैं आ रही हूँ' कहकर काम निपटा दिया। बहुत गुस्सा आने पर संयम से निर्णय लेने की मेरी आदत बन गई है।

मैं अस्पताल पहुँची। रामदास के साथ हुए पत्राचार की फाइल उसे पढ़ने के लिए देने से पूर्व मैंने उससे पूछा, ''रामदास, क्या प्रकाश ने माँ को बहुत तंग किया?'' उसने उत्तर दिया, ''हाँ, उसने माँ को रातभर सोने नहीं दिया। बार-बार दर्द होने की शिकायत करता था। करवट बदलने के लिए कहता।'' मैंने सोचा, 'रामदास को उस नन्ही-सी जान का दर्द दिखाई न देकर अपनी माँ की तकलीफ दिखाई दे रही थी।' इस पर मैंने कहा, ''क्या तुम्हारे कारण तुम्हारी माँ को कभी तकलीफ नहीं पहुँची? अब मैं तुम्हारी माँ को तकलीफ देनेवाली हूँ।'' मैंने सिस्टर से माफी माँगकर प्रकाश का पलंग बदल दिया। संस्था के अनेक मरीज वहाँ इलाज के लिए थे। उनमें से एक ने दवाइयों के बिल में गड़बड़ी कर वे पैसे अपने लिए खर्च कर दिए थे। उसकी बहन को मैंने सुनवाया, ''या तो वह प्रकाश की सेवा करेगी अथवा भाई का डिस्चार्ज होकर घर जाएगी। चाहे तो हफ्ते में दो दिन भाई को इलाज के लिए लेकर आ सकती हो।'' उसने प्रकाश की सेवा करनी कबूल की। प्रकाश को पेशाब तथा शौच का होश नहीं था। मैं घर से ज्यादा चादरें मँगवाकर बार-बार उसका बिस्तर बदलवा देती थी। मेरे साथ अभिजीत, रमेश, राजीव सभी उसकी सेवा करते। उसकी हर माँग की पूर्ति की जाती। एक दिन उसने हवाईजहाज मँगवाया। मीठी-सी मुस्कान के साथ वह बोला, ''दीदी, हम हवाईजहाज से दिल्ली जाएँगे।'' पूरे एक माह वह मुझसे घर ले जाने की जिद कर रहा था। मैंने डॉक्टर से कहा, ''मैं कुछ दिन उसे क्वार्टर पर रखती हूँ।'' इस पर डॉक्टर गुस्सा हुए, ''हर कार्य की एक सीमा होती है, मैं अनुमति नहीं दे सकता।'' प्रकाश के पड़ोस के पलंग पर संस्था का एक बूढ़ा मरीज था। वह प्रकाश को खाना खिलाना, उसका बिस्तर साफ करना आदि देखभाल अपनी संतान की तरह करने लगा था। इनसान के दो रूप मैंने देखे। एक ओर रामदास की स्वार्थी माँ तथा दूसरी ओर अपाहिज शेखबाबा की वत्सलता। एक महीने तक मैं दफ़्तर का काम ढंग से नहीं कर पाई। ऑफिस जाने से पहले प्रकाश, ऑफिस छूटने पर प्रकाश ! केवल रात को सो पाती थी। प्रार्थना करती थी कि 'प्रकाश को अपने पास बुला लो, अब इसकी हालत मैं देख नहीं सकती।' एक बार प्रकाश ने बाहर हवा में जाने की इच्छा व्यक्त की। एक लोथा बन गया था वह ! वैसे ही देशभ्रतार जी और संस्था के अन्य लोग उसे उठाकर बाहर ले गए थे। अंतिम दिन मतलब 30 जनवरी, 1993 की रात सभी ने जबरदस्ती मुझे घर भेज दिया। उसी रात प्रकाश चल बसा। प्रकाश के चले जाने के बाद मुझे अस्पताल ले गए। मैंने गहरी साँस ली। देर रात संस्था के सभी सदस्य इकट्ठा हो गए। दैनिक

'सकाल' के सम्पादक दीक्षित साहब भी आए। संस्था में हुई वह प्रथम अंत्येष्टि क्रिया इतनी कच्ची उम्र के बच्चे यह सब कैसे सँभाल लेते हैं? यह सोचकर मैं अचरज में पड़ गई थी। पी.डी., अजीज, देशभ्रतार, वणकुद्रे, अभिजीत, नलावडे, रमेश, डॉ. पी.जी. कुलकर्णी, श्री पुणतांबेकर (चेयरमैन, रत्नाकर बैंक), श्री एम.व्ही. गाडगिल (व्यवस्थापक, यूनाइटेड वेस्ट्र्न बैंक) सभी स्तब्ध थे। इस घटना के बाद सफर करते वक्त यहाँ से वहाँ फैली विशाल, खुली जमीन को देखकर मन व्यथित हो जाता था। इस धरती पर इतनी जगह होते हुए भी हम अपाहिजों को एक घर के लिए इतनी-सी जमीन क्यों नहीं मिलती? मैं प्रकाश को घर नहीं दे पाई यह बात मुझे कचोटती थी। प्रकाश अँधेरे से उजाले की ओर गया था या उजाले से अँधेरे की ओर यह ईश्वर ही जाने ! लेकिन इसके बाद कोई प्रकाश बेघर नहीं मरेगा, यह ठानकर जगह हासिल करने के काम में हम लोग जुट गए।

शासकीय बालगृहों से अपाहिजों को चौदह बरस बाद घर भेजा जाता है। जो अधिक मात्रा में अपाहिज होते हैं उन्हें वहाँ प्रवेश नहीं दिया जाता क्योंकि इनके लिए अलग कर्मचारी वर्ग रखना पड़ता है। ऐसे छात्रावासों पर एक बोर्ड लगाना चाहिए कि 'नाममात्र के अपाहिज होनेवाले, स्वयं के सारे काम कर सकनेवाले अपाहिज बालकों का छात्रावास।' इससे वहाँ जाकर किसी को निराश नहीं होना पड़ेगा। चौदह बरस के बाद ज्यादा से ज्यादा सातवीं कक्षा तक की शिक्षा देकर उन्हें घर भेजा जाता है। छात्र और अभिभावक शिक्षा के लिए कुछ परेशानियाँ सहने को तैयार होते हैं लेकिन छात्रावास में बाथरूम और शौचालय की समस्या होने के कारण ऐसे अपाहिजों को प्रवेश नहीं देते। कुछ मेधावी छात्रों को बीच में ही शिक्षा छोड़नी पड़ती है। 'हेल्पर्स' ने ऐसे लड़कों के लिए छात्रावास बनाने का निश्चय किया। यह निर्णय बहुत महत्त्वाकांक्षी था। लेकिन हमने कोशिश करने की ठान ली और जगह ढूँढ़ने लगे। सरकार की तरफ से जगह पाने के लिए प्रस्ताव भेज दिया। वैसे संस्था की तरफ से ही हम जगह के लिए प्रयास कर रहे थे, लेकिन हर बार निराश होना पड़ता था। खुशकिस्मती से उस समय श्री अजितकुमार जैन जिलाधीश के रूप में थे। किसी समारोह की बजाय छुट्टी के दिन बातचीत के बहाने हमने उन्हें संस्था में बुलाया। वे खुशी से आ गए। हमारी संस्था, उसका कार्य, उसकी समस्याएँ आदि की बातें उन्होंने बहुत गौर से सुनीं। विस्तार से चर्चा हुई और उन्होंने जगह के लिए आश्वस्त किया। छात्रावास जैसी व्यापक योजना स्वयं के बलबूते पर पूरी करने की अपेक्षा उन्होंने अन्य संस्था को सहयोगी बनाने को कहा लेकिन अन्य संस्था के साथ काम करते समय आनेवाली समस्याएँ हमने उन्हें बता दी। दूसरे दिन उन्होंने हमें दफ़्तर बुलाया। हमने उन्हें ही जगह सूचित करने के लिए कहा। उनके द्वारा सूचित जगह देखकर हमने तुरन्त आवेदनपत्र दे

दिया। संस्था की स्थापना के बाद कुल दस बरस हम जगह के लिए प्रयत्नरत रहे थे। पहली बार जगह का हमारा प्रस्ताव महाराष्ट्र शासन की ओर से मुम्बई के मंत्रालय में पेश किया गया था।

उचगाँव की जमीन जब देखने गए तब पड़ोस में ही पॉलिटेक्निक कॉलेज की इमारत बन रही थी। हम सपने देखने लगे, वहाँ के छात्रों के लिए कैंटीन और मेस शुरू करेंगे और इस तरह छात्रों के भोजन के खर्चे की व्यवस्था होगी। मुम्बई को प्रस्ताव भेजने पर एक बार मैं और देशभ्रतार जी मंत्रालय गए। अन्दर जाने के लिए प्रवेशिका की जरूरत होती है इसका हमें पता नहीं था। मैंने बाहर से ही अन्दर फोन पर अपनी हालत बता दी। ताज्जुब की बात थी कि राजस्व विभाग के उस अजनबी कर्मचारी ने तुरन्त चपरासी के हाथों प्रवेशिका भेज दी। अन्दर जाकर पूछताछ करने पर पता चला कि 'उचगाँव' की उस जमीन के लिए और पाँच संस्थाओं ने आवेदन किया है। वह जमीन काफी बड़ी थी। हमें सिर्फ दो एकड़ जमीन चाहिए थी। नियम के तहत नियोजित योजना के मुताबिक एक षष्ठांश रकम बैंक में रखनी जरूरी थी। हमारे पास उतने रुपए नहीं थे। हमारी योजना चौआलीस लाख की थी। बैंक में जमा करने के लिए साढ़े सात लाख रुपयों का इंतजाम अभी करना था। वैसे इतनी बड़ी राशि इकट्ठा करना हमारे लिए कठिन कार्य था लेकिन अल्लाह का नाम लेकर हम प्रयास कर रहे थे। दूसरी दफा तत्कालीन आबकारी मंत्री श्री छगन भुजबल जी से मिलने मंत्रालय गए। दोबारा हम गए लेकिन भेंट नहीं हुई। उनके पी.ए. से पता चला कि, 'वे बँगले पर हैं और कुछ ही देर में बाहर जानेवाले हैं।' मेरे साथ मेरा भतीजा ज़फर था। कम-से-कम समय में मुझे उठाकर टैक्सी में बिठाना, कुर्सी पर बिठाकर रखना, वहाँ तक ले जाना आदि बहुत तत्परता के साथ ज़फर ने किया। हम बँगले पर गए। अन्दर जाने के लिए सीढ़ियाँ थीं इसीलिए मुझे नीचे ठहराकर ज़फर ऊपर गया। दूसरी ओर से भुजबल जी बाहर आए। मुझे वहाँ देखकर उन्होंने मुझसे पूछताछ की। मैंने संस्था की पूरी जानकारी छायाचित्रों के साथ दिखाई। 'आपका काम जरूर होगा' उन्होंने कहा। हमारे कार्य की प्रशंसा की और चले गए। वे चले गए तब ज़फर नीचे आया। उसकी और भुजबल जी की मुलाकात नहीं हो पाई थी मगर काम सफल हुआ था।

कोल्हापुर लौटने पर मैंने रजनी को भुजबल जी की भेंट का ब्यौरा दिया। उसने बताया, वे उसके सहपाठी हैं। उसने तुरन्त खत लिखकर मेरा संदर्भ दिया। मंत्रिपद छोड़ने से पहले भुजबल जी ने हमारी जगह के प्रस्ताव पर दस्तखत किए और हमारे सपनों के दरवाजे खोल दिए। उनके एहसान हम कभी नहीं भूल पाएँगे।

जगह की मंजूरी का पत्र मिल गया। इधर हमने छात्रावास योजना के लिए जमा की राशि गैस एजेन्सी के लिए खर्च की थी। गैस एजेन्सी के लिए ऋण लेने हेतु कई बैंकों

में आवेदन किया था। सिर्फ रत्नाकर बैंक ने ऋण देने की स्वीकृति दी। आवश्यक कागजात की पूर्ति करने में काफी समय बीत रहा था। ऋण लेने के लिए धर्मादाय आयुक्त (पूना) की मंजूरी लेना अत्यंत आवश्यक था।

समिति का सदस्य आनन्द पटेल उस वक्त पूना में सी.ए. कर रहा था। पूना का काम उसी पर सौंपा गया था। मैं स्वयं देशभ्रतार जी को लेकर दो बार पूना गई। आनन्द पटेल के सहयोग से कर्ज मंजूरी का पत्र हासिल किया। संस्था के सारे सदस्यों के बैंक में जाकर दस्तखत करने के बाद हमें कर्ज मिलनेवाला था। रुपए पहले ही खर्च किए थे। अत: साढ़े सात लाख रुपयों का बैंक सर्टिफिकेट दिखाने के बाद ही उचगाँव की जगह मिलनेवाली थी। केवल तीन-चार दिन की अवधि बची थी। यथासमय बैंक में जमा राशि दिखाकर जगह पर कब्जा करना आवश्यक था। सभी सदस्यों को बैंक में दस्तखत करने की तारीख खत लिखकर बता दी। जिस दिन दस्तखत होनेवाले थे उसके पहले दिन पूना में रहनेवाला आनन्द पटेल कोल्हापुर नहीं पहुँचा। न कोई फोन, न कोई खबर। पलभर के लिए सोचा उसे दमा (अस्थामा) की तकलीफ है। शायद बीमार होगा। लेकिन उसके दस्तखत बिना तो कर्जा नहीं मिल सकता था। आखिर शाम छह बजे मैं संस्था के टेक्निशियन अरुण लोखंडे (जो एक पैर से अपाहिज होकर भी मेरी सेवा करते थे) और विश्रांति को लेकर टैक्सी से पूना गई। दफ़्तर में सुबह से बैठी थी। शरीर बेहाल था लेकिन मंजिल के सामने उसका होश ही कहाँ था!

रात बारह बजे आनन्द के घर दस्तक दी। हमेशा मेहमाननवाजी करनेवाले उसके पिता ने पानी तक नहीं पूछा। मैंने चिंतित होकर आनन्द के बारे में पूछा। इतने में आनन्द ही बाहर आया। उसके पिता ने कहा, ''संस्था के कर्जे की जिम्मेदारी मेरा लड़का नहीं लेगा। मैं बैंक में नौकरी करता हूँ। इसीलिए मुझे सब मालूम है। मैं अपने बेटे को भिखारी नहीं बनाना चाहता।'' हम लोगों ने उन्हें समझाया कि 'डॉ. मोहनराव गुणे जैसे सज्जन और स्वयं मेरा भाई अजीज हुरजूक इसके जमानतदार हैं। आपके बेटे पर कोई आँच नहीं आएगी। हम समय पर कर्जे का भुगतान करेंगे।' लेकिन उसके पिता पर कोई असर नहीं हुआ। इस पर मैंने वहाँ खड़े बालिग आनन्द से पूछा, ''तुम्हारा भी यही निर्णय है?'' उसकी खामोशी पर मैंने कहा, ''तुम्हें यह सब फोन पर बता देना चाहिए था।'' उसके ऐसे व्यवहार से संस्था का छात्रावास और गैस एजेन्सी का सपना टूटनेवाला था। आश्चर्य इस बात का था कि उसका उसे कोई खेद नहीं था। केवल संस्था की सफलता में शामिल होना चाहता था। उसकी बुद्धि से प्रभावित होकर मैंने जो उसकी परख की थी वह गलत निकली। वह स्वार्थी और मतलबी निकला। वह संस्था का कार्य अच्छी तरह से सँभल पाए इसीलिए संस्था के कान और क्रीड़ा प्रतियोगिता हेतु मैं उसे अपने साथ लेकर दिल्ली, मुम्बई लेकर गई थी। उसके ऐसे बर्ताव से मुझे याद

आया कि उसने अपनी स्कॉलरशिप के रुपए संस्था को देने का वादा किया था लेकिन वह रुपए भी उसने नहीं दिए थे।

उस रात अमीर अपाहिजों की विचित्र मनोवृत्ति से मन टूट गया। ऐसा लगा कि ऐसा व्यक्ति समिति तो दूर संस्था का सदस्य भी नहीं होना चाहिए। मैं मजबूर थी। संस्था को मिली हुई जगह हाथ से न जाए इसलिए मैंने अपने स्वाभिमान को परे रखकर फिर एक बार विनती की, ''यदि दुर्भाग्य से संस्था कर्ज का भुगतान नहीं कर पाएगी और समिति सदस्यों पर रुपए भरने की नौबत आएगी तो आनन्द पटेल के हिस्से के रुपए मैं भरूँगी। चाहो तो मैं स्टैंप पेपर पर लिख दूँगी। इस समय हमारे साथ चलो फिर चाहे तो संस्था छोड़ दो।'' लेकिन उसके पिता और उसने साफ इनकार किया।

वे बहुत स्वार्थी और मतलबी लोग थे। आनन्द को सिर्फ संस्था की प्रसिद्धि में अपने नाम का डंका पीटना था। ऐसे रईस अपाहिज स्वार्थ के आगे अपने भाई-बहनों की क्या सोचेंगे? उसका इस्तीफा लेकर हम उल्टे पाँव कोल्हापुर लौट रहे थे। मेरे साथ आया अरुण लोखंडे गुस्से से तिलमिला रहा था। दीदी की विनती के बाद भी आनन्द ने इनकार किया इसका उसे अत्यंत दुख हुआ था। टैक्सी चल पड़ी और वह रोने लगा। मैं भी अस्वस्थ हो गई। अचानक टैक्सी में कोई गड़बड़ी हुई और वह रुक गई। रात का समय, चारों ओर अँधेरा। उस माहौल ने मुझे डरा दिया। घंटाभर बाद टैक्सी दुरुस्त हुई और हम चल निकले। भोर पाँच बजे हम पी.डी. के घर पहुँचे। घर जाने के लिए समय ही कहाँ था? आनन्द का इस्तीफा मंजूर कर प्रस्ताव आदि लेकर ग्यारह बजे हमें बैंक पहुँचना था। हमारा पूना से फोन न आने से पी.डी. जान चुके थे कि आनन्द नहीं आएगा। इसीलिए एक रात में उन्होंने अपने मित्रपरिवार से बिना ब्याज के तीन लाख और देशभ्रतार ने श्री जयवंतराव जोशी जी से चार लाख रुपए इकट्ठा किए थे। यह जानकर मैंने चैन की साँस ली। समय पर बैंक में सारे चेक जमा कर बैंक से पत्र लिया और जगह पर कब्जा किया। सात-आठ दिनों में उनके रुपए साभार लौटा दिए। उन लोगों ने जो विश्वास हम पर किया था, उसी के तहत आज हम उचगाँव के छात्रावास में सौ बच्चों का शारीरिक और मानसिक तौर पर पुनर्वासन कर रहे हैं।

एक इतवार को हम सभी काम के लिए संस्था में इकट्ठा हुए थे। उस समय पी.डी. एक भयंकर खबर लेकर आए। चौदह वर्ष के, नौवीं कक्षा में पढ़नेवाले माधव को बिजली का तीव्र झटका लगा है। वह मामा के यहाँ वास्तुपूजन के लिए गया था। घर की छत पर अटकी पतंग लोहे की छड़ी से निकालते समय यह हादसा हुआ था। उसके दोनों हाथ-पैर बेजान हो चुके थे। उसे अस्पताल में भर्ती किया। गैंग्रीन हो जाने से अस्पताल में डॉक्टरों ने दोनों हाथ-पाँव काटने का निर्णय लिया। माधव बिल्कुल पराश्रित बन गया था। उसे पहियादार कुर्सी की सख्त जरूरत थी। 'मेरा होटल' के

श्री शरफुद्दीन कापड़ी जी ने हमें आठ दिन पहले एक विदेशी बनावट की पहियोंवाली कुर्सी भेंट की थी। हमने वही माधव को दे दी।

आठ दिन तक माधव से मिलने का साहस मैं नहीं कर पाई। उसकी हालत की सिर्फ कल्पना से शरीर पर रोंगटे खड़े हो जाते। भगवान और डॉक्टर ने उसे जिन्दा रखकर क्या हासिल किया था? हमने उसे कोल्हापुर के अस्थिभंग विशेषज्ञ को दिखाया। डॉक्टर ने बताया कि उसके लिए कृत्रिम हाथ-पैर का इलाज लगभग असंभव है। सौभाग्य से उसी समय कोल्हापुर में आयोजित संगोष्ठी में मुम्बई के डॉ. चौबल उपस्थित रहनेवाले थे। वहाँ पर डॉक्टर की सलाह के लिए माधव को लेकर मैं और देशभ्रतार हाजिर हो गए। डॉक्टर ने माधव के इलाज के लिए मुम्बई के 'ऑल इंडिया इन्स्टिट्यूट' का नाम बताया जो ऐसे केस चुनौती के रूप में स्वीकारती थी। माधव को तुरन्त मुम्बई ले जाना जरूरी था। इसके लिए काफी रुपयों की आवश्यकता थी। मैंने और अम्मी ने कुछ रुपए जमा किए। ओगलेवाड़ी की कमलाताई सोवनी का पत्र द्वारा परिचय हो गया था। कुष्ठरोगियों के लिए कार्य करनेवाले श्री ठकार जी ने उन्हें पत्र लिखकर हमारी संस्था के बारे में जानकारी देने को कहा था। मैंने संस्था की जानकारी के साथ खत में माधव के इलाज के खर्चे का जिक्र किया था। उन्होंने तुरन्त पैसे भिजवा दिए। एक दैनिक के सम्पादक ने अखबार में माधव पर एक लेख लिखकर मदद का आवाहन किया। उसे पढ़कर बच्चों से लेकर बूढ़ों तक ने अपनी हैसियत के अनुसार स्वेच्छा से मदद की। 'स्वाधार केन्द्र' में निर्वासित कुष्ठरोगी तथा भिखारियों द्वारा दी हुई पाँच सौ रुपयों की मदद सबसे विशेष थी। संवेदना से दी गई वह मदद उस समय लाख रुपए मूल्य की थी। हम उनकी संस्था में नहीं आएँगे ऐसा समझकर उन्होंने संदेश दिया, 'रुपए भेज रहे हैं।' हमने उनकी संस्था में जाकर उनका चंदा स्वीकारना तय किया। शिवाजी पाटील, देशभ्रतार, रजनी, पी.डी. तथा मैं माधव को साथ लेकर वहाँ गए। 'स्वाधार' को धन्यवाद देते समय मैं और रजनी अपने आपको रोक नहीं पाईं और रो पड़ी। पी.डी. ने समझाया कि सार्वजनिक जगहों पर हमें अपनी भावना पर काबू रखना चाहिए।

पी.डी. एक ऐसा व्यक्तित्व है, जो लाखों में एक है। हमेशा शान्त और मुस्कुराता चेहरा। मैं कितनी भी चिन्ता या उदासी में रहूँ, फोन पर पी.डी. की आवाज सुनते ही जैसे सारे गम हवा हो जाते हैं। कुछ दिन पहले मैं संस्था का गलत दिशा में रुख देखकर संस्था छोड़ने का विचार कर रही थी तब पी.डी. बोले, "एक संस्था को तो आप छोड़ चुकी हैं, अब इसे मत छोड़िए। जिन्हें संस्था का ध्येय रास नहीं आता वे संस्था छोड़ेंगे। आप धीरज रखें, हम आपके साथ हैं।" इस तरह हमेशा मेरा धीरज बढ़ानेवाले संस्था के आधारस्तंभ पी.डी. ने मुझे और रजनी को सौम्यता से धमकाया तो हमने निश्चय किया कि इसके बाद सार्वजनिक जगहों में अपनी आँखों में आँसू नही लाएँगे।

माधव को मुम्बई ले जाने के लिए देशभ्रतार ने दफ़्तर से छुट्टी ली थी। माधव के मामा को साथ चलने के लिए कहा था मगर उन्होंने छुट्टी न मिलने का बहाना करके टाल दिया। जब माधव के लिए लोगों की तरफ से मदद के रूप में रुपए मिले तब उसके दोनों मामा मुम्बई की संस्था देखने की योजना बनाकर हमारी ही रेल से आने लगे। तब तक यह बात हमें भी पता नहीं थी। हमारे साथ माधव की माँ आई थी। वह माधव के सारे काम करती थी। मैंने सोचा कि कृतज्ञता की भावना से और परिस्थिति को जानकर वह मेरा भी खयाल रखेगी। लेकिन मेरे सारे काम देशभ्रतार जी को करने पड़े। इस बात से मैं आज भी शर्मिंदा हूँ। शारीरिक समस्या के कारण आजकल मैं थ्री टीयर से सफर नहीं करती थी। माधव और माँ का आरक्षण भी मेरे साथ ही प्रथम श्रेणी (फर्स्ट क्लास) का किया गया था।

रेल छूटने से पहले मैं और माधव प्लैटफार्म पर पहियादार कुर्सी में बैठे थे, तभी एक आदमी हमारे पास आया। उसने दैनिक 'सकाल' में माधव पर छपा लेख पढ़ा था। वह गरीब था इसलिए पच्चीस रुपए की मदद माधव के लिए देना चाहता था। मुझे संकोच हुआ। बचपन में देखा सपना याद आया कि मैं रास्ते में अपाहिज होकर बैठी हूँ और लोग मुझे पैसे दे रहे हैं लेकिन उस आदमी की भावना की कद्र करते हुए मैंने पैसे ले लिए। उसका नाम और पता लिख लिया। मैंने सोचा था, माधव इस बात से अस्वस्थ हुआ होगा। मैंने उसे इस संदर्भ में पूछा तो उसने कहा, ''अच्छा लगा।'' खैर! स्वभाव और उम्र के अन्तर को जानकर मैंने खुद को समझाया। इस बात का भी हमें पता चला था कि, दैनिक 'सकाल' का लेख पढ़कर अनेक लोगों ने माधव के भाई और माँ के पास रुपए जमा किए थे, जो संस्था तक पहुँचे ही नहीं थे।

बिना हाथ-पैर के माधव को उठाकर रेल में बिठाते समय देशभ्रतार जी काफी परेशान हो गए। अपनी अपाहिज संतान के अलावा उनके परिवारवाले संवेदना की भावना से भी दूसरों की मदद करने की वृत्ति को स्वीकृत क्यों नहीं करते? इस बात का मुझे हमेशा अफसोस होता है। रेल में बैठने पर माधव ने सवाल किया, ''मुझे नॉनवेज बहुत पसंद है। मुम्बई में मिलेगा ना?'' मुम्बई पहुँचने पर उसके मामा से सहयोग मिलने की अपेक्षा तकलीफ ही पहुँची। हम नाश्ते के लिए ऑल इंडिया के कैंटीन में गए। ऐसे समय हम सादा खाना ही पसंद करते थे। हमारे द्वारा मँगवाया नाश्ता माधव को पसंद नहीं आया। उसने अपनी पसंद का खाना मँगवाया। उसकी माँ ने उसे कुछ भी नहीं कहा। मुझे बड़ा आश्चर्य लगा। हारुन मामा वहाँ आए थे। माधव और उसकी माँ के भोजन का खर्चा संस्था के रुपयों से अदा किया। समाजसेविका सुश्री फर्नांडिस जी को संस्था के बारे में पता था। उनसे मिलने पर उन्होंने माधव के लिए कृत्रिम सामग्री की व्यवस्था के लिए चंदा देनेवाले मिलेंगे, ऐसा विश्वास जताया।

लौटते समय मैं और देशभ्रतार जी माधव के परिवार को समझा रहे थे कि, उसके मामा की तरफ से उनका रेल का आरक्षण करवाना होगा। तभी माधव ने प्रश्न किया, ''मुम्बई-कोल्हापुर हवाईजहाज के टिकट में हमें कोई छूट नहीं मिल सकती?'' माधव के हाथ-पैर छीनकर भगवान ने उस पर अन्याय किया था, इसीलिए मैं अब तक चुप थी। मगर अपने लाडले के प्रश्न पर उसकी माँ के हँस देने पर मैं स्वयं पर काबू न रख पाई। उसे कहा ''माधव, हम यहाँ पिकनिक मनाने नहीं आए हैं, बल्कि इलाज करवाने आए हैं। दूसरों के पैसों पर मजे उड़ाने का विचार कोई बेशरम ही कर सकता है। आज लोगों से लिए रुपए कल दुगुने दाम से हमें वापस करने हैं। तुम्हारी माँ की मासिक आमदनी सिर्फ साढ़े तीन सौ रुपए हैं। तुम्हारा खर्चा उठाकर समाज और संस्था तुम पर रहम कर रही है और तुम ऐशोआराम की बातें कर रहे हो? मेरी जरूरत थी इसीलिए आते समय मैं तुम लोगों को अपने साथ प्रथम श्रेणी में लाई हूँ। अब जाते वक्त तुम दोनों को थ्री टीयर से आना होगा। इनसान को हमेशा अपनी औकात नहीं भूलनी चाहिए। अपने अपाहिजपन का ढिंढोरा पीटकर मिले पैसों से ऐशोआराम की जिन्दगी जीने का हमें कोई हक नहीं है। मैंने आज तक संस्था के काम के लिए कभी हवाईजहाज से जाने के बारे में सोचा तक नहीं और तुम...'' मेरे रुद्रावतार को देख दोनों माँ-बेटे रोने लगे। उन्हें रुपए ठीक ढंग से खर्च करने की ताकीद दी। उन्हें कड़े शब्दों में बोलना पड़ा, इसका मुझे बुरा लगा।

कुछ दिनों के बाद मामा से वृत्तांत मिला कि अस्पताल में वे दोनों जो लोग मिलने आते उन्हें कहते, ''हमारा कोई नहीं है...'' 'हेल्पर्स' उनका सहयोग कर रही है। इसका वे जिक्र तक नहीं करते थे। माधव मेधावी लड़का था। उसमें जो असामान्य जिद्दीपन था, उससे वह कृत्रिम पैरों पर खड़ा हो गया। उसे उपहार में एक पहियों की कुर्सी मिल रही थी लेकिन उसे लगा उसकी विदेशी कुर्सी हम वापस लेंगे। इसीलिए उसने इनकार किया। सैकड़ों अपाहिज पहियेदार कुर्सी की प्रतीक्षा करते हैं। यदि वह कुर्सी लेता और हमसे विनती करता तो हम सहर्ष उसके लिए विदेशी कुर्सी रख देते। दूसरों के प्रति आत्मीयता उन दोनों माँ-बेटे में नहीं थी। बोलने से कुछ फायदा नहीं होनेवाला था, हम चुप रह गए।

मुम्बई से मुँह में कलम पकड़कर माधव ने अपनी विकसित होती जीवनयात्रा सम्बन्धी जो खत लिखे थे वह पढ़कर परिश्रमों के सार्थक होने की खुशी हुई। वह कोल्हापुर आ गया और पाठशाला में भी जाने लगा। पाठशाला को रिक्शा से आने-जाने का खर्चा संस्था वहन करती। उसके भविष्य के लिए संस्था ने उसके नाम बैंक में पाँच हजार रुपए रखे। मिरज के डॉ. पाठक भी उसके लिए मदद भेजते थे। उसने मुँह में कलम पकड़कर ही दसवीं की अन्तर्गत परीक्षाएँ दे दीं। अंतिम परीक्षा तक में 'रायटर'

नहीं लेना चाहता था। लेकिन तीन घंटों तक निरंतर मुँह से लिखना उसके लिए मुश्किल हो जाता इसीलिए हमने 'रायटर' लेने का निर्णय लिया। दसवीं कक्षा में उसे 78 प्रतिशत अंक मिले। अनेक जगहों पर उसका सत्कार हुआ। निश्चय ही उसकी सफलता प्रशंसनीय थी। संस्था ने उसे 'भरारी' नामक पुरस्कार देकर उसका हौसला बढ़ाया।

ग्यारहवीं मतलब कॉलेज जाने के लिए माधव को कपड़े चाहिए थे। कपड़े खरीदने के लिए उसे पैसे दे दिए और रसीद जमा करने को कहा। उसके द्वारा जमा की गई रसीद 'ड्रेसलैंड' जैसे महँगे कपड़ों की दुकान की थी। मैं और पी.डी. रुपए कमाते थे लेकिन हमने कभी वहाँ जाकर खरीददारी नहीं की थी। उसकी माँ ने वह काम किया था। उस समय अनुताई सामने बैठी थी। मैं मुट्ठियाँ भींचकर रह गई थी, क्योंकि ऐसे निम्नस्तरीय मनोवृत्ति के लोगों को समझाना मेरे बस की बात नहीं थी। समाज के बारे में सोचकर भी मुझे ताज्जुब हो रहा था। माधव को जब इलाज के लिए पैसों की जरूरत थी, तब वह विनती करके, माँगकर लेने पड़े थे और आज वही समाज रोज उस पर सत्कारों की बरसात कर रहा था। सफलता के लिए सहयोग देने की अपेक्षा प्रशंसा में लगे रहने की प्रवृत्ति बड़ी विचित्र लगी। उसके सत्कार के समय मुझे भी साथ चलने का आग्रह रहता था। मैं एक-दो बार गई भी। बाद में मना कर दिया क्योंकि संस्था के काम के लिए ही मुझे समय कम बचता था।

आगे दिल्ली तथा ताजमहल की सैर के समय हम उसे साथ ले गए थे। उस समय भी माधव ने बहुत अजीब बर्ताव किया। हमें सभी के रहने और खाने की चिन्ता रहती थी और वह गोश्त की माँग करता। अन्य लड़कों के पैसों से खरीदारी करने की करामात भी उसने की थी।

देहात में रहनेवाले अपाहिजों को सरकार की सुविधाओं की कोई जानकारी नहीं मिल पाती। इसीलिए सरकारी अस्पताल की मदद से (उस समय जिला शल्य चिकित्सक डॉ. पाठक थे) जाँच-पड़ताल कर बस और रेल की रियायत दिलवाने हेतु एक शिविर का आयोजन किया था। इस शिविर में इतनी संख्या में पंजीकरण हुआ कि उसके बाद मुझे एक साल में पाँच-छह बार ऐसे शिविर लेने पड़े। एक शिविर के दौरान मुझे एक सौ दो तक बुखार चढ़ गया था। सारे कार्यकर्ता नए थे इसीलिए मेरा वहाँ मौजूद रहना जरूरी था। लेकिन सच मानिए तो उस अवस्था में भी सुबह आठ से लेकर शाम छह सात तक काम करने में एक अलग ही खुशी का अनुभव हो रहा था।

ऐसे ही एक शिविर में हमें सुजाता कुलकर्णी जैसी होनहार और मेहनती कार्यकर्त्री मिली। शिविर में कामों के लिए कार्यकर्ताओं की संख्या कम पड़ जाती थी, इसीलिए हम शिविरार्थी या उनके अभिभावकों का चयन करते। सुजाता को संस्था के काम में

रुचि थी। इसीलिए डेढ़ सौ रुपए पारिश्रमिक पर काम करने को पूछा तो वह खुशी से तैयार हो गई। पोलियो के कारण उसे चलने में बहुत तकलीफ होती थी। सुजाता की हँसी मुझे बहुत भाती थी। लेकिन किसी काम में वह गलती करती और मेरे डाँटने पर हँसती तो मेरा गुस्सा बढ़ जाता था। फिर वह रोने लगती थी। मुझे बहुत बुरा लगता। धीरे-धीरे दोनों को एक-दूसरे के व्यवहार की आदत-सी बन गई। उस समय वह के.एम.टी. बस से, बस स्टॉप से घर तक कैसे चलती होगी यह सोचकर मैं दंग रह जाती थी। मगर आज दुर्भाग्य से उसे संस्था या घर से बाहर कदम रखते ही दूसरों का सहारा लेना पड़ता है। बस से वह यात्रा भी नहीं कर पाती।

सुजाता जब संस्था में नई थी, तब पोलियोग्रस्त तानाजी भिवसेकर नामक कर्मचारी और नीता की उसके प्रति शिकायत रहती कि वह बैठे-बैठे ही काम का आदेश देती रहती है। उसे दफ़्तर के काम के लिए कुर्सी देने की इच्छा थी मगर पी.डी. के शब्द याद आए, ''दीदी, चलने-घूमनेवालों को पहियेदार कुर्सी मत दीजिए।'' नीता और तानाजी को समझाया कि अगर सुजाता जैसी शारीरिक समस्याओंवाली लड़कियों को 'हेल्पर्स' के दफ़्तर में सहयोग नहीं मिलेगा तो फिर मेरे जैसों के लिए बाहर नौकरी करना कठिन हो जाएगा। धीरे-धीरे कर्मचारियों में सहयोग की भावना विकसित हुई।

एक दिन वणकुद्रे, अभिजीत आदि 'आपके साथ निजी बातें करनी हैं' कहकर मुझे वणकुद्रे के घर ले गए। वहाँ छाया भी मौजूद थी। वहाँ पर सभी ने जो मुझे बताया, वह सुनकर झट् से मेरी आँखें खुल गईं। नौकरी तथा संस्था के बढ़ते कामों से और एक-दूसरे से मुलाकात न होने के कारण बढ़ती गलतफहमियाँ मेरी समझ में आ गईं। कुछ लोगों का कहना था कि देशभ्रतार और नीता अगर संस्था में रहेंगे तो जल्द ही संस्था को ताला लगाना पड़ेगा। मैं देख रही थी, उन दोनों के कारण ही तो संस्था का विकास सही गति से हो रहा था। सोचने पर सारी बात समझ में आ गई।

संस्था के होटल में ऑर्डर के बाद बची सामग्री मैं नीता को दे देती थी। वह उसके बदले में पैसे देकर संस्था में जमा करती थी। चीजें बासी न हों यह उसके पीछे उद्देश्य था। लेकिन इन सभी लोगों ने हिसाब माँगने का साहस न दिखलाकर वह सामग्री देशभ्रतार का परिवार मुफ्त में लूटता है ऐसी गलतफहमी फैला दी। सफाई और अनुशासन के मामले में भी देशभ्रतार और उनकी पत्नी ने कुछ नियम बनाए थे जो सभी को पसंद नहीं थे। लेकिन वे अपने हिस्से की रोटी संस्था के प्रत्येक लोगों में बाँटते थे। मैंने उन सबको समझाया। मैं संस्था में कहीं अलग-अलग गुट न बने इस चिन्ता में डूबी रहने लगी, लेकिन गनीमत से इस बैठक में वणकुद्रे का स्वार्थ सामने आया और हमने उसे संस्था से बाहर कर दिया। भविष्य में संस्था को लगनेवाली घुन वक्त पर दूर हो गई। यह बात अलग थी कि कुछ समय बाद इन कार्यकर्ताओं की नीता से खूब पटने लगी।

इन लोगों के साथ मैं और देशभ्रतार दिन-रात काम करते थे लेकिन एक दिन वे हमें खबर किए बिना नीता को खाने के लिए होटल में ले गए थे। कभी-कभार जीवन के कुछ लम्हे इस तरह मजे में गुजारने की इच्छा हमें भी होती थी। सभी मिल-जुलकर काम करते थे, फिर भी हमें इस तरह से टाल दिया गया इसका बड़ा अफसोस हुआ। खुद को समझा दिया कि जवानों में हम बूढ़ों को 'कबाब में हड्डी' नहीं बनना चाहिए।

इसी दौरान हर इतवार को काम के बहाने एक अपाहिज युवती संस्था में आया करती थी। संस्था में उसके पैर पर शल्यक्रिया की गई थी। राजीव के साथ वह बगीचे में तथा बाहर घूमती थी। उसकी माँ को इस बात से वाकिफ किया तो उसने कहा, ''राजीव ऐसा लड़का नहीं है, हमें उस पर भरोसा है।'' हमारा कहना था, ''पहले आप पाँव पर खड़े हो जाएँ, चर्चा का विषय बनकर संस्था की बदनामी मत करें।'' राजीव के घर भी खबर की थी। मगर उन दोनों के कान पर जूँ तक नहीं रेंगी। मजबूरन उनके लिए हमें संस्था के दरवाजे बंद करने पड़े।

अपाहिज युवक-युवतियों की शादी हो जाने से यदि उनका घर बस जाए तो हमारे लिए इससे बढ़कर खुशी की और क्या बात हो सकती थी? इसी कारण रजनी के निर्देशन में संस्था में विवाह मंडल का भी आरंभ हो गया। लेकिन मैंने इसकी कोई जिम्मेदारी न लेकर सबकुछ रजनी पर सौंप दिया था। फिर भी जिसका डर था, वही बात हो गई। मेरी नौकरी, घर तथा भाइयों की आर्थिक स्थिति को देखकर रिश्ते आने लगे। एक ने तो कमाल ही कर दिया। उसका विचित्र खत, विवाह मंडल की स्टेशनरी तथा पूरा दफ़्तर मैंने रजनी के घर भिजवाया और उससे विनती की कि यह कार्य संस्था के बजाय घर में जारी रखो। रजनी ने खुशी से मान लिया।

एक अपाहिज रईस युवक संस्था में आता था। कोई काम न करना और सिर्फ लड़कियों से गपशप लड़ाना उसकी आदत थी। एक बार मैंने उसे रजनी के पास जाकर अपना नाम दाखिल कराने की सलाह दी तो उसने उत्तर दिया, ''कोई जरूरत नहीं। यहीं कोशिश करता हूँ, शायद बात बन जाए!'' मैंने गुस्सा होकर उसे कहा, ''हमारी लड़कियों को तुमने समझा क्या है?...ये गाड़ी में घुमाकर, होटलों में खिलाकर छोड़ देने के लिए नहीं हैं। उनके साथ अगर आदर-सम्मान के साथ पेश आना हो तो संस्था में तुम्हें प्रवेश मिलेगा वरना...'' आगे की बात वह समझ गया। अगले एक-दो साल तक उसने अपना चेहरा नहीं दिखाया। लेकिन अकेलापन उसे अखरने लगा और वह फिर से आने लगा। उसने संस्था को आर्थिक सहयोग भी दिया। आज वह हमारे लिए जैसे 'सुबह का भूला' है।

एक अपाहिज युवक के सम्बन्ध में मात्र बिल्कुल विपरीत हुआ। बार-बार सूचित करने पर भी उसके बर्ताव में कुछ सुधार नहीं हुआ। अपाहिज युवती माँ बनने की स्थिति में आ गई और मेरे सामने रोने-बिलखने लगी। मैंने उसमें धोखा खाया। संस्था में एक

कार्यक्रम था फिर भी देशभ्रतार और रजनी को साथ लेकर उन दोनों को मैं नरसोबावाड़ी ले गई। विधिवत उनकी शादी करा दी। लेकिन उस लड़के के पिता को अपने बेटे का अपाहिज लड़की से प्रेम का नाटक मंजूर था मगर उसे 'बहू' के रूप में स्वीकार करना नहीं। उन दोनों को घर में प्रवेश दिया जाए, इसीलिए मैं कार्यक्रम के लिए आए देसाईकाका को लेकर लड़के के घर गई। उन्होंने साफ इनकार कर दिया बल्कि यहाँ तक कहा, ''कल उसकी शादी बिरादरी की लड़की से करा देंगे।'' आखिर हारकर हम लोग वापस आए। उन्हें घर बसाने हेतु मैंने आर्थिक मदद की। लेकिन उन्होंने उन पैसों से घर बसाने की बजाय उस लड़की की माँ के आग्रह पर पेट की नन्हीं जान को जन्म से पहले ही मार डाला। उसका मानना था कि शादी के बाद इतने जल्दी बच्चा होने पर लोग क्या कहेंगे। जबकि इससे उसकी माँ को भी खतरा हो सकता था। समाज में मौजूद उस खोखली इज्जत का मुझे उस दिन पता चला जो स्वयं के वजूद की इज्जत की अपेक्षा इस तरह लुक-छिपकर प्राप्त की जाती है। आखिर 'बेकार वक्त जाया हो रहा है' सोचकर मैं उस झंझट से अलग हो गई। थोड़े दिनों बाद पता चला कि उस युवक को नौकरी मिल गई थी। वहाँ पर भी उसने कोई गड़बड़ की और उसे हटाया गया। एक बात की कसक बहुत दिनों तक मेरे मन में रही कि मेरे ही संस्कारों में शायद कुछ कमी रह गई थी जो ऐसा हुआ। मैंने उन्हें अपना जो माना था। मैंने उन्नति के शिखर पर चढ़नेवाले अन्य बच्चों की ओर देखकर उन्हें भूलने का प्रयास किया।

प्रकाश संसुद्दी नामक एक पैराप्लेजिक युवक को पहियों की कुर्सी पर बैठकर कैसे जीना चाहिए, इसका पाठ पढ़ाया था। आगे चलकर वह आटे की चक्की चलाकर अपनी गृहस्थी में खुशी से जी रहा था। यह देखकर बड़ा सुकून मिला। आज वह दुनिया में नहीं है, फिर भी उसकी पत्नी बड़े साहस के साथ उसका काम सँभालती है।

संस्था के बढ़ते कार्य में सलाहकार डॉ. सुनीलकुमार लवटे, डॉ. मोहनराव गुणे, दीक्षित साहब, शिवाजीराव पाटील आदि लोगों का महत्त्वपूर्ण योगदान मिल रहा था। इसी समय रामदास सोनवणे को अस्पताल से मुक्त किया था। उसके रहने-खाने का प्रश्न था। बड़े भाईजान का फ्लैट कम किराए पर लिया और वहाँ प्रशिक्षण केन्द्र में काम के लिए रखकर उस प्रश्न को हल किया। संस्था के चंदवानी सभागृह में सांसद मा. सदाशिवराव मंडलिक जी आए थे। रामदास को जिला परिषद में ग्रामसेवक की नौकरी मिले इसीलिए उन्होंने सिफारिश पत्र दे दिया। रामदास को लिखित परीक्षा का पत्र आया। परीक्षा पूना में थी। मुझे बाहर रहने की आदत थी मगर रामदास की चिंता थी। सुजलाताई से फोन पर पूछने पर उन्होंने अपने घर में रामदास की व्यवस्था की। रामदास परीक्षा में पास हो गया, उसे नौकरी का नियुक्तिपत्र भी मिल गया। लेकिन उसकी पहियेदार कुर्सी देखकर उसे नौकरी पर हाजिर करा लेने में हिचकिचाने लगे।

आखिर मैं उनके साहब से मिली और रामदास नौकरी पर हाजिर हुआ। उसे रहने के लिए बड़ा घर मिला जिसमें पति-पत्नी दोनों ही रहते थे। उसने मुझे खाने पर बुलाया। उपहार के रूप में साड़ी दी। मैं ऐसे उपहार नहीं लेती लेकिन उसकी भावना का खयाल रख मैंने साड़ी ले ली। उसकी और मेरी खुशी में अधिक फर्क नहीं था। एक अपाहिज का पुनर्वासन करने में सफलता मिली थी। रामदास ने 5 अप्रैल, 1994 को साक्षात्कार के लिए अपना आत्मकथ्य इस प्रकार लिखा था–

''मैं श्री रामदास हरी सोनवणे। मैं नगर जिले में स्थित संगमनेर तहसील के सावरगाँव धुले गाँव का रहनेवाला हूँ। गरीबी से जूझते-जूझते मैंने एम.एससी. तक शिक्षा ली, बाद में महात्मा फुले कृषि विश्वविद्यालय में 72 प्रतिशत अंक प्राप्त कर कृषिशास्त्र की उपाधि ली। लेकिन जीरो बजट के कारण सरकारी नौकरी भर्ती बंद हो गई थी। प्रायवेट नौकरी ढूँढ़कर भी नहीं मिली इसीलिए मैं मजदूरी करके पेट पालने लगा था। यह काम करते समय मेरी बदकिस्मती से शुक्रवार 30 जून, 1989 को कांक्रीट मशीन का हिस्सा टूटकर मेरी पीठ पर गिर गया। उसी क्षण कमर के नीचे से मेरा शरीर, बेजान होकर लुढ़क गया। अपाहिज होने के उन्नीस दिनों के बाद मुझे जिला परिषद नगर में ग्रामसेवक की नौकरी का नियुक्तिपत्र आया। अपाहिज होने के कारण मैं हाजिर नहीं हो पाया। कॉन्ट्रॅक्टर और रिश्तेदारों ने पूना के प्रवरानगर में लम्बे समय तक मेरा अस्पताल में इलाज करवाया लेकिन कोई फायदा नहीं हुआ। बिस्तर पर लेटे रहकर बुरे विचारों से मन त्रस्त होता था। एक इनसान के रूप में मेरा जीवन निरर्थक हो गया था। आँखों के सामने सिर्फ अँधेरा था।

ऐसी हालत में 7 मार्च, 1992 को आकाशवाणी 'पूना' केन्द्र पर 'हेल्पर्स ऑफ दि हैंडिकैप्ड' की अध्यक्षा नसीमा दीदी का साक्षात्कार सुना। उस संस्था का पूरा पता तक नहीं सुना था। मैंने संस्था के नाम कोल्हापुर खत भेज दिया। उसमें अपनी पूरी जानकारी दी थी। संस्था ने मुझे पूरा पता देकर माँ के साथ आने की सलाह दी। मित्र, परिवार और रिश्तेदारों ने पैसों का इंतजाम करवाकर मुझे 4 अगस्त, 1992 को संस्था में दाखिल किया। स्वयं दीदी ने मुझे डॉ. सातवेकर जी के पास मेरी वॉनलेस अस्पताल में भर्ती करवाया।

अस्पताल में इलाज कराते समय संस्था के पदाधिकारी, कार्यकर्ता और कर्मचारियों के व्यवहार ने चार सौ मील दूर स्थित मेरे घर की याद कभी नहीं आने दी। समय-समय सबका स्नेह और मार्गदर्शन मिला। मैं दीदी के कार्य और व्यक्तित्व से अधिक प्रभावित हो गया। दीदी को अपाहिज होने के बाद कार्यरत रहते देखकर यह आत्मविश्वास पैदा हो गया कि, अगर मैं भी अपनी दुर्बलता को जीतकर ऐसा कार्य करूँ तो एक इनसान के रूप में जी सकूँगा।

हमारी आर्थिक स्थिति कमजोर थी। दीदी ने स्वयं के वेतन से मेरी और माँ की खाने तथा कपड़ों की जिम्मेदारी उठाई। उनके एहसान मैं जिन्दगीभर नहीं भूल पाऊँगा। उनका सारा परिवार भी मेरे साथ बड़ी आत्मीयता से पेश आता था।

संस्था की आर्थिक मदद, सभी का सहयोग तथा डॉ. सातवेकर जी के प्रयासों से मेरी शल्यक्रिया सफल हो गई। रीढ़ की हड्डी में बिठाया रॉड निकाला गया। मैं पहियों की कुर्सी पर बैठने लगा। पीठदर्द की तकलीफ भी बंद हो गई। संस्था की तरफ से मिली कुर्सी के कारण बाहर का संसार फिर देख पाया। इसी समय 'प्रादेशिक दुय्यम सेवा नियुक्ति मंडल, पूना' का विज्ञापन प्रकाशित हुआ था। संस्था ने मुझे बेसहारा न छोड़कर मेरे आर्थिक पुनर्वासन हेतु प्रयत्न शुरू किए। मुझे और मेरी माँ को संस्था के व्यावसायिक प्रशिक्षण केन्द्र में मुफ्त में रहने की व्यवस्था की। मैं संस्था की गैस एजेन्सी में आनेवाले नए ग्राहकों के पंजीकरण का काम करने लगा। इससे मैं काम करने का आदी बन गया।

सौभाग्य से 16 सितंबर, 1993 को मुझे 'प्रादेशिक दुय्यम नियुक्ति मंडल, पूना' की तरफ से ग्रामसेवक पद के साक्षात्कार के लिए बुलावा आया। संस्था ने नित्सुरे जी के यहाँ एक सहायक के साथ मेरे रहने का इंतजाम किया। मेरा साक्षात्कार भी अच्छा हुआ। सरकारी सेवा में अपाहिजों के लिए आरक्षित पद पर मेरी नियुक्ति के लिए दीदी, श्री देशभ्रतार जी, श्री पी.डी. देशपांडे सर ने कोल्हापुर जिले के तत्कालीन पालकमंत्री सदाशिवराव मंडलिक जी से मिलकर प्रयास किया और उन्हें सफलता मिली। कोल्हापुर जिला परिषद में ग्रामसेवक के रूप में मुझे नियुक्तिपत्र मिला। शेंडापार्क में मुझे हाजिर होना था।

नौकरी का नियुक्तिपत्र तो मिला मगर आवास की समस्या थी। दीदी स्वयं मेरे साथ शेंडापार्क में आईं और उनकी पहचानवाले श्री देवलापुरकर के यहाँ मेरा और माँ के रहने का प्रबंध किया। उनकी यह इनसानियत आजीवन स्मृति में बरकरार रहेगी। 18 अक्तूबर, 1993 को मैं प्रत्यक्ष नौकरी पर हाजिर हुआ। कुष्ठधाम के अधीक्षक डॉ. भोभाज जी ने अपाहिज होने के मेरे रहने का प्रबंध सरकारी आवास में किया। दफ़्तर के सभी अधिकारी और सहकर्मी मेरे साथ आत्मीयता से पेश आते।

इस प्रकार 'हेल्पर्स ऑफ दि हैंडिकैप्ड' इस संस्था के कारण मेरे जीवन को एक अर्थपूर्ण मोड़ मिल गया। मेरे जीवन में जो हादसा हुआ था, उसकी गर्द से बाहर निकलकर संस्था ने मुझे खोई जिन्दगी लौटाई है। अगर संस्था के सम्पर्क में न आता तो शायद मैं आज बिस्तर पर पड़े-पड़े ही दम तोड़ देता। मेरे समान कई भाइयों को इस संस्था से नया जीवन मिलता रहे, यही मेरी उम्मीद है। ''मैं अपनी तरफ से हर तरह का सहयोग संस्था को देनेवाला हूँ, बल्कि यह मेरा कर्तव्य है।''

एक दिन मैं दफ़्तर में काम कर रही थी तभी रामदास की माँ दौड़ती हुई मेरे पास आई और बताया कि, 'रामदास की यूरिन पास होना बंद हो गया है। उसे डॉ. सातवेकर जी के अस्पताल में भर्ती किया गया है। कृपया, आप जल्दी चलिए।' मैंने साहब की अनुमति ली और देशभ्रतार को संदेश भिजवाकर उनके साथ अस्पताल गई। वह एक्स-रे रूम के बाहर था। डॉ. सातवेकर जी से मिली। उन्होंने कर्मचारियों को सूचना देकर एक्स-रे, स्कैनिंग कर उसे ऑपरेशन थिएटर में लिया। उसके ब्लैडर में स्टोन्स हो गए थे। दफ़्तर से छुट्टी होते ही देशभ्रतार जी सीधे अस्पताल पहुँचे।

इसी समय और एक दुर्घटना हो गई। रात दस बजे ऑफिस के चपरासी का संदेश मिला, 'दफ़्तर के सहकर्मी श्री भोई जी को फूड पॉयजनिंग होने से संभाजी पाटील के अस्पताल में दाखिल किया गया है।' श्री भोई संस्था के किसी भी काम में वक्त-बेवक्त मदद करनेवालों में से एक थे। रामदास की शल्यक्रिया सफल हुई थी। उसकी सारी व्यवस्था कर हम श्री भोई जी के पास गए। वे बेहोशी में थे। डॉक्टर से चर्चा कर अन्य विशेषज्ञ डॉक्टरों को फोन किया। ऍम्ब्युलैन्स मँगवाई लेकिन खतरे को भाँपकर विशेषज्ञ डॉक्टर वहीं आ गए। इलाज के बाद उनकी तबीयत में थोड़ा सुधार आया। देशभ्रतार जी ने मुझे घर छोड़ दिया। रात के बारह बज चुके थे।

दूसरे दिन रामदास के दफ्तर में जाकर मेडिकल प्रमाणपत्र के साथ छुट्टी का आवेदनपत्र दे दिया। उसकी फाइल पर कोई रिमार्क न लिखने की विनती की क्योंकि वह दफ्तर का नया कर्मचारी था। डॉ. सातवेकर जी ने भी उसके दफ़्तर फोन किया था। रामदास के साहब अच्छे थे। ठीक होने के बाद रामदास नौकरी पर हाजिर हो गया। श्री भोई के लिए 'स्टाफ वेलफेअर फंड' से पैसों की व्यवस्था की। कुछ दिनों बाद वे भी ठीक हो गए। आज वह फंड बंद हो गया है, इसका अफसोस होता है।

रामदास अपनी नौकरी सँभालते हुए अच्छी तरह से जीवनयापन कर रहा था। पहले वेतन का आधा हिस्सा उसने संस्था को दिया। प्रतिमाह सौ रुपए का चंदा भी वह भेज रहा था। उसकी नौकरी लगी, रहने को बड़ा घर मिला था तो उसके सगे-सम्बन्धी तथा रिश्तेदारों का घर में ताँता लगा। जब वह बीमार था तब ये लोग कहाँ थे? 'बुरे वक्त में साया भी साथ छोड़कर चला जाता है' यह कहावत मुझे सच लगी।

मैं दिल्ली चली गई और रामदास की बहन ने उसे दीपावली के त्यौहार के लिए अपने घर आमंत्रित किया और रामदास छुट्टी लेकर गया। मैं वहाँ मौजूद होती तो रामदास को हरगिज़ नहीं जाने देती। उसकी बहन को ही कोल्हापुर आने को कहती। मेरे दिल्ली से लौटने से पहले ही रामदास अल्लाह को प्यारा हो गया। बाद में पता चला कि बहन के घर जाने के बाद उसे यूरिन इन्फेक्शन हो गया था। बुखार चढ़ गया और दोनों पैरों में सूजन आ गई थी। दो दिनों में वह खत्म हो गया था। इससे पहले भी संस्था से

इलाज करवाकर पाँच-छह मरीज गाँव वाले गए थे और छह-आठ महीनों के बाद ही उनकी मृत्यु हो गई थी। कम–से–कम रामदास को तो जीवनदान मिला है, इस बात की खुशी थी मगर वह भी निराशा में बदल गई। मैं भी एक पैराप्लेजिक हूँ लेकिन इतने सालों तक क्यों और कैसे जीवित हूँ? यह सोचते-सोचते मन उदास हो जाता है। रामदास की माँ को सरकार की तरफ से बीस-पच्चीस हजार रुपए मिल गए। वे आज भी कभी-कभी संस्था के लिए चंदा भेज देती हैं।

हमारे संस्था के कार्य से प्रभावित होकर फलटन की डॉ. मंजिरी निमकर शल्यक्रिया तथा कृत्रिम सामग्री की खरीदारी के लिए अपनी तरफ से कुछ रुपए भेजा करती। हमारी संस्था में प्रशिक्षण केन्द्र शुरू होने से पहले हम बेलगाम की संस्था से कैलिपर्स की माँग करते थे। बहुत दिनों बाद भी वह नहीं मिले। मुम्बई की 'नासीओ' संस्था हमें मुफ्त में पहियेदार कुर्सियाँ तथा ट्रायसिकल्स भेज देती थी। उसके लिए हम विधिवत आवेदनपत्र, रसीद, आर्थिक आय का प्रमाणपत्र, अस्पताल का प्रमाणपत्र तथा छायाचित्रों की पूर्ति करते थे। बेलगाम की संस्था भी यह सुविधा लेना चाहती थी।

इसीलिए उन्होंने विनती की कि मैं श्रीमती नमा भट से उनके लिए बात करूँ। उसके अनुसार मैंने नमा जी से बात भी की तो नमा जी ने मुझसे कहा, "तुम अगर उस संस्था की सदस्य हो और उनके कागजातों की पूर्ति अपनी जिम्मेदारी पर करती हो तो उनका काम हो जाएगा। क्योंकि, बाद में यह बहुत बड़ा झमेला बन जाता है और हमें सरकार को सारे खर्चे का हिसाब यथासमय देना पड़ता है।"

पिछले तीन-चार सालों से मैं यथासमय कागजात की पूर्ति करती जिससे नमाताई मुझ पर विश्वास करती थी। मैंने बेलगाम की संस्था को यह सब समझाया। उन्होंने मुझे लिखित अधिकार दे दिए। 'हेल्पर्स' के पास भी ऐसी कृत्रिम सामग्री के लिए लम्बी-सी प्रतीक्षा-सूची थी। 'हेल्पर्स' के खर्चे से मुम्बई जाना पड़ता, पत्राचार करना पड़ता। इस सुविधा का लाभ बेलगाम, पंढरपुर, इचलकरंजी, सांगली के अपाहिजों को मिलनेवाला था। इसीलिए यह तय हो गया कि बेलगाम की संस्था को मिलनेवाली कुछ सामग्री 'हेल्पर्स' को मिलेगी। लेकिन बेलगाम की संस्था से यथासमय न कागजात आए और न कोई जवाब। मैंने तो नमाताई से वादा किया था। अगर समय पर कागजात नहीं भेजे जाते तो 'नासीओ' से मिलनेवाले अनुदान में बड़ी मात्रा में कटौती हो जाती। निश्चित रकम याद नहीं आती है, मगर सत्तर हजार रुपयों के आसपास ही वह राशि होगी। आखिर पी.डी. से चर्चा कर बेलगाम जाकर कागजातों की हमने ही पूर्ति करने का निश्चय किया। उन्हें फोन पर यह संदेश दे दिया। बेलगाम को दी गई कैलिपर्स के ऑर्डर का क्या हुआ? यह भी देखना था। इसीलिए मैं, डॉ. छाया देसाई और अभिजीत को साथ लेकर बेलगाम पहुँच गई।

हम जब बेलगाम संस्था में पहुँचे उसी दिन एक बैठक सम्पन्न हो चुकी थी जिसमें बहस हो जाने से माहौल में तनाव महसूस हो रहा था। हम लोगों ने दोपहर के खाने का डिब्बा अपने साथ ले लिया था। यह तरकीब देशभ्रतार जी की थी जिससे अनेक लाभ होते थे। एक तो होटल का खाना टल जाने से पेट ठीक रहता था, समय पर खाने को मिलता, अन्य लोगों को हमारी तकलीफ नहीं उठानी पड़ती और पैसे भी बच जाते। बेलगाम की संस्था को मैंने हमेशा अपनी संस्था की तरह माना था। हम अपने कामों में जुट गए, क्योंकि दूसरे दिन कोल्हापुर लौटकर दफ़्तर जाना था। वहाँ के कुछ लोगों ने उनकी संस्था के बारे में शिकायत की। मैंने चुपचाप सुना और कोल्हापुर लौटी। रजनी को भी मैंने कुछ नहीं बताया। 'हेल्पर्स' से संबंधित बातों की ही चर्चा की।

बेलगाम की संस्था में कैलिपर्स बनानेवाले विशेषज्ञ श्री समुद्रे मिरज के रहनेवाले थे। हमने संस्था के बच्चों के कैलिपर्स फिट करने के लिए उन्हें कोल्हापुर बुलाया था। उन्होंने उस समय बताया कि, यह काम पूरा होते ही वह बेलगाम की नौकरी छोड़कर 'गल्फ' जा रहे हैं। उन्होंने यह भी कहा कि यदि दो माह तक हम उनका प्रबंध कर सकते हैं तो वे हमारे बच्चों को कैलिपर्स बनाने का प्रशिक्षण दे देंगे। इसी दौरान मैं नमाताई को कैलिपर विशेषज्ञों की जरूरत के बारे में लिखनेवाली थी। बेलगाम संस्था की सचिव को यह पता था। उसने उनके लिए भी विशेषज्ञ की जरूरत को लेकर लिखने को कहा। पी.डी. से खत तैयार करवाकर मैंने नमाताई को भेज दिया था।

मैंने संस्था समिति के सामने समुद्रे जी का प्रस्ताव रख दिया। शल्यक्रिया कराए गए बच्चों के पैरों को तुरन्त कैलिपर्स की जरूरत होती है वरना नसें फिर से तन जाने का खतरा रहता। अगर ऐसा हो गया तो रुपए, समय तथा बच्चों की सही हुई वेदनाएँ व्यर्थ हो जातीं। इसीलिए समिति को विश्वास में लेकर भाईजान के फ्लैट में प्रशिक्षण केन्द्र शुरू कर उसमें कैलिपर्स बनवाने का निर्णय लिया गया। जनवाड़कर काका और डॉ. मोहनराव गुणे जी ने केवल आठ दिनों के अन्दर पचास हजार रुपए की मशीनरी का इंतजाम किया था। मेरी विनती पर श्री बापूसाहेब वालावलकर जी ने अरुण लोखंडे को उसकी सेवा से मुक्त किया ताकि वह प्रशिक्षण ले सके।

अरुण के साथ हमारा दूसरा प्रशिक्षणार्थी राजेंद्र चव्हाण था। वह चिकोड़ी गाँव का रहनेवाला था। आठवीं कक्षा में पढ़ रहा था तब उसका एक पैर पूरी तरह से सड़ चुका था। दूसरा घुटनों से बेजान हो गया था। डॉ. सातवेकर जी उस पर एक साल से इलाज कर रहे थे। मैंने वह पैर कटवाने को कहा तो डॉक्टर ने मुझे समझाया कि 'अंतिम इलाज के रूप में ही इनसान के शरीर का कोई भी हिस्सा काटकर निकाला जाता है।' साल-डेढ़ साल बाद इलाज करने पर भी कोई लाभ न हुआ तो उन्होंने हार मान ली और पैर कटवाने की सलाह मान ली। मुम्बई के 'अखिल भारतीय विकलांग चिकित्सा केन्द्र' के

डायरेक्टर से अब तक मेरा अच्छा-खासा परिचय हो चुका था। वहाँ पर राजेंद्र का इलाज हो गया। हमेशा की तरह हारुन मामा का सहयोग था ही। राजेंद्र के दूसरे पैर का दफन करते समय उसके पिताजी का आक्रोश देखकर मामा तक अस्वस्थ हो गए थे।

राजेंद्र महीनों तक संस्था के खर्चे से मुम्बई में ही रहा। वह अपने कृत्रिम पैरों पर खड़ा होकर ही लौटा था। उसे देखकर काफी खुशी हुई। आते ही उसे कैलिपर्स बनाने का प्रशिक्षण दिया। भाईजान के 'आत्माराम' नामक फ्लैट में रहकर वह अपनी मेहनत की रोटी खाने लगा। यह देखकर मन को सुकून मिला। राजेंद्र की आमदनी बढ़ने लगी और उसे तमाखू, गुटखा, शराब आदि की लत लग गई। हर तरह से उसे समझाया लेकिन उसमें सुधार नहीं हुआ। अन्ततः उसे गाँव भेज दिया। क्षमायाचना करते हुए उसने गाँव में ही पान का ठेला खोलने को आर्थिक सहयोग चाहा। उसके पिताजी ने जिम्मेदारी ले ली। मैंने व्यक्तिगत राशि से उसे रुपए दे दिए। आधी रकम उसने लौटाई। शेष मैंने माफ कर दी। पिछले दिनों वह संस्था में आया था। उसका काम अब ठीकठाक चल रहा है।

इस तरह हमारे लिए आवश्यक कैलिपर्स और बैसाखी बनाने में हम आत्मनिर्भर बन गए। इससे पैसों की भी बचत होने लगी थी। ऐसे में बेलगाम की संस्था से खत आया, जिसे पढ़कर मुझे सदमा-सा पहुँचा। बेलगाम की संस्था के अध्यक्ष का अंग्रेजी में लिखा वह खत मैंने सहेजकर रखा है। उसमें लिखा था—

''आपने हमारे विशेषज्ञों को बहला-फुसलाकर अपनी संस्था में रखा। इसी काम के लिए आप लोग बेलगाम लाभार्थियों के कागजात का बहाना बनाकर यहाँ आए थे। आपने बेलगाम की संस्था के लिए हानिकारक बर्ताव किया है। इससे आप यह साबित करना चाहते हैं कि महाराष्ट्र के बाहर भी राज्यस्तर पर आपकी संस्था का कार्य चल रहा है।'' वे अध्यक्ष शराबी थे इसका मुझे पता था। यदि उन्होंने नशे में लिखा था तो मेरी सहेली सचिव ने उसे भेजने की अनुमति कैसे दे दी? क्या बेलगाम की संस्था को जगह दिलवाने के लिए हमने जो कष्ट सहे थे उन्हें वह भूल गई? अब तक वह कह रही थी, बेलगाम तथा कोल्हापुर की संस्थाएँ जुड़वाँ बहनें हैं इसीलिए दोनों में ही तुम्हारा हक बनता है, और आज उसे क्या हो गया? वैसे भी फोन पर घंटों बातें करनेवाली मेरी इस सहेली ने उस खत के बारे में एक लफ्ज भी नहीं कहा। हद तो इस बात की थी कि इस खत की एक प्रति उन्होंने रजनी को भी भेज दी थी।

मैंने उस खत के जवाब में 'नासीओ' को विशेषज्ञ सम्बन्धी भेजे खत की तथा कैम्प सम्बन्धी बेलगामवालों ने मुझसे लिखे विनतीपत्र की छायांकित प्रति भेज दी। मगर ऐसा लग रहा था जैसे कोई हथौड़े से दिमाग पर चोट कर रहा है। वह शब्द मेरे मस्तिष्क में नाच रहे थे। शरीर की बीमारी मेरे जीवन का एक अनिवार्य अंग बन गई है मगर इस

विश्वासघात के झटके से मैंने बिस्तर पकड़ लिया। कुछ दिनों के बाद काम पड़ने पर सहेली बनने का नाटक करनेवाली उस सहेली का फोन आया। मैंने उसे पहचानने से इनकार कर दिया। यहाँ तक कि उसने कोल्हापुर आने की खबर दी तो मैंने अपने घर आने से मना किया। मैं नहीं चाहती थी कि अम्मी को ऐसे लोगों की सेवा से तकलीफ उठानी पड़े। कभी-कभी माँ और पूरे परिवार को मेरे कारण कष्ट उठाने पड़ते, मुझे बहुत बुरा लगता। एक बार तो यह बेलगाम के लोग बिना खबर किए आ धमके थे। उस समय अजीज के खास दोस्तों के लिए बनाया गया खाना इन्हें खिलाना पड़ा। अम्मी ने सादा खाना बनाकर अजीज के दोस्तों को खिलाया था। उनके आने पर माँ-बहनें-भाभी मुझे होटल से खाना मँगवाने से रोकतीं और खुद घर में बनाती थीं। उनका कहना था कि 'आपको बाहर जाने में तकलीफ उठानी पड़ती है।' बरसों से किए गए एहसान या मदद को भूलकर बेलगामवालों ने उस खत से चोट पहुँचाई थी। आज भी अगर उसकी याद आती है तो मेरे शरीर का संवेदनशील हिस्सा जैसे सुलगता है।

इस घटना के बाद मेरे कार्यों के लिए मुझे अनेक पुरस्कारों से सम्मानित किया गया। बेलगामवालों को मेरा सत्कार करने की इच्छा हुई। तब उनके खत का मैंने जवाब नहीं दिया लेकिन उस सहेली का जब फोन आया तब कह दिया, ''बरसों पहले जो आपने खत लिखकर मेरा सम्मान किया था, वह क्या कम है? अब वहाँ बुलाकर आप मुझे कौन-सा उपहार देना चाहते हैं?'' उनकी उस गलती पर शायद मैं माफी माँगना भूल भी जाती मगर उन्हें उसका एहसास नहीं था। इस बात से मैं और अधिक चिढ़ गई थी। वही अध्यक्ष महोदय जब बीमार थे तो सहेली की विनती पर इनसानियत के नाते मैं और रजनी अस्पताल में उनसे मिलने गई थीं। वह सहेली आज भी हमारे पास आती है लेकिन प्यार और आत्मीयता के उस पहले रिश्ते को मैं भूल चुकी हूँ। उसे याद करने के लिए समय भी तो कहाँ होता है हमारे पास?

संस्था को गैस एजेन्सी शुरू करने की मंजूरी मिली। जरूरी बातों की जानकारी के लिए मैं और देशभ्रतार मुम्बई की गैस एजेन्सी के मुख्य दफ़्तर में गए। हमारे हाथों में मंजूरीपत्र देखकर वहाँ हमसे सवाल पूछा गया, ''एजेन्सी प्राप्त करने के लिए कितने लाख खर्च किए हैं?'' हमने संस्था के रिकॉर्ड दिखा दिए और हँसकर जवाब दिया, ''हमें चंदा लेने की आदत है, देने की नहीं।'' हमें शाम तक पूरी जानकारी मिल गई जो इस प्रकार थी, 'किसी आबादीवाली बस्ती में विशेष क्षेत्र की शोरूम होनी चाहिए। गोदाम बस्ती से दूर होना चाहिए जिसके बाजू में खुली जगह रखना अनिवार्य है।' वापस आने पर शोरूम के लिए जगह देखने का काम शुरू हो गया। राजारामपुरी क्षेत्र में जगह के दाम सस्ते थे लेकिन हमें संस्था और एजेन्सी का काम एक साथ चलाना मुश्किल हो जाता। इसीलिए ताराबाई पार्क में शोरूम बनवाने का निश्चय हुआ। सौभाग्य से

अपाहिज क्रिकेट प्रतियोगिता का उद्घाटन जिनके करकमलों से हुआ था, वे बालासाहब पाटणकर जी कुछ जगह बेचना चाहते थे। सस्ते दामों में दो कमरे संस्था के नाम खरीद लिए। यह संस्था द्वारा खरीदी पहली जायदाद थी। अर्थार्जन के क्षेत्र में वह हमारा पहला कदम था।

अब गोदाम के लिए जगह मिलना जरूरी था। हर रोज भटकते रहने पर भी उचित जगह मिलने में छह महीनों का समय बीत गया। जमीन खरीदकर उस पर गोदाम खड़ा कर एक साल के अन्दर एजेन्सी का प्रारम्भ करना अनिवार्य था वरना मंजूरीपत्र खारिज हो सकता था। सिर पर लटकती खतरे की तलवार को लेकर हम ज़मीन ढूँढ़ रहे थे कि टेंबलाई के पास एक जगह मिल गई। गैस एजेन्सी के पदाधिकारियों को उसे देखने के लिए आमंत्रित किया ताकि हम खरीद सकें। लेकिन उनकी ओर से कोई प्रतिक्रिया नहीं मिली। वक्त की कमी को ध्यान में रखकर हमने जगह कोल्हापुर के गैस एजेन्सी के प्रतिनिधियों को दिखाई। हम लोगों ने पैसों के व्यवहार पूरे किए और जगह को कब्जे में लेकर तामीर का काम शुरू किया।

इसी दौरान अचानक कम्पनी के पदाधिकारी कोल्हापुर आए। मैं और पी.डी. उन्हें जगह दिखाने हेतु ले गए। जाते समय गाड़ी में 'भरारी' स्मारिका का अंक दिखाया। मुखपृष्ठ पर बिना हाथ-पैर का मुँह में कलम पकड़ा लड़का और पैरों में कैलिपर डालकर झूला झूलनेवाली लड़की का चित्र था। उन्होंने वह स्मारिका एक ओर पटक दी और बोले, ''आपके इस सामाजिक कार्य से हमारा कोई सम्बन्ध नहीं है। सिर्फ एजेन्सी के बारे में बोलो, हमारे पास समय नहीं है।'' मैंने और पी.डी. ने अपमान का वह घूँट पी लिया और जगह पर पहुँचने तक चुप रहे। उस अधिकारी ने उस जगह को नामंजूर किया। पैसे वापस लेकर पूरा करार खारिज करने में हमारी काफी शक्ति और बहुमूल्य वक्त जाया हुआ। अजीज जब छुट्टी लेकर कोल्हापुर आ गया था तो उसी समय अचानक शोरूम देखने अधिकारी आए। दफ़्तर में काम होने के कारण मैंने उनके साथ अजीज को भेज दिया था। बातों-बातों में अजीज मस्कत में नौकरी के लिए है तथा दो-तीन महीनों बाद कोल्हापुर आता है, यह बात उन्हें पता चल गई थी। अब पूरी बात समझ में आ गई थी कि अजीज को उनके साथ भेजकर मैंने गलती की थी।

गैस मंजूरी का पत्र मिलते ही हमने गोदाम के लिए शिरोली में स्थित औद्योगिक क्षेत्र में जगह के लिए आवेदनपत्र दिया था। उसमें भविष्य की योजना यह थी कि एक ही जगह गोदाम और अपाहिज व्यावसायिक प्रशिक्षण केन्द्र स्थापित करेंगे। सरकार की तरफ बीस हजार फुट चौरस जमीन का प्रस्ताव भेजा था। लेकिन उसके लिए काफी समय लग जाता। गैस एजेन्सी शुरू करने हेतु हम लोग उद्योग भवन के दफ़्तर से भी होकर आए थे। लेकिन पता चला कि इसके लिए काफ़ी समय लगेगा।

खरीदी हुई जमीन को कम्पनी से नकार दिए जाने के बाद हम तुरन्त मुम्बई गए। एम.आई.डी.सी. के दफ़्तर में फोन करने के बाद उनके सचिव से पता चला कि संबंधित अधिकारी, श्री पठाणसाहब दिल्ली जा रहे हैं। जल्दी पहुँचेंगे तो मुलाकात हो सकती है। अविलम्ब उनका दफ़्तर पहुँचना जरूरी था। रेहाना के घर से बाहर निकले तो पता चला कि उसका घर पाँचवीं मंजिल पर है और लिफ्ट बंद है। पाँच मंजिलों की सीढ़ियाँ पहियेदार कुर्सीसहित मुझे उतारना एक मुश्किल काम था। बहन रेहाना, उसकी बेटियाँ तथा साथ आए सहायक श्री अरुण लोखंडे ने इस चुनौती को स्वीकारा। सभी पसीने से तर्र हो गए थे। भाईसाब मेरे लिए गाड़ी छोड़ खुद टैक्सी से दफ़्तर गए थे। इसीलिए एम्.आई.डी.सी. के दफ़्तर में हम कम समय में पहुँच सके थे। पठाणसाहब का सचिव जल्द ही हमें उनकी केबिन में ले गया। हमने उन्हें संस्था का रिकॉर्ड, छायाचित्र तथा जगह सम्बन्धी फाइल दिखाई। पठाणसाहब ने कोल्हापुर के दफ़्तर में फोन लगाया। वहाँ के अधिकारियों से बात की। तब तक हमारे लिए चाय का इंतजाम किया गया। वे फोन पर पूछ रहे थे, ''पहियेदार कुर्सी में बैठी इस महिला को मुम्बई तक आने की नौबत क्यों आई? अब तक वह फाइल यहाँ क्यों नहीं पहुँची? मैं आज दिल्ली जा रहा हूँ। मेरे वापस लौटने तक वह फाइल मेरी टेबल पर होनी चाहिए। सभी कागजात के साथ, समझे?...'' कोई जान-पहचान नहीं लेकिन कितना सहयोग! ऐसी हस्तियों के कारण ही हमारी यह संस्था आज साँस ले रही है। मेरी ओर से आभार प्रकट करने पर वे बड़ी विनम्रता से बोले, ''वास्तव में हम आपके अपराधी हैं कि अब तक आपका काम नहीं हो पाया। आप बेफिक्र होकर कोल्हापुर जाइए। ऐसी संस्थाओं को मदद का हाथ बढ़ाना तो निश्चित ही पुण्य का काम है। मैं तो बस अपना कर्तव्य निभा रहा हूँ।'' मैंने हँसकर मंजूरीपत्र लेने के लिए आने की तिथि पूछी तो उन्होंने बताया कि वह पत्र आपको कोल्हापुर में भेज दिया जाएगा। जल्द ही वह जगह संस्था के नाम हो गई। गोदाम की जगह की पूजा करने के लिए हमने बाबूकाका के करीबी दोस्त श्री बाळासाहेब जनवाड़कर जी को बुलाया। मैं और अनेक अपाहिजों ने जगह की खुदाई की। अपने हक की जमीन पर हम अपने सपनों की बुनियाद खड़ी करने जा रहे थे।

उस जगह पर गोदाम का प्लान मंजूर करवाने के लिए मुझे पुनश्च मुम्बई जाना पड़ा। डाक से भेजे गए कागजात की प्राप्ति की रसीद के अलावा हमारे हाथ कुछ नहीं आया था। मैंने मुम्बई पहुँचने की खबर पहले ही एक शुभचिन्तक को फोन पर दी थी। मेरे पहुँचने से पहले उसने सारी पूछताछ पूरी कर उद्योग चलाने के लिए आवश्यक बातों का ज्ञान मुझे दिलाने के लिए एक उच्च पदस्थ व्यक्ति से चर्चा की थी। कड़वे करेले की तरह होनेवाली यह जानकारी मैंने सिर्फ अपाहिजों के भवितव्य के लिए हजम की थी। मंजूर प्लान लेकर मैं कोल्हापुर लौटी लेकिन उस खुशी में कुछ कमी-सी महसूस

हो रही थी। यह एजेन्सी संस्था के लिए एक स्थायी आमदनी का माध्यम थी। कर्जा चुकाने के बाद उसके उत्पन्न से छात्रावास का खर्चा निकल जाए यही इच्छा थी।

गोदाम पूरा होने के बाद एक और काम बाकी था, एक्स्प्लोसिव लाइसेन्स प्राप्त करना। फिर मेरी बरात मुम्बई के लिए निकल गई। इस बार कम्पनी के अधिकारियों को कोल्हापुर लाकर गोदाम दिखाना था। दफ़्तर में जाने के बाद प्रथमत: वह शुभचिन्तक अन्दर गए। अन्दर की बातें वही जानें। इस बार अविलम्ब काम हो गया था। संस्था का काम करते समय मैं कभी शरीर से थकती नहीं थी मगर एक व्यवसाय शुरू करने से पहले ही मैं मानसिक तौर पर थक चुकी थी।

सारी बातों की पूर्ति कर मार्च के पहले कम्पनी से इकरार होना अत्यावश्यक था। मेरा मुम्बई जाना अनिवार्य था। हर बार मैं रेल से ही सफर करती थी। मुम्बई के प्रमुख दफ़्तर से कागजात मिल गए। वह लेकर पूना के विभागीय दफ़्तर में दस्तखत के लिए देने थे। उससे पहले कोल्हापुर जिलाधीश कार्यालय से एक पत्र लेना जरूरी था। वक्त बहुत कम था। इतने कम समय में रेल का आरक्षण होना नामुमकिन था इसीलिए मैं टैक्सी लेकर मुम्बई से कोल्हापुर आ रही थी। बीच रास्ते में कराड़ के पास एक टैंकर को आग लगने से एक घंटा रुकना पड़ा। वहाँ हम पर गुजरी दुर्घटना याद आई। घटना और दृश्य आँखों के सामने ताजा हो गए और शरीर फिर एक बार काँप उठा।

पूना की अनुताई भागवत जी ने हमारी संस्था की विकासयात्रा पर एक स्लाइड शो बनवाया था। उसका पहला कार्यक्रम 'पुण्यनगरी' में ही रखा गया था। प्रोजेक्टर लेने हेतु उन्होंने हमें पूना आमंत्रित किया था। कोल्हापुर के असंख्य लोगों को अपने ही क्षेत्र में चलनेवाले इस महान कार्य के बारे में पता करवाना यह उद्देश्य इसके पीछे था। स्लाइड शो के काम में संस्था के कार्यकर्ता तथा फोटोग्राफर अनिल वेल्हाल जी का महत्त्वपूर्ण योगदान रहा है। वे हमारे अच्छे मित्र तो थे ही अब संस्था के विश्वस्त सदस्य भी हैं। मैं जब भी किसी काम के लिए खुद को असमर्थ पाती हूँ, तब अनिल को फोन करती हूँ। चाहे मुम्बई, दिल्ली की सैर हो, चाहे खेल-प्रतियोगिता हो। वे जहाँ भी हों मदद के लिए हाजिर होते हैं। एक बार कोल्हापुर महानगरनिगम की ऊपरी मंजिल पर मुझे चढ़ाया। सुबह से दोपहर तक काम नहीं हुआ तो अनिल को फोन किया। वह तुरन्त आया और बड़ी खुशी से मेरा काम कर दिया। उसे आदर की अपेक्षा एकवचनी संबोधन से बुलाऊँ यह उसी की जिद है।

अनुताई को उनकी इच्छानुसार अनिल और उसके भाई प्रमोद ने स्लाइड्स बनवाकर दी। अनुताई ने स्वयं की मीठी और स्पष्ट वाणी में निवेदन तैयार कर वह शो ध्वनिमुद्रित किया था। उस शो को नाम दिया गया 'हम आगे ही बढ़ेंगे।' वह प्रोजेक्टर स्लाइड्स सहित संस्था को प्रदान किया जानेवाला था। मैं, रजनी और पी.डी. उपस्थित

रहें यह अनुताई का आग्रह था। कोयना एक्सप्रेस से हम पूना गए। विश्रांति भी साथ में थी। अरसे बाद हम लोगों ने मन खोलकर बातें कीं। वरना, जब भी देखिए, 'वक्त कम, काम अधिक' की स्थिति में हम कार्यकर्ता व्यक्तिगत बातों को जुबान पर नहीं ला पाते।

पूना में 'हम आगे ही बढ़ेंगे' कार्यक्रम अपेक्षाकृत बढ़िया हो गया। अब उस प्रोजेक्टर और स्लाइड के जरिए हम कम समय में अधिक लोगों तक पहुँच सकते थे। उसमें अनुताई का निवेदन था—

''बाधाओं को दूर कर हम आगे ही बढ़ेंगे
कल का आकाश और चाँद हम ही देखेंगे
यातनाओं की नहीं होती कोई जाति
नहीं होता कोई धर्म
यातनाओं की नहीं होती कोई सीमा
दबी हुई वेदना फूट पड़ी है आज
बन गई है लड़खड़ाते कदमों की शक्ति
उन्हें दिखाएँगे नई राह, नई मंजिल... ।''

कार्यक्रम सम्पन्न होते ही हम निकल पड़े। सह्याद्री एक्सप्रेस में कोल्हापुर के लिए चढ़ गए। प्रथम श्रेणीवाले चार बर्थ के कंपार्टमेंट में हम बैठे थे। सहायक के रूप में दफ़्तर का सहकर्मी सुरेश गुरव आया था। उसने प्रोजेक्टर पैरतले की बाजू में तिपाई पर रखा। मैंने टूटने की संभावना से उसे नीचे रखने को कहा। जब कोई बात खटकती है, तो जिद करके मनमुताबिक पूरी कर लेना मेरी आदत-सी बन गई है। मैंने सुरेश से जिद कर वह प्रोजेक्टर नीचे सुरक्षित रखवा दिया। वापसी की यात्रा शुरू हुई। देर रात तक मैं, पी.डी. और रजनी गपशप लड़ा रहे थे। रात के दो-ढाई बज चुके थे। दूसरे दिन दफ़्तर में तकलीफ न हो इसलिए हम सो गए। सोए आधा घंटा हुआ होगा, कि तभी एक जोरों का धमाका हुआ। डिब्बे में धुआँ फैल गया। समझ में नहीं आ रहा था कि, भूचाल आया है या डाकुओं का हमला? डिब्बा तिरछा हो गया था। मैं और रजनी नीचे गिरते-गिरते बच गई थीं। रेल रुक गई थी। पी.डी. दरवाजा खोलने लगे तो मैंने रोक दिया। बाहर लोगों का शोरगुल सुनकर दरवाजा खोल दिया। देखा कि, रेल पटरी से फिसल गई थी। वह ग्यारह हिस्सों में विभाजित हुई थी। पाँच-सात डिब्बे पटरी के नीचे लुढ़क गए थे। एक फौलाद का बड़ा खंबा हमारे दरवाजे में आ पड़ा था। अचरज की बात यह थी, हममें से किसी को भी खरोंच तक नहीं आई थी। हम अपाहिजों की पूछताछ करने के लिए अनेक अधिकारी तथा डॉक्टर आए थे। गनीमत से किसी भी यात्री को ज्यादा चोट नहीं पहुँची थी। हमारा प्रोजेक्टर बिल्कुल सहीसलामत था। सभी लोग नींद में थे इसीलिए कोई खतरा नहीं हुआ था। अनुताई ने आते समय नाश्ता नहीं किया था, इसीलिए कुछ रोटियाँ

और चटनी साथ में रख दी थी। हमारे मना करने पर भी उनका मन रखने के लिए हमने वह रख ली थी। दूसरे दिन ग्यारह बजे दूसरी रेल आने तक वे रोटियाँ खाईं जिसका स्वाद अनूठा था। वह खाना आजीवन हमारी स्मृति में रहेगा।

रेल अधिकारियों ने दूसरी रेल इस तरह खड़ी की कि प्रथम श्रेणी का डिब्बा बिल्कुल हमारे डिब्बे के सामने आ गया था। फिर भी बिना प्लेटफॉर्म के, इतनी ऊँचाई के डिब्बे में बैठना एक कसौटी का काम था। रेल के अन्य यात्री तथा अधिकारियों ने इस काम में हमारी मदद की। दवा-दारू के बारे में पूछा। इस हादसे के बहाने समाज में मौजूद भाईचारे की भावना का हमने अनुभव लिया। घर में खबर पहुँची होगी और सभी चिन्ता में होंगे ऐसा लग रहा था। लेकिन देशभ्रतार ने 'रेल देरी से निकली है' कहकर बात को छुपाया था। हमें लेने वह स्टेशन पर आ गए थे। घर पहुँचते ही नहा-धोकर ताजा खाना खाते ही गहरी नींद में सो गई। दफ़्तर जाने का सवाल ही नहीं था।

आज मुम्बई से कोल्हापुर के रास्ते में उस जलते टैंकर को देखकर खयाल आया, कराड़ के इसी क्षेत्र में ही बार-बार दुर्घटनाएँ क्यों होती होंगी? रजनी और पी.डी. की मिनी बस भी यहीं पलट गई थी। खुशकिस्मती से उन्हें कुछ नहीं हुआ था। मुझे कोल्हापुर पहुँचकर जिलाधीश के दफ़्तर में जाकर काम पूरा कर दुबारा पूना जाना था। हारुन मामा और विश्रांति साथ में थे।

देर हो जाने के कारण टैक्सी घर ले जाने की बजाय देशभ्रतार जी के घर ले गई। नीता को जिलाधीश कार्यालय में छोड़ा और वहाँ के अधिकारियों को जल्दी काम पूरा करने की विनती कर मैं घर आई। नहा-धोकर बाहर निकलने लगी तो अम्मी खाने का आग्रह करने लगी। मेरे पास वक्त बहुत कम था इसीलिए माँ से टिफिन देने को कहा। जिलाधीश कार्यालय में पहुँची तो वहाँ का काम अभी तक नहीं हुआ था। सीढ़ियाँ चढ़कर ऊपर गई तो काम तुरन्त हो गया। वहाँ के पदाधिकारी तथा नीता का शुक्रिया अदा कर मैं पूना की ओर चल पड़ी। गैस एजेन्सी के करार के लिए वह आखिरी दिन बचा था। पूना में समय पर मैं दफ़्तर पहुँची। काम सफल हो गया। आधी रात को मैं कोल्हापुर आ पहुँची। अब हम गैस कनेक्शन का पंजीकरण कर सकते थे।

कुछ लोगों ने सलाह दी कि सीमित रूप में ही बुकिंग करना वरना दिक्कत होगी। मैंने स्वयं अनेक वर्षों से पंजीकरण के लिए बहुत तकलीफ ऊठाई थी। जब भी पूछो, उत्तर मिलता, बुकिंग शुरू नहीं, कुछ दिन बाद आओ। मैंने सोचा, वैसे भी कम्पनी ने पूरे कोल्हापुर महानगरनिगम क्षेत्र में हमें अधिकार दिया है तो क्यों न पूरे शहर के लिए यह पंजीकरण खुला कर दें? गैस लोगों की अनिवार्य जरूरत थी इसीलिए आम जनता को इसका लाभ पहुँचाकर अर्थार्जन के साथ-साथ हमने समाजकल्याण का भी सपना देखा।

सौभाग्य से इसी समय हमारे एक नजदीकी रिश्तेदार की शादी थी, जिसके लिए घर के सभी सदस्यों को आग्रह से भेज दिया। मैं मात्र उस शादी में नहीं गई। एक तो सज-धजकर शादी में शरीक होना मुझे पसंद नहीं और दूसरे गैस एजेन्सी के आरंभिक दौर में मेरा कोल्हापुर में होना अत्यंत आवश्यक था। मेरे साथ नीता और विश्रांति ठहर गई थीं। आठ दिन तक 'नशेमन' में एजेन्सी का काम दिन-रात चल रहा था। डायनिंग टेबल कार्यालयी टेबल बन गया था।

कोल्हापुर के इतिहास में पहली बार कनेक्शन का पंजीकरण खुले तौर पर हो रहा था। पहले ही दिन पाँच हजार से भी अधिक लोग गैस के पंजीकरण हेतु आए थे। सभी को एक साथ रसीद देना असंभव था। इसीलिए कूपन पर तारीख लिखकर रसीद देना तय किया। लिखने का काम हम पूरी रात बारी-बारी करते थे।

लोगों की भीड़ इतनी बढ़ने लगी कि कूपन देने के लिए संस्था द्वारा खरीदी हुई मेज तक बाहर रास्ते पर रखने की नौबत आ गई। मई के दिन थे। कड़ी धूप तथा अकाली बारिश में छाता लेकर निरंतर काम जारी था। कुछ लोगों ने हमारी नेकी का गलत फायदा उठाना चाहा। पहले तूतू-मैंमैं बहस ने झगड़े का स्वरूप लिया। मारपीट और ठेलमठेल में मेरा लाडला टेबल चकनाचूर हो गया। लोगों को काबू में रखने के लिए कार्यकर्ताओं के हाथ में भोंपू दिया गया तथा पुलिस की भी मदद लेनी पड़ी। कुछ राजकीय नेताओं ने पैसों का जोर दिखाकर राशन कार्ड की छायांकित प्रति जोड़कर कागजात हमारे हाथ थमाने का प्रयास किया। मैंने उसे हाथ नहीं लगाया। वह वापिस करने को कहा। किसी ने जबरन कागजात थमाए तो मैंने आपे से बाहर होकर वे कागजात फाड़ दिए और दादागिरी बंद हो गई। पुलिस आई और लाठीचार्ज करने लगी। गलती से हमारे एक कार्यकर्ता को ही पहली लाठी सहनी पड़ी। पुलिस लोगों की भीड़ को शान्त करने लगी थी तब मैंने खुद के लिए और अन्य कार्यकर्ताओं के लिए चाय-कॉफी का इंतजाम किया।

पंजीकरण का काम बंद कर मैंने एक खाली डिब्बा मँगवाया। उसमें सुराग बनाकर टेबल पर रख दिया। घोषित किया कि जब तक टूटे हुए टेबल के लिए इस डिब्बे में चंदा इकट्ठा नहीं होगा तब तक पंजीकरण शुरू नहीं होगा। इस पर सभी ने डिब्बे में रुपए डाले। जमा हुए पैसों से दूसरे दिन उस टूटे टेबल की मरम्मत करवाई और एक नई मेज भी खरीद ली। वैसे भी एजेन्सी में जरूरत होने पर भी ऐसा टेबल खरीदने के लिए हम असमर्थ थे। हम सभी कार्यकर्ता देर रात तक शोरूम और आत्माराम अपार्टमेंट में काम करते और पूरा रेकार्ड घर लेकर आते।

चारों कमरों में काम जारी रहता था। रसोई में वक्त जाया न हो इसलिए अंडा-पाव, पाव-भाजी तो कभी दाल-चावल पर भी हम काम चलाते। एक बार रजनी ने फ्रीज

खोला, तो देखा, अम्मी द्वारा मेरे लिए रखे आम वैसे के वैसे थे। मैं काम में उन्हें पूरी तरह भूल चुकी थी। सभी ने मिलकर आम का स्वाद चखा। पिछले पाँच-छह वर्षों से मैंने आम को छुआ तक नहीं था क्योंकि, एक बार उसकी बहुत तीव्रता से रिएॅक्शन हुई थी। उसके लिए होमियोपैथी दवा ली थी। डॉ. मोहनराव गुणे जी का मैं जितना भी शुक्रिया अदा करूँ कम ही होगा। मेरी तबीयत अगर बिगड़ जाती है, और काम की व्यग्रता के कारण मैं उनके पास नहीं जा पाती तो स्वयं घर आकर मुझे दवा दे देते हैं। उनकी दवा के कारण ही मैं बीमारी में आवश्यक सफ़र कर पाती हूँ।

आज जब भी घर में आम लाए जाते हैं, तब लगता है, मेरे आम खाने के दिन अब बीत चुके हैं। जिनके अब खाने के दिन हैं, उन्हें मिलने चाहिए। मैं नहीं खाती तो घरवाले नाराज हो जाते हैं इसीलिए आम के मौसम में मैं एक-दो बार छात्रावास के बच्चों के लिए आम लेकर जाती हूँ। मेरी भावना को जानकर मामाजी, वाडीकर दादा और अजीज भी छात्रावास में आम भेज देते हैं। मामाजी तो ईद के अवसर पर दूध और मेवा याद से भेज देते हैं। इस बहाने अम्मी के समान मैं भी स्वादिष्ट शिरकुर्मा बनाना सीख गई हूँ।

गैस एजेन्सी शुरू हो गई और हम कार्यकर्ताओं ने सुविधानुसार नौकरी से छुट्टी लेकर बारी-बारी से शोरूम में काम किया। हम लोग जी-जान से मेहनत कर रहे थे मगर इस धंधे में सफलता कम मिल रही थी। कारण अनेक थे। हमारे पास बुकिंग कर चुके लोगों को हम नए कनेक्शन देने लगे तब गैस के अन्य विक्रेताओं के पास पंजीकरण किए लोगों की शिकायतें हमारे ही पास आने लगीं। बहुतेरों ने दस साल पहले पंजीकरण किया था। बीच के समय में दूसरी ओर से कनेक्शन मिलने के कारण उनके पास चूल्हा पहले से थी। विक्रेता को तो सिर्फ चूल्हा में ही मुनाफा मिलता है। सिलेंडर के कमीशन से पेट्रोल, कर्मचारियों के वेतन, किराया, लाइट, पानी तथा टेलिफोन के खर्चे पूरे होते थे और हाथ कुछ भी नहीं बचता था। कर्जे के हफ्तों की बात तो दूर ही थी। ब्याज चुकाते समय बहुत दुःख होता था। इतने संकटों का सामना कर, इतनी मेहनत से खड़े किए इस काम में यह क्या हो रहा है, कुछ समझ में नहीं आ रहा था।

आखिर हमने एक उपाय ढूँढ़ा। ग्राहकों को आवाहन किया कि, "जिसे कनेक्शन चाहिए वे अगर चूल्हा नहीं लेना चाहते तो उसे संस्था के काम के लिए चंदा देना होगा," कुछ लोगों ने खुशी से दिया, कुछ वादा करके भी भूल गए। हम कार्यकर्ताओं ने संस्था के कर्मचारियों के हाथों एजेन्सी का काम सौंप अपनी-अपनी नौकरी सँभाली। कर्मचारी मंडल सुव्यवस्थित रूप से एजेन्सी चला रहा था। मैंने अपना पूरा ध्यान उचगाँव की जगह पर केंद्रित कर दिया जहाँ पर जल्द से जल्द छात्रावास शुरू होना आवश्यक हो गया था ताकि एजेन्सी के उत्पादन पर उसका खर्चा निकल जाए।

उचगाँव के छात्रावास की योजना आर्किटेक्ट प्रमोद बेरी ने बनाई थी। बेरीसाहब बहुत एकाग्रता से हम अपाहिजों की जरूरतों को सुन लेते थे। उन्होंने अनेक वर्ष संस्था के नाम स्वेच्छा से चंदा भेज दिया था। संस्था के कार्य के प्रशंसक और हितचिन्तक के रूप में वे हमारे करीबी हैं। वे खुद खड़की में जाकर सेना के अपाहिज जवानों के लिए बनाई इमारत देखकर उसका बारीकी से अध्ययन कर आए थे। वास्तव में हमें सरकार से जो जमीन मिली थी वह असमतल थी। इस पर अपाहिजों के अनुरूप इमारत बन पाएगी या नहीं यह संदेह था। लेकिन बेरी जी ने छात्रावास की सुंदर प्रतिकृति कागज पर उतारकर हमें आश्वस्त किया। अपने सपनों का महल देख हम उल्लासित हो गए। बिना सीढ़ियों के उस घर से हम आत्मनिर्भर होनेवाले थे। लेकिन उसके खर्चे की राशि देख हम चिंतित हुए। इस पर बेरीसाहब ने धीरज बँधाया, ''चिन्ता मत कीजिए, काम शुरू करते हैं, पैसे मिल जाएँगे।'' उन्होंने चंदा देने के काबिल अनेक लोगों के पते हमें दे दिए। उन्होंने हमसे निवेदनपत्र लेकर कई लोगों को भेज दिए। रेहाना के पति खानसाहब ने मुम्बई के अपने दोस्तों से पैसे इकट्ठे कर भेज दिए थे। खासकर उदयसिंह गायकवाड़ जी ने मुख्यमंत्री निधि से पाँच लाख रुपयों का इंतजाम किया। हमारे सभी रिश्तेदारों ने अपनी क्षमता के अनुसार आर्थिक सहयोग किया। जो रकम कम पड़ गई थी, वह मैंने अपने जनरल प्रोविडेंड फंड से निकाली।

उचगाँव की जगह का भूमिपूजन सौ. रजनी करकरे देशपांडे और पी.डी. देशपांडे दम्पती के हाथों से कराया। ईश्वर का नाम लेकर हमने हाथ में कुदाली ली। सर्वप्रथम पूरी जगह पर बाड़ डालकर फिर काम शुरू करने का निर्णय लिया गया। जगह नापते समय हमें पता चला कि सीमारेखा के अन्दर एक झोंपड़ी है। सीमारेखा पर होनेवाली झोंपड़ी को हम हटाना नहीं चाहते थे। दो एकड़ जमीन में से थोड़ी-सी जगह कम होने से हमें कोई फर्क नहीं पड़नेवाला था। अपना घर बसाने के लिए दूसरों का घर तोड़ना हम नहीं चाहते थे। उचगाँव के पूर्व मुखिया आण्णाप्पा चव्हाण जी तथा कार्यरत मुखिया गणेश काले जी ने अपने लिए हमारी मदद की। हमने उस झोंपड़ी के मालिक के लिए अपने अहाते के बाहर झोंपड़ी बनाने का पूरा खर्चा उठाया। बोअरवेल बनाते समय जिलाधीश अजितकुमार जैन जी को आमंत्रित किया था। उस समय उचगाँव के निवासियों ने उन्हें घेरकर हमें वह जमीन देने सम्बन्धी निर्णय का विरोध किया। बाड़ का काम शुरू करते समय मजदूरों को रोका गया। खबर मिलते ही दफ़्तर से छुट्टी लेकर मैं कड़ी धूप में वहाँ जाकर ठहरने लगी। हमारी जगह तक जानेवाला रास्ता इतना ऊबड़-खाबड़ था कि काम पूरा होने तक मुझे डर लग रहा था कि कहीं मेरी पीठ की और शरीर की हड्डियाँ टूट न जाएँ।

तामीर का काम तो शुरू किया लेकिन पानी की व्यवस्था नहीं थी। श्री बालासाहेब इंग्रोले जी हमें मुफ्त में ट्यूबवेल खुदवाकर मिल जाए इसका सहयोग कर रहे थे। उनके द्वारा हमने जयसिंगपुर की 'कल्पवृक्ष ट्यूबवेल' कम्पनी से सम्पर्क किया। उनसे स्वीकृति मिली तो पानी दिखानेवाले व्यक्ति को बुलाकर खुदाई का दिन तय किया गया। वह जगह बिल्कुल बीच में थी। जिलाधीश और अनुताई की उपस्थिति में नामफलक का अनावरण तथा खुदाई का काम आरंभ होनेवाला था। उसके एक दिन पहले शाम को श्री आण्णाप्पा चव्हाण जी मेरे क्वार्टर पर आए और कहने लगे, "उचगाँव के क्षेत्र में कुल सोलह बोअरवेल बेकार गई है। आप क्यों मेहनत, पैसा और समय बरबाद कर रहे हैं?" हमारी तो सारी तैयारी हो चुकी थी और अब यह नई समस्या खड़ी हो गई थी। फिर जिला परिषद में नौकरी करनेवाले हमारी व्यवस्थापन समिति के सदस्य श्री दस्तगीर पठान जी को फोन किया, "उचगाँव जाकर बोअरवेल की जगह निश्चित करनी है। शास्त्रीय पद्धति से पानी की जगह दिखानेवाले व्यक्ति को लेकर तुरन्त उचगाँव जाना है।" जिलाधीश आनेवाले थे इसीलिए जल्द ही दस्तगीर जी उस मशीन से पानी ढूँढ़नेवाले व्यक्ति को लेकर उचगाँव पहुँच गए। अँधेरा होते-होते सूरज की अंतिम किरन हमारे लिए उम्मीद की किरण बन गई। पश्चिम दिशा के किनारे पर एक जगह निश्चित की गई। दूसरे दिन अनुताई के हाथों बोअरवेल खुदाई का कार्यक्रम सम्पन्न हो गया। शाम होते-होते पानी का फव्वारा आसमान की ओर उड़ने लगा। एक हसीन शाम थी वह! रातभर खुदाई का काम चलनेवाला था। कड़ा जाड़ा तथा सर्द हवा थी इसीलिए ठहरे हुए कार्यकर्ताओं के लिए खाना तथा कंबलों की व्यवस्था कर, ईश्वर का आभार मान हम घर लौटे। बोअरवेल शुरू हो गई अब वहाँ पर जल्द से जल्द बिजली की व्यवस्था करना जरूरी था ताकि काम को गति मिले। बिजली की व्यवस्था होने तक मैं और देशभ्रतार जी रात-बेरात पानी का टैंकर लेकर उचगाँव जाते क्योंकि दिन में यह काम नहीं हो सकता था। भूखे पेट काम पूरा करने के पश्चात् ही घर लौटकर गरमागरम खाना खाकर गहरी नींद सोने का मजा ही कुछ और होता था। अनेक बार वहाँ के मजदूरों के लिए हम बड़ा-पाव आदि लेकर जाते।

मैंने दफ़्तर से छुट्टी ली थी। देशभ्रतार जी नौकरी सँभालकर उचगाँव आते थे। कभी-कभी किराए पर ऑटो लेकर मैं अकेली ही जाती थी। रिक्शावाले जैसे सहायक ही बन गए थे। मगर हर बार डेढ़ गुना किराया देते समय संस्था की रिक्शा न होने की कमी अखरती। मैंने वहाँ एक-दो कुर्सियाँ रख दी थीं। बैठे-बैठे पैरों में सूजन आ जाती थी। सामनेवाली कुर्सी पर पैर रखकर बैठने से कुछ राहत मिलती। अतीत की असीम यादें मन को बेचैन करती थीं। मन में आता कि उन यादों को कागज पर उतारूँ लेकिन काम का नियोजन करने में ही समय गुजर जाता।

बिजली का कनेक्शन लेते समय 'महाराष्ट्र राज्य बिजली मंडल' के पदाधिकारी तथा कर्मचारियों ने खूब सहयोग किया। मैं, नीता और देशभ्रतार जी, रिक्शावालों की हड़ताल थी फिर भी एक भले रिक्शावाले की मदद से हुपरी जाकर आए थे। बोअरवेल में विद्युत पंप बिठाकर, मा. एच.डी. पाटील जी के हाथों उसका उद्‌घाटन करवाया। उचगाँव में पानी के लिए सोलह बार असफलता मिली थी। बावजूद, भगवान ने हमारी सुनी थी। पानी देखकर शरीर पर रोंगटे खड़े हो गए थे। हमारी हर खुशी और गम में दैनिक 'सकाल' के सम्पादक मा. अनंत दीक्षित जी स्वेच्छा से शरीक होते थे। उन्होंने अपने भाषण में मुझे 'कोल्हापुर की मदर टेरेसा' कहा था। इससे मैं जब मदर टेरेसा से मिलने जा रही थी उस समय का प्रसंग याद आ गया।

मदर टेरेसा जी से मिलने की चाह मेरे मन में बरसों से थी। उनके साथ कुछ पल बातें कर उनसे काफी कुछ प्राप्त करने की इच्छा थी।

कोल्हापुर-नागपुर से कोलकाता तक का आने-जाने का आरक्षण हो गया था। कोलकाता के बिमलेन्दु चक्रवर्ती को खबर देकर वहाँ रहने की व्यवस्था भी कर ली थी। उनका स्वभाव जैसे रसगुल्ले की तरह था। उनकी इच्छा के अनुसार अब उसके घर जाने का तथा माँ से मिलने का मौका आया था।

दीपावली की छुट्टियों में ही यह कार्यक्रम निश्चित किया गया था। दफ़्तर में बोनस बिल बनाने का काम शुरू था। दूसरे दिन उसे बाँटना था। हमारे सहकर्मी द्वारा गलत बनाया एक बिल ठीक करवाकर मुझे घर जाने में देर हो जाती। इसीलिए दूसरे दिन जल्दी आकर चेक लिखने का निश्चय किया। हर रोज अम्मी की जिद के कारण मैं गहने पहना करती। घर आते ही उन्हें निकालकर, रूमाल में बाँधकर पर्स में रखे बगैर मैं नहीं सोती थी। आईने के सामने तैयार होते समय मुझे गहनों के नहीं संस्था और दफ़्तर के कामों के ख्याल सता रहे थे। उस दिन कामों का बोझ सिर पर था और दो दिन में कोलकाता जाना था। आधी तैयारी अम्मी ने की थी, आधी बाकी थी।

विचारों में खोई मैं दूसरे दिन तैयार हो गई। गहनों का रूमाल खोल दिया लेकिन सभी गहने गोद में ही गड़े रहे। संस्था के अन्दर प्रवेश करते ही नीता ने पूछा, "दीदी, आज कान और गले में कुछ नहीं पहना है? कुछ ठीक नहीं लग रहा है।" अनायास मेरी उँगलियाँ कान और गले पर घूम गईं। वाकई गहने नहीं थे। पर्स खोलकर देखा तो उसमें भी नहीं थे। सारे काम अधूरे छोड़कर वापस जाने लगी। रास्ते में केरोसीन की दुकान पर लगी लम्बी कतार दफ़्तर से लेकर लगभग घर तक थी। दोपहर की धूप में वे गहने गोद से फिसलकर शायद रास्ते में गिर गए होंगे। धूप में वे शायद चमचमाए होंगे। घर जाकर चप्पा-चप्पा छान मारा लेकिन गहने नहीं मिले। गहने अम्मी और भाई ने बनवाए थे इसीलिए अधिक दुख हुआ। ऑफिस जाकर काम किया। नागपुर और कोलकाता के

लिए टेलिग्राम भिजवा दिया, "मेरा आना कैन्सल हो गया है।" सभी लोगों ने समझाया मगर मेरी गलती से जो नुकसान हुआ था, उससे सारा उत्साह मिट गया था। फिर कोलकाता जाकर क्या करें? इस तरह मदर टेरेसा से साक्षात्कार की इच्छा मन में ही रह गई थी। फिर जाने का न मौका मिला न समय। इतना होने के बावजूद माँ और अजीज ने फिर से गहने बनवाए। उनका दिल न टूटे इस ख्याल से बिना बहस के मैं उनकी बात मानती थी।

उचगाँव छात्रावास के तामीर की बुनियाद किसके हाथों रखी जाए इसकी चर्चा हो रही थी। भाई, खानसाहब ने किसी लाभार्थी के हाथों करवाने की सलाह दी। माँ की गोद से आए और डॉ. सातवेकर जी के इलाज से बैसाखी का आधार लेकर चलनेवाले बंडू हराले के हाथों से यह कार्य करवाना तय हुआ। वह कार्यक्रम बड़े आनन्द और उत्साह के साथ सम्पन्न हो गया। निगम सैनिटी कंस्ट्रक्शन के श्री निगम जी ने चाय-पानी का खर्च स्वेच्छा से उठाया। संस्था की संस्थापक सदस्या माँसाहेब-कागल की राणीसरकार, श्रीमती विजयादेवी घाटगे, सेवामुक्त न्यायमूर्ति श्री सुभाषचंद्र देसाई, जिला पोलिस प्रमुख भगवंतराव मोरे, उद्योगपति शिवाजीराव देसाई, मुम्बई से चंदा भेजनेवाले अरविंद रानडे, माधवप्रसाद गोयनका, नाना बेरी, पुणतांबेकर, रेहाना, खानसाहब, हारुन मामा, अनुताई, कमलाताई ऐसे अनेक मान्यवर आशीर्वाद देने आए थे।

मुम्बई में एक बार हाजीअली सेंटर में चार मरीजों को संस्था की तरफ से भेजा गया था। वहाँ के निर्देशकों से प्रवेश सम्बन्धी चर्चा भी हुई थी। लेकिन किसी समस्या के चलते उन मरीजों को प्रवेश नहीं मिला। उनके साथ उनके अभिभावक भी थे। मुझे उनका फोन मिला। रेहाना के घर मेहमान आए थे। अब दूसरी जगह इतने लोगों का इंतजाम करना बहुत कठिन लग रहा था। मैंने एक परिचित को फोन किया। उन्होंने अविलम्ब उन लोगों की अपने घर में व्यवस्था कर दी।

मुम्बई में हमारा बड़ा ग्रुप किसी काम हेतु जाता है तो रहने की समस्या खड़ी होती है। हमें विशिष्ट पद्धति के बाथरूम और कमोड्स की जरूरत होती है। कभी-कभी विधायक खानविलकर साहब और सुरेश सालोखे जी के कारण विधायक निवास में अच्छा इंतजाम हो जाता लेकिन कई बार परेशानियाँ सहनी पड़तीं। कई वर्षों से हम सरकार से प्रार्थना कर रहे हैं, प्रस्ताव भी भेज दिया है कि, मुम्बई में 'हेल्पर्स' के लिए एक सदनिका मुफ्त में या कम मूल्यों में उपलब्ध हो। अभी तक हम सफल नहीं हुए हैं।

छात्रावास की बुनियाद डालने के एक दिन पूर्व कार्यकर्ता, चंदा देनेवाले तथा हितचिन्तकों के लिए 'नशेमन' में दावत रखी थी। मुंबई में रहनेवाले भाईसाहब-खानसाहब दोपहर में पहुँचनेवाले थे। लेकिन वे उस रात सभी आमंत्रित के अपने घर वापस लौटने के बाद ही कोल्हापुर पहुँचे थे। सुबह उनके जागने से पहले ही मैं उचगाँव पहुँची थी।

कार्यक्रम के समय वे बहुत थके-हारे महसूस हुए। बाद में देसाई काका ने बताया कि वे कारवार से कोल्हापुर आने से पहले कुछ काम के लिए नौका में बैठे थे और वह पलट गई थी। खानसाहब तैरना नहीं जानते थे। वहाँ मौजूद अन्य लोगों ने उन्हें डूबने से बचाया था। वे अस्पताल न जाकर उसी अवस्था में सीधे कोल्हापुर आए थे क्योंकि उन्होंने हम लोगों से वक्त पर आने का वादा जो किया था।

कमलाताई सोवनी नब्बे बरस की स्वातंत्र्यसेनानी महिला थी। छात्रावास में पानी की सुविधा के लिए आवश्यक पाइपलाइन के खर्चे के लिए उन्होंने पचपन हजार रुपए दिए थे। ये रुपए उन्होंने अपने गहने बेचकर दिए थे। इस चंदे को जाहिर न करने की उन्होंने विनती की थी। उसी समय वृक्षारोपण हुआ। कमलाताई ने कहा, ''लगाए गए सारे पेड़ जिन्दा रहने चाहिए। उन्हें पानी देने के लिए एक व्यक्ति को रख दें। चाहे तो उसका वेतन मैं दूँगी।'' हम लोगों ने उचगाँव की झोंपड़पट्टी में रहनेवाले प्रकाश काले को वाचमैन के रूप में नियुक्त किया था। उसी पर पेड़ों को पानी देने की जिम्मेदारी सौंपी। आज कमलाताई हमारे साथ नहीं हैं, लेकिन उनके आशीर्वाद आजीवन हमारे साथ रहेंगे।

दो दिन पूर्व आए कटु अनुभवों को हमने वरिष्ठ और श्रेष्ठ व्यक्तियों की प्रेरणा और शुभकामनाओं से भुला दिया था। सच कहूँ तो, खुशी बाँटनी चाहिए और गम दिल में दबा देना चाहिए। मैं ऐसा ही करती हूँ। लेकिन इस आत्मकथन द्वारा आपबीती कागज पर उतारने का फैसला किया ही है तो जीवन की केवल अच्छी बातें बताना ठीक नहीं। जो कुछ कटु अनुभव आए, उसे भी तो बताना मेरा कर्तव्य बन जाता है। अर्थात् मेरी इच्छा है कि इन कटु सत्यों के चलते संस्था की प्रगति में कोई बाधा न आए। मैं किसी का दिल दुखाना नहीं चाहती, किसी का अपमान भी नहीं करना चाहती। बस, जो वास्तव है, उसे बता देना चाहती हूँ ताकि ऐसी राह पर चलनेवाले को यह पढ़कर शायद कोई दिशा मिले, यही प्रामाणिक इच्छा है। यह सत्य यहाँ पर अपूर्ण रूप से लिख रही हूँ, लेकिन इसका उल्लेख आवश्यक है।

छात्रावास की बुनियाद डालने के कार्यक्रम को दो दिन की अवधि शेष थी। उसके पहले बाहर से आमंत्रित पधारनेवाले थे। 'मेरा होटल' के मालिक तथा हमारे हितचिन्तक शर्फुद्दीन कापड़ी जी ने आनेवाले लोगों की मेहमाननवाजी अपने होटल में कम मूल्य में की थी। इन बड़े लोगों की खातिरदारी में कोई कमी न रह जाए इसी तनाव में हम सभी कार्यकर्ता थे। सब अपनी-अपनी जिम्मेदारियाँ सँभाल रहे थे। केन्द्र सरकार की तरफ से कृत्रिम साधनों के लिए अनुदान प्राप्त करने के लिए हम पिछले चार-पाँच बरसों से कोशिश में थे। हमारे कागजात दिल्ली पहुँच चुके थे। लेकिन वह अनुदान मिलने से पूर्व सरकारी अधिकारी संस्था की जाँच करने आनेवाले थे, यह हमें पता था। ऐन कार्यक्रम

के दो दिन पहले उनका फोन आया कि वे इस काम के लिए आ रहे हैं और पूना के एक होटल में ठहरे हैं। संस्था के अध्यक्ष के नाते मुझे फाइल तथा उनका कोल्हापुर से उनके दूर गाँव तक का रेल की प्रथम श्रेणी का आरक्षण भी साथ लेकर आने को कहा। इतना समय मेरे पास नहीं था कि बैठक बुलाकर मैं इस विषय के बारे में चर्चा करती। कुछ विशेष सदस्यों से फोन पर बात की। हमने सोचा, अगर एक बार हमारे अवैध कार्य से हर साल यह अनुदान मिलता रहेगा तो हमारी उद्देश्यपूर्ति के लिए कोई समस्या नहीं होगी। आखिर उस अधिकारी का रेल का आरक्षण बनवाया और देशभ्रतार को साथ लेकर टैक्सी से पूना के लिए निकल पड़ी। कार्यक्रम में मेहमानों का स्वागत करने के लिए मेरा रहना जरूरी था। इस अफसोस के साथ सभी लोगों को सूचनाएँ देकर मैं पूना पहुँच गई। होटल में उन अधिकारियों के सामने चेहरे पर झूठी मुस्कान लाकर उनसे दस्तखत लेकर मुहर लगवाई और कोल्हापुर लौटी। सौभाग्य से उन्होंने कम समय लिया।

तीन साल तक संस्था को यह अनुदान मिलता रहा। इससे अपाहिजों का कैलिपर्स बनाने तथा कानपुर से सामग्री मँगवाने का खर्चा पूरा होने लगा। इसमें समय भी अधिक लगता था। इतने कम समय में हर साल हिसाब भेज देना और कामों को भी पूरा करना एक कठिन कार्य बन जाता। कृत्रिम सामग्री बाँटते समय सरकारी अधिकारियों को बुलाने की शर्त रखी गई थी। नियमानुसार नियोजन कर पत्रिकाएँ छपवाईं और कानपुर से कृत्रिम सामग्री समय पर नहीं पहुँची। तब हमारे ही केन्द्र में मौजूद सामग्री बाँट दी गई। हर साल 'हेल्पर्स' की तरफ से दो से तीन लाख तक की सामग्री बाँटी जाती। अनुदान की रकम पैंतालीस हजार रुपयों से अधिक नहीं मिलती थी। दूसरे, समाज कल्याण विभाग उनके यहाँ पहुँचे आवेदनपत्रों के अनुसार हमारे ही केन्द्र से कृत्रिम साधन देने के आदेश देता। इस प्रकार अनुदान की आधी रकम तो इसी काम में खर्च हो जाती थी। आखिर तंग आकर हमने कृत्रिम साधनों हेतु आवेदनपत्र भेजना बंद कर दिया।

'आत्माराम' अपार्टमेंट में स्थित भाईजान के फ्लैट में कृत्रिम सामग्री बनाते समय मशीन से होनेवाले शोर की शिकायत वहाँ रहनेवाले लोग करने लगे थे। हमने दोपहर तीन-चार घंटों के लिए काम बंद कर दिया। फिर भी शिकायतें कायम थीं। उस फ्लैट का किराया भाईजान नाममात्र लेते थे। सालाना वे लगभग पाँच हजार रुपए चंदा देते थे। किराए की आधी रकम हमें ही लौटाई जाती थी। तिस पर महापालिका के लगान का बोझ भी उन पर ही रहता था। मुझे यह विचित्र लगने लगा। संस्था के सामने इस विषय को प्रस्तुत किया तो लगान संस्था की तरफ से भर देने का निर्णय हुआ।

कदमवाड़ी में महापालिका का एक खंडहर बना सभागृह हमने गैस गोडाउन ढूँढ़ते समय देखा था। उसका उपयोग गैर धंधों के लिए हो रहा था। उसकी खिड़कियाँ टूटी थीं। प्रशिक्षण केन्द्र के लिए हमें वह जगह पसंद आई। थोड़े रुपए खर्च कर उसे ठीक-ठाक

करना जरूरी था। संस्था के अभियंता संदीप अंकले पर फर्नीचर की जिम्मेदारी सौंप दी। बाथरूम तथा शौचालय हमारी सुविधा के अनुसार बनवाया। उस सभागृह का किराया महापालिका की तरफ से महीना सतरह सौ दस रुपए तय हुआ। इस प्रकार 'आत्माराम' में चलनेवाला प्रशिक्षण केन्द्र उस सभागृह में स्थानांतरित हो गया। वह साल था, सन् 1994-1995। हमने किराया कम करने की प्रार्थना की लेकिन उन्हें दिक्कत थी।

मैं केन्द्रशासन के सायन (मुम्बई) में स्थित अपंगार्थ व्यावसायिक पुनर्वासन केन्द्र के अधिकारियों से जाकर मिली। वहाँ के अधिकारी श्री नरसिंहन तथा श्री लवांगरे जी ने हमारे प्रशिक्षण केन्द्र के लिए तीन, छह तथा ग्यारह महीनों का व्यावसायिक प्रशिक्षण देने का प्रस्ताव मान लिया। 'हेल्पर्स' के पंजीकृत अपाहिजों में से हमने चयन कर उनके ग्रुप बनाए। केन्द्र सरकार के सहयोग से शुरू होनेवाले इस प्रशिक्षण केन्द्र के उद्घाटन के लिए हमने गैस एजेन्सी के अधिकारियों को आमंत्रित किया था। इस केन्द्र में पहले वर्ष विद्युत सामग्री बनाना, रबर के सिक्के बनाना आदि का प्रशिक्षण दिया जानेवाला था। खाना बनाने के लिए श्रीमती गडकरी को रखा था। उनके अपाहिज पति श्री हरून गडकरी को वाचमैन के रूप में रख दिया। आरंभ में उस केन्द्र में केवल पुरुष प्रशिक्षणार्थियों को ही प्रवेश दिया जाता था। युवक-युवती प्रशिक्षणार्थियों को एक ही छत के नीचे शिक्षा के लिए प्रवेश देने में भविष्य के लिए खतरा हो सकता था। लेकिन मुक्ता, सुरेखा और कांचन ने प्रवेश के लिए जिद की। इन अपाहिज स्त्रियों को आत्मनिर्भर बनाना भी उतना ही जरूरी था। इसीलिए भविष्य की बात भविष्य में देखी जाएगी सोचकर मैंने और रजनी ने कार्यकारी मंडल को इस बात के लिए राजी किया और उस केन्द्र में महिलाओं के लिए भी प्रवेश खुला कर दिया।

मुक्ता के पिताजी नहीं थे। पोलियो से एक पैर बेकार हो गया था। एक बैसाखी के आधार पर वह सभी काम करती। संस्था में रहनेवालों की संख्या बढ़ने से वह श्रीमती गडकरी की खाना बनाने में मदद करने लगी। सुरेखा रबर स्टैंप बनाने की शिक्षा लेने लगी। संस्था के कुछ पुरुष भी चपातियाँ बनाने में सहयोग करते। झाड़ू लगाना, बाथरूम तथा आँगन साफ करना, बगीचे का काम आदि सभी मिल-जुलकर करते। एक तरह से उचगाँव के छात्रावास की हम कदमवाड़ी में रिहर्सल करने लगे थे।

विद्युत सामग्री की दुरुस्ती का प्रशिक्षण देने हेतु एक अपाहिज अध्यापक को ही नियुक्त किया था। उसने परीक्षा के समय सभी छात्रों को नकल करने की अनुमति दी थी। सच सामने आने पर हमने उसे नौकरी से निलंबित कर दिया। हम अपाहिजों के हाथ में केवल प्रमाणपत्र नहीं देना चाहते थे।

इसी बरस चौबीस साल की एक सुंदर लेकिन पैराप्लेजिक युवती को उसके भाई ने संस्था में दाखिल किया। उसका नाम सदोरी जसोजा था। वह बेडसोअर्स से परेशान

थी। पाँच वर्ष पहले उसकी मँगनी हो गई थी। वह टेंबलाई के मेले में घूमनेवाले झूले में बैठ गई। झूला ऊँचाई से टूटने से वह गिर गया। सदोरी के रीढ़ की हड्डी टूट गई और वह मेरी तरह पैराप्लेजिक बन गई। वह मानसिक तौर पर हठीली और बेगर्ज हो गई थी। उसे झूठ-मूठ की आशा थी कि मुम्बई के डॉक्टरों से इलाज करवाकर वह ठीक हो जाएगी। मुझे मुम्बई के मंत्रालय में काम था इसीलिए सदोरी को साथ ले गई। सायन में स्थित पैराप्लेजिक फाउंडेशन का छात्रावास भी देखना था। मैं उचगाँव में बननेवाले अपने छात्रावास के लिए देख-सुनकर अनुभवों को इकट्ठा कर रही थी। वहाँ पर पता चला कि वाशी में सायन के पैराप्लेजिक फाउंडेशन के अपाहिजों की क्रीड़ा-प्रतियोगिताएँ हैं। मैं सदोरी को यह दिखाकर प्रेरित करना चाहती थी कि, उसके जैसे सैकड़ों जीव हैं और वे शिक्षा, क्रीड़ा, कला आदि क्षेत्रों में नाम कमाकर सम्मान के साथ जी रहे हैं। इस बहाने मैं बरसों बाद नए-पुराने दोस्तों से मिल भी सकती थी। वाशी जाने के बाद मुझे अचानक मैदान में देखकर संयोजक तथा प्रतिभागी छात्र बहुत खुश हुए। सदोरी को प्रतियोगिता में शामिल होने को बहुत कहा, लेकिन वह नहीं मानी। संचालकों के बहुत हठ करने पर मैं उस खेल में प्रतिभागी बन गई। मैंने प्रथम नंबरों में पाँच पुरस्कार जीत लिए। उसमें टैक्सी का किराया निकल गया और बचे पैसों से अपने भतीजों के साथ जीत की खुशी रेहाना के घर मनाई।

इस प्रतियोगिता में मुझे एक बहुत बड़ी प्रेरणा महेंद्र कुलकर्णी के रूप में मिली थी। महेंद्र के रूप में संसार का एक अजूबा मैंने उस दिन मैदान में देखा था। प्रथम मुलाकात में प्रभावित करनेवाला यह व्यक्तित्व महेंद्र मतलब शिखरों का अधिपति तथा ऊँचा। सबको मोहित करनेवाली निर्मल और मासूम-सी मुस्कान। उसे देखकर उसके अन्दर की वेदना से भरा ज्वालामुखी तथा शरीर की पीड़ा का शायद ही किसी को पता चले। वाशी के मैदान में पहियोंवाली कुर्सी की प्रतियोगिता में शामिल होकर एक हाथ से थ्रो बॉल का खेल खेलते हुए महेंद्र को देखना अपने आपमें एक अनूठा अनुभव था। उसके साहस को देखकर मैं दंग रह गई थी। इतनी सुंदर मूर्ति को ईश्वर ने मानो अभिशाप दिया था। एक हाथ बेकार तो दोनों कानों में श्रवणयंत्र देखकर मन व्यथित हो गया। अगर मैं ऐसा कहूँ तो अनुचित नहीं होगा कि महेंद्र को देखकर मुझमें जो थोड़ी-बहुत मानसिक अपाहिज होने की नकारात्मक भावना बची हुई थी, उसका पुनर्वासन हो गया। मेरे पास वक्त न होने के कारण मैं महेंद्र से अधिक बातचीत नहीं कर पाई। चेशायर होम, अँधेरी तथा पैराप्लेजिक फाउंडेशन, वाशी के थ्रो बॉल संघ को 'विश्व अपंग दिवस' के बहाने कोल्हापुर में आयोजित होनेवाले खेल-प्रतियोगिता के लिए आमंत्रित कर मैं लौट गई। उस समय मेरे मन में विचार आया, इस बहाने कोल्हापुर के अपाहिजों को भी थ्रो बॉल के खेल की शिक्षा मिलेगी।

उसके बाद तामीर के लिए अनुदान प्राप्त करने हेतु मैं फरवरी में दिल्ली होकर आई थी। महेंद्र को खत लिखकर उसके बारे में अधिक जानकारी हासिल करने की इच्छा थी, लेकिन काम का दबाव इतना रहता था कि केवल तीन-चार घंटे की नींद ही मिलती थी। मार्च 1994 में चेशायर होम, अँधेरी की टीम के साथ महेंद्र कोल्हापुर आ गया। सभी लोगों की व्यवस्था श्रीमती रेणुका बोंद्रे जी के छात्रावास में की गई थी। खाने से लेकर बिस्तर तक की सारी देखभाल उनके निर्देशन में हो रही थी। मेहमानों को 'कोल्हापुर दर्शन' कराने हेतु खास बस की व्यवस्था की थी। तब सारे कामों से छुट्टी लेकर मैं उनके साथ चली गई। उस वक्त मुझे पता चला कि उनमें से अनेकों की कुर्सियाँ फेंक देने लायक हो गई हैं। जिसे देखकर मैं पहले ही बेचैन थी। तिस पर महेंद्र की दिल दहलनेवाली कहानी, फिर मैदान पर मौजूद हालात देखकर मैं अनायास रो पड़ी। मैं जानती थी कि यह बात ठीक नहीं है लेकिन स्वयं को रोक न सकी। मैं इस सच्चाई के एहसास से रो रही थी कि आदमजात में बदकिस्मती से मौजूद इन अपाहिजों की त्रासदी कभी खत्म नहीं होगी। एक बड़े धनवान संस्था के पदाधिकारी मैदान पर आए थे। मैंने उन्हें खिलाड़ियों की कुर्सियाँ दिखाकर चंदे के रूप में आठ कुर्सियों की माँग की। उन्होंने संघ के साथ होनेवाली स्पेनिश सिस्टर जिसका भारतीय नाम पुष्पा कर दिया था उसे जरूरी कागजात, आवेदनपत्र तथा छायाचित्र भिजवाने के लिए कहा तब मन को थोड़ी तसल्ली हुई।

महेंद्र से जो आपबीती सुनी, वह इस प्रकार थी—

सन् 1986 में उन्हें गलती से ग्लिसरॉल दिया गया था। तीन-चार महीनों तक वे कौमा की हालत में थे। होश में आए तब पता चला कि साथ रहनेवाला ड्राइवर उन्हें मृत समझकर कागजात, सूटकेस तथा पैसे वगैरह सामान लेकर भाग गया था। पास में कोई रिश्तेदार नहीं, दोस्त नहीं। पता नहीं, कैसे मगर एक अजनबी के रूप में अस्पताल में उनका रेकॉर्ड था। नियति ने उनके साथ क्रूर खेल खेला था। पैरों की शक्ति, वाणी, श्रवणशक्ति छीन ली थी। नजर भी कमजोर पड़ गई थी। विविध अस्पतालों में इलाज करवाकर अपनी इच्छाशक्ति के बलबूते वे पहियों की कुर्सी से घूमने-फिरने लगे थे। कानों में श्रवणयंत्र लगाकर सुनने लगे। स्वयं द्वारा बनाई सामग्री से लिखने लगे। अपने काम खुद करने लगे। फिनिक्स की तरह जैसे उन्होंने पुनर्जन्म लिया। अस्पताल में रहकर अपाहिजपन की तीव्रता कम नहीं की जा सकती। इसका जब उन्हें एहसास हुआ तब सन् 1992 में अँधेरी के चेशायर होम में भर्ती हो गए। वहाँ पर सारी सुविधाएँ थीं लेकिन उनके दिल को चैन नहीं था। शायद उनका दिमाग डॉक्टर या शल्यचिकित्सक का था इसीलिए वे स्थिर नहीं रह पा रहे थे। दूसरों की दया पर जीना उन्हें मंजूर नहीं था। वे मेहनत की रोटी खाना चाहते थे लेकिन दिशा नहीं मिल रही थी। ऐसे में वे कोल्हापुर आ गए थे। 'मनोरंजन' के कार्यक्रम में उन्होंने 'घुँघरू की तरह बजता ही रहा हूँ' यह

गीत सुनाया था। रेलवे स्टेशन पर उन्होंने जो कविता मुझे सुनवाई थी, वह कविता और महेंद्र मन में गहराई से पैठ गए। वह कविता ही ऐसी थी, जो हर किसी को प्रभावित करेगी। आज रिकॉर्ड से उसे ढूँढ़ना असंभव है।

महेंद्र कोल्हापुर से मुम्बई लौट गए। चेशायर होम के अपाहिजों को पहियादार कुर्सियाँ देने का वादा करनेवाली उस संस्था ने कोल्हापुर के बाहर अपाहिजों के लिए इस प्रकार का सहयोग करने में असमर्थता व्यक्त की। मैंने अपने आठ भाइयों को कुर्सियाँ देने का वादा किया था। मेरे भाई अजीज ने मेरे लिए विशेष बनावट की तीस हजार रुपयों की कुर्सी मँगवाई थी। उसकी कृतज्ञता का यह मौका समझ मैंने एक कुर्सी के लिए पाँच हजार पाँच सौ रुपए का कर्जा लिया। मेरी व्यथा जानकर श्रीमती रेणुका भाभाजी ने एक कुर्सी का मूल्य भिजवा दिया। मैंने तुरन्त दो कुर्सियों का ऑर्डर कानपुर भेज दिया। बाकी छह कुर्सियों के लिए मैं कोशिश करने लगी। अर्थाभाव सता रहा था। छात्रावास का काम अत्यंत धीमी गति से चल रहा था। मैं मुम्बई के चक्कर लगाती और देसाई काका के सहयोग से चंदा जमा कर कोल्हापुर में लाकर जमा कर देती। अन्त में इमारत का काम न रुके इसलिए शुभचिन्तकों से बिना ब्याज की रकम उधार में लेना शुरू किया। घर के सभी लोगों का विरोध था, मुझे और समिति के सदस्यों को यकीन था कि आज या कल रुपए मिलेंगे। एक बार तामीर का काम बंद हो जाता तो पुनश्च शुरू करना मुसीबत बन जाती।

मेरी स्कूल की सहेली सुनीता अणावकर (चेंदवणकर) मुझे तकरीबन बीस-पच्चीस सालों बाद मिल गई। मेरे संस्था के कार्य से वह अत्यधिक प्रभावित हो गई थी। अपनी गृहस्थी की जिम्मेदारी सँभालकर वह मुझे हर प्रकार का सहयोग करने के लिए तैयार थी। मुम्बई जाने के बाद उसने मुझे दानशूर व्यक्तियों से परिचित करवाने के लिए ठाने बुलाया था। भाईसाब के घर परदेशी मेहमान आने के कारण उनकी गाड़ी मिलना असंभव था। टैक्सी से ठाने जाना तय किया। रास्ते में चेशायर होम के बंधुओं से मिलकर 'कुर्सियों की बात मुझे याद है' कहकर देरी के लिए उनसे माफी माँगनी थी। जून महीने की धुव्वाँधार बारिश हो रही थी। वेटिंग के कारण टैक्सी का बिल बढ़ने की संभावना थी। सुबह तैयार होते समय मैंने रेहाना से अपने विचार कहे तो उसने कहा, "तुम तैयार हो जाओ तब तक मैं तुम्हारी कुर्सी मारुती कार में रखने की कोशिश करती हूँ।" मेरे साथ उसकी बड़ी बेटी हुमेरा आनेवाली थी। उसने मुझे आगे बैठने को और हुमेरा को पीछे बैठने को कहा। ड्राइवर के साथ मिलकर पूरे दिन अपने काम निपटाने की नसीहत रेहाना ने दी और मुझे खुशी हुई। मैं चेशायर होम गई लेकिन हमेशा की तरह मुझे देखकर किसी के चेहरे पर खुशी नहीं दिखाई दी। 'चोर के मन में चाँदनी' जैसी मेरी अवस्था हुई। सोचा, मैंने आठ कुर्सियाँ देने का वचन दिया था और मार्च से लेकर जून

तक उन्हें न फोन किया न खत लिखा। लेकिन माजरा अलग ही था। चंद्रशेखर जी ने धीमी आवाज में मुझे बताया कि कोल्हापुर से वापस लौटते ही महेंद्र जी को बुखार चढ़ गया और उल्टियाँ हुई थीं। गले में शल्यक्रिया के जरिए बिठाया इलेक्ट्रोड गिर गया, जिसका उन्हें पता ही नहीं चला। अब वे बोल भी नहीं सकते थे। उनकी इस स्थिति से पूरे चेशायर होम पर मायूसी छाई थी। मेरे आने का संदेशा मिलने पर महेंद्र जी खुद बाहर आ गए। एक नजर मैंने उन्हें देखा, पुन: उनकी ओर देखने की हिम्मत नहीं हो रही थी। सिर और दाढ़ी के बढ़े हुए बाल, उतरा हुआ चेहरा, मैं उन्हें पहचान भी नहीं सकी। उनकी खैरियत पूछने का सवाल ही नहीं था। नीचे गर्दन कर मेरी रोनी स्थिति को पहचानकर उन्होंने दाहिने हाथ से, कृत्रिम कलम से एक कागज पर बड़े-बड़े अक्षरों में अपने विचार प्रकट किए थे, ''आई हेट टिअर्स...मैं जंगली जानवर की तरह दिखाई दे रहा हूँ ना? मैंने जानबूझकर अपनी यह हालत बनाई है चूँकि, मुझसे मिलने आनेवालों की नजरें, उनके शब्द, उनका बुदबुदाना मानो सर्कस के किसी प्राणी को देखने आए हो ऐसा ही होता है। यह खत मैंने आपको लिखा था मगर डाक में इसे डालने की हिम्मत नहीं हुई। यहाँ से बाहर जाने के बाद पढ़िए...''

''मैं फिर आऊँगी,'' कहकर बाहर निकली। बारिश थमने का नाम नहीं ले रही थी। गाड़ी के शुरू होते ही मैंने महेंद्र का खत पढ़ना शुरू किया। उनके द्वारा मेरा नाम लिखा यह निजी पत्र जाहिर रूप से यहाँ दिया है, यह पता चलने पर शायद वे गुस्सा होंगे लेकिन इसके बगैर मैंने उनके पुनर्वासन के काम में स्वयं को क्यों झोंक दिया? इस प्रश्न का उत्तर नहीं मिल पाएगा। महेंद्र जी ने लिखा था–

''दीदी,

यानी जगत् दीदी, शायद आपको इस संबोधन पर ताज्जुब होगा, लेकिन जो शख्स जिस नाम से लोकप्रिय हो, वही उसकी शख्सियत बन जाती है। आपको दीदी नाम से पुकारा जाना, मेरे मन में आपके लिए एक खास जगह बना गया।

दीदी, कोल्हापुर आना मेरे लिए एक खास तजुर्बा था, मैंने बहुत कुछ सीखा है, एकजुट होकर खुद्दारी से कुछ कर गुजरने की तमन्ना आप और आपके 'हेल्पर्स ऑफ द हैंडिकैप्ड' के हर सदस्य में देखकर बहुत खुशी हुई, जिसे सिर्फ बयान ही किया जा सकता है।

ज़ब से मैं उस हॉस्पिटल के हादसे से बाहर निकला, मैं एक जिन्दा लाश था, मेरा सबकुछ खत्म हो चुका था। लेकिन मैं उम्मीद के सहारे कोशिश करता रहा कि एक दिन मेरी मेहनत के बलबूते पर मैं कामयाब होकर रहूँगा, मैंने एक नई जिन्दग़ी शुरू की, फिर से सीखना शुरू किया। डॉक्टर कहते थे, मैं सौ प्रतिशत अपाहिज हो चुका हूँ। मैंने और मेरी जिद ने उन्हें गलत साबित कर दिखाया, शायद आपको मालूम नहीं होगा, यह जो

खत लिख रहा हूँ, वह खुद बनाए रायटिंग डिवाइस से लिख रहा हूँ, क्योंकि मैं पेन पकड़ ही नहीं सकता हूँ। मेरा मतलब यह है कि मेरी इस जिद का फायदा क्या हुआ? क्या चेशायर होम ही मेरी मंजिल थी?

दीदी, मैं चेशायर होम में करीब डेढ़ साल से हूँ, लेकिन मुझे सकून नहीं है। मैं कुछ करना चाहता हूँ, कुछ सीखना चाहता हूँ। मैंने बहुतों से अपने पुनर्वासन के बारे में बात की लेकिन सब बेकार! यहाँ मुम्बई में, भीख दे सकते हैं लेकिन किसी को खुद्दारी से जीने का मौका नहीं दे सकते। यह अजीब बात है कि हम हेलन केलर की तारीफ से आसमान-जमीन एक कर देंगे, लेकिन किसी को वैसा बनने का मौका नहीं देंगे।

मेरा दर्द आप महसूस कर सकती हैं क्योंकि आप भी यह सब सह चुकी होंगी। मैंने अस्पताल में एक कविता लिखी थी–

I may perhaps suceed
or may be ruined
but, someone will say
He realy did,,, he lived indeed!

लेकिन तब मालूम नहीं था कि यह एक ख्वाब है, जो चेशायर होम तक ही पहुँचा जा सकता है। मैं यह नहीं कहता कि चेशायर होम ठीक नहीं है, लेकिन मुझ जैसे के लिए सिर्फ खुली कैद है। यह उन लोगों के लिए है, जो तन और मन दोनों से हार चुके हैं।

सच दीदी, मैंने यहाँ किसी के अन्दर अपने आजाद वजूद की तमन्ना नहीं देखी है, बस हालातों से समझौता करके बीस-बीस साल गुजार चुके हैं। मुझे ऐसी जिन्दगी नहीं चाहिए, या तो कुछ कर दिखाऊँगा, या फिर जिन्दगी को इस कैद से रिहा कर दूँगा।

इसके लिए मैं मुम्बई छोड़ने का फैसला कर चुका हूँ। नहीं जानता मेरी मंजिल कहाँ है? मुझे यकीन है कि मैं अपनी मंजिल खुद ही ढूँढ़ लूँगा। लेकिन आपसे गुजारिश करूँगा कि आप सिर्फ कोल्हापुर के लिए 'लाइट हाउस' न बनकर, सूरज बनकर आशा और उम्मीद का प्रकाश दीजिए। मैं मुम्बई छोड़ने से पहले आपसे फोन पर बात करना चाहता था, लेकिन 20 मार्च को तेज बुखार हुआ, ओमेटिंग हो रही थी, गले में फिट इलेक्ट्रोड बाहर निकल गया, जो अमेरिकन डॉ. पेसफोर्ड ने मायक्रो सर्जरी से फिट किया था। तब से आवाज भी गई, न...न...आप न समझें कि आवाज छिन जाने से मैं टूट गया हूँ, दीदी! अब तो हर दुख सहने और उससे लड़ने की आदत-सी बन गई है, हाँ शायद जुलाई 31 से पहले कोल्हापुर आऊँ, क्योंकि मैंने रेणुका दीदी से वादा किया था कि आखिरी बार कोल्हापुर मिलने जरूर आऊँगा। रेणुका दीदी, श्री देशपांडे जी, श्री देशभ्रतार जी, रजनी दीदी और सभी हेल्पर्स ऑफ द हैंडिकैप्ड के सदस्यों को नमस्कार!"

रोते हुए ही मैं ठाना पहुँची। सुनीता के पास जाने के लिए देर हो गई थी। वह खाने के लिए राह देख रही थी। इच्छा तो नहीं थी लेकिन उसे बुरा न लगे इसीलिए खाना

खाया। खाने के तुरन्त बाद उसके हाथ महेंद्र जी का खत थमाकर मैं रो पड़ी। मुझे ऐसी बीमारी में महेंद्र का अकेलापन कचोट रहा था। सुनीता मुझे समझा रही थी, कोई तो राह निकलेगी। अगर वे कुछ दिनों के लिए कोल्हापुर आने के लिए तैयार हों तो ले जाओ। यही ठीक था। खुशकिस्मती से 'आत्माराम अपार्टमेंट' में स्थित फ्लैट का रूपांतरण गेस्ट हाउस में कर दिया था। आनेवाले मेहमानों की व्यवस्था वहीं की जाती थी। बर्तनों से लेकर साबुन, तौलियों तक की सब चीजें वहाँ थीं। वहाँ महेंद्र जी को रखा जा सकता था। प्रकाश जोशी को तो मैं घर नहीं दे पाई थी। महेंद्र जी के रूप में अब उस काम को अंजाम देना था। लौटते समय फिर चेशायर होम चली गई। सिस्टर पुष्पा से महेंद्र जी के खत की बात छुपाकर अपने विचार कहे, ''मैं महेंद्र जी की जगह अपनी कल्पना कर अस्वस्थ हो रही हूँ। आबोहवा बदलने की जरूरत है। अगर आप अनुमति दें तो कुछ दिनों के लिए मैं उन्हें कोल्हापुर ले जाना चाहती हूँ।'' सिस्टर ने कहा, ''महेंद्र बहुत हठीला है। अजीब-सा पेश आता है। अगर मान जाए तो जरूर ले जाना।''

महेंद्र जी से फिर मिलने का साहस मैं जुटा नहीं पाई। साथ में आए भांजे से कहा, ''कल मैं एक चिट्ठी दूँगी, उसे लेकर तुम महेंद्र से मिलोगे?'' उसने हामी भर दी। दूसरे दिन मैं कोल्हापुर लौट आई। मेरे पीछे आरिफ बड़े परिश्रम से महेंद्र जी को कोल्हापुर ले आया।

संस्था में ऑडिट का काम चल रहा था। मैं और पी.डी. संस्था का काम करते थे। महेंद्र के आने पर मैंने दफ़्तर से छुट्टी ले ली। उनकी वाणी लौटे इसीलिए मैं भरसक प्रयास करने लगी। उनके मना करने पर भी मैंने हठ करके उन्हें कोल्हापुर के दो इ.एन.टी. सर्जनों को दिखाया। डॉक्टर ने असमर्थता जताई। शायद वे फिर नहीं बोल सकते थे! वे कागज और कलम के जरिए बोलने लगे थे। मेरे अनेक प्रश्नों के उत्तर उन्होंने दिए जिससे उनके बारे में कुछ पता चला। उन्हें इतने प्रश्न पूछनेवाली मैं पहली व्यक्ति थी। उन्होंने मुम्बई के समाचारपत्रों में उन पर लिखे लेख पढ़ने को दिए इससे उनकी दिल्ली के रास्तों पर घूमने की इच्छा का पता चला। उनका परिचय प्राप्त करने की कोशिश करने के लिए टी.वी. समाचारपत्रों में समाचार देने पर एक ड्राइवर का खत आया। उससे मिली जानकारी के अनुसार महेंद्र की शिक्षा उनके दादाजी के पास स्वीडन में हुई थी। वे दिल्ली में रिसर्च कर रहे थे। वहाँ उनकी अपनी लैब, फार्म हाउस और गाड़ी थी। दिल्ली के रास्तों पर घूमने के बाद शायद उनकी स्मृति वापस आ जाएगी या उन्हें कोई तो पहचानेगा ऐसा उन्हें लगता था। मैंने उनसे पूछा, ''बरसात खत्म होने पर दिल्ली जाएँगे?'' इस पर उनका उत्तर था, ''अतीत की खोज से वर्तमान और भविष्य में अँधेरा छा गया है। भूतकाल का अन्त किए बगैर नई जिन्दगी जी पाना असंभव है।'' मैंने पी.डी. से फोन कर मेरी ऑडिट के काम से छुट्टी करने की विनती की। सभी की अनुमति से दिल्ली जाने की योजना बनाई।

''याददाश्त वापस आने पर क्या करेंगे?'' मेरे पूछने पर महेंद्र जी ने कागज पर लिखा था, ''बाकी जिन्दगी अपाहिजों की सेवा में बिताऊँगा। बैंक की रकम से फ्लैट मिल गया तो रिसर्च जारी रखूँगा।''

''नाकामयाब हो गए तो?'' मेरी इस आशंका पर उन्होंने कहा, ''कोई भला इनसान अगर उन्हें गोद लेगा और लैब शुरू करवाकर देगा'' तो उन्होंने इस विषय पर अनुसंधान करने की इच्छा प्रकट की। हमने छुट्टी बढ़ाई। वापसी के आरक्षण की परवा न कर दिल्ली पहुँचे। महेंद्र की प्रतिभा मुझे हर पल महसूस हो रही थी। देशभ्रतार पति-पत्नी जैसे मेरी छाया और दोनों पैर बनकर मेरा साथ दे रहे थे। महेंद्र को साथ लेकर हम दिल्ली पहुँच गए।

दिल्ली पहुँचने पर महेंद्र की स्मृति के अनेक दरवाजे खुल गए। लेकिन एक विशिष्ट स्थान पर स्मृति रुक जाती। पंद्रह दिनों में पूरी दिल्ली छान मारी। जैन टी.वी., दिल्ली दूरदर्शन, टाइम्स ऑफ इंडिया जैसे प्रसार माध्यमों से प्रयास में कोई कसर नहीं छोड़ी। दिल्ली की सहेली प्रमिला और उसके पति महिंदर जी ने हमारा बहुत साथ दिया। मैं मन-ही-मन ईश्वर से प्रार्थना कर रही थी कि जल्द-से-जल्द हमें सफलता मिले। लेकिन ईश्वर को ही शायद यह सब मंजूर नहीं था। 31 जुलाई, 1994 को तो महेंद्र ने स्पष्ट सुना दिया, ''अब कोई रिश्तेदार आ भी जाए तो मैं नहीं जाऊँगा।'' पिछले आठ वर्षों से महेंद्र के परिवारवालों ने उन्हें ढूँढ़ने की कोशिश नहीं की थी। रिश्तों से उनका विश्वास उठ गया था। 1986 के बाद उन्होंने सर्वप्रथम मुझे 'दीदी' कहा था। लेकिन जिन्दगी ने उन्हें काफी सताया था। मुझ पर भी तो कैसे विश्वास करते? आखिर हारकर, निराश होकर हम कोल्हापुर लौटे।

कोल्हापुर लौटने के बाद मैं सोच रही थी कि महेंद्र को संस्था या मैं गोद लूँगी। हमने महेंद्र के सामने यह इच्छा व्यक्त की। काफी समझाकर 23 सितंबर 1994 को हम उन्हें कोल्हापुर ले आए। यहाँ आने से पहले नियति ने फिर एक बार उन पर हमला किया था। एम.एस. के अटैक ने उनके हाथ और रीढ़ की हड्डी को चोट पहुँचाई थी, लेकिन खुद्दार महेंद्र किसी की मदद के बिना अपने काम स्वयं करते थे। नियति से उनकी लड़ाई देखकर ऐसा लगता कि उनका असाधारण जीने को चित्रित होना चाहिए। उसे स्मृतिदृश्य तथा लिखित रूप देने की इच्छा मैंने जैन टी.वी. की रागिनी जैन तथा श्री राम गबाले जी के सामने व्यक्त भी की तो दोनों ने पूरा सहयोग देने का वादा किया। लेकिन शैलेंद्र ने इनकार किया।

सितंबर, 1994 को वे कोल्हापुर आए। हमने उन्हें प्रशिक्षण केन्द्र के अधीक्षक के रूप में नियुक्त किया। आते ही उन्होंने कृत्रिम सामग्री तथा कैलिपर्स के क्षेत्र में मानो क्रांति कर दी। गुणवत्ता और संख्या दोनों रूप में यह परिवर्तन था। उस सामग्री की पेटेंट

और कॉपीराइट उन्होंने संस्था के नाम कर दिए। 'विश्व अपंग दिवस' के अवसर पर उनके द्वारा बनाए हुए कृत्रिम साधन 22 कुष्ठरोगियों को दिए। जिनसे वे दाँत साफ करना, दाढ़ी बनाना आदि आवश्यक काम करनेवाले थे। हमने उनके कर्तृत्त्व को देखकर अपने कैलिपर्स को ब्यूरो ऑफ इंडियन स्टैंडर्ड का प्रमाणपत्र दिलवाकर सैकड़ों अपाहिजों को रोजगार देने का निश्चय किया जिसके लिए शिरोली के औद्योगिक क्षेत्र में हमारे गैस गोदाम के पड़ोस में एक जगह भी देखी गई। अब रुपए इकट्ठा कर, प्रमाणित सामग्री बनवाने की अनुमति का काम बाकी था। दिसंबर, 1994 के आखिर में नियति ने मानो अपनी हार का बदला लेने हेतु महेंद्र पर पुन: हमला किया। तीन दिन वे एम.एस. के दौरे में बेहोश थे। हमेशा हँसता-मुस्कुराता वह चेहरा वेदनाओं से तड़पता हुआ देख मन में कसक उठती। उनका 'आई हेट टिअर्स' यह वाक्य आँखों से आँसुओं को रोक देता। घुटन और पीड़ा को सहना जैसे उन्होंने स्वीकार किया था। तीन दिनों में उनकी मुँह की रही-सही शक्ति भी नष्ट हो गई थी। खाने तथा निगलने की क्रिया बंद हो गई। ऐसी हालत में चौथे दिन वह अजूबा काम पर हाजिर हो गया। कसरत और दवा-दारू से उन्होंने पतले चावल निगलने की शक्ति निर्माण की। सुबह खीर अथवा मैगी, दोपहर को ठंडा छाँछ, दूध अथवा कॉफी, रात में दाल-भात की खुराक लेने लगे। दुर्दम्य जिजीविषा की एक अद्वितीय मिसाल मेरे सामने थी। अपने सारे काम वे स्वयं ही करते थे। रामदास की माँ को भी उन्होंने वापस भेज दिया। पहले वर्कशॉप के स्लोप से चढ़ने-उतरने के लिए उन्हें औरों का सहयोग लेना पड़ता। उन्होंने अपनी निगरानी में रेलिंग बनाई और बिना सहयोग के चढ़ने-उतरने लगे। यह आदमी स्वयं पर इलाज कर किसी भी क्षण बोल सकता है, यह मुझे विश्वास था। उनके रहने की व्यवस्था 'आत्माराम' में ही की थी। वहीं पर उनके लिए छोटी-सी प्रयोगशाला भी खोल दी। इस कार्य में अनुताई भागवत, देसाई काका, मोहन दादा, शिरगावकर, शरद सामंत तथा मान्यवर डॉक्टरों ने काफी सहयोग किया। मैंने इस संशोधक को जिन्दा रखने के लिए अपनी पूरी आर्थिक व शारीरिक शक्ति लगा दी।

नियति ने मात्र महेंद्र का पीछा नहीं छोड़ा था। उनकी दृष्टि दिन-ब-दिन कमजोर पड़ती जा रही थी। उन्हें लगता था कि किसी भी समय एम. एस. का अगला दौरा आएगा जो उन्हें अंधा बना देगा। ऐसे में वे हमें छोड़कर जाने की भाषा कर रहे थे क्योंकि किसी पर बोझ बनना उन्हें पसंद नहीं था।

मैंने वकीलों से पूछा, ''क्या मैं महेंद्र को गोद लेकर उसकी 'दीदी' के रूप में तो नहीं लेकिन माता के रूप में आजीवन सेवा कर सकती हूँ?'' उन्होंने बताया कि, यह कानून के खिलाफ है। मैं उनसे केवल नौ-दस साल बड़ी जो थी। कानून की नजर में एक अपाहिज दूसरे अपाहिज का आजीवन सहारा नहीं बन सकता था। मैं प्रकाश जोशी को घर नहीं दे

पाई। महेंद्र कुलकर्णी को पत्थर और सीमेंट का 'घर' तो दिया, मगर 'घरौंदा' नहीं। मुझे ऐसे असंख्य 'कुलकर्णी' के लिए उनके हक का घर बनाना था। मगर कौन मेरी मदद और मार्गदर्शन करेगा? इनसान के रूप में हाथ देनेवाला ईश्वर इस बार बहुत देर कर रहा था।

महेंद्र संस्था के कार्यक्रम के समय अपने विचार भाषण के रूप में लिखते और मैं उसे पढ़कर औरों को सुनाती थी। 'विश्व अपंग दिवस' के अवसर पर उनका लिखा भाषण इस प्रकार था-

''सम्माननीय अतिथिगण और प्यारे दोस्तो...

मैं दूसरी बार अपने विचार आपके सामने प्रकट कर रहा हूँ। आज 'विश्व अपंग दिवस' है, लेकिन यही मेरे अपाहिज हो जाने का भी दिन है। एक अपाहिज की शारीरिक और मानसिक दशा मैं भलीभाँति जानता हूँ।

आज जिस स्वर्गीय राजन देशपांडे को 'भरारी पुरस्कार' मिलने जा रहा है वह मेरे प्रेरणास्रोत थे। मैं जब भी मुम्बई के सायन अस्पताल या पैराप्लेजिक फाउंडेशन में जाता तब राजन को जरूर मिलता था। इसे मैं अपनी कविता में इस प्रकार कहूँगा—

''मुस्कराते चेहरे के पीछे छिपी होती है
दुख और पीड़ा की मौन व्यथा।''

राजन जैसे जिद्दी, मेहनती, अपाहिजपन पर मात करनेवाले नियति से मुकाबला करने की हँसी के पीछे छिपा होता है...उसकी प्रतिभा का अपमान, किंकर्तव्यमूढ़ समाज और खोखली सरकारी घोषणाएँ।

एक टेक्सटाइल अभियंता को मिल में देखने की अपेक्षा पैराप्लेजिक फाउंडेशन में मुँह में ब्रश पकड़कर चित्र निकालते देख समाज दाँतों तले उँगलियाँ दबाता है। उच्च वर्ग, मध्य वर्ग तथा आम वर्ग की जनता से मैं आवाहन करता हूँ कि यदि एक परिवार एक अपाहिज को गोद ले तो सिर्फ कोल्हापुर ही नहीं तो पूरे भारतवर्ष के अपाहिजों के पुनर्वासन की समस्या खत्म होगी। और तभी 'विश्व अपंग दिवस' मनाना सार्थक होगा।

मैं जब मुम्बई के चेशायर होम में था तब महाविद्यालयीय युवकों को समाजसेवा करते देख बहुत खुश होता था। घर में बर्तन तक न उठानेवाले रईसों के लड़के अपाहिजों की सेवा से क्या हासिल करते होंगे? वह बहुमूल्य चीज है...'शांति', 'मानसिक समाधान' और जो न बाजार में बेचा जाता है, न खरीदा जाता है।

समाजसेवा कोई अंधा धंधा नहीं तो एक साधना है जो समाज, देश और मानवता के प्रति हमारा आद्य कर्तव्य है। मैंने कोल्हापुर आकर देखा कि यहाँ के लोग सहृदय और दयालु हैं, लेकिन वे इसका ठीक से उपयोग नहीं करते। उन्हें उचित श्रद्धास्थान नहीं मिला है। अगर ऐसा हो तो आज 'हेल्पर्स' संस्था में 'हेल्पर्स' का अभाव क्यों होता? जिसे आज धन और श्रम दोनों की सख्त जरूरत है।

माननीया नसीमा दीदी, देशपांडे सर और मनोहर देशभ्रतार जी को मैंने सपरिवार संस्था के कार्य में खटते देखा है। समर्पित होकर काम करनेवाले उनके चेहरे पर संतुष्टि देखी है। लेकिन उनका श्रम एवं समाधान ही संस्था की परिसीमा नहीं है। आज मैं सभी लोगों को आवाहन करता हूँ कि यदि आप नि:स्वार्थ भाव से संस्था के लिए अपना समय देंगे तो सारा आकाश हमारी मुट्ठी में होगा। सफलता आपके पैर चूमेगी और मेरी कविता पूरी होगी...

'जुगनू को भी सूरज बनाऊँगा मैं...'

'विश्व अपंग दिवस' के उपलक्ष्य में मैं यह घोषित करता हूँ कि मेरी बनाई सामग्री का पेटेंट और कॉपीराइट संस्था के नाम किया जाए। मेरी कोशिश रहेगी कि यह सामग्री केवल कोल्हापुर के लिए सीमित न रहकर पूरे भारतवर्ष के अपाहिजों को मिले। मैं हर दुखी व्यक्ति के चेहरे पर हँसी देखना चाहता हूँ। आपके स्नेह और सहयोग की अपेक्षा करता हूँ।

धन्यवाद!

आपका,

महेंद्र कुलकर्णी

उचगाँव में तैयार होनेवाले छात्रावास के लिए इकट्ठा की गई राशि खत्म हो चुकी थी। कांट्रक्टर तक को देने के लिए रुपए नहीं बचे थे। जून, 1995 तक मेधावी अपाहिजों की शिक्षा का प्रबंध और छात्रावास की इमारत तैयार करना तय था। अब यह असंभव लग रहा था। अन्तत: हमने दूसरी राह निकाली। कदमवाड़ी के छात्रावास में ही स्कूल जानेवाले अपाहिज बच्चों को भर्ती किया गया। जिसमें एक था महम्मद (कक्षा तीसरी), जिसके दोनों हाथ नहीं थे। दूसरा बंडू (कक्षा तीसरी), जिसके हाथों छात्रावास की नींव डाली गई थी। वंदना कुडा़लकर (कक्षा बारहवीं) के पिता चल बसे थे और गठिया से उसके हाथ-पैर अकड़े हुए थे। शोभा गुरव (कक्षा सातवीं) पोलियो से पीड़ित थी। ताई बड़के (कक्षा पाँचवीं) की हड्डियाँ कमजोर और कद ठिगना था। प्रकाश गोसावी (कक्षा तीसरी) जन्म से ही अपाहिज था तो शोभा कांबले (कक्षा पाँचवीं) मतिमंद और ठिगनी थी। वंदना और शोभा का प्रवेश के लिए लिखा गया पत्र हृदय को छूनेवाला था। स्कूल और प्रशिक्षण केन्द्र एक ही स्थान, एक ही समय शुरू हुआ। महम्मद को सामनेवाली पाठशाला ने प्रवेश देने से इनकार कर दिया। मात्र कोरगाँवकर स्कूल ने सभी छात्रों को प्रवेश देकर पूरा सहयोग दिया।

पहले दिन महम्मद हमारे साथ खाने के लिए बैठा था। उसे पैरों से खाना खाते हुए देखकर मैं और महेंद्र काफी व्यथित हुए। 'आत्माराम' लौटने पर महेंद्र ने पूरी रात जागकर महम्मद के लिए कृत्रिम हाथ बनवाया। दूसरे दिन कदमवाड़ी पहुँचने से पहले

उन्होंने यह खुशखबरी बताई। महम्मद अब कृत्रिम हाथों से खाना खाने लगा था। महेंद्र के रूप में संस्था को मानो एक फरिश्ता मिल गया था। मैं यह भी जानती थी कि यह उनकी प्रतिभा का कार्यक्षेत्र नहीं है। संस्था में मस्क्यूलर डिस्ट्रोफी के कई मरीज थे। उनके लिए दुनिया की कोई दवा काम नहीं आती यह उन्हें समझाना कठिन था। महेंद्र जी ने कहा कि इन मरीजों को रोजाना एक विशेष खुराक देने से बीमारी की तीव्रता कम की जा सकती है। ऐसे मरीजों के परिवारवालों को बुलाकर उनसे चर्चा की। चार-पाँच लोग तैयार हो गए। उन्हें दी जानेवाली खुराक महँगी थी। 'आत्माराम' की ऊपरी मंजिल पर रहनेवाले अभय दोषी जी ने यह जिम्मेदारी उठाई। इलाज शुरू हो गया और उसका लाभ भी हुआ। उन मरीजों में से एक राजेंद्र घोरपड़े तन्दुरुस्त हुआ जो आजकल अपने गाँव में कक्षाएँ ले रहा है। उसने अपना घर भी बनवाया है। दूसरा, संतोष ब्रह्मदंडे उचगाँव के छात्रावास में रहकर बी.ए. की पढ़ाई कर रहा है। वह पीड़ा से जूझता है। वह वक्तृत्व तथा चित्रकला प्रतियोगिता में सम्मान प्राप्त करनेवाला आदर्श छात्र है।

कदमवाड़ी के छात्रावास में अनेक समस्याओं का सामना करना पड़ता था। वहाँ पार्टिशन बनाकर मेरा पलंग रखा था। कई बार मैं वहीं रुकती थी। बारिश के दिनों में टूटी खिड़कियों से पानी अन्दर आता था। उसे प्लास्टिक कागज लगाकर कम पैसों में हल निकाला। उस मौसम में वहाँ कड़ा जाड़ा था। ऐसा लगता कि उसमें हम बर्फ बन जाएँगे। समय के चलते हमें अनुभव के आधार पर निर्णय लेने की आदत पड़ गई थी। प्रशिक्षणार्थियों को बताने से पहले ही मैं उनके चेहरे पढ़कर उनकी समस्याएँ भाँप लेती। पोलियो से पीड़ित लोगों को जाड़े का अधिक खतरा रहता था। मेरे हाथ-पैर ठंडे और नाखून नीले पड़ जाते। डॉ. मोहनराव गुणे जी को जाड़े की समस्या बताई तो उन्होंने तुरन्त चालीस अच्छे कंबल भिजवा दिए।

सभी लोगों के हर माह खाने का खर्चा संस्था को भारी पड़ रहा था। संस्था को मिलनेवाला चंदा और मेरे वेतन से काम नहीं चल रहा था। एक बार तो फाका पड़ने की नौबत आई। उस समय धीरज से काम लिया। रात को सभी लाभार्थियों को इकट्ठा किया गया और उनके पास होनेवाले रुपए उधार लिए। उन्हें दस-पंद्रह दिन में रुपए लौटाने का वादा किया। इस पर सभी ने अपने पास के रुपए खुशी से देकर कहा, "यह रखिए और वापस लौटाने की भी आवश्यकता नहीं।" छोटे महम्मद और बंडू ने मिठाई के पैसे दिए। दूसरे दिन अनाज मँगवाया गया। जल्द ही निधि जमा की और आग्रह कर सभी के उधार लिए पैसे वापस दिए। सबकी एकता देखकर मैं बहुत खुश हुई। एक नया आत्मविश्वास जाग गया।

जल्द ही एक अनहोनी हुई। मुझे दफ़्तर में ही फोन आया, "एक मंडल के सदस्य आए थे। उस सम्बन्ध में बातचीत करनी है। आप यहाँ इधर ही रहने को आ जाना।"

वहाँ जाने पर पता चला कि किसी मंडल के सदस्य आए थे। उन्होंने लाभार्थियों को केले, सेब आदि फल देकर तथा बैनर लगाकर फोटो खींचे थे। सभी की शिकायत थी कि हमारे साथ इस प्रकार का व्यवहार नहीं किया जाना चाहिए। हम खान-पान के खर्चे में बचत कर अपनी शिक्षा पूरी करेंगे। मुझे उनका विचार उचित लगा। मेरे छात्र स्वाभिमान से जिएँ यही मैं चाहती थी। पुन: एक कार्यक्रम में एक महोदय ने 'ये पुराने कपड़े आपके छात्रों के लिए' कहकर मेरे हाथ में गठरी थमाई। उस समय तुरन्त उन्हें कुछ कहना अनुचित था। वैसे तो हर धर्म में यह कहा है कि दान गुप्त किया जाना चाहिए ताकि लेनेवालों को लज्जा महसूस न हो। ऐसा कहते हैं कि दायें हाथ से किए दान की बायें हाथ तक को खबर नहीं होनी चाहिए। संस्था की जाहिर रूप में मदद करना अलग बात है। मैंने दूसरे दिन उस मंडल के सदस्यों को दफ़्तर में बुलाकर समझाया, ''भले ही हमारे बच्चे अपाहिज हैं लेकिन वे स्वाभिमान से जीना चाहते हैं।'' उन्हें अपनी गलती का एहसास हो गया। आज भी हम ऐसी चीजों को स्वीकृत करते हैं लेकिन संस्था के दफ़्तर में; छात्रों को सीधे चीजें देने का हम विरोध करते हैं। 'हेल्पर्स' में हर एक जरूरत पूरी की जाती है और साथ में यह सीख भी दी जाती है कि 'आज संस्था से लेने में संकोच मत करो लेकिन कल कमाने लग जाओगे तो संस्था को देने में मन छोटा मत करो।'

कदमवाड़ी के छात्रावास में एक दिन अचानक अभिजीत परब नामक एक लड़का आ गया। वह पोलियो से पीड़ित था। वह कैलिपर और बैसाखियों की सहायता से चलता था। वह गिड़गिड़ाने लगा, ''मेरे मम्मी-पापा या कोई रिश्तेदार जिन्दा नहीं हैं। मकानमालिक ने घर से भगा दिया है। मुझे संस्था के बारे में पता चला इसलिए यहाँ आया हूँ।'' वह अनाथ है जानकर उसे संस्था में प्रवेश दिया गया। कुछ दिनों के बाद उसे छोटे-मोटे काम सिखाए जाने लगे। उसके कपड़े और रहन-सहन देखकर हमें आशंका हो रही थी। उसके बताए मुम्बई के पते पर देसाई काका से पूछताछ करवाई तो पता चला कि जानकारी गलत है। बुखार कम होने पर मैंने उसे समझाया, ''बेटा, झूठ बोलने से तुम्हारा ही नुकसान होगा। हमेशा सच बोलना चाहिए।'' तब जाकर उसने बताया, ''मेरे माँ-बाप जीवित हैं। मैं आठवीं कक्षा में पढ़ रहा था। स्कूल में एक लड़की को लेकर अध्यापकों ने खूब पिटाई की इसलिए मैं भागकर आया हूँ।'' हमने तुरन्त खत लिखकर उसके घरवालों को खबर कर दी।

उसकी बीमारी टायफायड में बदल गई थी। उसकी माँ मुम्बई से साथ में पुलिस लेकर खास गाड़ी से अभिजीत को लेने आई। उसने पुलिसथाने में बच्चा खो जाने की शिकायत दर्ज की थी इसलिए पुलिस उसके खर्चे पर आई थी। उसके साथ आई महिला पुलिस पान खाकर यहाँ-वहाँ थूक रही थी। मैंने उसके पिता को भेजने की सलाह दी।

उन्हें समझाया कि स्कूल में माफी माँगकर उसे वापिस दाखिला दे। उन्होंने स्कूल की भी पुलिस में शिकायत की थी। मुम्बई जाने पर मैं स्वयं अभिजीत के स्कूल में गई और संचालक से अभिजीत को प्रवेश देने की प्रार्थना की मगर उन्होंने इनकार कर दिया। मैंने उनसे अभिजीत के दाखिले की माँग की ताकि उसे कोल्हापुर के स्कूल में प्रवेश दिला सकूँ। उन्होंने अच्छे वर्तन का दाखिला देने से भी इनकार कर दिया। मैं जानती थी कि अभिजीत को पुनर्वासन शिक्षा की आवश्यकता है। प्रयास के बावजूद मैं असफल रही। मैं निराश होकर लौटी।

अभिजीत का वह साल बेकार गया। अगले साल उसके पिता ने बड़े प्रयास से उसका दूसरी पाठशाला में प्रवेश लेकर दाखिला लाकर मुझे दिया। 'हेल्पर्स' के बच्चों के साथ वह दो साल पाठशाला में जाता था। उसकी छोटी-बड़ी शरारतों को माफ किया लेकिन लड़कियों के सम्बन्ध में उसके गलत बर्ताव को मैं सह नहीं पाई। उसे समझाया, एक मौका दिया लेकिन वह सुधर नहीं पाया तो उसे छात्रावास से निकालकर उसके पिता को सौंप दिया।

उचगाँव की संचालन के लिए केन्द्र सरकार की तरफ से अनुदान नहीं मिल पाया। मुम्बई के सिद्धिविनायक ट्रस्ट से भी कोई सहयोग नहीं मिला। एक दिन अभिजीत गारे ने बताया कि उनके पिताजी के कोल्हापुर के स्नेही श्री तारलेकर जी इस कार्य में हमारी जरूर मदद करेंगे। उनकी बात मानकर दुबारा आवेदनपत्र तारलेकर जी को दिया तथा उसकी एक प्रति साथ रख ली। कुछ दिनों के बाद उस ट्रस्ट के चेअरमैन श्री डहाणूकर और अन्य ट्रस्टी कोल्हापुर आ गए। उन्होंने कदमवाड़ी का प्रशिक्षण केन्द्र देखा। वहाँ के बगीचे में खिले गुलाब के फूलों से उनका स्वागत किया तो वे बहुत खुश हुए। उन्होंने अपनी आँखों से रुपयों के अभाव से अधूरी उचगाँव के छात्रावास की इमारत देखी। मुम्बई पहुँचते ही उन्होंने पंद्रह लाख रुपयों की मंजूरी का खत मंत्रालय में भेज दिया। हमने तहेदिल से तारलेकर जी को धन्यवाद दिया। मैंने छात्रावास और महेंद्र के लिए नागपुर के ताजबाबा को मन्नत माँगी थी। मुम्बई के हाजीअली के दरगाह पर जाकर हो आई थी। आखिरकर वह ईश्वर गणेशजी के मंदिर से डहाणूकर जी के रूप में प्रकट हुआ।

मैं तुरन्त मंत्रालय पहुँची। मंजूरी पत्र पर दो मंत्रियों के दस्तखत लेने जरूरी थे। कैबिनेट मंत्रीजी ने कहा कि राज्यमंत्री जी से फाइल मिलते ही मंजूरी मिल जाएगी। तत्कालीन राज्यमंत्री मा. प्रभाकर राणे जी के सचिव से घर पर उनकी भेंट हेतु समय ले लिया। फोटो, फाइल तथा हमारे कार्य से वे प्रभावित हुए। उन्होंने यहाँ तक कहा, "यदि आप इस प्रकार का काम सिंधुदुर्ग जिले में करेंगी तो मैं पूरा सहयोग करूँगा। सरकार जमीन भी देगी।" मैंने हामी भर दी। आठ दिन के अन्दर स्वीकृति-पत्र के साथ

कोल्हापुर पहुँचा। सिद्धिविनायक मंदिर ट्रस्ट के दफ्तर से चेक लेने और बैंक में खाता खोलने के लिए मैं मुम्बई चली गई। रेल का आरक्षण न मिलने से मैं लग्जरी बस से जा रही थी। दुर्भाग्य से ब्रेक डाउन हो गया। ट्रस्ट के साहब से सुबह ग्यारह बजे मिलने का समय तय हुआ था। काफी भागदौड़ करते हुए हम उनके दफ़्तर पहुँचे। मैं काफी थक गई थी। मुझे आराम की सख्त जरूरत थी। वहाँ के चपरासी को मेरी दशा पर तरस आया और उसने प्रतीक्षागृह खोल दिया। वहाँ के नर्म, मुलायम सोफे पर न जाने कब गहरी नींद सो गई इसका पता ही नहीं चला। जाग गए तो चपरासी ने प्रसाद और छाँछ दे दिया। उसके बर्ताव से मुझे बहुत खुशी हुई। उसने संदेश दिया, ''साहब ने आपको शाम पाँच बचे फोर्ट के दफ़्तर में बुलाया है।'' इस पर मैं बहुत नाराज हो गई। दूसरे दिन कागजात की पूर्ति कर हम कोल्हापुर लौटे। बैंक में चेक जमा होने पर रुपए मिलनेवाले थे। अधूरा काम शुरू हो इसलिए मैं अपने साथ चेक की साक्ष्यांकित प्रति ले आई थी।

सिद्धिविनायक ट्रस्ट का दिया चेक बैंक में जमा हो गया और पंद्रह लाख में से कितने रुपयों का चंदा कहाँ देना है इस संदर्भ में फोन और संदेश आने लगे। मैं चिंतित हो गई। पी.डी. ने एक खत लिखवाकर दिया, 'जिस काम के लिए रुपए दिए हैं, उसी के लिए खर्च किए जाएँगे। हम नियमबाह्य बर्ताव बिल्कुल नहीं करेंगे इसका यकीन कीजिए।' हमने वह पत्र ट्रस्ट के चेअरमैन साहब को भेज दिया। उसके बाद कोई फोन या संदेश नहीं आया।

संचालन का काम गति से पूरा हो गया। मैं देखरेख और ट्रेनिंग के लिए जिस कमरे में रहनेवाले थी उस कमरे में अपाहिजों के अनुरूप शौचालय और बाथरूम का निर्धारण लिया। उपअभियंता को बताने के बावजूद हमारी जरूरतें समझ में नहीं आ रही थीं। नल की जगह, उसकी ऊँचाई, कमोड तथा उसकी बाजू में उठने-बैठने को पाइप आदि को हमारे अनुकूल बनाने में काफी परेशानी हुई। बावजूद इसके बाथरूम हमारी इच्छा के अनुरूप नहीं बन पाया। पानी के नल और पाइपलाइन का काम एक तो अत्यंत धीमी गति से हुआ और दूसरे संतोषप्रद भी नहीं हो पाया। गरम और ठंडे पानी के नल को पहचानने की सुविधा तक नहीं दी। स्वीचबोर्ड मात्र कम ऊँचाई पर बिठाए गए।

छात्रावास में रहनेवाले छात्रों को स्कूल आने-जाने की छोटी बस मिले इसलिए हमने शिरोडकर काका की सहायता से भारतीय आयुबीमा महामंडल को आवेदनपत्र भेजा। मंडल के मुम्बई स्थित कार्यालय में मेरे चक्कर शुरू हुए। तीसरी बार जब उनके दफ़्तर में गई तब उन्होंने बताया कि 'पल्स पोलियो' को निधि दी गई है इसलिए आपको इस वर्ष बस नहीं मिल पाएगी। पोलियोपीड़ितों की सुविधा की अपेक्षा पोलियो टालने के लिए निधि देने से हमारा काम आसान हो गया था इसलिए तसल्ली मिली। मैंने पी.डी. और रजनी से विनती की, ''मुम्बई में हर ताले की चाबी है लेकिन हर बार उन

बड़े अधिकारियों के सामने जाते समय मुझे अकेलापन महसूस होता है इसलिए बारी-बारी से एक सदस्य मेरे साथ आएगा तो अच्छा होगा।'' सभी ने मेरी बात मान ली। पहले चक्कर में देसाई काका ने संस्था को रिक्शा मिले इसलिए सहयोग किया। इसकी राशि का चेक इंदिरा गांधी के सलाहगार कृष्णा अय्यर जी के हाथों से दिलवाया गया। यह छोटा कार्यक्रम रेहाना के घर पर ही हुआ था। उस समय अय्यर जी का भाषण मैं टेप नहीं कर पाई इसका मुझे आज भी खेद है। उनका आशीर्वाद और शुभकामनाएँ हमें मिली थीं। उस समय पी.डी., छाया, अभिजीत और सुबोध साथ थे।

दूसरी बार मेरे साथ रजनी और पी.डी. थे। इस बार मैंने कोई सहायक न लेकर अपने काम खुद किए। 'दृष्टि ह्यूमन रिसोर्सेस सेंटर' तथा 'टाटा ट्रस्ट' से मिलना तय हुआ था। देसाई काका को संदेश दिया था, 'निधि देनेवालों से मुलाकात का समय निश्चित कीजिए। हम आ रहे हैं।' उन्होंने कहा, 'श्री बालासाहेब ठाकरे जी से मुलाकात की कोशिश करता हूँ।' हम सब 'ऑल इंडिया इंस्टीट्यूट हाजीअली' में ठहरे थे। भाईसाहब के हुबली के मित्र, संस्था को निधि देनेवाले श्री उमरसाब का 'दृष्टि' की स्मिता नवरे तथा ज्योति सुभेदार से परिचय था। उमरसाब के कहने पर वे दोनों कदमवाड़ी का प्रशिक्षण केन्द्र देखने आई थीं। उन्हें संस्था का कार्य बहुत पसंद आया। मैं जब भी मुम्बई जाती वे संस्था के बारे में आत्मीयता से पूछताछ कर चंदा देती थीं। इस बार उन्होंने 'महालक्ष्मी टेंपल चैरिटीज ट्रस्ट' के अधिकारी श्री जाधव जी से मुलाकात करवाई। ढेर सारी सीढ़ियाँ चढ़कर हम मंदिर पहुँचे। उस भीड़ में मंदिर के अन्दर तक मेरी कुर्सी ले जाने की व्यवस्था की। श्री जाधव जी ने आवेदन स्वीकार किया। बाद में उन्होंने छात्रावास के फर्नीचर के लिए एक लाख तीस हजार रुपए भिजवा दिए। उसी समय हमने 'होलकार्ट फाउंडेशन' को भेंट दी। उनकी तरफ से कदमवाड़ी के प्रशिक्षण केन्द्र के लिए दो लाख रुपए मिल गए। वहाँ के प्रशिक्षण केन्द्र में छात्रों को घिसटते हुए चलना पड़ता। उचगाँव के बड़े छात्रावास में ऐसा न हो इसलिए मैंने आवेदन किया, संस्था के लिए कोई भी रुपयों के बजाय पचास पहियेदार कुर्सियाँ भेंट कर दे।

उस दिन हम एक शुभचिन्तक के पास गए। शाम पाँच बजे रेहाना को फोन किया तो वह लगभग चिल्लाई, ''सुबह से कहाँ घूम रही हो? बाहर जाने पर एक फोन तक नहीं करती। बालासाहेब ठाकरे जी से ठीक सात बजे मिलना तय हुआ है। तुम्हारी कोई खबर न मिलने से यहाँ देसाई काका परेशान हैं। अब आप लोग सीधे शिवाजी पार्क में उनके बँगले पर पहुँच जाना। तुम जल्दी वहाँ पहुँचना।'' इतना कहकर उसने फोन रख दिया। चाय-नाश्ता छोड़कर मुम्बई के रास्तों पर शाम को होनेवाली भीड़ को चीरते हुए तेज रफ्तार से गाड़ी से हम ठीक साढ़े सात बजे शिवाजी पार्क पहुँचे। ठाकरे जी के बँगले की कड़ी सुरक्षा व्यवस्था से गुजरकर हम अन्दर पहुँचे। बालासाहेब जी किसी को

साक्षात्कार दे रहे थे। उन्होंने वहीं से आत्मीयता से कहा, ''बैठिए। बस, यह साक्षात्कार खत्म करके आ रहा हूँ।'' देर होने के कारण हम धड़कते दिल से वहाँ बैठे रहे।

साक्षात्कार खत्म होते ही वे हमारे पास आ गए। हमने संस्था के फोटो दिखाकर उन्हें जानकारी दी। उन्होंने बड़ी आत्मीयता से सबकुछ देखा और सुना। हमारी जरूरत पूछने पर हमने कहा, ''छात्रों के लिए बस की आवश्यकता है।'' उन्होंने तुरन्त कहा, ''दे दी, बोलो, और क्या चाहिए?'' पल भर के लिए हम स्तब्ध रह गए। हमें उम्मीद नहीं थी इतनी जल्दी वे 'हाँ' कहेंगे। ऊपर से वे पूछ रहे थे, 'और क्या चाहिए?' जरूरतें तो हमारी जबान पर ही थीं। ठाकरे जी ने वहाँ उपस्थित मान्यवरों को इशारा करते हुए कहा, ''ये हैं सुरेशदादा जैन और ये गणेश नाईक। दूध देनेवाली गाय जब दरवाजे पर हो तब दूध निकालना चाहिए। आपको जो चाहिए वह ये लोग दे देंगे।'' हमारे छात्रों को फिजियोथेरेपी की जरूरत थी, जिसकी सामग्री बहुत महँगी थी। इसके लिए दो-तीन लाख रुपयों की जरूरत थी। फिर भी हमने संकोच से एक लाख की सामग्री और पचास पहियेदार कुर्सियों की माँग की। उन्होंने कहा, ''छह जनवरी को मीनाताई के स्मृतिदिवस के अवसर पर यह सारी सामग्री आपको मिलेगी।'' उन्होंने बस में आवश्यक सुविधाओं तक के बारे में हमसे पूछा। हम बहुत खुश हो गए। एक पल ऐसा लगा कि हम सपना तो नहीं देख रहे हैं। हमने कहा, ''पहले हम चालीस छात्रों को छात्रावास में प्रवेश दे रहे हैं। उनकी कुर्सियाँ बस में बैठनी चाहिए तथा चढ़ने-उतरने के लिए रैंप होना चाहिए।'' इस पर उन्होंने सुझाव दिया कि 'बस में शौचालय और बाथरूम होना चाहिए। साथ ही एक बेड भी होना चाहिए।' उन्होंने हमारी जरूरतों के मुताबिक बस की रचना 'सामना' के सुभाष देसाई की तरफ भेजने को कहा। ठाकरे जी ने आत्मीयता से बातचीत की और भरसक मदद की जिससे हमारी मुट्ठी में मानो आकाश आ गया। हम भूख-प्यास भूल गए। देसाई काका को अपना नाम जाहिर करना अच्छा नहीं लगता लेकिन यह सब उन्हीं के कारण हुआ था। पर्दे के पीछे होनेवाला उनका हाथ हमारे लिए प्रेरणास्रोत है। इस काम में सहयोग देनेवाले उनके मित्र बालासाहेब सावंत तथा उनकी बहन शुभा को शुक्रिया अदा कर हम वापस लौटे। हम खुश होकर गेस्ट हाउस पहुँचे। ताजबाबा ने मेरी प्रार्थना सुन ली थी। छात्रावास का उद्घाटन होते ही मैंने ताजबाबा की मन्नत पूरी करने नागपुर जाना निश्चित किया। इस बहाने आनन्दवन को भी जाना था।

महेंद्र कुलकर्णी दिन में संस्था के प्रशिक्षण केन्द्र में नौकरी करते और रात को आत्माराम अपार्टमेंट की प्रयोगशाला में अनुसंधान करते। टोकने पर कहते, ''शरीर में आरक्षित ऊर्जा होती है इसलिए रोज खाना जरूरी नहीं।'' हम घर में बने स्वादिष्ट व्यंजन उनके बगैर खा नहीं पाते। मैं और देशभ्रतार-नीता किसी के हाथों टिफिन भिजवा देते तो

वे गुस्सा हो जाते। घर में सभी महेंद्र को मेरा 'लाडला' कहते थे। मुम्बई के डॉ. हीरानंद ने कहा था कि महेंद्र जिन्दगी में कभी बोल नहीं पाएँगे। वह बोले और सुने यह मेरी तीव्र इच्छा थी। और एक दिन महेंद्र ने डॉक्टर का वहम तोड़ दिया। एक दिन महेंद्र जी की इच्छा से मैं, अम्मी, पी.डी. और देशभ्रतार 'आत्माराम' में इकट्ठा हुए। काफी प्रयास से महेंद्र ने 'माँ', 'दीदी', 'पी.डी.' आदि शब्दों का उच्चारण किया। जल्द ही कदमवाड़ी के प्रशिक्षणार्थियों के सामने इसका दुबारा प्रयोग किया, जिसे हमने ध्वनिमुद्रित भी किया। महेंद्र में होनेवाले सुधार से सभी लोग खुश थे।

एक दिन महेंद्र दोस्तों के साथ रंकाला चौपाटी पर घूमने गए। वहाँ उनकी मुलाकात विनीता से हो गई। वह उनकी आपबीती सुनकर रो पड़ी। उसने महेंद्र की पत्नी बनकर उसका हमदर्द बनने की इच्छा जाहिर की। वैसे महेंद्र को भी जीवन की लड़ाई लड़ने के लिए जीवनसाथी की जरूरत थी। उन्होंने रजामंदी दे दी। मैंने विनीता को महेंद्र की शारीरिक और मानसिक स्थिति से अवगत कराया। उसके साहस और दिल के बड़प्पन से मुझे बहुत खुशी हुई। उनकी शादी की तैयारी में हम जुट गए थे तभी उचगाँव के छात्रावास की जमीन समतल करने को आर. डी. पाटील जी ने मुफ्त में हायड्रोक्लोरिक बुलडोजर भेज दिया। वह काम तुरन्त पूरा करना था। महेंद्र की शादी के दिन मैंने अभिभावक के रूप में दस्तखत किए। शादी का पूरा इंतजाम रजनी की निगरानी में चल रहा था। कदमवाड़ी में धार्मिक पद्धति से शादी करना तय हुआ। मैं उचगाँव से अक्षता के समय पहुँची। आते समय दिलीप राठोड को देखभाल करने को कह दिया। इधर हम खाने को बैठ रहे थे तभी दिलीप का फोन आया, ''ड्राइवर बुलडोजर लेकर जा रहा है, वह ठहरने को तैयार नहीं है।'' उस सर्दी की रात भूखे पेट मैं देशभ्रतार को साथ लेकर रिक्शा से उचगाँव पहुँची। 'वहाँ का माहौल देखकर दो दिन पहले ही मैंने जिलाधीश से विनती कर पुलिस संरक्षण की माँग की थी। उन्होंने वहाँ पर तहसीलदार को भेज दिया था। अब उस बुलडोजर के ड्राइवर को क्या हुआ?' इस तनाव को लेकर ही मैं उचगाँव पहुँची। पूरी रात हमने पहरा लगाकर बुलडोजर से काम करवा लिया। मैं छुट्टी पर थी। सुबह घर जाकर नहाकर सोने का मन-ही-मन निर्णय कर लिया।

मैं बाथरूम में थी तभी फोन की घंटी बजी। अम्मी ने फोन उठाया और आवाज पहचानी। 'आत्माराम' से महेंद्र का फोन था। उनकी शादी के बाद के पहले दिन की सुबह थी। मन आशंकित हो गया। बाहर बरसात हो रही थी। मैं भतीजे को साथ लेकर 'आत्माराम' पहुँची। वहाँ जाने पर मैंने पहली बार रोते हुए महेंद्र को देखा। उन्होंने एक चिट्ठी लिखकर रखी थी, ''पुरानी दुश्मनी के चलते कुछ गुंडों ने विनीता का अपहरण किया है।'' महेंद्र को अधिक दुख इस बात का था कि मर्द होकर भी वे अपनी पत्नी की रक्षा नहीं कर पाए। इसी कारण वे स्वयं को कोस रहे थे। मेरे पीछे-पीछे हारुन मामा

आए थे। ऐसे संकट के दौरान मुझे अक्सर डॉ. सुनीलकुमार लवटे जी की याद आती है। ऐसे अवसर पर वे मेरा आधार बन जाते हैं। पुलिसथाने में शिकायत की अर्जी देकर मैं डॉ. लवटे जी से मिलने उनके कॉलेज चली गई। उनको साथ लेकर मैं पुलिस अधीक्षक के पास गई। तुरन्त पुलिस तहकीकात में जुट गई। ग्यारह बजे पुलिस गुंडे और विनीता को साथ लेकर थाने पहुँची। उन गुंडों को पुलिस इतनी बेरहमी से पीट रही थी कि हमें ही उन पर तरस आ गया। एकतरफा प्यार की वजह से यह गुनाह हुआ था। अन्ततः प्रेमभावना का सम्मान कर हम चुप हो गए। इसके बाद मुझे कई फोन आए, "यह आपने अच्छा नहीं किया? एक अपाहिज का पुनर्वासन करने के लिए आपने एक खूबसूरत लड़की की जिन्दगी बरबाद की है..." आदि। यह शादी दोनों की इच्छा से हुई थी। वे दोनों बालिग थे। परिणामस्वरूप मैंने उसकी दखलंदाजी नहीं की।

इस घटना के बाद 'आत्माराम' में महेंद्र को अपनी प्रयोगशाला शुरू रखना मुश्किल हो गया। उन्होंने किसी अजनबी ठंडी जगह पर कार्य करने की इच्छा जाहिर की। एक बार कदम उठाने पर उसे पीछे न लेने की हम लोगों ने कसम खाई थी। मैंने और देशभ्रतार ने दफ़्तर से छुट्टी ले ली। भविष्य निधि से कर्जा निकालने के लिए डॉ. मोहनराव गुणे जी ने मेडिकल प्रमाणपत्र देने से इनकार कर दिया तो मैंने डॉ. सावनी चौगुले से लेकर कर्ज चुकाया। 'आज जिन्दा हूँ, कल क्या पता' यह सोचकर मैं जीती हूँ। इसी कारण मैंने कभी अपने भविष्य निधि की परवाह नहीं की। महेंद्र और विनीता को लेकर हम हरिद्वार चले गए। घर में बताया नहीं था। हम भगवान भरोसे निकले थे। हरिद्वार में एक धर्मशाला के बूढ़े माता-पिताजी से मुलाकात हुई। उन्हें संस्था का कार्य तथा महेंद्र के बारे में बता दिया। उन्होंने तुरन्त एक कमरा किराए पर दिया जहाँ रसोई, शौचालय तथा बाथरूम हमारी सुविधा के अनुसार था। महेंद्र को दो-तीन मास इलाज के लिए रखा गया। उनकी और विनीता की दुनिया से निराली गृहस्थी शुरू हो गई। हम दिल पर पत्थर रखकर वापस लौटे। मन में प्रश्न था कि अबके बाद महेंद्र से किस हाल में मुलाकात होगी? क्या वे बोल पाएँगे? देख पाएँगे या अंधे महेंद्र को देखना पड़ेगा? हमने ईश्वर से प्रार्थना कर महेंद्र को उसी के हवाले सौंप दिया। मुझे मुम्बई में अपनी भतीजी की शादी में शरीक होना था। देशभ्रतार और नीता का साथ न मिलता तो मैं कुछ भी नहीं कर पाती।

दिल्ली से मुम्बई तक की यात्रा के दौरान मैं केवल महेंद्र के ही बारे में सोच रही थी। ऐसे काबिल और प्रतिभाशाली बेटे को घरवालों ने ढूँढ़ने की कोशिश क्यों नहीं की? अगर इसका कारण धन-दौलत हो तो देसाई काका को मानना होगा। वे रुपयों को जहर मानकर उससे बचते थे। विचारों में खो जाने से गाड़ी दादर कब पहुँची इसका पता तक नहीं चला। नीता, निकी, विनीत सभी नीचे उतर गए। मेरी कुर्सी बाहर रख दी गई।

पर्स नीता के पास दी थी। देशभ्रतार मुझे उठाकर दरवाजे के पास आ गए कि तभी रेल छूट गई। उस धक्के से हम गिरनेवाले ही थे लेकिन अन्य यात्रियों ने सहारा दिया। रेल की चेन खींची लेकिन वह रुकी नहीं। अपने साथी और कुर्सी को पीछे छोड़ हम अगले स्टेशन पर आ गए। कुली से कहकर हाथगाड़ी मँगवाई। मैं जैसे-तैसे उस पर बैठी और हम टैक्सी तक पहुँचे। कुली को देने के लिए हमारे पास पैसे नहीं थे। हमने उसे दादर आने को कहा। इस पर उसने टैक्सी ड्राइवर से रुपए लेने की सूचना दी। इतनी सीधी बात हमारी समझ में नहीं आई, इसकी हँसी आई। टैक्सीवाले से रुपए लेकर उसे दे दिए। काफी दौड़धूप के बाद हम सही–सलामत घर पहुँचे। भतीजी की शादी में समय पर पहुँचे। वहाँ मैंने चुपचाप नए कपड़े और गहने पहने क्योंकि मैं देर से पहुँची थी। कोई मुझ पर गुस्सा नहीं हुआ यही गनीमत थी।

महेंद्र की अनुपस्थिति में कदमवाड़ी के प्रशिक्षण केन्द्र की जिम्मेदारी मुझे सँभालनी पड़ी। मैं हरिद्वार फोन कर समय-समय पर उनकी पूछताछ करती थी। एक रात फोन पर खुद महेंद्र ने बात की। मैं खुशी से सिहर उठी। उस समय 'मुक्ति' पुस्तक के प्रकाशन के वास्ते अनुताई और सुजलाताई वहाँ आई थीं। उन्होंने महेंद्र के पुनर्वासन कार्य में महत्त्वपूर्ण योगदान दिया था। मैंने उन्हें महेंद्र की आवाज सुनवाई। अब वे दिल्ली में रहकर इलाज करना चाहते थे। प्रमिला और महेंद्र के इस दाम्पत्य ने फिर एक बार सहारे का हाथ आगे बढ़ाया। महेंद्र और विनीता के लिए एक फ्लैट की व्यवस्था की। दिल्ली आने पर महेंद्र सफाई से बोलने लगे। उसी दौरान उचगाँव के छात्रावास के उद्घाटन की तारीख तय की गई। महेंद्र कोल्हापुर आए थे। उन्होंने शौचालय और बाथरूम के काम की जिम्मेदारी स्वयं पर ली। वे दिन-रात हमारे साथ काम करने लगे।

छात्रावास का वास्तुपूजन संस्था के विश्वस्त श्रीकांत केकड़े और उनकी पत्नी और संस्था की कार्यकर्त्री नम्रता जी के हाथों सम्पन्न हुआ। उद्घाटन छोटे महम्मद के पैरों से हुआ। बाद में केकडे भाभी हर शनिचर और इतवार को बच्चों को अंग्रेजी पढ़ाने आने लगीं। दुर्भाग्य से ही वे अपाहिज बन गईं। वे आज घूम-फिर सकती हैं यही हमारे लिए खुशी की बात है। उद्घाटन समारोह में महेंद्र ने बहुत अच्छा भाषण किया। समारोह के बाद सारे काम निपटाकर मैंने ताजबाबा की मन्नत पूरी करने के लिए नागपुर जाने की योजना बनाई। उसके बाद विश्राम के लिए दो दिन आनन्दवन भी जाना था। मैंने सुरेखा नामक एक अपाहिज महिला को अपने साथ लिया। सही रूप में हम एक-दूसरे का सहारा बनें यही उसके पीछे उद्देश्य था। छात्रावास की जिम्मेदारी मैंने सोनाताई पाटील को सौंप दी।

मेरे जाने का दिन तय हुआ और महेंद्र से खबर मिली कि वे कोल्हापुर छोड़कर जा रहे हैं। दिल्ली में प्रमिला ने उनके साथ बुरा बर्ताव किया था जिसकी सजा वे मुझे दे रहे

थे। मैं जानती थी कि संस्था के स्वार्थ के लिए ऐसे जीनियस को रोककर रखना अनुचित है। लेकिन इस तरह जल्दबाजी में जाना, न चर्चा, न कोई बातचीत! मेरे आनन्दवन जाते समय वे मुझसे मिलने तक नहीं आए। फिर सोचा कि भेंट में वे स्वयं को सँभाल नहीं पाएँगे इसीलिए नहीं आए होंगे। उस समय अनुताई कोल्हापुर में ही थी। उन्हें और सुजलाताई को लगा कि महेंद्र के जाने से मैं धीरज खो बैठूँगी। लेकिन उनके पुनर्वासन का उद्देश्य सफल होने से मैं खुश थी। दिल के किसी कोने में कसक जरूर हो रही थी।

उचगाँव का छात्रावास शुरू हुआ। वह सुचारु ढंग से चलने से पहले मैं नौकरी पर हाजिर नहीं हो सकती थी। देखते-देखते मेरी बिना वेतनवाली छुट्टी डेढ़ साल हो गई, इसका मुझे पता तक नहीं चला। छात्रावास में दो तन्दुरुस्त पुरुष सहायक के रूप में रखे लेकिन उन्होंने अजीब बर्ताव किया। वे छोटे बच्चों का शारीरिक और मानसिक शोषण करने लगे। मैंने इस मामले में डॉ. लवटे जी से मार्गदर्शन लिया। उन सहायकों को घर का रास्ता दिखा दिया। लड़के-लड़कियों की सम्मिलित बैठक बुलाई। उनसे एक–दूसरे की मदद करने के बारे में पूछा तो सभी ने सहमति जताई। मैं आधी रात तक कमरों के चक्कर लगाकर बच्चों की निगरानी करने लगी। महिला विभाग के बड़े दरवाजे को अन्दर से ताला लगाया जाता। रात के राउंड की जिम्मेदारी अविनाश कुलकर्णी और सोनाताई पाटील पर थी। अविनाश कुलकर्णी सतारा के थे। बी.ई. के अंतिम वर्ष में वे पिकनिक को चले गए थे। फोटो निकालते समय गिर जाने से वे पैराप्लेजिक बने थे। उन्होंने हिम्मत से पढ़ाई पूरी कर इंजीनियरिंग की उपाधि हासिल की। कहीं नौकरी नहीं मिली तो वे कदमवाड़ी की संस्था में व्यवस्थापक के रूप में काम करने लगे।

छात्रावास शुरू होने पर बड़ी बस के लिए नियुक्त चालक के रहने की व्यवस्था छात्रावास में ही की। लेकिन वह हर रात शराब पीकर शोर मचाने लगा। एक रात सोनाताई का फोन आया, "तुरन्त आ जाओ। वह ड्राइवर किसी की नहीं सुन रहा है।" मैं और पी.डी. उचगाँव गए और उस ड्राइवर को नौकरी से निकालकर ही वापस लौटे। मेरे आनन्दवन जाने के बाद देशभ्रतार और पी.डी. ने श्री गुलाब शेख की नियुक्ति की। वे निर्व्यसनी और मेहनती तथा बच्चों का आत्मीयता से ख्याल रखते हैं। ज्यादा काम हो तो भी कोई शिकायत नहीं करते।

संस्था में आए आकाश की व्यथा सबसे अलग मन को बेचैन करनेवाली है। बहुत बार वह मेरे पास सोने की जिद करता है, लेकिन मैं उसे माँ की गोद नहीं दे सकती इसका असीम दुख होता है। आकाश की माँ को मधुमेह था। जिम्मेदारी निभाने के लिए उसके भाइयों ने उसकी शादी करवा दी। उसका पहला बच्चा आकाश जन्म से एक पैर छोटा और एक किडनी से रहित ही पैदा हो गया और उसके पिता ने माँ का चेहरा भी देखना बंद कर दिया। भाइयों ने अपनी पत्नियों से डरकर बहन को मंदिर में रखने की बात की

तो वह हमारे पास आ गई। संस्था उसका आधार बन गई। कदमवाड़ी के छात्रावास में उसके बच्चे पर इलाज किया। उसके नर्सिंग प्रशिक्षण का प्रबंध किया।

भाई-बहन के रिश्ते का 'रक्षाबंधन' त्यौहार आया तब उसके भाई ने उसे घर बुलाया क्योंकि अब वह बोझ नहीं थी। मैंने उसे छुट्टी न दी और कहा, ''जाना चाहती हो तो हमेशा के लिए चली जाना।'' वह गई लेकिन आठ दिन के बाद उसका फोन पर रोना-धोना शुरू हो गया। हमने उसे दुबारा प्रवेश नहीं दिया।

तीन साल बाद एक बूढ़ी औरत आकाश को लेकर आई और कहने लगी, ''मैं इस बच्चे की सौतेली नानी हूँ। इसके माँ-बाप मर गए हैं। मेरा पति अपाहिज है। घर में गरीबी है। पति ने इसे कहीं दूर छोड़ने को कहा है। आप इसे संस्था में रख लीजिए।'' इसकी माँ को मधुमेह था, यह सुनते ही मैंने आकाश को पहचान लिया। मैंने उस औरत को सुनाया, ''उस वक्त आप इसकी माँ को कदमवाड़ी छात्रावास से ले गए और मार दिया। अब क्यों रो रही हो? इसे सँभालिए...हम अपाहिज इसे कैसे सँभालेंगे?'' वह कहने लगी, ''तो फिर इसे नदी में छोड़ना पड़ेगा।'' मैं दफ़्तर से खाने की छुट्टी में संस्था में आई थी। हमारे समाजसेवकों ने फॉर्म पर आकाश के मतिमंद होने का अभिप्राय लिखा था। उसकी थकी आँखें और पत्थर की तरह बैठे रहने से मुझे भी वैसा ही लगा। मुझे फिर दफ़्तर जाना था। सोचकर निर्णय लेने का वक्त नहीं था। मैं चिढ़कर बोली, ''तो फेंक दो ना नदी में...वह और तुम दोनों छूट जाओगे।'' और मैं दफ़्तर चली गई।

दफ़्तर के कामों में विशाल को भूल गई। छात्रावास पहुँचते ही बच्चों ने अपनी-अपनी शिकायतें लेकर मुझे घेर लिया। मेरा ब्लड प्रेशर शायद बढ़ गया था। मैंने गुस्सा होकर सभी को डाँटा, ''दफ़्तर से आने के बाद थोड़ा आराम तक नहीं लेने देते? न चाय पीने देते हैं। आधे घंटे बाद मेरे पास नहीं आ सकते? आपको यह समझ कब आएगी?'' मेरा यह रूप देखकर बच्चे माफी माँगकर चले गए। मुझे बहुत बुरा लगा। आकाश के माँ-बाप का गुस्सा मैंने दूसरे पर उतारा था। पलंग पर पड़ते ही मासूम आकाश नजरों के सामने आ गया। नींद तीन बजे ही खुल गई। दिमाग में विचार आया, ''सचमुच कहीं आकाश को उसकी नानी ने...'' मैं बेचैन हो गई। अगर ऐसा हो गया तो हमारे इस कार्य का क्या अर्थ? प्रात: पाँच बजे मैंने दीक्षित साहब को फोन किया और रुंधे गले से सबकुछ बता दिया। विशाल का पता लगाकर उसे 'बालकल्याण संकुल' अथवा उचगाँव के छात्रावास में लाने की विनती की। उन्होंने मेरी विनती मान आकाश को ढूँढ़कर सही-सलामत हमारे हवाले कर दिया। तभी मैंने चैन की साँस ली।

कुछ दिनों बाद पता चला कि, वह औरत साफ झूठ बोली थी। आकाश तनवाणी की माँ ने दूसरी शादी की थी। साढ़े तीन बरस के इस बच्चे को लावारिस छोड़कर दूसरी

अपाहिज संतान को जन्म देने कहीं दूर चली गई थी। आकाश छात्रावास में सबकी 'आँखों का तारा' बन गया था। वह कभी रोया नहीं। प्यारी-प्यारी बातें कर सभी लोगों को खुश कर देता। तोतली बोली में सोनाताई को 'आती क्या खंडाला' कहकर सभी को हँसा देता। अब वह कृत्रिम पैर लगाकर लार्स में चलने लगा है। के.जी. में जाता है। जल्द ही बैसाखियों के सहारे चलेगा भी। छुट्टियों के दिनों में सभी बच्चों के माता-पिता उन्हें अपने घर ले जाते हैं। आकाश के, ''दीदी, ताई, मेरे पापा कब आएँगे?'' पूछने पर हमें आँसुओं पर काबू पाना मुश्किल हो जाता है। यह दर्द वाड़ीकर दादा को बताया तो बड़ी खुशी से वे विशाल को अपने घर ले गए। भाभीजी भी उनसे दो कदम आगे हैं। यह जो आनन्द होता है, आलौकिक होता है। विशाल को उनके घर में प्यार से पाला जाता है। छुट्टी खत्म होने पर उसे लाया गया तब वह खूब रोया था। उसे समझाना बहुत मुश्किल हो गया था। दीपावली की छुट्टी में भी वाड़ीकर दादा उसे ले गए थे। उसके वापस आने पर सभी बच्चे आनन्दवन जाने की तैयारी में थे। इसमें मशगूल होने से वाड़ीकर दादा के जाते समय वह रोया नहीं। वह भी इस खुशी में शामिल होना चाहता था। लेकिन उसे हमेशा की तरह बुखार चढ़ जाने से छात्रावास में ही रखने का निर्णय हुआ था। इस पर वह रूठकर पहले की तरह कोने में जा बैठा। उसने सभी से कुट्टी की। निर्णय बदलने के बाद खुशी से नाचने लगा। डॉ. अनिल अवचट जी का 'नसीमा और हेल्पर्स' लेख पढ़कर छात्रावास में आई और प्रथम वर्ष में ही 'आदर्श छात्रा' का पुरस्कार प्राप्त की छात्रा अमिता रुग्गे ने आकाश पर एक सुंदर कविता लिखी—

''आकाश हमारा गोरा चिट्टा बच्चा
वह अनाथ होगा ही कैसा?
उसे ममता और प्यार देने का
इरादा है किसी का पक्का
इस बच्चे पर बिल्कुल नहीं
'निराधार' होने का सिक्का।
उसकी बोली मीठी-मीठी
उसकी मासूमियत को नहीं
कोई आशा झूठी।
पापी पेट के लिए मिल जाता
कहीं भी मुट्ठी भर दाना।
कोई काका, कोई दादा,
कोई दीदी, कोई ताई

राजा को भी घायल कर दे
यह नन्हा-सा सिपाही।"

इस दुनिया में इनसानियत अभी जिन्दा है। वरना खुद के जीवित रहते भी अपाहिज संतान को अनाथ बता देने की माया धनगर के माता-पिता की नीति देख इनसानियत पर का भरोसा डाँवाडोल होता है। कभी-कभी दुखदायी, पीड़ादायक अनुभव मिलने पर लगता है, चरमसीमा पर पहुँचे सारे अपाहिजों को लेकर सामूहिक खुदखुशी कर लें! समाज में होनेवाली अड़चन दूर कर लें। यह पढ़कर आपको धक्का लग सकता है लेकिन शिक्षा के दरवाजे जब अपाहिजों के लिए बंद किए जाते हैं, तब हम और क्या सोचें?

कहते हैं, 'अपाहिजों के लिए अलग पाठशाला खोल दो' लेकिन क्यों? बुद्धि और दिमाग तो सभी का समान ही है, हमारी स्वतंत्र पाठशाला इसी समाज के लिए एक कलंक बन जाएगी, अभिमान नहीं। शिक्षा का हक तो अपाहिजों को भी है। शरीर को न देखकर बुद्धि के आधार पर पाठशाला के दरवाजे अपाहिजों के लिए खुले रखने चाहिए।

ताई पाटील नाम की छह साल की बच्ची जिसके हाथ और पैर दोनों बेकार थे। गर्दन सीधी नहीं रख पाती। मात्र मासूम हँसी। उसे हमने छात्रावास में प्रवेश दिया था। हम उसे सँभाल पाएँगे या नहीं? इसकी अपेक्षा उसकी मीठी मुस्कान पूरे छात्रावास के लिए आधार बनेगी ऐसा लगा। वह इतनी-सी बच्ची हाथ में पेन्सिल तक पकड़ नहीं सकती थी और माता-पिता को छोड़कर पढ़ने हेतु छात्रावास में रहने को उत्सुक थी।

कदमवाड़ी छात्रावास में रहनेवाली शोभा गुरव, ताई पाटील जैसी ही सुंदर मेधावी थी। झगड़ने में भी वह पीछे नहीं थी। रोनेवाले बच्चों को हँसानेवाली इस गुड़िया के दोनों पैर पोलियो से पीड़ित थे। बावजूद उसमें संसार जीतने की सामर्थ्य थी। मैंने ताई पाटील को उसे कसरत कराने का काम दिया। जब महेंद्र कुलकर्णी एक हाथ से अपाहिज होने पर भी पहियादार कुर्सी पर बैठकर औरों को कसरत कर सकते थे तो दोनों हाथ ठीक होनेवाली शोभा भी यह काम कर सकती थी। अचरज की बात यह थी कि त्रैमासिक परीक्षा में उँगलियों में पेन्सिल तक न पकड़ पानेवाली छोटी ताई ने प्रथम सत्रांत परीक्षा में अच्छे अंक प्राप्त किए। कसरत के कारण उसकी गर्दन अब लुढ़कती नहीं थी। ताई पाटील की सफलता का श्रेय शोभा और सोनाताई की मेहनत और परवरिश का था। आजकल वह सत्तर से अस्सी प्रतिशत तक अंक प्राप्त करती है। अपने काम पहियेदार कुर्सी से स्वयं करती है। उसकी जिद देखकर मैं भी हैरान रह जाती हूँ।

कैलिपर्स और बैसाखियों के आधार पर चलनेवाले छात्र धीरे-धीरे पहियेदार कुर्सी पर बैठे छात्रों को चढ़ने-उतरने में सहायता करते हैं। उन पर यह संस्कार अनायास हुए

हैं। एक दूसरे के प्रति संवेदना की भावना से हुई वे प्रतिक्षिप्त क्रियाएँ हैं। एक दिन संस्था की शुभचिन्तक होनेवाली महिला कुछ दिनों के लिए छात्रावास में आई। सहायिका और सेविका के रूप में दो सशक्त महिलाओं ने उनसे संस्था के लिए किए जानेवाले अपने काम को विस्तार से बताया। दफ़्तर से लौटने पर शाम की शीतल हवा में हम बातें कर रहे थे। कभी-कभी ऐसे बैठकर छात्रावास में बच्चों की हलचल देखने से एक सुखद अनुभव होता है। उस मेहमान महिला ने कहा, ''इतनी चरमसीमा पर पहुँचे अपाहिजों को आप प्रवेश क्यों देते हैं? बेचारी उन दो सहायिका औरतों को कितनी तकलीफ होती होगी। आप वेतन तो देती हैं, लेकिन हर रोज की सफाई वगैरह उन्हें ही करनी पड़ती होगी!'' यह लफ्ज संस्था के शुभचिन्तक के हैं, इसका मुझे विश्वास नहीं हुआ। मैंने उन दोनों सेविकाओं को बुलाया और काम के बारे में कोई समस्या हो तो बताने को कहा। मेहमान के सामने वे 'कुछ नहीं, कुछ नहीं' कहने लगीं। सफाई का काम जबरदस्ती करवा लेना ठीक नहीं यह सोचकर मैं, शोभा, सोनाताई आदि ने ऐसे काम आपस में बाँट लिए थे। फिर उन दोनों ने यह जिम्मेदारी अपने ऊपर स्वयं ली थी। मेरे पीछे दूसरों के सामने की शिकायत मैं सह नहीं पाई। थोड़े कड़े लहजे में ही मैंने सुनाया, ''आपकी इच्छा नहीं है तो आप लोग काम छोड़कर जा सकती हैं। हम अपाहिजों में एक-दूसरे के सहयोग से जीने की और शिक्षा से समाज में सम्मान प्राप्त करने की हिम्मत अभी कायम है। नाममात्र के अपाहिज होनेवाले लोगों को छात्रावास में भर्ती करने के लिए हम 'हेल्पर्स' के कार्यकर्ताओं ने अपना तन, मन, धन नहीं लगाया है। जो अपाहिज अभी भी चार दीवारों में कैद हैं, कानून के तहत जो मर भी नहीं सकते हैं। जिनके पास पैसा नहीं, सिफारिश नहीं ऐसे लोगों के लिए यह छात्रावास बनाया है। कहते हैं, चरमसीमा के अपाहिजों को यहाँ प्रवेश नहीं देना चाहिए। कल से हमें भी यहाँ से निकलवा देंगी। हम अपने घर से कहाँ और क्यों जाएँ? जिनसे यहाँ काम नहीं होता, वे बिना दिक्कत चले जाएँ। अपाहिज हो, हट्टा-कट्टा हो या तन्दुरुस्त, यहाँ के नियम सभी के लिए समान हैं। यहाँ सिर्फ श्रमदेवता की पूजा की जाती है। मेहनत की रोटी खाने का सुख मिलता है। यहाँ का धर्म एक ही है, इनसानियत का पालन, जो सभी के लिए अनिवार्य है।'' प्रात:काल चार-पाँच बजे नहाने के लिए पानी गरम करना, नाश्ता बनाना, सब्जियाँ काटना, दाल-चावल चुनना, बर्तन-कपड़े धोना, बाथरूम और शौचालय साफ करना, कमरे साफ करना, आदि काम यहाँ सभी बारी-बारी से करते हैं। आनेवाला मेहमान यहाँ तक पूछता है, ''इतने बड़े छात्रावास में इतनी सफाई कैसे होती है? छोटे-छोटे परिवारों में भी यह मुश्किल होता है।'' जवाब एक ही होता है, ''अपना काम स्वयं किया जाता है। वेतन पर नौकर नहीं रखे जाते। शनिचर को दोपहर में छात्रों का ग्रुप रात का खाना बनाता है। इतवार को सुबह लड़कियाँ खाना बनाती हैं। कर्मचारी वर्ग

आराम करता है। किसी कारणवश वह चला भी जाता है तो हमारे छात्र किसी पर निर्भर नहीं होते हैं। पढ़ाई में भी हमारे बच्चे पीछे नहीं हैं। इस साल छात्रावास का नतीजा 97 प्रतिशत निकला है। बहुत नाज है हमें इस बात पर!''

छात्रावास के पहले दौर की इमारत बनाते समय काफी मानसिक बेचैनी सहनी पड़ी। छात्रावास शुरू हो गया फिर भी साढ़े सात लाख रुपयों का कर्जा सिर पर बाकी था। महेंद्र जी के बहाने करीब से जान-पहचानवाली स्पेन की सिस्टर पुष्पा ने मेरी तरफ से निधि के लिए आवेदनपत्र लेकर स्पेन की एक संस्था को भेज दिया। उस दानशूर संस्था ने दूसरे दौर में बननेवाली इमारत का खर्च उठाने की जिम्मेदारी ली। हमने पहला कर्जा चुकाए बगैर अगली कार्रवाई न बनाने का निर्णय लिया। इस पर उस दानशूर संस्था ने साढ़े सात लाख रुपए भेज दिए। बाद में बननेवाली इमारत के कागजात मँगवाकर पूरे साठ लाख रुपए मंजूर किए। यह राशि दो किश्तों में मिलनेवाली थी। महेंद्र के पुनर्वासन हेतु मैंने जो कार्य किया था, उसे मानो ईश्वर ने यह पुरस्कार दिया था। आज इमारत पूरी हो गई है। फूलों-फलों का बगीचा खिल रहा है। बस, खेल के मैदान का सपना अभी अधूरा है।

महेंद्र जी कोल्हापुर छोड़कर चले गए और भाई अजीज बीस साल तक विदेश में नौकरी करके वापस आ गया। मेरी भागदौड़ देखकर वह मेरी मदद करने लगा। उसने प्रशिक्षण केन्द्र और गैस एजेन्सी में प्रगति कर दिखाई। प्रशिक्षण केन्द्र में कुछ दिनों के लिए श्री डी. आर. कुलकर्णी व्यवस्थापक के रूप में थे। हमने संस्था में ही विदेशी बनावट की पहियेदार कुर्सियाँ बनाने का काम हाथ में लिया। इस काम में इचलकरंजी के श्री साधले जी ने सहयोग दिया। आज हम कुर्सियों के साथ-साथ तीन पहियोंवाली साइकिलें, वॉकर, कमोड, कैलिपर आदि सामग्री बनाते हैं। आजकल सतारा के श्री अविनाश कुलकर्णी कुर्सी पर बैठकर ही सारा व्यवस्थापन करते हैं। वे उचगाँव के छात्रावास में ही रहते हैं। कुछ कमजोर हैं मगर आशा है, जल्द ही मजबूत बन जाएँगे।

छात्रावास में प्रवेश देने के तुरन्त बाद डॉ. पी.जी. कुलकर्णी चिकित्सकीय जाँच करते हैं। आवश्यकता के अनुसार कुछ शल्यक्रिया डॉ. नवरे और डॉ. प्रभू करते हैं। अपाहिजता का प्रमाण यथासंभव कम किया जाता है जिससे बच्चों की मानसिकता में असीम परिवर्तन होता है। कुछ बच्चे तो सीधे डॉक्टर से कहते हैं, 'पहले मेरा ऑपरेशन करो।'

एक दिन मैं रिक्शा से सरस्वती थिएटर के पास से गुजर रही थी तब संस्था का एक पुराना लाभार्थी सपत्नीक अपने बच्चों के साथ अस्पताल जा रहा था। उसकी बैसाखियाँ टूट गई थीं। मैंने उन्हें रिक्शा में बिठाया। उसे अच्छी बैसाखियाँ दीं और

पूछताछ की तो पता चला कि उसको बढ़ई का काम आता था मगर देहात में आमदनी कम होती थी। मैंने उसे कदमवाड़ी के प्रशिक्षण केन्द्र में बढ़ई का काम करने के बारे में पूछा तो वह तैयार हो गया। आज उसके द्वारा बनाई मेज, अलमारियों की लोग खूब प्रशंसा करते हैं। शिवाजी विश्वविद्यालय के कुलपति डॉ. द.ना. धनागरे जी ने मेज के बारे में प्रशंसा भरे शब्द कहे थे। तब से एक आशा की किरण नजर आई कि आर्थिक आत्मनिर्भरता का हमारा सपना जल्द ही पूरा होगा।

उचमाँव छात्रावास का यह चौथा साल चल रहा है। रसोईघर की प्रमुख मुक्ता बैसाखियों के सहारे चलती है। पिताजी नहीं हैं, माँ मनोरुग्ण है। भाई की जिम्मेदारी को सँभालनेवाली इस हिम्मतवाली मुक्ता की शादी संजय देशपांडे से कराई। संजय दोनों पाँवों से अपाहिज थे। सिंचाई विभाग में अच्छी-खासी नौकरी है। अत्यंत कार्यकुशल और समझदार इनसान है। उसके परिवार के लोग भी स्वभाव से अच्छे हैं। हाल ही में मैं मुक्ता-संजय के बच्चे की बारहवीं के कार्यक्रम में शामिल होकर आई। उनका तन्दुरुस्त बच्चा देखकर मन को शांति मिली। हमारा छात्रावास अपाहिजों का मायका है। मुक्ता जब माँ बननेवाली थी तब रजनी ने छात्रावास में ही गर्भाधान संस्कार के कार्यक्रम का आयोजन किया था।

हमारी जिन्दगी अच्छी तरह से बीत रही है। सुख और दुख के सिलसिले तो हमारे भी जीवन में आते रहते हैं। लेकिन फिर भी हमारे बीच प्रेम, अपनापन और बंधुत्व की भावना में वृद्धि होती है। एक बार कुछ बच्चे शल्यक्रिया के लिए अस्पताल में भर्ती किए थे। इधर छात्रावास में सभी बच्चों को इकट्ठा कर कोजागिरी पूर्णिमा के समारोह का आयोजन किया था। साढ़े तीन सौ लोगों का खाना सभी ने मिलकर बनाया। वह सभी को भाया। तरह-तरह के व्यंजन बनाए गए थे। ऐसा खाना प्रथम अस्पताल में भर्ती बच्चों को मिल जाए यह हमारा प्रयास होता है क्योंकि दवा-दारू के कारण खाने की रुचि कम हो जाती है। दूसरे दिन नाश्ते के वक्त मैंने पूछा, ''रात अस्पताल में समय पर खाना गया था न?'' इस पर सभी ने गर्दन नीचे झुकाई। मतलब खाना बनानेवाले और खानेवाले अपने अस्पताल में भर्ती भाई-बहनों को भूल गए थे। मुझे बहुत अफसोस हुआ। मुझे लगा कि इन बच्चों में अपने 'परिवार' के सम्बन्ध में होनेवाली संवेदना खत्म होती जा रही है। यह छात्रावास न रहकर धर्मशाला बन गया है, जहाँ मुसाफिर थोड़ी देर का रैन-बसेरा कर चले जाते हैं। मेरे दुख की जगह गुस्से ने ली। उस दिन चूल्हा न जलाने का आदेश देकर मैं अपने कमरे में आ गई। कुछ घंटों के बाद एक समाजसेविका मेरे पास आई, ''प्राथमिक के छोटे बच्चे और हाल ही में शल्यक्रिया करवाकर आए बच्चों को भी भूखा रखा जाएगा क्या?'' वह पूछने लगी और मेरा गुस्सा उतर गया। मतलब परिस्थिति इतनी गम्भीर नहीं थी। बंधुत्व एवं आत्मीयता की भावना अभी जिन्दा थी।

फिर भी उस दिन केवल उन्हीं बच्चों का भोजन बना। आखिर दोपहर चार बजे मैंने ही सभी के लिए उपमा बनवाकर खिलाया।

साताराम का प्रसंग भी स्मरणीय है। वह बारहवीं का छात्र कदमवाड़ी के प्रशिक्षण केन्द्र में आया और 'हेल्पर्स' का हो गया। अक्सर मेरे साथ कामों में व्यस्त रहता है। हर प्रकार की गाड़ियों को चलाने से लेकर कंप्यूटर का काम भी कुशलता से करता है। संस्था, एजेन्सी, छात्रावास, प्रशिक्षण केन्द्र कहीं भी काम हो, साताराम बहुत लगन से करता है। वह कॉलेज की परीक्षा पास हो जाए इसीलिए महावीर महाविद्यालय के कर्मचारी तथा बच्चों के सुर्वेकाका उसे हमेशा परीक्षा की याद दिलाते रहते हैं। तब मैं उन्हें कहती हूँ, ''साताराम भविष्य की जिन्दगी में कार्यकुशलता सीख चुका है। परीक्षा वह यथासमय दे देगा।'' शरीर और मन से कहीं भी अपाहिजता नहीं झलकती है। कई महीनों तक मेरे ही घरवालों को पता नहीं चला कि वह अपाहिज है। वह मुझे आसानी से उठाता था। हमारे घर में वह कुछ नहीं खाता था। इसीलिए घरवाले नाराज थे। एक बार उसे खाना खाते समय चम्मच नहीं दिया गया था और उँगलियाँ न होने के कारण वह खाना खा नहीं पाया था।

एक दिन काम में हुई गलती से मैं उस पर गुस्सा हो गई थी। उसके मतानुसार वह गलती नहीं थी या इतना गुस्सा होने की जरूरत नहीं थी। उसने इस्तीफा दे दिया। मगर मैं नहीं चाहती थी, उसके जैसे लड़के से कोई गलती हो। उसका इस्तीफा मैंने स्वीकार किया लेकिन दोनों अन्दर से अस्वस्थ थे। अजीज को पता चलते ही उसने उसे समझा-बुझाकर फिर से काम पर हाजिर करवाया। तबीयत बिगड़ने के बाद भी बिना आराम लिए काम में व्यस्त रहनेवालों की सूची में (सुजाता कुलकर्णी, आशा जमणे आदि) वह शीर्षस्थान पर होता है। डॉ. छाया देसाई उसके खान-पान पर ध्यान न देने, तथा समय पर दवा न लेने के कारण शिकायत करती हैं। कई लड़के हैं, जो साताराम की तरह संस्था में काम करते हैं। यहाँ उनका उल्लेख करना आवश्यक है। आशा जमणे उसी में से एक। आशा पोलियो से पीड़ित है। उसकी तबीयत नाजुक है। उसने बी.कॉम. की उपाधि प्राप्त की और संस्था में नौकरी माँगने आई। संस्था की आवश्यकता के चलते पद का सृजन हुआ था। आशा बी.कॉम. पास थी इसीलिए उसकी ट्रेनी क्लर्क के रूप में नियुक्ति की। आज वह ट्रेनी क्लर्क से लेकर कैशियर, मैनेजर सभी का पद सँभालती है। बड़ी मेहनती और साहसी लड़की है। मेरी अनुपस्थिति में वह नजीमा खान और सुजाता कुलकर्णी मिलकर छात्रावास की देखभाल करती हैं। इस पद संस्था के चलते अनेक अपाहिजों ने प्रगति की है। इसकी अध्यक्षा रजनी है तो मैं सचिव हूँ। हमारी हैंडिहेल्प नागरी सहकारी संस्था ढंग से चल रही है। आशा जमणे को उसका पोलियोपीड़ित साथी आनन्दा मोले बड़ा सहयोग देता है। हमारा यह भी एक सपना है

कि जल्द ही वह संस्था बैंक में परिवर्तित हो जाएगी और अनेक अपाहिजों के लिए उससे रोजी रोटी-मिल जाएगी।

बचपन में ही संस्था में दाखिल हुआ यूनूस दोनों पैरों से अपाहिज है। दोनों पैरों को बाँधकर उन्हें गले में लटकाकर वह हाथों पर चलता है। वह आत्मनिर्भर है। सबसे ऊपरी मंजिल पर होनेवाला समाजकल्याण का काम हो या फिर महानगरनिगम का दफ़्तर वह बिना दिक्कत जाकर काम पूरा करके ही लौटता है। बी. कॉम. हो गया है। कंप्यूटर भी चलाता है। गाता बहुत सुंदर है। लेकिन कामों में थोड़ी जल्दबाजी से गलतियाँ कर बैठता है। आज वह आयुर्विमा महामंडल में अंशकालीन नौकरी कर रहा है। उसके माँ-बाप उसे बहुत प्यार करते हैं। उन्होंने उसे स्कूटी खरीदकर दी है। मैं जब भी संस्था में काम करती हूँ, वह हाथ बँटाता है। ऐसे नन्हे-बड़े साथियों के कारण ही तो मेरा उत्साह कायम रहता है।

श्री राजेंद्र खोराटे जैसे ड्राइवर तथा कदमवाड़ी के मेहबूब मुल्ला जैसे कुशल मजदूर हमें नसीब से प्राप्त हुए हैं। मेहबूब पूना के वानवड़ी केन्द्र से आया है। बहुत मेहनती है लेकिन मितभाषी। उसके दिल की बातों का पता नहीं चलता। पोलियो के कारण कैलिपर की सहायता से चलता है। वह स्वयं उत्कृष्ट कैलिपर और अन्य साधन भी बनाता है। संस्था की छात्रा अश्विनी माने अपनी माँ का आधार लेकर संस्था में आई थी। डॉ. सातवेकर जी से उस पर शल्यक्रिया की और कैलिपर बिठाया तो चलने लगी। एस.एस.सी. परीक्षा में 91 प्रतिशत अंक प्राप्त कर आज वह पूना के बी.जे. मेडिकल महाविद्यालय में शिक्षा प्राप्त कर रही है।

कल की डॉ. अश्विनी माने। गर्व से जिनका उल्लेख किया जा सकता है ऐसे कई व्यक्तित्व संस्था में हैं। विजय नलावडे ने बचपन से 'कमाओ और सीखो' योजना में रहकर डिग्री तक की शिक्षा प्राप्त की। गैस एजेन्सी में उसने चार साल व्यवस्थापक के रूप में काम किया। आज वह डाकघर में अच्छे वेतन की नौकरी पर है। दफ़्तर से छूटते ही संस्था के अकाउंट का काम करने आता है। देर रात तक बिना पारिश्रामिक लिए वह संस्था का काम करता है। संस्था के हिसाब-किताब का काम पी.डी. देशपांडे, नलावडे और अभिजीत गारे देखते हैं।

अभिजीत गारे संस्था का विश्वस्त व्यक्ति है। एक पैर से पोलियोपीड़ित, शल्यक्रिया से अपाहिजपन कम हो सकता था लेकिन उसने शल्यक्रिया नहीं करवाई। बचपन में उसे डॉ. संचेती को दिखाने के लिए मैं स्वयं गई थी। आनन्द पटेल को निकालने पर उसे समिति में लिया। नलवडे को डाक में नौकरी मिली तो वह गैस एजेन्सी के व्यवस्थापक के रूप में काम करने लगा। एक बार उसकी गलती के लिए मैंने उसे डाँटा था तो उसके दिल को ठेस पहुँची और वह बीमार पड़ गया। उसने अपना

इस्तीफा भेज दिया। आखिर उसके घर जाकर मैंने उसे समझाया। वह कह रहा था, ''दीदी, आप तमाचा भी जड़ा देतीं तो बुरा न लगता लेकिन वैसा नहीं करना चाहिए था।'' कभी-कभी मैं गुस्से में ज्यादा ही बोलती हूँ। यह मुझे भी पता है लेकिन आज की पीढ़ी में मौजूद गैरजिम्मेदारी एवं शिथिलता मुझे मंजूर नहीं है। आजकल अभिजीत लॉ की पढ़ाई कर रहा है। पिताजी के गुजर जाने के बाद घर की जिम्मेदारी वह निभा रहा है। वह अपनी नौकरी सँभालकर संस्था के काम में सहयोग देता है। पहले बहुत बोलता था लेकिन आज संयत हो गया है।

डॉ. छाया देसाई पोलियो की शिकार है। अनेक समस्याओं का सामना करते हुए अपने बलबूते डॉक्टर बन गई। नौकरी तथा प्रैक्टिस से संस्था के लिए उसके पास समय नहीं बचता, इस बात का उसे अफसोस है। लेकिन मेरे फोन करते ही दौड़ी चली आती है। किसी भी जिम्मेदारी को गम्भीरता से पूरा करती है। उसकी आवाज भी बहुत सुरीली है। डॉक्टरों की लिखावट अजीब होती है लेकिन छाया इसके लिए अपवाद है। उसके हस्ताक्षर मोतियों जैसे हैं। उसका डॉक्टरी पेशे में नाम हो तथा वह हमारी संस्था के अपाहिजों के स्वास्थ्य की जिम्मेदारी पूरी तरह से लेने के काबिल बने, यही अपेक्षा है।

संस्था के कार्यकर्ताओं में उल्लेखनीय हैं, श्री सुरेश शिपूरकर और श्री अविनाश वाडीकर। इनका योगदान भी सराहनीय है। छात्रावास में हर रोज के दूध का खर्चा, पलंग, गद्दियाँ वे मुफ्त में ही देते हैं। बहुत ही मुश्किल और कठिन प्रसंगों पर हम उन्हें बुलाते हैं। उनकी शिकायत होती है कि हम बार-बार क्यों नहीं बुलाते। मारुती गाड़ी खास इन्हीं कामों के लिए ही खरीदी है अन्यथा मेरे लिए तो स्कूटर ही काफी है। आकाश को दो बार छुट्टियों में अपने घर ले जाकर उन्होंने मुझे अचरज में ही डाला। रात-बेरात वे गाड़ी लेकर आते हैं और कार्यकर्ता की तरह हर तरह का सहयोग करते हैं।

संस्था के विश्वस्त श्रीकांत केकड़े ने तो अपाहिजता से दूर का सम्बन्ध न होने पर भी अपने आपको संस्था के कार्य में समर्पित किया है। वे केन्द्रीय सीमाशुल्क के दफ़्तर में इंस्पेक्टर हैं। जनसम्पर्क के हर छोटे-मोटे कार्य वे रात-रात भर जागकर पूरा करते हैं। ऐसे तन्दुरुस्त लोग जब संस्था का कार्य करते हैं तो मन को सुकून मिलता है।

संस्था की एक और विश्वस्त सुश्री ईर्शाद अजीज हुरजूक याने मेरी भाभी। अपने लोगों के बारे में बताना ठीक नहीं लेकिन संस्था के प्रति उसका कार्य उल्लेखनीय है। संस्था के लिए चंदे का काम हो तो वह मेरे साथ करती है या कहें कि मेरे आगे रहती है। भारतीय मोगलाई और विदेशी खाना बनाने में तो वह अपना सानी नहीं रखती। एक बार संस्था के एक कार्यक्रम के समय हमारे घर खाने की व्यवस्था थी तब 'मेरा होटल' के श्री शर्फोद्दीन कापड़ी जी ने व्यंजनों की खूब तारीफ की थी। उन्होंने यहाँ तक कहा कि, 'हमारे होटल का खाना इसके आगे फीका है।' एक बार शाहू छत्रपति

महाविद्यालय में उसने बिर्यानी का स्टॉल लगाया था। उस समय कई लोग बिर्यानी अपने घर तक ले गए।

मुम्बई के खानसाब संस्था के विश्वस्त ही नहीं तो सलाहकार तथा शुभचिन्तक भी हैं। कोल्हापुर के बाहर के महत्त्वपूर्ण काम हम उनके बिना शायद ही कर पाते। पी.डी. देशपांडे, सौ. रजनी करकरे, मनोहर देशभ्रतार और श्री केकड़े इस संस्था के चार पुख्ता आधारस्तंभ हैं।

अपने छोटे भाई अजीज को कौन-सी उपाधि दूँ? यह समझ में ही नहीं आता। उसके सहयोग के बिना मैं पहियों की कुर्सी से बाहर निकल नहीं पाती। मुम्बई में प्रथमत: समुंदर की लहरों तक मुझे लेकर जानेवाला 'अजीज' ही था। 'अजीज' का अर्थ प्रिय होता है और वह पूरे परिवार को प्रिय है।

सुबोध मुंगले, विजय साबले, नाशिककर, देशभ्रतार, केकड़े, शिवाजी पाटील आदि के सहयोग से समुंदर देखते समय, ताजमहल निहारते समय, दिल्ली के शाही रास्तों पर गुजरते हुए या किसी भी सैर के दौरान हम अपना अपाहिजपन भूल जाते हैं। अनिल वेल्हाल जी ने फोटो द्वारा उन क्षणों को जिन्दा रखा है। श्री शिवाजी पाटील इस आनन्द को शब्दबद्ध करते हैं। ये सब हमारे फैमिली मेंबर्स हैं। शिवाजी पाटील और दीक्षितसाहब के कारण ही हमें पता चला कि बड़े अखबारों के सम्पादक, सहसम्पादक भी इतने सामान्य हो सकते हैं। नजीमा खान एक तन्दुरुस्त सोशल वर्कर है। हँसता हुआ नूरानी चेहरा! वह संस्था, गैस एजेन्सी, शिविर, सैर आदि में बढ़-चढ़कर हिस्सा लेती है। चरम सीमा पर पहुँचे अपाहिजों के सारे काम करना जैसे वह अपना परम कर्तव्य मानती है। टेबल वर्क में ध्यान केंद्रित न करने से कई गलतियाँ करती है। गुस्सा हो तो तुरन्त 'सॉरी' बोलती है। उस पर गुस्सा उतारने में बड़ी मुश्किल होती है।

मेरी दफ़्तर की सहकर्मी विजया पाटील मुझ पर बहुत श्रद्धा रखती है। उसके पति पहले दफ़्तर में साथ काम करते थे। उन्हें शराब की लत लग गई। मैंने काफी प्रयास किया लेकिन हार गई। शराब उन्हें लेकर गई। वे हमारी संस्था के कार्यकर्ता थे। उनके चल बसने के बाद विजया को नौकरी पर लिया गया। यह मेरी ऐसी शिष्या है जो हर काम झट से आत्मसात करती है। एक लड़की और बूढ़ी बीमार माँ की जिम्मेदारी सँभालती है। मेरा यह लेखन अधिकांश रूप में उसने ही पुनर्लिखित किया है। कभी-कभी मुझे सलाह देती है, "दीदी, क्या इसे लिखना जरूरी है?" चर्चा करने के बाद मैंने उसे मान भी लिया है। हर शनिवार-इतवार को छात्रावास आकर अनाज के गोदाम, कमरे, बाथरूम और शौचालय की जाँच कर मुझे रिपोर्ट देती है। ऐसी सहेली बड़े सौभाग्य से मिलती है। मेरे नौकरी छोड़ते समय वह खूब रोई थी। 'ईश्वर उसे हर बला से बचाएँ तथा अंधश्रद्धा से मुक्त करें' मैं यही आशा और प्रार्थना करती हूँ।

पेंटर अथणे संस्था की स्थापना से लेकर आज तक बोर्ड, बैनर मुफ्त में तैयार करते हैं। संस्था में कामों का बोझ बढ़ते ही प्रभा भाभी कामत मदद करती है। मंजिरी भाभी करकरे संस्था के हित के लिए काफी कोशिश करती है। श्री सुनील धोपेश्वरकर प्रिंटिंग के काम के बहाने संस्था के हो गए थे। श्री तात्या आठवले भी इनमें से एक हैं। सैकड़ों नाम हैं, जो संस्था खड़ी करने में अपना योगदान दे चुके हैं। किसी का उल्लेख अगर अनजाने में रह भी जाए, तो मेरे मन में वह बरकरार है।

आज अगर कोई मुझसे, मेरे कार्य से प्रभावित होकर पैर छूता है, या मेरा आदर करता है तो मैं उन्हें रोक देती हूँ। क्योंकि कल को अगर दुर्भाग्य से मेरी कोई कृति उन्हें रास न आए, विचारों में दरार पड़े और इन्हीं लोगों की नजरों से मैं गिर न जाऊँ, यह डर उसके पीछे रहता है। पिछले तीस वर्षों में मैं ऐसे अनुभवों को सह चुकी हूँ। इस मामले में मुझे हमेशा मा. अनुताई भागवत जी के स्वर्गीय पिताजी शिवाजीराव पटवर्धन जी के जीवन पर आधारित पुस्तक 'बिल्वदल' की याद आती है। परिस्थितिवश हमारे कार्य से समाज हमें दूर करने से पहले स्वयं ही उससे दूर चले जाने में कुछ पीड़ा जरूर होती है, लेकिन हम मानसिक वेदना और मानहानि से निश्चित ही बच जाते हैं। एक अनोखी शांति मिलती है। मैं फिलहाल इस प्रयत्न तथा इच्छा में हूँ कि जिस तरह नौकरी से स्वेच्छा मुक्त हो गई हूँ, वैसे ही संस्था के अध्यक्ष पद से मुक्त होकर कुछ दिन कार्यकर्ता के रूप में काम करूँ। उससे पहले अगर चिरनिद्रा मिलती है तो अच्छा ही है। किसी ज्योतिषी की भविष्यवाणी के अनुसार 'अगर मैं अस्सी बरस जिऊँगी तो सेवामुक्ति के बाद क्या करूँगी?' यह सवाल मेरे आप्तस्वजनों को सताता है। मेरे पास उसका जवाब तैयार है–

''प्रथम कुछ वर्ष सही अर्थों में औरों के हित के लिए समर्पित व्यक्तियों को साथ लेकर अलग-अलग संस्थाओं के माध्यम से व्यावसायिक प्रशिक्षण दूँगी। तत्पश्चात कुछ वर्ष वाचन, पत्रमैत्री, बुनाई-कढ़ाई, सिलाई, रसोई, यात्रा जैसे शौक पूरे करूँगी। उसके बाद इस किताब में जो नहीं लिख पाई, उसे लिखूँगी। मेरे बाद वह प्रकाशित हो या न हो, इसकी मुझे कोई परवाह नहीं है। क्योंकि उसके कटु सत्यों के नतीजे देखने के लिए मैं जिन्दा नहीं रहूँगी। बस, इतनी इच्छा है जो उसे प्रकाशित करे, उसे ध्यान रखना होगा कि उससे किसी व्यक्ति या संस्था को हानि न पहुँचे।''

मेरे सेवामुक्त होने के बाद 'हेल्पर्स' का क्या होगा? यह बेमतलब का सवाल अनेकों को सताता है। किसी एक व्यक्ति के बलबूते कोई संस्था नहीं चलती है, जो उसके चले जाने पर बंद हो जाए। उसकी चिन्ता तो ऊपरवाला करेगा। एक चंदा देनेवाले ने मुझे पाठशाला तथा अनाथ अपाहिजों के लिए जमीन ही नहीं बल्कि पूरी संस्था बना देने का आश्वासन दिया। हस्तांतरण हेतु अनुमति लेकर आने को कहा।

मुम्बई के दो-तीन चक्कर लगाकर मैं अनुमति भी ले आई। सपनों के झूले पर झूल रही थी कि इसके बाद कोई अपाहिज, अनाथ नहीं रहेगा। अनुमतिपत्र लेकर उस देवतासमान व्यक्ति के पास गई तो वे कहने लगे, 'माफ कीजिए, आपके बाद यह संस्था, उसका दायित्व कौन सँभालेगा? इसीलिए मैं वह जमीन और इमारत नहीं दे सकता।' मैंने उन्हें बहुत समझाने की कोशिश कि लेकिन उनका इनकार कायम था। यह मेरा दुर्भाग्य था कि, उस दिन मुझे अपनी ही मृत्यु का मातम मनाना पड़ा। जिस पर मुझे ही आँसू बहाने पड़े। उनके सामने आँसू बहाकर हार मानने की मेरी इच्छा नहीं थी इसीलिए झट से पहियेदार कुर्सी पलटकर, उनकी ओर पीठ कर, मैं तेज रफ्तार से बाहर आई। उसी क्षण मुझे याद आया, डॉ. सातवेकर हमेशा मेरी इस तरह कुर्सी चलाने की तारीफ किया करते थे। (स्पॉन्डिलायसिस के कारण आज मुझे पहियेदार कुर्सी न चलाने की सलाह दी जाती है। लेकिन यह कौन सोचता है कि जिसके आधार ही हाथ होते हैं, उस पर बोझ न देकर कैसे जिया जाए?) बाहर साताराम मेरी राह देख रहा था। सबकुछ धुँधला दिखाई दे रहा था। किसी तरह रिक्शे में बैठ गई। पूरे रास्ते में मैं रो रही थी। एक सपना टूटकर बिखर गया था। दीदी के ऐसे चुपचाप, अजीब ढंग से रोते देख साताराम उलझन में पड़ गया था।

हमारा कल का सपना है...सशक्त और अपाहिज दोनों मिलकर एक ही संस्था में जीवनोपयोगी शिक्षा ले रहे हैं। आदर्श प्रशिक्षण केन्द्र में नया अनुसंधान कर नई कृत्रिम सामग्री बन रही है। अपाहिज और अनाथ छात्रों के गुरुकुल बन रहे हैं। हिम्मत परिवार का 'हिम्मतग्राम' बन रहा है। आम लोगों की तरह शादी करके अपाहिज अपने परिवार में खुशी से जी रहे हैं...।

आखिर यह सच है कि 'आकांक्षाओं के आगे आसमान भी छोटा हो जाता है।' मुझे अनेक पुरस्कार मिले। उनके माध्यम से मिलनेवाली राशि लाभार्थियों के लिए काम आ रही है, इसकी मुझे अत्यधिक खुशी है। लेकिन किसी भी पुरस्कार को स्वीकृत करते समय एक संकोच महसूस होता है कि संस्था का कार्य तो सभी मिलकर करते हैं और पुरस्कार लेने के लिए मुझ अकेली को सामने जाना पड़ता है। मैंने कितनों से विनती की, 'यह पुरस्कार संस्था को दीजिए। सभी मिलकर उसको स्वीकार करेंगे तो एक अनूठी खुशी होगी।' खैर, उस भाग्यशाली दिन का बड़ी बेताबी से मुझे इंतजार है...।

❑❑❑